JN274565

PSYCHOLOGY

in

Counselling and Therapeutic Practice

心理臨床
カウンセリングコースで学ぶべき 心理学

J.D.ウィルキンソン／E.A.キャンベル ■編著
田中平八／青木紀久代／尾見康博／田中吉史 ■訳者代表

垣内出版株式会社

訳者まえがき〔編者のページ〕

田中平八

　訳者を代表して，本書の特徴，翻訳と出版の企図，その経緯，それから，多少の弁明など，考えつくところを述べさせていただきます。なぜ，訳者代表かといえば，本書を翻訳するきっかけをつくった，とそれだけの理由に過ぎません。ですから，以下に述べることごとは，私個人の考えや心情というものであって，仲間の編者および訳者の方々と，とくと相談し合って書いた内容ではありません。正確には「"ある1人の"訳者／編者のまえがき」ということになりましょうか。青木さん，尾見さん，田中（吉）さんの「編者のページ」は，別途，締めの「訳者あとがき」へリレーされる手筈となっています。各章末ごとには，訳者それぞれの「訳者コラム」欄がしつらえられ，執筆が強要されています。これらも一緒にお読みいただいて，〔迷っておられる方は〕購入時の，そしてご購入後に"学ぶ"さいのご参考に，あるいは息抜きとなさってください。

　本書は，

Jill D. Wilkinson and Elizabeth A.Campbell "PSYCHOLOGY in Counselling and Therapeutic Practice" John Wiley & Sons Ltd（Chichester,West Sussex,England）1997

全273ページのほぼ全訳です。なぜ"ほぼ"なのかといいますと，各章の章題の下に置かれた目次と，巻末の「Glossary of Frequently Used Terms」は省略させていただいたからです。前者については美的でないので除けてみたのですが，そうしたら目次にあたるものがなくなってしまって，結局「目次」を再構成するはめになりました。後者については7ページにわたって129項目もつまっていて，解説といっても1，2行長くて3行で翻訳して役立つものとも思われないので省きました。

　なお，中表紙には，2人の著者連名につづいて，with contibutions by Adrian Coyle and Alyson Davis と記されています。「A.CoyleとA.Davisの寄稿による」とでも訳せばいいのでしょうか。3本ほどの章の内容については，この2人の分担協力執筆に依っている，ということのようです。

　訳書には『心理臨床・カウンセリングコースで学ぶべき心理学』という邦題をつけました。原題に忠実に訳せば，「カウンセリング・治療実践における心理学」ということになるかもしれません。確かに，原題に"学ぶべき"にあたる語句は入っていません。自分たちで執筆した本となれば，かなり躊躇をおぼえる書名です。でも，私たちが，ほとんどボランティア精神をもって本書を訳出しようと考えた動機のなかには，この標題に表現される気持ちが含まれていたように思います。なによりも，英国の原著者たちが，この本を編み発刊した意

図がこうであったろうと，読後もその実感があまり変わらないうえでの確信犯的行為です。また，「心理臨床」ということばを「カウンセリング」より前につけたのは，日本の実情にできるだけ合わせようと考えた結果です。通文化的な調整と考えていただけると納得していただけましょうか。

　この本を執筆した著者たちが，何よりも，臨床系のサイコロジスト，つまり心理臨床の実践者であり，かつその教育，養成にたずさわっているという点に意味があり，価値があると，私は考えました。それゆえか，今回，担当の章を訳出した，基礎研究に従事している訳者からは，少々物足りない箇所もなくはないとうかがっています。先に触れましたように，原著には各章ごとに項・節の題を示す目次が配置されていました。ある章では，その目次と内容が一致しないうえに字体フォントまで混乱している箇所がありました。おそらくは，原作を完成するまであれこれと〔最近の〕認知心理学分野の原稿の推敲を重ね，いじりまわした痕跡が残ってしまったご愛敬と解釈することにしました。例えば心理臨床の現場で，もっとも重要な側面となる記憶や意識のメカニズムを考えてみると，20世紀の前半にフロイトが精神分析を興して独創的に明示してきた人間のこころの世界は，20世紀最終の四半世紀になって，認知心理学が科学的類推を重ねて明らかにしてきた心的機能や構造と，おどろくほど似かよっていることに気づかされます。クライエントの一見不合理な訴えに耳を傾けるようなとき，認知心理学があらわしてきたストーリーの断片は，どこかのレベルでの理解について肯定的な支援を与えることになるかもしれません。心理臨床の現場で経験されることと，最新式の認知心理学の現場で研究されている内容とは決して乖離しているわけではないのです。

　専門の研究者の眼からすると，原著書は領域によって多少内容に強い弱いの散らばりがある印象は拭えないらしいと上に述べました。では，一般心理学ないし基礎心理学を専修した研究者たちが執筆したら，なお一層の出来が期待されうるかと考えますと，一概にそうとも言えないようです。その最大の理由は，こうした研究者は，ふつう，多様な臨床事例をもちあわせていないからです。では，事例素材と臨床経験をそなえたグループと，研究成果と基礎的知識を備えたグループがともに協力しあって，こうした趣旨のテキストを自ら編集制作すればよいと思われるかもしれません。事実，私も真剣にそう考えた時期がありました。今回の翻訳グループとその周囲の友人知人だけで，その力量はあり余るほどです。しかし，実行に移すには高い壁がそびえていることにすぐに気づかされます。その壁は外部にではなく，私たちの気持ちのなかにあります。それぞれがもっている〔知っている〕事例を，いくらデフォルメしたとしても，不特定多数の読者を想定した一般書に転載できるでしょうか。私は，臨床プロパーの人間ではありませんが，それでも多少の"事例"にかかわってきました。でも，とても"素材"の載録の許可を当事者に頼みこむ自信も勇気もありません。英国で編まれたこの本では，ここのところはきちんと，クライエントから「明白なかたちでの同意」のもとで，いかに修正されているとはいえ生々しい事

例との連携が可能となっています。なぜ英国では可能であったのかという疑問は，依然，宿題として残りますが，その試みが果敢に実行に移されているという部分に寄りかかって，今回，全訳を試みてみることにしました。なぜ著作でなく翻訳なのかと〔あまり好意的な態度ではなく〕問われることがありましたが，その質問に対する，これが私の率直な考え，答えということになりましょう。

さて，肝心かなめの原著の方ですが，これが，いったい，どのような企図で編まれ，著されたかを知るうえで，原本の裏表紙いっぱいに印刷されている"内容紹介"を訳してみることにします。広告文を読むのが，ある意味で，制作意図を知るのにいちばん適しているかもしれません。

　本書は，カウンセリングと心理療法〔サイコセラピー〕の実践を支援し，啓発する目的で企画された本格的な心理学テキストである。心理学の主要なトピックスは，心理臨床の実践家および養成過程にあるトレイニーに向けて最適なかたちで呈示されている。
　本書全体を通じ，事例素材，実例，考察が，心理的過程と心理臨床の実践のあいだの共働関係 synergy を明示するかたちで使われている。セラピストとクライエントとの共同作業に対して，心理学理論と心理学研究とが適用可能，応用可能となることを著者たちは保証する。
　実践現場にいる，養成過程にある，広範囲のセラピスト，カウンセラー，ソーシャルワーカー，教員，看護婦〔士〕などなどの方がたは，心理学のキイトピックスがこのようなユニークなかたちで呈示されることを価値あるものとみなすであろう。そして，この呈示は，心理臨床の実践・現場がいかに心理学的知識によって教唆されるかということへの見透しを与えてくれる。

われながら先が思いやられる訳文ですが，ポイントを整理してみますと。読者対象としては，心理臨床の実践者とその養成過程にある人たちを考えております。そのなかには，心理臨床にたずさわるカウンセラーやセラピストは言うにおよばず，ソーシャルワーカーや看護婦〔士〕や教員など，種々の職種や現場にあって，こころの問題の相談実践活動を行い，修練に励んでいる方々，その方向を目指している方々も含んでおります。本書は，本格的な心理学の教科書になっていて，そのうえ，実践活動と現場を支援，啓蒙するかたちで書かれています。心理学理論と心理学研究の成果，具体的な事例素材とその考察があい補いあって，相談場面での理解と促進を支援するでしょう。と，やや身びいきな表現に近づけると，こんなところでしょうか。

いま，世は"心理臨床ブーム"と言います。最近の日本心理学会の広報誌のなかで，ある常任理事の方が「昨今の臨床心理の動きは，バブルというべきである（『心理学ワールド（第3号，1998年）』）」とまで言いきっておられる記事を

読みました。そこまでムキになられる気持ちは，心理学科をもつ大学に籍をおいている方なら，共感にまでは至らないまでも理解はできるはずです。読者も，今はわからずともこの道に進めばまもなく，いやでも了解することになるでしょう。でも，"バブル"なら効用と時間がおのずから結果を出すでしょうから，それはそれでいいと私は思っています。ただ，私が気にかけるのは，今までの心理学出身の心理臨床家は〔たとえ今は一般心理学の立場を捨てているようにみえても〕"心理学"を熟知していることです。心理学というのは，あくまで形而下の学問なので，それゆえに，経験的知識にもとづいたおびただしい蓄積が備わっている分野です。臨床技法の修練を積むことは大切でしょうし，一日も早く一人前にという気持ちもわかりますが，本書の第1章1行目の記述に出てくる「心理学のディシプリン」をきちんと身につけることの重要性もぜひ認識していただきたいと思うのです。万が一今の状態がバブルだとしたら，ブームが去ったあと根無し草とならないように自衛してください。英国が"臨床ブーム"であるかどうかは寡聞にして知らないのですが，臨床系の指導者がわざわざこういう本を計画したということにも眼を向けていただけたらと思います。

　そんなに気色ばまないでも，さまざまな心理学の分野を学んでおくことは，バランス感覚を身につけるというだけでも役にたつはずです。臨床心理士の資格をとるための他分野科目の選択は，現状ではミニマルスタンダードとなっているようです。指定校の負担を考慮してのことか，これで充分と考えてのことか，私には知るよしもありません。しかし，例えば今，「学校カウンセラー」は，心理臨床の新しい実践の場として，職を求める側にも，世の中からもかなり期待されているようです。その派遣された先で，さまざまな"コンサルテーション"をよぎなくされるようなとき，客観的な「経験法則」の集大成である心理学の知識は，カウンセラー自身にも，コンサルティに対しても，その示唆へ妥当性と信頼性を与えるかもしれません。私の知る限り，相談室に待機して予約をとりつつ，これまで修練を積んできた臨床技法を駆使できるといったシチュエーションに甘んじていられる学校カウンセラーなんて少数のように思います。それが不断の努力のたまものであれば言うことはありませんが，もしそうでなければ，それだけで良しとしていて済むのかどうか疑問です。知識と経験は，いくら豊富にそなえておいても損ということはないでしょう。

　こんにちの出版事情は，企画したからといってすぐに陽の目を見るほど容易ではありません。本書が世に出たには経過があります。出版元があります。垣内出版の垣内健一社長と久方ぶりでお話する機会がありました。垣内出版ではちょうど心理臨床のシリーズが企画進行していたこともあって，"臨床ブーム"の話から，私がたまたま携帯していた原著の話になりました。それで，こういう心理学のテキストが今の状況でこそ必要とされているのではないか，などとタメグチをきいておりました。もちろん，前述のように，こういった種類の本が企画されればと思う気持ちにうそはありませんし，どなたかが訳出されればいいという紹介の気持ちはありました。ところが，翻訳出版なんかにはもっと

も慎重なはずの〔と私は断じて思う〕垣内さんは，どういう風の吹き回しか乗り気になられ，あろうことか版権契約まで結んでしまわれました．

困った私は，当時，同じ職場の同僚でした青木紀久代さん，尾見康博さん，田中吉史さんに恐る恐る小出しに相談してみました．すると，このむずかしい方々が，どういう気まぐれか，やってみてもいいとおっしゃるのです．青木さんは臨床，尾見さんは社会，田中（吉）さんは認知と，それぞれに専門分野が重なり合わず，しかも意思の疎通をはかるのに好都合なあいだがらです．そこで，3人と私が編者ということで，版権契約というのはとくに期限が限られていることもあるゆえ，訳者としてもひとり1章ずつ翻訳を分担し，訳語などは随時うち合わせをしながら進めていくことに決めました．編集担当は，青木さんが，2，3，6，11章，尾見さんが，7，8，9，10章，田中（吉）さんが，4，5章を分担し，訳者の推薦・依頼も含めて責任を負うというシステムをとることにしました．訳者として白羽の矢が立ってしまった不運な方々にも快くお引き受けいただきました．不肖私はといえば，「原著まえがき」，「著者について」と第1章の訳，索引なども含めて全体の調整や構成，出版社との協議など雑役を担当します〔と書いているのも後ろめたい〕．

ところが，翻訳が本決まりになって，作業が具体的に動き出してほどなく，かなりの訳者，編者の所属や処遇がつぎつぎと変わり，とくに編者同士は一転して直接にはほとんど会えない物理的環境となりました．そこで，活躍したのがeメールです．アップすれば全訳者・編者のところへ転送されるシステムを田中（吉）さんが管理してくれて，おおよその原稿が集まり，完成へ向けての編集会議がお茶の水女子大の青木さんの研究室でもたれることになった時点までのあいだに，メールの総数は300通ほどになりました．そのほか，各編者班内の打ち合わせ，編者間の会議など，ほとんどメール交換をもって，とにもかくにも八合目付近まで到達したのは特徴的でありますし，よんどころない事情とはいえ，画期的な出来事でありました．私自身，翻訳なぞ体験したことがないところへもってきて，見通し能力が劣るので，障害にぶつかってはじめて悟る始末で，猫の目のようにクルクル代わる作戦変更の指示によくまあ反乱が起きることもなく…．ただでさえ，メールでのメッセージの交換は，感情的なトラブルが生じることが多いというのに，友情に感謝です．ちなみに，初校が出たいま現在の，訳者間ネットだけの公式メール回数でも400通を超えました．

訳出作業とその進行過程について，少し触れてみます．英文を読むという行為は，ふつうの心理学研究者であれば日常のひとこまでしょう．専門分野〔に限りますけど…〕の研究論文や書物について，その大意をつかむのに苦心しているようでは，この稼業はつとまりません．しかしながら，原文の一字一句もおろそかにしないままに，日本語として通じる文章に書き換えるとなると，まったく話はちがってきます．もしかしたら私など，英文和訳なんていう作業を真剣にやったのは入試以来かもしれません．採点者に読まれるだけなら恥もかき捨てで済みますが，翻訳物となれば一般読者をお相手とするわけですから身

もすくむ思いがします。なによりも，文化がちがうというところがくせものです。文章のキーワードとなるような英単語に，ぴったりと相対する日本語の語句が存在するとは限りません。これがまずネックとなります。英文を読めばおおよそイメージはつかめます。なぜかというと，これまでに「概念学習〔これも心理学用語ですね〕」を重ねてきた英単語の，おぼろげながらのニュアンスのままに理解できてしまうからです。カタカナ用語多用の有識者がよく揶揄の対象にされますが，原語連発の心情がわからないでもないところがあります。専門領域の英文をざっと読めれば，翻訳ができるというほど甘くはないことは，このたび身にしみてわかりました。翻訳をなりわいとする方がおられるのも当然です。ただ，私たちだからできることがあるとも考えます。それは，心理学の研究者，実践者，教育者の立場から，現場における微妙なニュアンスまでお伝えすることです。この点をとくに大切に，日本語の単語，文章として的確かつ具体的に描写してみたいと考えました。私など今後は，これまでのように翻訳本に軽口をたたける立場ではなくなったことだけは確かなようです。

　その結果，弁明がひとつあります。訳者によってかなり日本語がちがうということです。以下の記述は，原著者に漏れ伝わらないことを願うのですが，原著書の文章は重文，複文，修飾句とたらたら長く，もってまわった表現が多く，正直，かなりうっとうしいものです。ふだん読み慣れている研究論文の英語とは，そうとう様相が異なります。読んで意をくむ，内容を理解するという限りではかまわないのですが，翻訳という作業は最終的に日本文に置き換えて意味が通らなければならないという宿命を負っています。そうすると，結局，英語力というよりも，その人なりの日本語力で表現するしかない，というところに帰結しました。案の定というか，やむを得ずというか，章によってかなり日本語の文体は違うようです。もともと日本語の文体表現には個人差が強く，文章心理学なんていう専門分野が存在する理由です。これも，各訳者が，いっしょうけんめい表現した"作品"と寛大にご理解いただければ幸いです。

　その代わり，個々の訳語については，十分に打ち合わせを重ね，ときには議論を闘わせながら進めており，各章間で不一致がおこらないようにつとめたつもりです。章を隔てて不一致の箇所がいくつかありますが，これは心理学の専門分野によって慣用表現や述語がちがっているという高等判断です。"満を持して"開催された青木研究室での編集会議でも，編者4人全員疲労困憊にいたるほどの用語チェックを試みました。各章末に掲載した対訳リストは，そうした長い苦労の過程の副産物ともいえるものです。専門用語とそれに準ずる語句だけを残しましたが，元のリストには相互に齟齬が生じないよう一般的なことばも載せてあったのです。翻訳作業をはじめた当初は，本文中に散在する重要な用語，述語，語句について，いちいち原語を添える計画で進めていきました。ところが，章によっては，まるで用語辞典の体で，ページ中，原語まぶしとなってしまうところが発生してしまうことに気がつきました。そこで，方針を大転換して，日本文としてさぁーと読みすすめいただいて，そののちに，勉強の必要などおありの方は「対照語リスト」をじっくり眺めていただくことにしま

した。訳者には二度手間をおかけすることになりましたが，けがの巧妙というか結果オーライというか，本文はすっきりと読みやすくなり，また，用語の勉強と整理をしたい方のためには，それなりに役立つ仕様となったと開き直っております。

　もう一点，"訳者代表"の責任として，訳者と読者の双方に向けて説明しておかなければならないことがありました。訳者，編者の方々の"立場"と，原著者らの"理論的アプローチ"に関することです。というのも，訳出し終わってみると，原著者たちの依って立つ"理論的アプローチ"はけっこう鮮明のようです。ふつう，心理臨床家や研究者が訳す翻訳書の場合，本の内容と専門家としての立場は近いと考えられがちです。私たちの訳者仲間には，心理臨床の実践現場で日夜奮闘されている方もおられますし，研究者としての理論的立場ということが重要な分野もあるでしょう。しかし，本欄の冒頭にも述べたように，今回の翻訳の動機は，原著書の目指す方向のユニークさに関心があったのであって，原著者たちの理論的アプローチへの興味ではありません。私のことはさておき〔内緒！〕，ほかの方々の"主義"，"流派"についてよく知りませんが，おそらくまったく本書とは宗旨がちがうのではないでしょうか。ただ，そのことで翻訳作業をすすめるさいに違和感はあったでしょうが，読者の側にまで累がおよぶようなことはありませんからご心配にはおよびません。専門家を任じていれば，ひとの本を読んでいるとき多かれ少なかれ湧いてくる感情ですし，それがもとで解釈にちがいが生じるような時代ではもはやないでしょう。

　本書の「本文」のなかで用いられている各種の記号や字体について，簡単に説明させていただきます〔訳者コラムなどは別です〕。まず，「かっこ」ですが，" "と' 'と（ ）の3種類については，原文にそって使用しました。〔 〕は，訳者が，時に応じて補注の意味で，また，原語を添えた方がよいと思ったとき，またまた，言い換えや訳注や，簡単な解説を加えて理解がすすむと判断したときなどに文中に挿入したものです。「 」も原文にはありませんが，強調や区別のために利用しています。

　字体については，原文でボールドタイプの活字のところは，そのままゴチック体としました。この場合，専門用語として重要語句であることを明らかに示しているときもあれば，単にその語句の箇所を強調しているだけとみなされるケースもありました。一方，イタリック体の箇所も，挿入された「事例」素材を示す場合をはじめ，いろいろなニュアンスで用いられているようですが，本文中ではできるだけそのまま斜体字にしてみました。

　最後に，巻末の「インデックス〔重要項目〕」について触れておきます。要は「索引」ということなのですが，これがなかなかイケてる出来で，原著をはじめて見たときも感心したものでした。ふつう，索引といえば，ある語や人名がどこに出てくるかを示すだけの無味乾燥な支援ツールで，翻訳出版では，訳者たちにとって整備が負担になるのでネグられてしまっているものもあります。ごらんになっていただけると一目瞭然なのですが，本書のばあい，単に語句の位

置を示しているのではなく，記述内容そのものの箇所をあらわしています。ですから，インデックスは，まるで，網羅的な"問題集"の体をなしています。もしかしたら，著者たちは，インデックスに示されているようなかたちで本書を構成・編集していきながら執筆をすすめていったのかもしれません。したがって，インデックスをじょうずに利用されると，知識の整理や受験勉強などに役立つような気がします。邦語訳をあて，原語も残しながら並べ替えて，丁寧に作成し直したつもりですので，おおいにご利用ください。

　しかしながら毎度のこと，編者仲間のひとりがインデックスの整備にとりかかりながら，いみじくももらしました。"この本はアイデアは立派だし充実しているが細部の詰めが甘いタイプなのだなぁ"と。まず，原著で指示されているページに，そのような記述がないという悲鳴が次々と届きます。インデックスに載っているのとはちがう用語で出ているという証言もあります。これらは実状に合わせて決済しました。一例をあげると，ある章にはまったく出てこない項目が掲載されているというのです。「自律的覚醒 autonomic arousal」がそれです。第2章にはちらっと出てきます。まあ，確かにそこいらあたりのことをひとことであらわすために用いる述語としては最適ですが，索引としてはいかがなものでしょうか。「認知行動療法 cognitive behavior therapy」というのも，原著の本文には直接みない項目だそうです。著者たちの考える文脈としてはわからないではないですが，ちがう意味で違和感をもたれる方も多いかもしれません。少なくとも本邦では，行動療法と認知療法はちがう療法として定着しているように思います。以上，最小限，インデックスの手当てに言及しました。

　それでも，このように日本の出版物だとあまり考えられないような"ミス"を含みながら，それを覆って余りある挑戦的なテキストであることには異存はありません。これから心理臨床をめざす方々，あるいはただいま心理臨床にたずさわっている方々にぜひお読みすすみいただきたいと期待しますとともに，一般心理，基礎心理を専攻している方々にもぜひ，臨床が提示する問題に関心を寄せていただきたいと希望するものであります。本書が，本邦ではとかく分離しがちな両分野の有機的な結合を考えていく上で，小砂利のごとき一石を投じることとなるようとくに念じます。

（秋田県立大学総合科学教育研究センター）

目 次

訳者まえがき〔編者のページ〕............... *1*
目 次............ *9*
著者たちについて............ *17*
献 辞............ *19*
まえがき............ *20*

第1章 心理学とカウンセリング............... (*22〜51*)
1.1 はじめに............ *22*
1.2 内潜理論と公式理論の関係性............ *22*
1.3 心理学研究の方法............ *31*
  1.3.1 自然観察............ *32*
  1.3.2 相関的方法............ *32*
  1.3.3 実験的方法............ *32*
  1.3.4 事例研究............ *33*
  1.3.5 調査の方法............ *33*
  1.3.6 標本抽出............ *33*
1.4 心理学の理論的パースペクティブ............ *34*
  1.4.1 精神力動的パースペクティブ............ *34*
  1.4.2 行動的パースペクティブ............ *35*
  1.4.3 認知的パースペクティブ............ *35*
  1.4.4 ヒューマニスティック パースペクティブ............ *35*
  1.4.5 生物学的パースペクティブ............ *35*
1.5 心理学の研究領域............ *36*
  1.5.1 過程ベースの研究領域............ *37*
  1.5.2 対人ベースの研究領域............ *38*
  1.5.3 応用心理学............ *39*
1.6 専門職の応用心理学（英国の場合）............ *40*
1.7 本書についての概観............ *41*
1.8 まとめ............ *43*
対照語リスト............ *44*　　　訳者コラム............ *46*

第2章 パーソナリティ............... (*52〜71*)
2.1 はじめに............ *52*
2.2 健康なパーソナリティ............ *52*
2.3 氏か育ちか？............ *54*

2.4 パーソナリティの連続性……………54
　2.4.1 パーソナリティへの特性論的アプローチ……………55
　2.4.2 パーソナリティ特性のアセスメント……………57
2.5 パーソナリティへの精神力動的アプローチ……………58
　2.5.1 パーソナリティのフロイト派理論……………58
　2.5.2 ユング派のパーソナリティ理論……………59
　2.5.3 パーソナリティのアセスメントへの
　　　　精神力動的アプローチ……………60
　2.5.4 精神力動的パーソナリティ理論の
　　　　カウンセリングおよび治療への示唆……………60
2.6 パーソナリティへのヒューマニスティック アプローチと
　　現象学的アプローチ……………62
　2.6.1 パーソナリティのクライエント中心理論……………62
　2.6.2 パーソナリティのゲシュタルト理論……………63
　2.6.3 パーソナリティ アセスメントへのヒューマニスティック アプロー
　　　　チと現象学的アプローチ……………64
　2.6.4 ヒューマニスティックなパーソナリティ理論と現象学的なパーソナリティ
　　　　理論のカウンセリングおよび治療への示唆……………64
2.7 パーソナリティへの社会的学習アプローチと
　　認知的アプローチ……………66
　2.7.1 パーソナリティの社会的学習理論……………66
　2.7.2 パーソナリティの個人的構成概念理論……………67
　2.7.3 パーソナリティ アセスメントへの社会的学習アプローチと認知的ア
　　　　プローチ……………67
　2.7.4 パーソナリティの社会的学習理論と認知的理論のカウンセリングお
　　　　よび治療への示唆……………68
2.8 カウンセリング実践における全体的示唆……………69
2.9 まとめ……………71
　対照語リスト……………72　　　訳者コラム……………73

第3章　情　動……………（75～96）

3.1 はじめに……………75
3.2 情動の役割……………76
　3.2.1 動機づけとしての情動……………76
　3.2.2 コミュニケーションとしての情動……………80
3.3 情動の構成要素……………82
3.4 情動の生理的構成要素……………84
　3.4.1 自律神経系……………84
　3.4.2 自律神経系の覚醒と情動体験……………85
3.5 情動の認知的構成要素……………87

3.5.1　文化的学習と評価…………88
　　3.5.2　無意識的評価…………88
　　3.5.3　認知と覚醒との関係…………89
　3.6　情動の行動表出的構成要素…………90
　　3.6.1　顔面表情…………90
　　3.6.2　情動表出に対する文化の効果…………91
　　3.6.3　性差と情動表出…………92
　　3.6.4　顔面表情と情動体験…………92
　3.7　情動表出とカウンセリング…………93
　3.8　まとめ…………95
　対照語リスト…………97　　　訳者コラム…………98

第4章　記　憶…………（100～121）

　4.1　はじめに…………100
　4.2　記憶の構造…………101
　　4.2.1　感覚記憶…………102
　　4.2.2　短期記憶（作動記憶）…………102
　　4.2.3　長期記憶…………103
　4.3　情報処理の概念…………103
　　4.3.1　符号化…………103
　　4.3.2　貯　蔵…………105
　　4.3.3　検　索…………105
　4.4　記憶の種類…………107
　　4.4.1　エピソード記憶（自伝的記憶）…………107
　　4.4.2　意味記憶…………109
　　4.4.3　手続き記憶…………110
　4.5　状態と気分の記憶への影響…………110
　4.6　忘　却…………111
　　4.6.1　符号化の失敗…………112
　　4.6.2　干　渉…………112
　　4.6.3　忘却の情緒的な要因…………112
　　4.6.4　幼児期健忘…………114
　4.7　再構成過程としての記憶…………115
　4.8　回復された記憶と子どもに対する性的虐待…………116
　　4.8.1　幼児期健忘と再構成された記憶…………117
　　4.8.2　抑圧と子どもに対する性的虐待…………118
　　4.8.3　暗示と子どもに対する性的虐待…………118
　　4.8.4　記憶に対する催眠の効果…………120
　4.9　まとめ…………121
　対照語リスト…………122　　　訳者コラム…………123

第5章　思考：情報処理，意思決定，問題解決……………（126〜146）

- 5.1　はじめに……………126
- 5.2　情報処理……………127
  - 5.2.1　注意と情報の選択……………129
  - 5.2.2　パターン認識と概念形成……………129
  - 5.2.3　記憶と情報処理……………130
  - 5.2.4　情報処理におけるエラー……………131
- 5.3　意思決定……………132
  - 5.3.1　意思決定における難しさ……………133
  - 5.3.2　オプションと結果の評価に関与する認知過程……………134
  - 5.3.3　意思決定における不確実性とストレス……………135
- 5.4　意思決定を改善する……………136
- 5.5　問題解決……………137
  - 5.5.1　問題解決のヒューリスティクス……………138
  - 5.5.2　問題解決にともなう諸問題……………142
- 5.6　創造的問題解決……………144
- 5.7　まとめ……………145

対照語リスト……………147　　　訳者コラム……………148

第6章　意識の状態……………（151〜176）

- 6.1　はじめに……………151
- 6.2　意識の機能……………152
- 6.3　意識のレベル……………153
  - 6.3.1　意　識……………153
  - 6.3.2　下意識処理……………153
  - 6.3.3　前意識的記憶……………153
  - 6.3.4　無　意　識……………154
- 6.4　睡　眠……………154
  - 6.4.1　睡眠の段階……………155
  - 6.4.2　睡眠パターン……………156
  - 6.4.3　乱された睡眠……………157
  - 6.4.4　睡眠に対する，食事療法や運動の影響……………157
  - 6.4.5　睡眠に対する，たばこ，アルコール，カフェインの影響……………158
  - 6.4.6　睡眠に対する処方薬の影響……………158
  - 6.4.7　睡眠障害とその治療……………160
  - 6.4.8　熟　睡……………164
- 6.5　夢……………165
  - 6.5.1　夢を見ることに関する事実……………165
  - 6.5.2　夢に対する認知的アプローチ……………167
  - 6.5.3　夢に対する神経生物学的アプローチ……………167

6.5.4　夢に対する心理療法的アプローチ……………167
　　6.5.5　共通の夢のテーマ……………168
　　6.5.6　夢の扱い方……………169
6.6　催　眠……………169
　　6.6.1　催眠のかかりやすさ……………170
　　6.6.2　催眠的体験……………170
　　6.6.3　催眠の効果……………171
　　6.6.4　催眠，セラピーそしてカウンセリング……………171
6.7　瞑　想……………173
　　6.7.1　瞑想とカウンセリング……………173
6.8　薬物による変性意識状態……………174
　　6.8.1　鎮静薬……………174
　　6.8.2　刺激薬……………174
　　6.8.3　アヘン剤……………175
　　6.8.4　幻覚剤……………175
　　6.8.5　大　麻……………175
6.9　まとめ……………175
対照語リスト……………177　　　訳者コラム……………179

第7章　自己と人間関係の社会心理学……………（181〜211）

7.1　はじめに……………181
7.2　自　己……………182
　　7.2.1　自己覚知……………182
　　7.2.2　セルフモニタリング……………184
　　7.2.3　自己概念と自己スキーマ……………185
　　7.2.4　社会的役割……………186
　　7.2.5　自己とアイデンティティ……………187
　　7.2.6　'本当の'自己？……………190
7.3　対人知覚……………190
　　7.3.1　印象形成……………190
　　7.3.2　状況のスクリプト……………192
　　7.3.3　帰属理論……………193
　　7.3.4　帰属のスタイルと抑うつ……………194
　　7.3.5　暗黙のパーソナリティ理論……………195
7.4　人間関係の形成……………196
　　7.4.1　身体的魅力……………196
　　7.4.2　近接性……………197
　　7.4.3　類似性……………197
7.5　人間関係の発達のモデルと理論……………199
　　7.5.1　人間関係の発達段階……………199

7.5.2　社会的交換理論……………200
　　7.5.3　自己開示と社会的浸透……………201
　　7.5.4　社会的スキルと人間関係……………203
7.6　親密性と愛情……………206
7.7　人間関係の衰退と崩壊……………208
7.8　レズビアンやゲイの人間関係……………209
7.9　ま と め……………210
　対照語リスト……………212　　　訳者コラム……………213

第8章　生涯発達：乳児期と幼児期…………… (215〜238)
8.1　はじめに……………215
8.2　心理的な発達はどこではじまるか。……………216
8.3　'有能な'子どもについてのモデル……………217
　　8.3.1　乳児期初期の達成……………217
　　8.3.2　幼少期の認知的コンピテンス……………220
　　8.3.3　個人差と気質……………222
8.4　初期の関係性と発達に与えるインパクト……………223
　　8.4.1　愛着と後の人生に対する結果……………224
　　8.4.2　愛着の査定……………227
8.5　母親をこえて……………229
　　8.5.1　父親の影響……………229
　　8.5.2　きょうだいの影響……………230
　　8.5.3　出生順位の効果……………232
　　8.5.4　家族外の影響……………232
8.6　家族の崩壊と分裂……………234
　　8.6.1　子どもの年齢と性別の影響……………235
　　8.6.2　離婚後の関係性と家族の建て直し arrangement……………235
　　8.6.3　家族の葛藤……………236
8.7　ま と め……………237
　対照語リスト……………238　　　訳者コラム……………239

第9章　生涯発達：青年期から老年期までの移行…………… (241〜261)
9.1　はじめに……………241
9.2　青　年　期……………241
　　9.2.1　青年期における身体的・認知的変化……………242
　　9.2.2　青年期におけるアイデンティティの発達……………243
　　9.2.3　青年のアイデンティティ問題とカウンセリング……………246
9.3　成人前期……………247
　　9.3.1　成人前期における身体的・認知的機能……………248
　　9.3.2　成人前期のモデル……………248

9.3.3　成人前期における性的・情緒的関係性……………251
　9.4　成人中期……………252
　　　9.4.1　成人中期における身体的・認知的変化……………252
　　　9.4.2　成人中期のモデル……………252
　　　9.4.3　成人中期の難題……………254
　9.5　成人後期……………255
　　　9.5.1　成人後期における身体的・認知的変化……………256
　　　9.5.2　成人後期のモデル……………257
　　　9.5.3　退　職……………257
　　　9.5.4　死別に対する反応……………259
　　　9.5.5　'自己'の死……………261
　9.6　まとめ……………261
　対照語リスト……………262　　　訳者コラム……………263

第10章　ストレス，対処と健康・疾患との関連…………… (265〜287)
　10.1　はじめに……………265
　10.2　ストレスの概念……………266
　10.3　ストレッサー……………268
　10.3.1　ライフイベント……………268
　10.3.2　よく見られる心理的ストレッサー……………269
　10.3.3　ストレスに影響を与える状況の要因……………271
　10.4　ストレス反応……………272
　　　10.4.1　生理的反応……………272
　　　10.4.2　認知障害……………274
　　　10.4.3　行動反応……………274
　　　10.4.4　情動反応……………274
　10.5　ストレス対処……………276
　　　10.5.1　問題焦点型対処……………276
　　　10.5.2　情動焦点型対処……………277
　10.6　防御因子と脆弱性因子……………278
　　　10.6.1　対処方略の効果……………279
　　　10.6.2　ソーシャルサポート……………279
　　　10.6.3　自己効力感……………281
　　　10.6.4　ストレス耐性と心理的たくましさ〔頑健さ〕……………281
　10.7　ストレス，健康および疾患……………283
　　　10.7.1　心身症……………283
　　　10.7.2　心疾患……………284
　　　10.7.3　バーンアウト〔燃えつき症候群〕……………284
　10.8　ストレス管理プログラム……………285

10.9 まとめ……………285
対照語リスト……………288　　　訳者コラム……………289

第11章　心理的障害……………（292〜317）
11.1　はじめに……………292
11.2　正常と異常の概念……………293
11.3　心理的障害のアセスメント……………295
11.4　不　安……………296
　11.4.1　不安の徴候と症状……………297
　11.4.2　不安障害の類型……………297
　11.4.3　不安のモデルと治療への示唆……………300
11.5　う　つ……………303
　11.5.1　うつの記述と定義……………303
　11.5.2　うつ的障害の類型……………304
　11.5.3　うつのモデルと治療への示唆……………304
11.6　外傷後ストレス障害〔PTSD〕……………306
　11.6.1　記述と定義……………306
　11.6.2　PTSDのモデル……………307
　11.6.3　PTSDの治療……………307
11.7　精神分裂病とそれに関連する障害……………309
　11.7.1　精神分裂病の記述と定義……………309
　11.7.2　精神分裂病の経過と転帰……………311
　11.7.3　精神分裂病の病因にかかわる諸要因……………311
　11.7.4　精神分裂病の治療……………313
　11.7.5　精神分裂病とカウンセリング……………313
11.8　人格障害……………314
　11.8.1　人格障害の分類……………314
　11.8.2　人格障害の病因論とモデル……………315
　11.8.3　人格障害の治療……………315
11.9　まとめ……………316
対照語リスト……………318　　　訳者コラム……………321

文　献〔原　著〕……………322
文　献〔邦　文〕……………343
インデックス〔重要項目〕索引……………346
訳者あとがき〔編者のページ〕……………359

著者たちについて

　Jill Wilkinson は，開業の Chartered Counselling Psychologist〔認定カウンセリング心理士〕であり，University of Surrey の心理学部門のレクチャラーで，心理療法〔サイコセラピー〕心理学およびカウンセリング心理学における3年の学士取得後の開業学位コースのディレクターをしている。彼女は，大学の仕事と自分の独立したセラピーの実践に均等に時間を割いてきており，名誉ＮＨＳアポイントメントについている。彼女は，英国におけるカウンセリング心理学の発展のために活動しており，英国心理学会〔ＢＰＳ〕カウンセリング心理学部会の実行委員の一人であり，カウンセリング心理学についての英国心理学会資格証審査委員長を果たしている。

　Elizabeth Campbell は，University of Glasgow の心理医学部門における臨床心理学のシニアレクチャラーである。彼女は，治療心理学と臨床心理学についての学士取得後専門養成に，まさにかかわり合ってきた。彼女は，Glasgow ＮＨＳトラストにあっては名誉顧問臨床心理士であり，英国心理学会カウンセリング心理学部会の審査委員会のメンバーでもある。彼女の臨床的，研究上の関心は，心的外傷後反応や救急サービスにおけるストレスにある。彼女は最近『Stress and Policing（Wiley）』を Jennifer Brown と共著している。

　Adrian Coyle は，University of Surrey の心理学部門のレクチャラーで，心理療法心理学とカウンセリング心理学の開業学位のリサーチチューターである。彼の研究上の関心は，移行にともなう対処，アイデンティティ，精神保健問題，ＨＩＶ／ＡＩＤＳの心理社会的側面にある。彼は，ＨＩＶカウンセラーとしてＮＨＳで働いてきただけでなく，種々のボランティア組織にあってカウンセリングの役割を果たしてきた。

　Alyson Davis は，University of Surrey の心理学部門のレクチャラーで，心理学についてのＢＳｃ〔Bachelor of Science〕の優等称号コースのディレクターである。彼女の研究上の関心は次のようなものである。子どもの想像と子どもの恐怖のアセスメントや入院加療と医療手続きについての子どもの理解といった，子どもの社会的認知の領域。子どもの表象（描画行動，書き行動，数値）。初期の算数思考と教育との関係。

　本書は，Jill Wilkinson と Elizabeth Campbell によって企画され，執筆された。第8章と第9章では，それぞれ Alyson Davis と Adrian Coyle の寄稿を受け，第7章では，Adrian Coyle の寄稿を得ている。

フローレンス，アイラ，キースへ
For Florence, Isla and Keith

まえがき

　心理臨床にたずさわるカウンセラーとして，セラピストとして，サイコロジストとして私たちは，自分のクライエント，クライエントの問題，クライエントが呈示する懸案についての理解を，種々の源泉から，たとえば文学と哲学から，自身の個人的経験から，もちろん公式の心理学理論から得ている。カウンセラーの大勢は，伝統的に治療実践の本質をなす主要グループの理論，すなわち，ヒューマニスティック理論，精神力動的理論，認知行動理論によく通じているであろう。しかしまた，はるかに広大な心理学の知識も存在するのである。それは私たちの理解に，重要な新たな次元を与えてくれることになる。それが本書の内容を構成しているこの著述である。私たちは，心理学理論や心理学研究の中核となるトピックスを選び出し，現場のカウンセラー，セラピスト，あるいはトレーニー〔訓練生，養成生〕に，とりわけ適切な方法で呈示したつもりである。この著述が，自分のクライエントについての理解，カウンセラー自身の理解，カウンセラーの治療過程についての理解を促すものであればよいととくに願っている。

　理論と研究がいかに実践の本質をなすかということを示すため，一貫して，実例による事例史〔ケースヒストリー〕素材を用いるようにした。そのさい私たちは，必然的に，その実例に関して特定のパースペクティブを提出することとなる。これが素材を理解する最善の，あるいは唯一の方法であるというのではない。事実，どんな事例にもふつう多数の説明や解釈がなされるが，本書では説明や解釈がだらけないよう，また決めつけにもならないようにしたつもりである。ここで提出したパースペクティブによって，このような事例史素材に新たな異なった光があてられ，それらの概念化や洞察，理解が可能になることを私たちは期待している。

　私たちが現実生活の事例素材から引用した場合には，クライエントの匿名性を守るために詳細は変更されている。そのような場合にもクライエントからは明白なかたちでの同意を得ている。

　私たちは，本書のいたるところで，カウンセラーに，セラピストに，それからカウンセリングに，セラピーに言及していくつもりである。私たちは純粋に実用主義的な理由でこれを行った。執筆にあたっている今の時代，カウンセリングとセラピーの領域全体が発展と変化の期間を通り抜けつつある。いくばくかの混乱は避けがたい。私たちはこうした混乱に拍車をかけるつもりなのではなくて，これら2つの職能団体〔カウンセラーとセラピスト〕と職能活動〔カウンセリングとセラピー〕に共通している何らかの中心的職務と関心事が存在すると考えるのである。

　本書は，カウンセリングとセラピーの実践に関わりをもつすべての人びと

に向けられている。これには，British Association for Counselling　ＢＡＣ〔英国カウンセリング協会〕および United Kingdom Council of Psychotherapists　ＵＫＣＰ〔全英サイコセラピスト協議会〕といった団体に認定され，認可されたカウンセラーおよびセラピスト，養成下のセラピスト，カウンセリング心理士，さらに職業活動の一部としてカウンセリングに従事している人たちが含まれるであろう。そうした人びととしては，ボランタリーセッティングで働いているカウンセラーはもちろん，職業としてのセラピスト，一般家庭医，教師，精神医学の看護士〔婦〕ないし地域精神医学の看護士〔婦〕も含まれるかもしれない。

　私たちは本書に貢献してくれた人たちすべてに謝意を表します。第5章と第7章に関する仕事に対しては Jonathan Chase に。第4章と第5章それぞれに関する有益なコメントに対しては Ian Davies と Lynne Milward に。支えてくれた私たちの家族たち，友人たち，動物たちに。もっとも重要なことは，ケース素材の使用に許可を与えてくれた私たちのクライエントに。

第1章　心理学とカウンセリング

1.1　はじめに

　この章は,「心理学」という学科・部門内の領域・分野,「心理学」という学問の規範・修練, すなわち心理学の「ディシプリン」へ読者を案内する。つまり, それは人間性についての常識的な理解にどう関わるか。また, 日々の生活のなかで採用している自分自身の内潜的な理論を, 形成し, 検証し, 展開させる過程が, いかにして心理学研究で用いられる方法に進展し, 洗練されていくか, ということについてである。

　心理臨床にたずさわるカウンセラーないしセラピストとして, 私たちは, クライエントとの作業のなかで, 意識的でないにしろ意識的であるにしろ〔内潜的にも外顕的にも〕, 心理学理論を用いる。私たちの'直感的'理解は, ふつう, 自分自身の内潜的な理論と, 外顕的な心理学理論にもとづくもっと組織的な公式化に由来する。

　内潜理論と公式理論のあいだの関係性というこのテーマは, 精神力動的, 行動的, 認知的, ヒューマニスティック, 生物学的といった心理学における主要な理論的パースペクティブをみることでつづいていく。

　本書の内容があらわす専門分野〔ディシプリン〕についての総合的な概説を読者に紹介するために, 心理学における主要研究領域と, 応用心理学ないし専門職の心理学の主要分野のあらましを述べることとする。全体として, 本書の手短な要約を示して本章を終える。

1.2　内潜理論と公式理論の関係性

　日々の生活のなかで, 私たちは, 自分自身やほかの人たちの考え, 感情, 行為や動機について, 絶えず説明を求め, 理解しようとつとめている。程度の差こそあれ誰もがそうしている。それはカウンセラーとサイコロジスト〔ないし心理学者〕だけの領分ではない。私たちはみな, 人間性や人間の機能性についての自分

自身の'理論'をもっている。それはときに**内潜理論**と呼ばれる。多くの人たちはそのようなことは意識していないであろうし，自分固有の理論的パースペクティブを表現しようともしないであろう。しかし，そのような理論が実在していることは，日々の会話のなかで明らかである。

次のような場面を想定してみよう。例えば，4人ほどの人たちが，スポーツクラブの更衣室で，あるいはオフィスで，かなりシャイな人物（ジョン R）についておしゃべりしているところである。その人については，全員とも，何かむずかしいところがあると**観察**していた。

A　彼は本当に自分に自信がないのよ。おびえていて自分の考えを言えないみたいよ。彼が赤ん坊のときに父親が死んだことがそうさせているのではないかしら。母親にとってもひどい時期だったにちがいないわ。夫を失ったうえに赤ん坊の世話もしなければならなかったんですもの。おそらく彼は憶えてないでしょうけど，それが彼に影響を与えつづけてきたに違いないわ。

B　私は，彼が自分をはっきり主張することを学んでこなかったことがもっと大きいと思うの。いつも'正しい'ことを言わなければ私たちが彼を嫌いになるとでも思っているのかしら。彼の母親に会ったことがある？　2人はお互いにとても好き合っているようよ。でも母親は，いつも正しくしなさいと，彼に圧力をかけているようなのよ。

C　私は，彼がありのままの自分でいいと認められたり許されていると，まったく感じていないんだと思うわ。それが彼に影響を及ぼしているのよ。

D　そうね。でも彼はもともとそんなふうなんじゃない。彼はおそらくそのように生まれてきたのよ。父親もきっと同じだったんだと思うわ。

ここには，この特定の人物がどうしてそうなったかについて，4種類のちがった**説明**がある。この4人が語った内容のそれぞれには，パーソナリティの発達に関するちがった仮説が，意識されてはいないが〔内潜的に〕に含まれている。

A　は，父親の不時の死によってもたらされた，乳幼児期の家族関係の崩壊という観点から，それを説明する。この見解は，たとえその記憶がないとしても初期の経験や人間関係が重要である，という仮説にもとづいている。

B　は，ジョンが有効に機能させなければならない特定な行動を'学習して'こなかった，という観点から説明を行う。さらに，ジョンがそうでない行動（期待通りのことを彼が言わなければ周囲が彼を嫌うような）をしたときに起こりうる結果は適切に評価されていると，Bは信じている。'B'は，人の発達における学習の重要性と，行動が知覚された帰結としての効果を，はっきりと信じている。

C　もまた，環境的な影響を意味のあるものとみているが，今度は，人の発達に対しては受容が重要であると強調している。

D　は，遺伝的な特質という観点から説明する。環境的な影響はないか，あっ

てもわずかであり，それらはすべて生物学にとって下位の問題である。すなわち，人がいかにして在り，なぜそのように行動するのかは，育ち方というより天性の資質によって決まるという見解をとっている。

以上は，パーソナリティの発達に対する心理学の主要な理論的アプローチによって示された見解である（詳細は**第2章**で討論される）。もう少し公式的に述べると，次のようになる。

- **精神力動的理論**──思考，感情，行動を決定するさいには初期経験と無意識が決定的な役割をとると強調する。
- **認知的-行動的理論**──パーソナリティ領域のものも含めて，多くの行動が，学習を通して獲得されるとみる。また，信念，思考，知覚といった心的過程が行動に及ぼす効果も強調する。
- **ヒューマニスティック**〔人間性，人間学的，人間主義的〕**アプローチ**──自分自身が成長するよう個人が生来の努力をすることを強調する。そして，適切な環境が与えられれば創造的な潜在力を発揮する可能性が高いと考える。
- **生物学的理論**──遺伝的あるいはほかの生物学的要因によってパーソナリティがどの程度影響されるかが決まることになによりもこだわる。

Aの見解はすぐ分かるように，精神力動的理論に一致している。Bは認知的-行動的理論，Cはヒューマニスティック理論で，Dは生物学的理論ということになる。

それゆえ，**心理学理論**は特定の行動パターンと心的過程の関係性，とその原因についての**説明**に役立つ。しかし，先の4人の説明の難点のひとつは'あと知恵'ということである。どの説明も一理あるようには聞こえる。でも，どの理論も，検証するつもりなら説明だけではなく，将来の出来事をも**予測**しなければならない。

さらにもし，こうした仮説的な会話が舞台にのせられたとすると，この表面的には不幸な男性をどうして援助するかについてのグループ間の議論を耳にできるかもしれない。それは，変化が起きる（または起きない）状況ないし条件についての予測の形式をとる。進行はこんなふうである。

A 何か彼を助けられるようなことがあればいいと思うけど，彼はとても不安定ね。彼は認めていないけれども，おそらく心底母親を恨んでいて，自分自身に起こることがほんとうにひどいと感じているわ。そんなもろもろのことと，折り合わっていかなければならないのでしょうね。

B いいえ。彼に必要なのは，自分自身の意見をしっかり主張することを学ぶことよ。一か八か自分の気持ちをうち明けるべきだわ。たとえそうしたとしても，私たちが彼に逆らってそれを制したりしないということを悟るべきなのよ。私たちがそうしたとしたってこの世の終わりということでもないでしょう。

C　もしあなたが彼を変えたいと思うのを全部やめて，彼のありのままを受け入れて良さを認めて評価してあげるなら，彼はきっと，もっと自信をもって自己主張をするようになると思うわ。
　　D　それはまさに彼がそんなふうだということなのでしょう。頭部移植以外にそれを変えられるものはないわ！　でも，次善の策として，ことによると驚異の新薬プロザックが彼を救うかもしれない。私は，自分でも手に入れようと考えているくらいだもの！

　グループの各メンバーは，パーソナリティの変化をもたらすのに何が必要かについて，自分固有の**仮説**や経験にもとづく憶測を形成してきた。それは，パーソナリティに対する各自の理論的アプローチから引き出されてきている。
　これらは，もちろん，治療的な介入への4種類の主要なアプローチ——はじめの3つは心理学的で，4番目は医学的——をまさに反映する援助の仕方を示している。

- **精神力動的アプローチ（A）**　無意識の思考や感情を認識し，理解し，処理することによって洞察を獲得するよう，クライエントを援助しようとする。
- **認知的／行動的アプローチ（B）**　行動の仕方も考え方も変化するよう，クライエントを援助することをねらいとしている。
- **ヒューマニスティックアプローチ（C）**　クライエントが人間として成長し，潜在力が引き出されて発揮できるよう，信頼して待つことを目指している。
- **生物学的アプローチ（D）**　身体の生化学を変えることを指向する。

　それゆえ，公式理論の観点からすると，意識的でないにしろ意識的であれ，人びとがパーソナリティに対してとるアプローチと，援助に対してとるアプローチのあいだには直接的な関係性が存在する。

A　は，困難は子ども時代の初期の経験に由来すると信じており，解決されるべき初期の苦痛や葛藤についての領域がある，という考えをもっている。
B　は，人が自分自身の意見をはっきり主張するのに必要な行動を学習してこなかった（おそらく支配的な母親のために自己主張行動への試みが適切に強化されなかった）ために，部分的にしろ問題は発生しており，いまこそ彼が自己主張するよう学習することが求められている，と考えている。
C　は，受容された感情が重要であるとみなす。そして，'自然にふるまう'という成句を使うことが，人間性についての重要な哲学的観点であるとする。したがって，Cは，人生のこの段階における受容と評価が，彼にとって意味深い方法で'成長'していくのを援助する，もっとも効果的な方法と理解している。
D　は，困難は遺伝的－生物学的構造の結果であると感じている。そして，生化学的変化を指向する薬物治療の可能性が，支援の道になるかもしれないと考えている。

この例で用いられた用語は，もちろん日常の会話では決して使用されない。にもかかわらず，はじめの3人による3つの陳述に潜在的に含まれている心理学的概念は，パーソナリティの精神力動的理論，認知的－行動的理論，ヒューマニスティック理論のなかに，そして，心理療法〔サイコセラピー〕や心理カウンセリングのなかに明確に示されている。

しかし，人びとは概して，ある特定の理論的パースペクティブを発展させたり採用したりしないで，あくまでそれを通そうとする。人びとはある総合的な方針をいだきながらも，外界からの証拠に照らして自分の理論を改め，修正するかもしれない。

例えば，くだんの男性が，次の3，4か月間ずっと，まさに自信に満ちて自己主張するようになったとしたらどうであろう。薬物治療以外に彼のことを変化させるものはないとするDの（生物学的）仮説は，もしこれはそのケースには該当しないとしなければ，承認されなかったことになってしまう。そこで，Dの生物学的パースペクティブは，この新たな証拠の断片に適応するよう，変化が起きうる条件を含むよう，改訂されるであろう。改訂理論では，幼少期に大きな心的外傷を経験しない限り，一般に人びとの生物遺伝性は彼らのパーソナリティを決定する，と記述されるようになるかもしれない。

しかし，すすんで学習理論アプローチの立場をとる'B'もまた，ジョンが変化し，その後，集中クラスへ出席しているのに気づいたとしても，Bはまったく驚かないであろう。Bの仮説は承認され，結果として理論は補強されたことになる。

したがって，日々の生活のなかで人びとは，対人的世界を理解し，将来の出来事を予想するために，内潜理論，心理学理論を充実させながら用いている。ときに検証し，ときには元のポジションを裏書きしたり論駁したりして，自分の理論を改善していく証拠を与える仮説をこれらの仮説から公式化する。

人びとが日々の生活のなかで内潜理論を用いるならば，当然，カウンセリングのなかにおいてもクライエントはそうする。クライエントが，カウンセリングの前に，そのあいだに，またそのあとで，自分たちの困難をどの程度概念化できるかは，実のところさまざまである。ある人たちは'心理学的に'考えることに慣れていて，この点においてかなりソフィスティケートされているかもしれない。残りの人たちは，自分たちの現在の困難さを理解するに十分なほど，首尾一貫した理論的枠組みを発展させることはできないかもしれない。カウンセラーないしセラピストとして，私たちは，クライエントの内潜的な，あるいは外顕的な理論的方向づけを認識し，顧慮する必要がある。とくに，クライエントがもつ見解と私たち自身が固執している見解との食い違いを認識していなければならない。

カウンセラーやセラピストは，ある特定の理論的アプローチで訓練を受けているけれども，カウンセリングの作業で自身の内潜理論を用いる可能性もある。これは理解できる。どんな理論や理論的アプローチもひじょうに豊かで深い人間の経験に関係する問題を扱って発展してきている。しかし，ときには，カウンセラー自身の内潜理論と採択された公式理論のあいだには葛藤が存在しうる。そして，

内潜理論とカウンセリングの実践を統合することがおぼつかなくなる。もし，カウンセラーがこのことに気づかずに，葛藤が解消されないままだと，次のケースで示されるように，クライエントへの困難に陥る原因となりうるのである。

　比較的最近，一般家庭医 General Practitioner ＧＰ の資格を得た20歳後半のDr Cは，身体的な健康に関する心理学的要因の重要性に，あるときからずっと気づいていた。このために彼は，ヒューマニスティックな立場を指向する集中カウンセリングコースへ熱心に出席してきた。彼は同僚の医師から患者の１人を診るようにと依頼を受けていた。その患者は３５歳の女性で，彼女の８か月の赤ん坊を検診につれてきたさいに，頻繁に起こる頭痛と，家庭での状況に対処することにかなりの困難を抱えていることを，その同僚の医師に語っていた。
　患者はMrs Dといい，幼い息子が家にいるために，シティー〔ロンドンの旧市部；英国の金融，商業の中心地域〕の職場もあきらめてきた。計画したことであるにせよ，彼女はいま，新たに加わった赤ん坊によって自分の生活が完全に崩壊していることを知っている。すなわち，夫との関係は悪化しており，自分が役立たずと感じていて，混乱と否定から逃れる方法がわからない。しかも，どのような抗うつ剤も欲しがらないのだ！　Mrs Dの担当ＧＰは即座に，これはDr Cが新たに会得したカウンセリングスキルを実行に移す絶好の機会と判断した。Mrs Dは心理的障害の履歴をもたない。たしかに，彼女はいつも驚くほどよい適応を示していると思われてきた。Dr Cにとって入り組んでなくてやりやすいと思える。そこでDr Cは，息子が生まれて生活が少なからず変化したために彼女が直面している困難さのいくぶんかを選り分けられるよう援助するために，１回30分で５回連続の'カウンセリング'セッションに来院することを提案してみた。彼女には何も期待はなかったが，よい考えだとは思えた。「彼はほかのみんなと同じように，仕事にもどるべきだと私に言うのだろうか？　もちろん私はそのことについて考えてきたけれど，私の子ども時代のように息子がワーキングマザーに育てられることを望んでいない。彼は私のおまる〔トイレット〕トレーニングについて知りたいと思っているのだろうか？！」彼女はおののきながら１回目の面接へ向かう。
　初回のセッションが終わったとき，彼女はほんとうに驚いた。時間はとても早く過ぎた。言うべきことがそんなにたくさんあるとは思ってもいなかった。だけど，何を言ったのだろう？　実際には何もおぼえていないが，意気盛んな感じは残っている。彼は何を言ったのだろう？　あまり言わなかったように思えた。彼は確かに，仕事に戻れと言わなかったし，それについてべつのことをするようにともいわなかった。そして，'おまる'ということばは一度も口にしなかった。それなのに，なぜいまの自分のような気持ちになるのだろうか。もちろん，それは長続きはしないだろうし，事実，続かない。家では何も変わっていない。彼女の夫は，いままで通り同じ時間に，夕食を待ち望んで帰宅する。夕食はいつもいっしょにとるか，帰宅途中でテイクアウェイ〔テイクアウト〕を買ってくるかだった。家のなかはいまでもいつもごみ捨て場のようである。

そして，そうじゃなかったとしてだれがかまってくれるであろうか。読者は掃除への'甘い評点〔ブラウニーポイント〕'はいらない。だれも入ってこないし，'おやおや！あなたはそのテーブルの塵をきれいに払ったことはないの'と言う人はだれもいない。しかし，ともかくも何ごとも変化していないという事実はあるにしても，彼女はDr Cとの次のセッションを楽しみにしている。

　2回目のセッションは，1回目のセッションと同じようにすすんだが，今度は，彼女はだいたいは自分の生活についてもっと多くを言っている。彼女は長いあいだ忘れていたことを思い起こす。それがなにか特別の意味のあることとは思われないが，読者の知らないことについて，彼にとって'正しい'ことをしようというプレッシャーは何も感じていないと彼女はわかっている。彼女は思慮深い感じで，2回目のセッションを終える。

　3回目のセッションの終わりまでには，Mrs Dは，自分がこれまで考えなかったことについて考え始めていることに気づいた。例えば，自分は期待に背かないようなことばかりいつもしてきたと気がついた。すべてのことが，そのために計画されてきたのだ。彼女は実際に自分が望むこと，必要とすることを自分でしてこなかった。彼女は，真に自分の話に耳を傾けてくれた人はいままでだれもいなかったと感じている。Dr Cが，本当に'自分の側に立っている'と感じ，少しも考えを押しつけようとしないと感じる。彼女には，答えが何であるのか，まだわかってはいない。家のなかのことはほとんど変わらないけれども，心のなかではなんだか少し良くなったような感じがする。ものごとがうまく進んでいく自信のようなものがわいてきた。それから，先週は頭痛が1回しか起きなかった。Dr Cがいま何をしているのか，なぜ自分がだんだんよくなっていると感じるのかを本当には理解していないが，Dr Cといっしょにいると'安全に'感じること，つまり，何についても彼に話すことができるし，それが許されるだろうことはわかっている。

　一方，Dr Cは，まったく自分自身のことで思案を重ねていた。彼自身の結婚生活は，最近，すべての，彼が引き受けてきた臨時の仕事の処理のために，いくらか緊張状態に陥ってきていた。しかしながら，彼はいつでも問題に対しては'真正面から'立ち向かい，責任をまっとうし，良き問題解決者であることを誇りとしてきていた。彼は仕事を改革しようと試み始めており，家庭においても改善計画に着手している。日々，子どものために時間をつくること，そして，多分もっと重要なことは，妻のための時間，つまり'上質の時間'をつくることである。これは具合良くいき始め，彼の努力は報われつつあって，いま，家庭生活は充分に満足がいくものとなっている。

　Dr Cはまた，Mrs Dとのセッションについても，ずっと考えてきていた。そして，彼は自分たちがどこへ向かおうとしているのか，まったく自信がもてない。残るはたった2回のセッションだけである。これまでのところまったく目的を達していないと思う。彼が彼女の問題を解決していると思われていないことも当然わかっている。彼のカウンセリング訓練によると，その状態ではちょっとよくないらしく，やはり彼はいくぶん欲求不満を感じている。

4回目のセッションは，Dr Cへの長い手術の終わりにきている。Mrs Dはセッションとセッションのあいだに，本当にたくさんのことを考えてきていて，カウンセラー／医師と，考えを分かち合いたがっている。一方，Dr Cは，セッションのはじめに，いつもの彼とはまったくちがって，家族全員のために彼女が家でのことごとをどう改善できうるかわかちあってもらおうとする。彼は今まで彼女の言うことに耳を傾け，本当はそう思っていないが，彼女が仕事に戻りたくないということを容認した。しかしながら，もし彼女が夫との関係をもう少しうまくできるとしたら，きっと良い結果が出るであろうと彼は思っている。つまり，ベビーシッターを雇い，2週間に一度は食事に外出し，あらかじめ夫のために特に時間をつくっておくようにする，等々。彼はこれらをすべて，友好的で役だつよう気をつけながら言う。このアプローチが自分と自分の家族にうまく作用しているという事実を，彼は彼女と分かり合いさえしていると思う。

Mrs Dは信じることができない。彼がいま言い続けていることも，それに対する自分の反応も。衝撃。不信。怒り。混乱。なぜなの？　彼が言っていることは完璧に理にかなっている。彼は，彼女の友人が言ったかもしれないことのほかには何ひとつ言っていない。にもかかわらず，まったく根本的な仕方で裏切られたと感じる。彼女は自分が'閉じて'，'遮断した'と感じる。2人は，母であることの実際性や，家族生活と仕事を結びつける難しさについて語る。セッションはとめどもなく続いているようである。とうとう30分が経ち，Mrs Dはセッションがいかに有効であったか，最後のセッションは必要ないように思うと，Dr Cに語る。

Dr Cもまた，Mrs Dの対応に衝撃を受けている。彼は何が起こったか理解できず，どう考えたらよいかわかっていない。結局，彼は役に立とうとずっと試みていただけである。おそらく，彼女は多分もっと基本的な問題をかかえていた。しかし，彼は当惑している。彼女が何をすることができるかについて語ったあとには，2人が前には持っていた'親密さ'と上質さを回復できなかったと彼は気がついた。何かが去っていった。何かが失われた。

Dr Cの次の患者たちに幸いなことには，彼はこの問題をスーパービジョンへかけた。つまり，彼は，その目的のために設定されたミーティングで，先輩のカウンセリング仲間とそれを検討した。このミーティングの結果，何が起こったか，なぜMrs Dがそのように対応したのかを理解し始めた。何週間かあとに，Mrs Dは経験のあるカウンセラーの援助を求め，カウンセリングでの前の経験から起こった感情から抜けだし，さらに，これらのセッションで明らかになり始めていたいくつかの問題点を処理した。

もっと経験を積んだカウンセラーにとって，これはむしろわかりきった事例にみえるかもしれない。それにもかかわらず，起こりうるし，実際に起こった。最初の3回のセッションでは，Dr Cは，彼のトレーニングでのアプローチ，すなわちヒューマニスティック理論から導き出された非指示的アプローチに従った。

このアプローチは，あらゆる個人は，適切な状況のもとでは，変化への動機づけと能力をもっていることを想定しており，さらに，人は変化が起きる方向への的確な決断を自身でくだすことができると示唆している。それゆえ，ヒューマニスティックな立場にあるカウンセラーの目標は，個々人自身の考えや感情の探求をうながし，彼ら自身が自らの解答へ到達していくよう援助することである。カウンセラーは，こうした過程がうまく機能するように，信頼と'共感的理解'の条件を創り出すことにつとめる。

最初の3回のセッションでは，Dr Cはこれらの条件を整えた。彼は，Mrs Dとのあいだに十分信頼できる状態を創り出したので，重要かつ根元的なレベルで彼女が自分の経験をあえて追求することができた。彼女は安全であると感じた。彼女は自分自身を信じ始めてもいた。そのようなわけで4回目のセッションを始めるにあたり，Dr Cが人間性についての自分自身の内潜理論から導き出された実践的な問題解決アプローチを採ることで針路を切り換えた途端，Mrs Dは，彼女の生活で前進することの可能性についても，こうした過程を可能にしてきた関係性についても，どちらについても一気に喪失感を経験することとなった。これは，課題解決アプローチがこうした状況には不適切だったと言っているのではない。この2人の作用の仕方は，人やヒューマニスティック理論から導かれる援助方法について全く異なる仮定をする理論的モデルにもとづいているために，今回のような文脈においては，2つのアプローチは相容れないということである。この担当医は，異なったアプローチの理論的支柱について十分な知識をもっていなかっただけではなく，自分自身の内潜的アプローチについての認識にも欠けていたので，何が道を誤らせたのか，彼の患者が何を知らされたくなかったと思っていたかを理解できなかった。

内潜理論にともなう問題は，文字通り，それが内潜的である〔意識的でない〕ことにある。そのような理論は，人びとの日常世界の理解に根本的な役割を果たしていると同時に，それが，公式アプローチにそれを統合しようとするのではなくて，カウンセリングの文脈に独断的に導入されるときには，混乱へと導く可能性が強い。

治療的な，あるいはカウンセリングの文脈において，内潜理論を用いるさいのもう一方の困難は，それによって発展している過程が，必然的にかなり偶然によるものであり，しばしば'あと知恵'に適用されるということである。現実の生活は，いつでも仮説を検証しつくす機会を私たちに提供するわけではなく，たとえ提供したとして'適合しない'証拠のいくつかは無視するかもしれない。結果として，私たちの理論は矛盾だらけで首尾一貫していない可能性は高い。これは毎日の生活ではまったく問題にならないかもしれない。しかしながら，カウンセリングの過程に関しては，私たちが見てきたように，かなりの衝撃となってくるのである。

1.3 心理学研究の方法

心理学の主要な課題のひとつは，公式かつ一貫したやり方で理論を発展させることである。人びとが毎日の生活のなかで自分たちの内潜理論を発展させるときに用いるのと，同様の方法を心理学でも用いている。すなわち，観察，説明，仮説の提唱と検証，次つぎと新しい仮説を産み出す理論の公式化と発展。非公式理論と心理学で採用された'科学的'アプローチのあいだのひとつの重要な違いは，最初の事例でのジョンのケースでのように生活をそのコース別にふりわけるのではなくて，仮説を公式化してきた心理学者が，証拠を整える調査のための**経験的方法**を用いて，研究のプログラムを組み立てることにある（図1.1）。科学的な学問領域〔ディシプリン〕においては，事実は論理的な主張によってではなく，こうしたやり方で確立されなければならない。'科学的な'方法を用いることによって，集団もしくは母集団に一般化できるけれども，ジョンにもほかのどんな人にもぴったりとは当てはまらないような，人間行動と心的過程を支配する一般法則もしくは一般原理を発見しようとする試みのなかで，心理学は絶えず理論を発展させ洗練させつづけている。

仮説を検証し，理論を発展させるさい，心理学者はその研究において，たくさんの経験的手法を用いる。そのうちの主なものは，自然観察，相関的方法，実験的方法，調査，事例研究である。

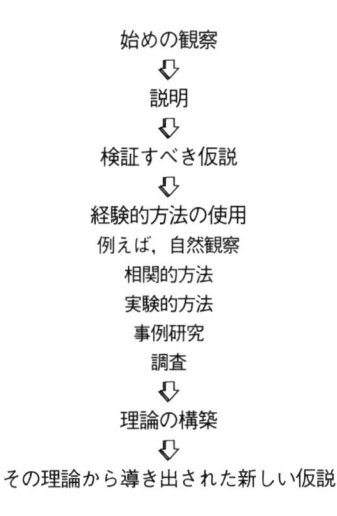

始めの観察
⇩
説明
⇩
検証すべき仮説
⇩
経験的方法の使用
例えば，自然観察
相関的方法
実験的方法
事例研究
調査
⇩
理論の構築
⇩
その理論から導き出された新しい仮説

図1.1　心理学で用いられる科学的アプローチおよび経験的手法

1.3.1　自然観察

　この方法は，生起する行動についての有効な情報を集めるために，自然なセッティングでの行動観察を意味する。自然観察は，行動の**記述**とありうるかもしれない因果関係についての情報を供給するに過ぎない。
　一部のサイコロジストは記述的方法を用いるが，自然観察は研究における出発点として，より頻繁に用いられる。

1.3.2　相関的方法

　相関的方法は，自然観察の場合のように，研究者によって統制されてない，自然に生起する2種類の事象間の関連性を見いだすために測定を行うことを意味している。これは，私たちが予測をすることを可能にするかもしれない。しかし念を押すようであるが，これは因果について何かを示唆するものではない。
　例えば，もし睡眠と怒りっぽさのあいだに相関や連関〔属性相関〕が見いだされたとしても，すなわち，よく眠れない夜を過ごした人びとが，熟睡した人たちよりも翌日にもっと怒りっぽくなるという報告があったとしても，ここからただちに不十分な睡眠が怒りっぽさを*引き起こしている*と推断することはできないであろう。逆もまた同様である。実のところ，変数の双方が，第三の変数，例えばストレスによって引き起こされているかもしれない。もし相関が強ければ，睡眠を妨げられた人びとは，より怒りっぽくなりやすく，不安がある人びとは，より眠れない夜を過ごしやすい，と予想できるかもしれない。しかし，因果を推断するためには，実験的方法を用いる必要がある。

1.3.3　実験的方法

　ところで，統制された実験のテクニックは，原因と効果についての結論を引き出すために用いられる。これは，原因であると考えられる条件を何かの方法で変えること，それが，問題の行動に関して何か効果を持つかどうか記録することを意味している。
　さてそこで，睡眠が妨げられると怒りっぽさを引き起こすと考えたとすると，睡眠という要因が実験において変化させられ，**操作される条件**ということになる。実験は，実験室のなかで，一方のグループ，ふつうに寝入ることが許される**統制〔コントロール〕群**と，もう一方のグループ，妨げられるという睡眠条件をつくり出すために，例えば数回起こされて夜中の一部は目を覚ましている**実験群**とに実施される。
　睡眠の欠如の効果を確かめるために「怒りっぽさ」を測度とする。もし，睡眠を妨げられた人びとが，睡眠を妨げられなかった人びとより，〔統計学的に〕有意に高い水準で怒りっぽくなったこと（すなわち，偶然に起こりうるよりその差はずっと大きい）が見いだされたら，睡眠を妨げられることは怒りっぽさの因果

要因になりうると言える。しかしながら，その主張がなされるには，その研究計画に関連してたくさんのほかの考察をする必要があろう。

実験計画は，このように，もっとも単純なかたちには，以下のことを意味している。

1. いま変えている条件を除いて，すべての点で等しくなるよう2グループかそれ以上の被験者群をつくり出すこと。
2. 行動に変化を引き起こすと考えられる条件を，直接に変えること。
3. 条件を変えることが，行動に何か効果をもつかどうかを記録すること。

ほとんどの心理学的研究はもっとはるかに複雑であって，数個の独立変数が1つあるいは数個の従属変数に効果をもたらすようにと，いかに相互に影響し合っているかを吟味することをしばしば意味する。これらは**多変量実験**として知られている。

1.3.4　事例研究

ほとんどの事例研究の目標は，一般的なケースへの適用が想定される，個人的な行動についての一定の原理を明らかにするか，例示することである。事例研究は，個々の被験者の深層的な記録であり，主に臨床的なセッティングで用いられる。ほとんどの事例研究は，想起された出来事と記録とにもとづいている。これは，明らかに，ある程度の再構成が必要である。というのも，過去についての知識が，現在の行動を理解するうえでの関心事であり重要事項となるのは，ふつうは，個人が課題をはっきりさせようとしているときにだけである。さらに，事例研究アプローチは，グループや組織全体を研究するときにも用いることができる。

1.3.5　調査的方法

調査は，多人数集団についての態度および心理的作用に関する情報を提供する。適切な調査には，注意深く構成された質問紙と研究に合った標本〔サンプル〕が必要である。標本となる人びとは，研究対象の母集団を代表することができるように選ばれる。

1.3.6　標本抽出

上で手短に述べた方法に関しては，多くのバリエーションが存在する。そして心理学研究にはしばしば1つ以上の方法の使用が必要である。さらに，標本抽出〔サンプリング〕の問題も含む，たくさんの考慮すべきことがらもある。ふつう，特定の集団のすべての構成員を研究することは不可能なので，研究は，多人数の母集団から得られた部分や**標本**に限定される。もし，研究から引き出された結論

が，より多人数の母集団に当てはまるなら，標本はそのグループを代表しているにちがいない。

研究結果を解釈するとき，標本の性質はつねに考慮されなければならない。男性の中間管理職の標本から得られた，ストレスに関する研究の知見は，ほかの母集団，例えば老人だけの家庭の人びとには，うまく当てはまらないかもしれない。

心理学的研究を行うということは，あきらかに，方法論的問題をともなった複雑な過程である。またそれは，多くの重大な哲学的疑問を引き起こす。とくに実験的アプローチが，還元主義者そして機械論者となることに対しては，少なからぬ批判を受けてきた（Popper, 1959を参照）。もう一方からみれば，事例研究は主観的で，科学的ではないと考えられてきた。目的が異なれば用いられる方法も異なるということは，ひとつの重要な見識である。実験的方法は，一般的に，人間の機能性に関与した種々の'過程'（例えば，知覚や記憶といった）の研究に用いられる。一方，事例研究はもっと現実の個人の生活を扱っている。どちらのアプローチによっても有益な情報を得られるが，その情報を得る方法は批判も疑義もなく受けいれるべきではない。

1.4 心理学の理論的パースペクティブ

心理学は実に多彩な学問分野〔デシィプリン〕にその根源を求めるので，1.2のジョンRの例でみてきたように，それが，同じトピックスを眺めるためのたくさんの異なったやり方を発展させてきたことは驚くことではない。精神力動的，認知的，行動的，ヒューマニスティック，生物学的と，5種類の異なったパースペクティブがあると，通常考えられている。認知的と行動的とは，しばしば結合される。各パースペクティブは，人間の行動について異なった機能性および異なった原因に焦点を合わせている。パーソナリティの発達に関して，異なるパースペクティブの特色を先に概述してきたが，トピックは上述の内容よりむしろもっと注意が肝要である。

1.4.1 精神力動的パースペクティブ

精神力動的パースペクティブは，フロイトSigmund Freudの業績にもとづいている。フロイトは，パーソナリティと精神障害を説明する理論，および精神分析として知られる治療の形式の双方を創出した。精神力動的アプローチは，すべての行動と心的過程が，人の心のなかで絶えず続き，しばしば無意識な苦悶を反映するということを想定している。これらはふつう，食物，性，攻撃性といった基本的な生物学的本能を満足させる欲求と，社会により負わされる制限のあいだの葛藤をともなう。精神力動的アプローチをとる人たち全部が，フロイトのオリジナルな考えすべてを受け入れているというのではなく，ほとんどの人たちは，異

常行動や問題行動は葛藤を適切に解決できなかった結果であると眺めているようである。

1.4.2 行動的パースペクティブ

精神力動的パースペクティブが，主に私たちのなかの無意識的かつ生得的な生物学的力の役割に焦点を当てるのに対して，行動的パースペクティブは，私たちの行為を形成し支配している外的環境の役割，とくに報酬と罰のパターンを強調する。こんにち，自らを厳密な行動主義者とみなしているサイコロジストはほとんどいないであろうが，行動主義は科学的な学問規範〔ディスプリン〕として，心理学の発展に強い影響を及ぼしてきている。

1.4.3 認知的パースペクティブ

認知的パースペクティブでは，人間を強調する立場にもどる。しかし，無意識的で非合理的な心的な力に焦点を当てる精神力動的アプローチとは対照的に，認知的アプローチは，その行為が意識的な思考力や計画性に支配される，合理的な課題解決者として人間を眺めている。このアプローチで強調されるのは，人びとが知覚し入ってくる情報を心的に処理し，評価し，応答の仕方を決定するといった，そのやり方に関してである。

1.4.4 ヒューマニスティック パースペクティブ

ヒューマニスティックパースペクティブも，同様に，私たちが無意識の葛藤により，もしくは報酬と罰によって統制されているとする見解を，拒否する。そして，認知的アプローチと同じように，人びとが，考え方，行動の仕方，自分自身の運命を統制するやり方を選択する能力をもつとみている。ヒューマニスティック理論にしたがえば，すべての人間は，成長へと向かう傾向，自分の潜在力の発展と'自己実現'によって動機づけられているが，これが起きるにはそれなりの環境が必要である。ヒューマニスティックな視点は，公式の科学的理論より哲学的なポジションを占める傾向は強い。そして，ヒューマニスティックサイコロジストは，理論を発展させたり行動を予測するより，内面的な生活や個々人の経験を記述することに関心をもつ傾向がある。それゆえ，このアプローチが多くのカウンセラーにいちばん気に入られているのは驚くにあたらない。

1.4.5 生物学的パースペクティブ

生物学的パースペクティブは，人間の思考，情動，行動，動機づけを，身体のなかで起きる物質的過程の見地から理解しようと試みる。この立場は，これらの活動にとって必要である生化学過程，すなわち人間の脳の役割，および，私たち

個々の発達における発生的要因により動かされる部分を強調する。

　ある特定のトピックに関してこれらの心理学的パースペクティブは，ときには自家撞着的で相互に相容れない。上述のジョンRの例のように，同じ現象に異なるパースペクティブが異なる説明を唱えるときにはそうなりやすい。しかしながら，もしそのパースペクティブが，同一の現象の異なった側面に焦点を当てるなら，特定の領域についての私たちの総合的理解を深めることができる。

　もし肥満を例にとるならば，なぜ人が過食するかについてはたくさんの異なった理由が存在するであろう。これらの理由のいくつかは，例えば不安が喚起される状況では，いつでも満足を得られる方法で対処する手段をとる，といった精神力動的なものであるかもしれない。理由の一部は認知的で，食行為の組織的計画が挫折したり，統制の喪失を感じたりするようなものであるかもしれない。理由の一部は行動的で，例えばレストランやパーティでの食事のような特殊な刺激への反応ということもあろう。そして，ヒューマニスティックパースペクティブでは，その状況では潜在力が成就できないのかもしれない。さらに，おそらく肥満の発生学的な素質の可能性といった生物学的理由もあろう。

　行動の生物学的根拠に関係しているような心理学の一部の研究領域は，明らかに特定のパースペクティブに対応しているものの，ほかの領域は，例えば動機づけなどにおいては，上で議論されたパースペクティブの一部ないしはすべてから展望することができる。

1.5　心理学の研究領域

　研究の焦点となる心理学現象の範囲は無限に近い。本章の1.1では，主にパーソナリティに関連して心理学理論が議論されたが，これは，心理学という学問領域〔ディシプリン〕を包含している種々さまざまなトピックスのうちのたったひとつに過ぎない。

　心理学は，ふつう，行動およびその原因についての科学的研究と定義されている。'行動'という用語は，もっとも広義には，**あらわな行動**と，**あらわでない行動**の双方を含んで用いられる。あらわな行動とは，私たちが実際に観察できる行為であり，あらわでない行動とは，思考や感情やイメージ，直接の観察には供しえない生物学的過程のようなものである。心理学は，身体，精神，行動を扱い，事実上，私たちの生活のあらゆる局面と関係している。それゆえ，心理学の学問分野〔ディシプリン〕に関係するトピックス，区分，細区分，専門領域，パースペクティブのしばしば途方にくれるほどの陣立てが出現するのは驚くほどのことではない。

　心理学者は，人間の機能についての領域を，以下に展望するような，別べつの研究領域ないし細目に分けることによって，その主題の複雑さをさばいてきた。しかしながら，領域のほとんどは個別のカテゴリーとはなっておらず，しばしば

相互関係があり相互依存しているので，その分割はいささか人為的で，かついくぶん独断的である。これが，なぜ種々異なる心理学に関する基本的題目が，ときとして異なった領域をカバーすることになるかの理由である。心理学の学問分野〔ディシプリン〕は，ちょうど時を得て，異なる箇所で隆盛となっている種々異なった領域ともに，絶えず発展しつづけている。

大まかにいえば，これらの研究領域は，**過程ベースのアプローチと対人ベースのアプローチ**に分けることができる。過程ベースのアプローチは，行動の種々の側面の基礎となる仕組みを見ようとし，対人ベースのアプローチは，全体としてもっと直接に人びとと関わろうとする。過程ベースのアプローチは，行動の生物学的基礎，認知心理学（感覚過程，知覚，記憶，思考，言語），学習と条件づけ，動機づけ，情動，意識の状態を含むことになる。個人差（知能とパーソナリティ），社会心理学，生涯〔発達〕心理学，ストレスと対処，異常心理学は，大ざっぱにいって対人ベースのアプローチの見出しのもとにくくられるであろう。

対人ベースのアプローチは，表面上は，治療的な文脈にもっと直接に関連するものと思われる。しかしながら，カウンセラーが，基礎課程に関する文献のなかで見いだし，興味をそそられ価値があると思うものはたくさんある。

本節では引きつづいて，その分野における主要領域の大要を述べる。そして，いささかシラバスの役をも担っている。これらは，全体として，科学的な学問分野・規範〔ディシプリン〕の文脈において，本書本文内の主題領域の位置を読者に指し示すものとなるはずである。

1.5.1 過程ベースの研究領域

過程ベースのアプローチは，以下のものを含む。

- **行動の生物学的基礎**　心理学のこの領域は，**遺伝要因**と複雑な**生物学的システム**（例えば，**神経系，内分泌系，免疫系**）に焦点を当てる。これらは，感情，思考，注意，感覚，知覚，問題解決を含む，私たちの行動や心理学的機能のあらゆる側面の基礎となっている。
- **感覚過程**　感覚過程の研究は，人びとがいかに自らの**感覚**（視覚，聴覚，味覚，嗅覚，触覚）を通じて，外界についての情報を獲得するかを扱っている。感覚は，それぞれの人が自分の実在感をつくり出すのに役立つよう，外部の世界についての情報を活発にかたちづくっている。
- **知覚**　私たちの世界についての理解と知識を含む過去に重ね合わせて感覚が解釈される過程を，知覚という。それがあって，感覚は意味のある経験となる。
- **記憶**　心理学者は，記憶の研究に，生物学的および心理学的パースペクティブからアプローチしてきている。**生物学的アプローチ**は，大脳と化学的な機制の基礎となるものを扱い，一方で**心理学的アプローチ**は，記憶の働きかたや記憶の再構成のしかたや，なぜ忘却するかについて，記述し理解しよ

うとする。

- **思考** これは，かなりの部分，いかに心的表象が形成され，操作され，行為へ置き換えられるかといった研究である認知科学の領域である。成人の思考研究は，とくに**演繹的推理**と**帰納的推理**に関する**命題的思考**と**問題解決**と**意思決定**に集中してきた。
- **言語** 本流の心理学は，言語の，より創造的な側面よりもどちらかというと，言語の産出と理解の双方の点から，言語に含まれる複雑な心的過程に焦点を当てる傾向が強かった。心理学者はとくに，言語の構造および子どもの言語発達に関心をいだいている。
- **学習と条件づけ** 学習は，実際的には，私たちの発達のあらゆる側面，すなわち知覚的発達，個人的発達，情緒的発達そして社会的発達，および私たちのパーソナリティの発達に関係している。学習の研究は人間行動の理解にとって根本的であり，心理学という学問規範〔ディシプリン〕の発展に中心的な役割を果たしてきた。
- **動機づけ** 心理学のこの領域は，人びとの望むものや欲求を扱っている。それは，渇きとか飢えのような**生物学的**なもの，達成への欲求や力への欲求のような社会的なもの，性行動と母性行動のような**生物学的に基礎づけられた社会的**なもの，あるいは，**好奇心ベース**の，刺激を求める欲求や環境を活動的に探索する欲求であるかもしれない。
- **情動** 心理学者は，環境，精神，身体，情動〔ないし感情〕の経験を含む行動のあいだの複雑な相互作用を，組織的な仕方で研究しようと試みてきた。心理学者は情動のことを，その情動を喚起させた状況への，ある種の反応を命令する'行為への呼び出し信号'として見てきた。
- **意識** 意識という用語は，私たちが直接気づいている心の中味を記述するのに用いられる。さらに，心理学者は，**下意識**および**前意識**の経験，睡眠と夢を含む**意識の変化する状態**，瞑想体験と催眠体験，そして薬物に誘発された意識状態の研究に関心をいだいている。

1.5.2 対人ベースの研究領域

次のような研究分野が，このカテゴリーに含まれるであろう。

- **パーソナリティ** パーソナリティの概念は，私たちが自他を理解しようとするさいの中心的なもので，私たちが個性の一因となる差異を説明する方法の一部である。心理学者は，**発生的な影響**と**環境的影響**の関連においてと，パーソナリティの**一貫性と連続性**において，さらに**パーソナリティアセスメント**において，とくにパーソナリティの形成を扱ってきた。
- **知能** 知能は，有効に推理し環境を適切に扱うために知識を獲得する能力の個人差にあてはまる概念である。心理学者は，知能の本質といった争点，すなわち，認知的スキルの差異の原因となる要因（環境的ないし遺伝的），

知能の測定や現実生活のセッティングにおいて成功失敗を予測できるかどうかといった問題を扱ってきた。
- **社会心理学**　社会心理学は，個人が社会的状況のなかでどう考え，感じ，振る舞うかについての科学的研究である。社会心理学は，自分自身の行動と周囲の人びとの行動のあいだの相互作用を扱ってきた。心理学のこの領域は，広大にずらりと並ぶトピックスをカバーしている。トピックスには，以下に列挙したものが含まれる。すなわち，自己認知，自己スキーマ，自己呈示。社会的知覚と社会的帰属。対人魅力と緊密な人間関係。ステレオタイプと偏見。グループメンバーシップとグループ構造。役割と役割葛藤。態度と態度変容。社会的規範，社会的影響，社会的勢力，リーダーシップ。
- **生涯発達**　発達心理学は，比較的最近まで，児童発達の心理学と同義であった。しかしながら近年では，発達心理学の勢力範囲に生涯アプローチを取り入れ，成人期における変化と連続性のパターンを合併する，心理学内部に顕著な趨勢がみられるようになってきている。
- **ストレスと対処**　心理学のこの領域は，起こりうるストレスのみなもととストレスへの応答の双方を調べてきた。多くの研究は，人びとがストレスに対処するその方法や，どのような要因がストレスから身を守り，それとも，より傷つきやすくするか，というあたりに集中してきた。もう一方の主な関心領域は，ストレスと健康のあいだの関係である。
- **異常心理学**　正常と異常の概念や心理的障害の**分類法と診断法**をめぐる問題が，異常行動の研究には基本的なものである。また，この領域は，強度の心理的障害，不安障害，気分障害，精神分裂病，人格障害を扱う。

1.5.3　応用心理学

応用心理学は，心理学理論および心理学的知見を，さまざまの特殊な，通常は'現実世界'とよばれる文脈へ応用することである。いくつかの例を以下に列記する。

- **環境心理学**　環境心理学は，人びととその物理的周辺のあいだの相互作用を扱っている。すなわち，自然の環境や造られた環境に対する態度と行動，逆に，環境の私たちの知覚や行為への影響の仕方。
- **健康心理学**　健康心理学は，健康についての態度，行動，思考を含む健康と病気の問題への心理学の理論，方法，専門技術の応用である。この領域は，応諾〔了諾〕，医師と患者のコミュニケーション，健康へのストレスの効果，身体的障害に連動する心理学的要因を含む。
- **臨床神経心理学**　臨床神経心理学は，認知機能に影響を与えている脳損傷や器官条件をもつ人びととの治療計画とリハビリテーションに関連して，記憶，知覚，注意，言語，一般知的能力のアセスメントを扱う。
- **スポーツ心理学**　スポーツ心理学は，技能の獲得，チームのまとまり，実

技の向上の心理学的側面を含む。スポーツにおける実技，参加，攻撃に関する競争事態の不安と気分の効果を扱う。さらに練習についても，動機づけ，理解力，粘り，信頼の問題を扱う。

1.6　専門職の応用心理学（英国の場合）

'サイコロジスト'という名称は，現在，英国で法律的に保護されていないが，'認定心理士'の肩書きは法律的に守られている。認定心理士は，Graduate Basis for Registration〔学士登録規準〕（ふつう，心理学での最初の学位をもっていることを意味している）をもち，そのあと，英国心理学会により公式に承認されている訓練を受ける。以下に述べられるすべての専攻は，それによって卒業生が認定された地位を得ることができるルートを，明確に限定してきた。新しいルートはまだ進展している（例えば健康心理学で）。

英国心理学会は，Royal Charter of Incorporation〔王立認定法人〕の名称のもと，学会の行為規定を遵守することに同意していて，きちんと訓練を受けた名称にふさわしい認定心理士の登録を与える。

以下は，サイコロジストが認定されうるいくつかの領域のスペシャリストである。

- **裁判心理学**　認定裁判心理士は，犯罪心理学と法心理学の分野を業とする。裁判心理士は，民事，刑事のどちらにおいても，罪を犯した市民や裁判所とともに活動する。
- **臨床心理学**　認定臨床心理士は，精神健康〔精神保健，メンタルヘルス〕の問題および学習障害をもった子どもとおとなのアセスメントと治療における訓練を受けている。臨床心理士は，高年者，神経心理学的な問題をもったクライエント，そして長期の精神健康問題をもった人びとを含む，種々さまざまのクライエントグループを相手に活動する。総合病院や社会福祉部門のような異なったセッティングへますます移動しつつあるとはいえ，臨床心理士の大半は，精神健康サービスのセッティングで働く。
- **カウンセリング心理学**　認定カウンセリング心理士は，広範囲の心理学的困難と心理学的障害をもったクライエントに対して心理療法的に活動するよう訓練を受けている。カウンセリング心理士は，プライマリーケア（一般家庭医の医院），地域精神健康チーム（CMHT），社会福祉，臨床心理学部門，私設開業，学生相談施設，被雇用者援助プログラム（EAP）を含むさまざまなセッティングで働いている。
- **職業心理学**　認定職業心理士は，人びとの作業時および訓練時の業務を扱っている。すなわち，組織がどう機能し，個々人や集団が仕事中にどう行動するか，を発展させ理解することを扱う。
- **教育心理学**　認定教育心理士の仕事は，以下のものを含んでいる。すなわち，個々の子どもたちのアセスメントをし，教育や処遇についてのプログラ

ムを勧告すること。特殊学校のカリキュラムを企画すること。特別のニーズをもつ子どもたちについて親，教師に助言すること。学校組織の側面に関し助言し，教師が用いる査定手続きを工夫すること。

1.7 本書についての概観

本書は，心理学理論と心理学的知見が，治療的実践〔ないし治療現場〕に適用できる方法を扱っている。しばしば明瞭さに欠ける，心理学とカウンセリングのあいだの連結と橋渡しは，説明，考察，実例，本文に織り込まれた事例素材によって明示される。

選択されたトピックスは，一般に，心理学の主要な研究領域に対応しているが，ある部分は省略され，ある部分は強調や重み付けがなされている。この申し合わせに執着する理由は，読者があまり無理することなく特定の関心領域を徹底的にたどることが可能になるようにするためである。

序章としての本章のあとには，パーソナリティに関する章がつづいている。これは，パーソナリティの形成に果たしている背景の影響の役割について，カウンセラーにもっと理解してもらいたいがためである。すなわち，思考，感情，行動の特徴的パターンの成立についてである。そして，それはカウンセラーが，パーソナリティについての自身の考えうる内潜理論を，意識的に理解するのに役立つであろう。そして，パーソナリティに対して採りうるアプローチ（どのアプローチも心理学的騒乱に対して異なる含みをもつ）と，カウンセリングないしセラピーで採られるアプローチのあいだに結びつきが生じることになろう。

そのあと続く4つの章は，異なった心理学的過程についてである。いちばん最初は情動に関する章である。情動についての心理学は，はじめは，人びとが実際に何をどう感じるのかということとはあまり縁がないようにみえるかもしれない。しかし，カウンセリングにおけるクライエントの情緒的な経験を理解しそれにつきあうことに，情動〔ないし感情〕の心理学は価値ある洞察を豊富に供給することとなる。

次の章，**第4章**では，記憶の基礎となる過程についての知識が，カウンセラーあるいはセラピストがクライエントの記憶を理解しそれにつきあうことに，いかに役立つかを例示する。すなわち，私たちがしていることの記憶が，いかに形成され，どうやって想起し，実際に忘却するのか。とくに，カウンセラーにとって関心があると思われるのは，'再構成された'記憶に関する研究業績，とさらに児童の性的虐待に関連する'偽りの記憶'の項であろう。

思考についての**第5章**は，認知，問題解決，意思決定を扱っている。カウンセリングを始めるクライエントは，解決すべき問題と，しなくてはならぬ決定を保持していることが多い。問題解決方略の知識および意思決定の理論は，これらの状況で採りうるカウンセラーのアプローチのレパートリーを増やすことができる。しかしながら，このトピックは，クライエントの論点に直ちに作用するに

は，まるで適当でない。もっとも典型的なクライエント中心主義のカウンセラーでさえ，クライエントの提示する懸案の概念化にもとづいて，介入の決定を絶えず行っている。この領域の理論と研究は，意思決定過程に何らかの洞察を与えるかもしれない。例えば，ある一般共通的な判断の誤りや判断の落とし穴に気づくことによって。

意識に関連したトピックスは，カウンセリングあるいはセラピーのなかでクライエントによって頻繁に引き起こされる。意識の状態に関する第6章は，潜在意識過程や前意識的な記憶，睡眠，夢，催眠，瞑想，精神活性薬の意識に関する効果，といったトピックスについて，カウンセラーに情報を伝えることを目指している。

自己と関係性に関する社会心理学的パースペクティブは，第7章で示される。ここで，カウンセラーには，クライエントを理解するための択一的なアプローチを紹介する。それは，第2章で議論したようなパーソナリティへの高度に個人主義的なアプローチとは対照的に，人について理論化するときの社会的過程を考慮するものである。自己概念とアイデンティティ，対人知覚，対人魅力，人間関係と関係性の崩壊，といったトピックスを議論する。

第8章と第9章は，その人物を理解するために生涯発達的パースペクティブをとる。先の第8章は，そのあとの発達に強い影響をあたえる'正常な'児童期の発達についてのいくつかの要因を調べる。これらは，初期の関係性と愛着，父親ときょうだいの影響，社会的発達と家族断絶と家族崩壊を含む。第9章では，青年期と成人期に移り，おとなの人生における種々さまざまな段階における発達，適応，変容に関連した問題を探索する。トピックスは，青年期におけるアイデンティティの発達，成人の人間関係，退職・引退，喪失を含む。

カウンセラーは，伝統的に，生理学的パースペクティブや臨床的パースペクティブを避ける傾向にある。さらに，カウンセラーは，全般に，自分たちのクライエントの体験を症候学によって概念化することはない。それにも関わらず，多くのカウンセラーは，ストレスの効果を経験していたり，極度に苦悩しているクライエントと作業していることであろう。第10章は，健康と不健康に関連してストレスと対処の包括的な概説を提供する。それは，関与している過程をカウンセラーが理解するのに役立つはずであり，さらに，カウンセリングに合理性と方向性を与えるかもしれない。第11章は，正常性と異常性の概念を議論したあと，心理学的障害の主要なカテゴリーを略述し，治療へ向けた種々のアプローチについて考察する。これは，主訴についての決定に直面するとき，さらに，ほかの健康管理の専門家と意志疎通をはかるさいに，カウンセラーにとって有効となるであろう。

カウンセリングないしセラピーに直ちに適用できない特定のトピックスは，著者自身の権限で章から省き，関連した観点についてのトピックスは，しばしば，べつの見出しのもとに包摂されていくこととなる。例えば，行動の生物学的ベースにもとづく章は存在しないが，情動と不安についての生物学的要素は，情動に関する第3章と，ストレス，対処，疾病に関する第10章のなかで，それぞれ，議論される。同様に，学習理論は個別のトピックとして議論されないが，その主題

についての関連した観点は，**第2章**のパーソナリティに対する社会学習的アプローチの項，および生涯発達に関する**第8章**，心理学的障害に関する**第11章**で示される。社会心理学の場合には，分野が広すぎてこのような一冊の本のなかでは十分にカバーすることができない。それゆえ私たちは，カウンセリング文脈にもっとも適応している主題領域の範囲のなかでトピックスを選んだ。

1.8　まとめ

　心理学はしばしば，現実の人びとをほとんど扱わなくてもよいとのそしりを受ける。これは事実である。学問として心理学は，一般原則を扱う。特定の個人ではない。結局心理学は，個々の人びとおよび個々の事象の理解へもどる道筋を発見することを期待されているであろうが，心理学で重要なことは，ある人やある事象がほかの人や事象にも共通であるということであろう。例えば心理学は，ジョンがなぜ自信を欠くかについて陳述することはできないが，ジョンについての私たちの理解に寄与しているかもしれない現今の機能性の背景となっている影響を与えている背景について，なんらかの一般原則を発見しようとしている。

　カウンセラーが心理学者たるべきであるといっているのではない。カウンセラーは多くの方法で自分たちの理解を得，進展させる。すなわち，明示された中味と同じようにおもてにみえないものに注意深く耳を傾けることを通して。クライエントの情緒的状態の兆候を示す瞬時瞬時の変化の観察を通じて，さらに，クライエントおよびクライエントの'素材'への自分たち自身の応答と反応を解釈することによって。終始一貫，カウンセラーはクライエントの体験を理解し，'意味を把握しよう'とつとめるであろう。つまり，カウンセラーは公式化，心理学的公式化をすすめるであろう。これらの公式化はしばしば自分自身の直観的な理解によって構成され，きわめて重大かつ創造的な過程となりうる。事実，それはカウンセリングを定義づける特徴のひとつとしばしば理解されている。私たちが提示しているものは，心理学的理解はこうした直観的過程に織り込まれうるということである。すなわち，公式化は心理学理論および心理学的知識によって啓発され，これは，代わりあって，カウンセリングの実践に貢献しうる。

　カウンセラーが，修練をうけているにしろいないにしろ，カウンセリングについての実践に，心理学的原理を適用しうるようにしたいと思っているにしろそうでないにしろ，カウンセリングの分野で働いている人びとは，多数の心理学的文献が存在し，それが何を成し，いかにカウンセリングの文脈に適用できるかを自覚すべきである，ということが大切であると私たちは信じている。これが本書の主題である。

第1章　対照語リスト

abnormal psychology	異常心理学	diagnosis	診断法
adjustment	適応	discipline	ディシプリン
adolescence	青年期	disorder of mood	気分障害
adulthood	成人期	educational psychology	教育心理学
anxiety disorder	不安障害	emotion	情動；情緒；感情
applied psychology	応用心理学	empirical method	経験的方法
area	領域	endocrine system	内分泌系
association	連関〔属性相関〕	environmental psychology	環境心理学
attachment	愛着	experimental group	実験群
attitude change	態度変容	experimental method	実験法
attribution	帰属	explicit theory	外顕的理論
behavioral theory	行動的理論	false memory	偽りの記憶
biochemistry	生化学	feeling	感情
biological system	生物学的システム	field	分野
biological theory	生物学的理論	forensic psychology	裁判心理学
brain	大脳	formal theory	公式理論
case material	ケース素材	general practicer, GP	一般家庭医
case study	事例研究	genetic and environmental influence	発生的影響と環境的影響
chartered psychologist	認定心理士		
childhood	児童期	health psychology	健康心理学
conflict	葛藤	hearing	聴覚
classification	分類法	heridiary factor	遺伝因子
client	クライエント	humanistic theory	ヒューマニスティック理論
clinical neuropsychology	臨床神経心理学		
clinical psychology	臨床心理学	hypnosis	催眠
cognitive science	認知科学	hypothesis	仮説
cognitive theory	認知的理論	identity	アイデンティティ
compliance	応諾	immune system	免疫系
conditionning	条件づけ	implicit theory	内潜理論
consciousness	意識	independent variable	独立変数
consistency and continuity	一貫性と連続性	individual difference	個人差
control group	統制群	inductive reasoning	帰納的推理
correlation method	相関法	instinct	本能
correlation	相関	intelligence	知能
counselling psychology	カウンセリング心理学	interpersonal attraction	対人魅力
		intuitive process	直観的過程
counsellor	カウンセラー	language	言語
covert behavior	あらわでない行動	leadership	リーダーシップ
criminal psychology	犯罪心理学	learning	学習
decision-making	意思決定	learning disability	学習障害
deductive reasoning	演繹的推理	legal psychology	法心理学
dependent variable	従属変数	lifespan psychology	生涯〔発達〕心理学
developmental psychology	発達心理学	measure	測度

mechanism	機制	reward and punishment	報酬と罰
mediation	瞑想	risk	危機
memory	記憶	role-conflict	役割葛藤
mental disorder	心的障害	sample	標本；サンプル
mental health	精神健康；精神保健	sampling	標本抽出
mental process	心的過程	schizophrenia	精神分裂病
mind	精神	self-actualization	自己実現
motivation	動機づけ	self-presentation	自己表象
motive	動機	self-schema	自己スキーマ
multivariate experiment	多変量実験	self perception	自己認知
naturalistic observation	自然観察	sense	感覚
nervous system	神経系	sensory process	感覚過程
non-directive approach	非指示的アプローチ	sexual abuse	性的虐待
		shaping	シェイピング
normality and abnormality	正常と異常	significant	有意な
occupational psychology	職業心理学	skill	スキル
organizaton	組織	smell	嗅覚
overt behavior	あらわな行動	social influence	社会的影響
patient	患者	social norm	社会的規範
perception	知覚	social perception	社会的知覚
person-based	対人ベースの	social power	社会的勢力
personality assessment	パーソナリティアセスメント	social psychology	社会心理学
		sports psychology	スポーツ心理学
personality disorder	人格障害	state of conscious	意識の状態
personality	パーソナリティ；人格	strategy	方略
person perception	対人認知	streotype	ステレオタイプ
population	母集団	stress and coping	ストレスと対処
preconscious	前意識的	subconscious	下意識の
prejudice	偏見	survey method	調査的方法
problem-solving	問題解決	symptomatology	症候学
production	産出	taste	味覚
professional psychology	専門職の心理学	therapist	セラピスト
propositional thought	命題的思考	thinking	思考
process-based	過程ベースの	thrapeutic practice	治療的実践；治療現場
psychoactive drug	精神活性薬	touch	触覚
psychodynamic theory	精神力動的理論	trainee	トレイニー；訓練生〔養成生〕
psychological research	心理学研究	treatment	治療
psychologist	サイコロジスト；心理学者	vision	視覚
questionaire	質問紙		
relationship	関係性；人間関係		

〔「まえがき」の項目も含みます〕

訳者コラム
翻訳に向けての難題 5 つのストーリー

田中平八

　「第 1 章」，「まえがき」，「著者について」等に向けての「訳者コラム」である。責任ある一番バッターでありながら，「訳者まえがき」欄で，よそいきの顔をし過ぎたためか，切り替えがどうもうまくいかない。コラムというにはほど遠く，訳に対する補足と注釈の寄せ集めに終始してしまった。翻訳の力量が足りないゆえの補注の意味がほとんどを占めるが，学問的な解説を加えた方が理解がすすむという積極的な側面も多少はあると信じたい。

"ディシプリン"が決まらない？！

　まずは「ディシプリン discipline」の話から。第 1 章の冒頭は，"This chapter introduces the reader to the discipline of psychology;…"と始まる。構文は中学教科書程度である。もっとも，セミコロンの後ろは，例によって長々しいフレーズが 5 行も続き，訳者泣かせがはじまる。いや油断するとすぐ，ぼやきモードに落ち込んでしまう。現下の話題は「ディシプリン」。これには，「訳者まえがき」でも触れたように，対応する語句が日本語にないところから問題が生じるのである。

　文脈からすると，「ディシプリン」に当てはまるふつうの意味は，"どちらかといえば教授，教育的な見地からみたときの"という留保条件付きで，"学問，学科，研究の分野ないし領域"を示すといったらいいかもしれない。しかし，日常会話で"しつけ"の意がいちばん多いことからもわかるように，"学問，学科領域内〔先の意味での〕における規律，秩序，統制"，さらに，"そこにおける修練，修養"などの意味も併せ含むと考えるのが自然であろう。そうでなければ，著者たちが丁寧に概念分けしている "field" と "area" を用いればよいことになる。語源を共にする "disciple" つまり "弟子，使徒" といったイメージの連想を呼ぶかもしれないし，英語の新聞やテレビのニュース報道などで "disciplinary" というしかめつらしい形容詞を目，耳にすることもあろう。大学で隣室の「英語教育」の三浦順治先生からは，最近，あちらの大学では "transdisciplinary" という表示をよく見ると教えていただいた。

　編者の尾見さんが情報を寄せてくれて，立命館大学の佐藤達哉さんはこれに"学範"の訳を当てているという。確かに，"学問体系内の規範＝以下「学範」と訳す〔東京都立大学『人文学報』1998 年，No.288，p153〕"となっていた。さすが論客らしく，"学問の範囲"も連想されるように"学範"と訳しているのは秀逸であるが，こればかりは追随してくれる人がいないと定着をみない。一方，「ディシプリン」のままのカタカナ表記もみられる。例えば，社会学者である上野千鶴子さんの該当箇所を引用してみると，"議論がもっともかみ合わないのは〔中略〕心理学の学生である。このときほどディシプリンの違いを痛感することはない。〔『心理学ワールド』1999 年，No.4，p2〕"とある。意味内容は「学範」と同じ

である。確かに社会学と心理学というのは，述語や研究対象を一にしているようで学問的には相容れないところがあるらしい。中村陽吉先生は『心理学的社会心理学』と"開き直った"標題のテキストを著された。上野さんも佐藤さんも，話題は一種のディシプリン論である。佐藤さんは論文で"transdisciplinary"についても議論されているので，興味のある方はご一読を。

　さて，「ディシプリン」について多少勉強したとしても，直接，訳に結びつかないところが翻訳という作業のようである。はじめは"ディシプリン"のままいこうかと思った。最近では，上野さんのようなカタカナ表記を見ることも少なくないし，もともと訳出すること自体がむずかしいわけだから。そのうち"パラダイム"みたいにカタカナ表記が当たり前になるかもしれないし。しかし，第１章では，冒頭から始まって，そのあと要所要所，十箇所も「ディシプリン」は出現する。訳文がトートロジーとなってしまって，収まりが悪い感じはどうしてもぬぐえない。

　ちょうど，そんな折も折，たまたま『秋田魁新報』という地元紙をながめていたら〔平成12年1月18日朝刊18面〕，"訳者は誤訳の指摘を恐れて遂語訳した（山本夏彦）"という見出しにぶつかり，ギョッとした。それは"きょうの言葉"というコラム欄で，"翻訳は言葉を置き換えることだけではない。Ａの言語によって表現している内容を，Ｂの言語でどう表現するかということで，それは創作といってもいいものなのだ。（秋庭道博）"などと，まことに耳の痛い，手厳しい内容が載っている。ま，確かにのっけから"ディシプリン"では，読者に不親切なことだけはまちがいない。もし，これが同時通訳だったら，何を言っているのかまったくわからないであろう。それで最終的な決断としては，前後の文脈に添うように，その箇所に応じていちいち訳し代えるというもっとも稚拙な方法で折り合いをつけた。しかしながら，原著者自身が「ディシプリン」の含意に寄りかかって記述をすすめているようなところもあるから，このさいついでに，初学者諸兄諸姉もこの言葉を身につけてみましょうか。ただ，使用にあたって，周囲が白ける可能性があるので，今の段階では，まだ連発しないよう気をつけられた方がよいかもしれない。"discipline"の例をかりて，訳出作業の一端を紹介してみた。

"カウンセラーとセラピスト"はあい並ぶか

　「まえがき」から「第１章」前半にかけて，"カウンセラーとセラピスト"，"カウンセリングとセラピー"という言い回しが頻繁にあらわれる。この定番の対句は，英文中にあればさほど違和感を感じさせないものの，翻訳する段になるとなかなか厄介なしかけとなっている。今度は訳語探しに困るとかいうのではない。いったい日本で，こんなふうに対等に並立する表現が成立するのかという素朴な疑問である。内裏雛みたいにこんなに仲良くできる相性の良さがあったっけという，おちつかない気持ちである。

　原著者の，少なくとも一方は，"カウンセラー"，"カウンセリング"指向であるらしい。「1.4.4　ヒューマニスティックパースペクティブ」の項の最後の段落は，"それゆえ，このアプローチが多くのカウンセラーにいちばん気に入られ

ているのは驚くにあたらない"と結ばれている。それはその通りとしても、セラピストにも "気に入られている" かというと、それはもちろん書いてない。"カウンセラー" という言葉が、その役割以上に、「理論的アプローチ」ないし "立場"、"流派" を言外に示していた面もないではなかった〔もってまわった言い方ではある〕。ただ、平成7年〔忘れもしない阪神淡路大震災の年である〕に文部省が一部の公立校を対象に「スクールカウンセラー活用調査研究委託事業」というのを開始し、同様に地方自治体のなかにも取り組みはじめたところもあって、こんにちでは「学校カウンセラー」という職場が確立しつつある〔予算は毎年少しずつ増えていったものの長い "調査" 期間であった…〕。そうしたおかげもあって少しずつ "安心" して使えることができるようにはなってきたと思う。

「著者たちについて」や「まえがき」の記述を参照すると、"臨床系" の心理教員の専修分野として、カウンセリング心理学、心理療法心理学、治療心理学、臨床心理学という名称が見え、それなりに確立しているように推測される。さらに、1.8の英国における心理専門職の紹介欄を読むと、臨床心理学とカウンセリング心理学、そしてそれにもとづく資格が、守備範囲を分離し、確立しているように読みとれる。しかし、本邦では、カウンセリング論、治療論、心理療法各論、といった細分はあるかもしれないが、これらの領域はすべて「臨床心理学」に一括、統合されているようである。こうした難事について、編者の青木紀久代さんに無理矢理に示唆を仰ぐことにした。以下、そのメールから主要な箇所を当人に無断で引用してみる。

"相談、医療等、全部含めて表現される言葉に「心理臨床家」というのがあります。日本では、まさに各派、各職種が混沌となって、とにかく臨床心理士というのにおさまっているのが現状です。だから、相談関係も治療も全部ひっくるめて（つまり作者が、対句にしている部分）「心理臨床家」、またその実践の場は、相談、治療と含めて「心理臨床の場において」あるいは「心理臨床の実践において」と表現すると、今の現状にフィットするのかなあと考えました。"

私の質問が冗長多岐にわたっていたので答えにくいなか、本邦の現状と、それに対応した訳出のしかたが簡潔に示されている。さすが専門家の言はちがう、と指摘には率直に感心するのであるが、これらの対句を訳文のなかに埋没させてしまうと、さすがに文章の意味がとれなくなってしまう。四苦八苦のあとで結局あきらめて、何ということはない、原文にそって「カウンセラー」、「セラピスト」とカタカナ表記のまま通さざるを得ない次第となった。ときには「心理臨床」の形容句を枕詞につけて訳出につとめてみたのは、せめてのご愛敬である。読者の方々は、このあたりの彼我のニュアンス差をご了解のうえ読みすすめていっていただけると助かります。今回は、英国との落差で苦慮しているわけであるが、これがもし米国であれば、"カウンセラー" は、日本よりはるかに制限された現場での限られた役割を負っているようである。ふつうのひとたちにとって、いちばん一般的な名称は何であるかを、同僚の英語のヤング教授〔日本「語」偏愛のアメリカ人〕に尋ねてみたら、"サイコロジスト" と断言された。カウンセラーは？との問いには "軽いのね"。「心理療法」の元はサイコセラピー psychotherapy

であるが，精神科医はあえて「精神療法」と称することが多い。ヤング先生に，セラピストってのは？と聞いたら，"男と女の問題ね，少し怪しいね"というお答え。アメリカ人の日本語の冗句は理解できないので，深い意味はわからない。私の乏しい知識では，アメリカでは，カウンセリング系の心理学は教育学部におかれていて，色々な分野の学生さんにひらかれていて，修士課程ぐらいまでという印象をもつ。などなど，訳への補足に加えて，国情のちがい，とか，訳者間のメールによる協力の風景を描いてみた。

「内潜理論」という興味深い概念の提案

　第1章の前半部で示された，個人内における「内潜理論 implicit theory」と「公式理論 formal theory」のダイナミズムという構図は，著者たちのオリジナリティのある箇所として私は興味をおぼえた。内潜理論が「暗黙〔裡〕のパーソナリティ理論 implicit theory of personality」に依っていることは疑問の余地はないが〔7.3.5〕，その，どちらかといえばステレオタイプな側面に偏ることなく，ずいぶんと普遍的で柔軟な概念として提出されているように思えて，あえて"暗黙"理論を採用しなかった。"潜在"理論という言葉も候補にあげたが，こちらは「潜在記憶」という実験操作的な概念を連想させ，なおかつ内容的に重ならないので避けることにし，結局，学術用語集から"内潜"ということばを拾ってあてた。でも，おそらく「内潜理論」という言い方は定着しないでしょうね。著者たちは，本文のなかでその機能について少し触れてはいるが，「内潜理論」の具体的説明はほとんど行っていない。唯一「まえがき」の冒頭に，"自分のクライエントが呈示する懸案についての理解を，種々の源泉から，たとえば文学と哲学から，自身の個人的経験から，もちろん公式の心理学理論から得ている"とあって，この前半の部分が内潜理論にあたると推測される。著者たちの提案が中途半端に投げ出されたままであるのは少々残念である。

　そこで，少し発展させて，"それにしたがって，ものを見，考え，行動している，個人個人の思考様式や信念や意識"というものを「内潜理論」と再定義してみると，心理臨床の場，クライエントの意識，カウンセラーの思いなどの流れを考えるとき，とても面白いものになると考えてみた。発表された事例報告などをながめていると，クライエントとの会話は記述されていて"分析"されているが，カウンセラーの気持ちはほとんど書かれていない。カウンセラーの側の表現として，"支持的態度で傾聴していると…"とか，確かにプロであるからその姿勢は崩さないであろうが，"自分の人間観"との折り合いというようなところに，私はずっと興味をもっていた。私は，これに触発されて，現場における内潜理論と公式理論の問題について少し書かせていただいたことがある〔『幼児の教育』1999年，9，10月号，2000年，1月号〕。

載っているといいなぁと少し考える領域

　ちょうど今この箇所を読んでおられる方は，必ず本書を開いているわけであるが，けっこう厚い書物でしょう？日本の一般心理学の教科書は薄いのがほとんど

なのに，英語のは本当に中身が詰まっている〔一般的には冗長感もないではない〕。でも受験参考書はあんなに厚かったのだから，欧米との高等教育の差違を如実にあらわすところではある。さて，中くらいに厚めの本書でも，「感覚」，「知覚」と，その近所の「認知」については紹介がない。手がまわらなかったのかもしれないし，ほとんど関係がないと考えたのかもしれないが，少し残念な気がする。というのも，一見こまごました「知覚の原理」は，心理臨床の世界と基本的な次元では意外と近親関係にある。かつて，臨床心理学の両輪とされた「心理アセスメント」では，ロールシャッハテストはもっとも中心的な位置を占めていた〔心理学で唯一"飯が食える"職能といわれたものである〕。近年の情報処理心理学が考えるトップダウン〔ないし概念駆動〕処理の機能，あるいは認知心理学が提唱する「スキーマ」概念は，ロールシャッハテストの成立メカニズムに合理的支持をおくる。つまり，絵の具染みのようなノイズだらけの視覚刺激を解釈するには，感覚器官から順を追って情報処理を重ねていく，ボトムアップ〔データ駆動〕処理あるいは特徴抽出〔ないし計算〕機構による性能には限界がある。そこで，経験や知識や動機や傾性などといった各人が中央に蓄えている全力をもって知覚的解決のために前線に支援に向かうのである。この働きが，トップダウン処理ないしスキーマと呼ばれるものである。刺激が曖昧ゆえに，こうした知覚の枠組みの個人型が顕在化するしかけとなっている。いや，このようなむずかしい概念を引き合いに出さないまでも，知覚研究の究極の目的は，"なぜそう見えるか"ということより，"なぜ見えているように見えるのか"を解明することとされている。これは，なぜ，今そう感じているように感じるのか，と置き換えてもよい。意外なほど，心理臨床の世界と似ていると思いませんか。

　一般心理学の教科書に必ずといっていいほど載っている「図と地」という概念がある。「ルビンの杯」というのは，優勝杯みたいでもあり，向かい合った横顔にもなる絵。ボーリングの「若い娘とまま母〔日本では「嫁と姑」と文化変容している場合もある〕」は，多義図形といって複数の対象が図形のなかに埋没しているが，ふつうはひとつの"もの"しか認識しない。「図と地」をはじめて指摘したデンマークの心理学者ルビン E.J.Rubin は"控えめ"に終始したので，知覚の分野でゲシュタルト心理学の前座を飾る程度の扱いしか，こんにち受けていないが，フロイトなみにプロパガンダの旺盛な人だったら心理学全体を席巻するような一大概念となったろうとは，野澤晨先生に教えていただいた話のなかでも強く印象に残っている。事実，昔の『心理学研究』誌などをみていると，知覚以外の分野でも現象の解釈に図地概念が頻繁に用いられたりしている。私の学生時代にはキリスト教圏以外には見られないと教えられた「多重人格」は，本邦でも〔幼児虐待などが要因らしい〕みられるケースだそうである。現象としてはずいぶん不思議で，深刻で，痛ましい症例であるが，多義図形のように，相互に"いれこ"状態の「図」に分割されていると思えば解釈だけなら可能となる。入れ替わり図に現れ地の中に埋没している分離している自分から，司馬遼太郎さんのことばではないが"一尺高いところから俯瞰している"自分に統合することが解決であるとみなされているところも，知覚の行為に似ているように思われる。催眠時の不

思議な意識状態も，メビウスの輪のような図地現象と似ているとは，秋田大学の針生亨先生からうかがったところである。ゲシュタルト療法があるくらいだから〔もっと素直に〕，図地療法なんてあってもいいような気がする。

細かいことでは深読みがきかない

　本書には，第1章からはじまって，ＧＰ，General Practionerという役回りが出てくる。日本語には"かかりつけ医""家庭医"の方がぴったりするのかもしれないが，Generalの意も拾って「一般家庭医」という訳をあてると協議した。「著者紹介」欄にもみえるＮＨＳ，つまり National Health Service というのは，いわゆる"ゆりかごから墓場まで"という英国の医療福祉の根幹をなす制度である。その中にカウンセリングまでも入っているように読めるのは日本とずいぶん違う。その中でも，ＧＰは制度の中心的役割を負っている。地域の住民は，特定のＧＰを決め，そのもとで医療を保証されるというわけである。ちょっと前，ＮＨＳの維持についての財政改革の問題はブレア政権でひともめし，一人のＧＰが年輩の女性患者の殺人をくりかえしていたという海外ニュースは強烈なショックを与えたので，意識にとどめている方も多いかもしれない。そして，そんな役割と責任を負うＧＰだからこそ，熱心にカウンセラーの勉強をはじめてみようとしたのだし，途中から"常識的な医者"の援助的立場に戻ってしまって，みごとにコケる，という第1章の挿話が真実味を帯びるのである。その挿話のなかで，なぜか，クライエントのMrs Dは"おまる〔のトレーニング〕"にこだわる。精神力動的パースペクティブの代表者フロイトがいうところの「幼児期早期（肛門期）」への，著者の皮肉な言及なのか，それは深読みがすぎるのか，このあたりになると，私はお手上げである。

　本章の論旨にはほとんど関わらないレベルでの難問もある。章の前半にＡＢＣＤの4人の疑似会話の箇所があるが，日本語では，いくら中性化したとはいえ男女で話しことばはちがう。果たして"4人"は男か女か。こういう会話を交わせるのは女性軍であろうと〔性差別表現になるのだろうか〕，女ことばで訳しはじめてみたが，Ｂの会話を説明している部分に"彼は"とあるからには男性らしい。解説も終わりの方へきて地の本文では代名詞の使われ方から，Ｄが女性であるらしいことがわかる。でもＢも女性としてあつかわれているようで混乱には拍車がかかる。ネーティブな英語を理解する人なら，会話の記述から性差を読みとれるのであろうか。ストレスはいや増すばかりである。

（たなか　ひらやつ・秋田県立大学）

第2章　パーソナリティ

2.1　はじめに

　何が'パーソナリティ'を構成するかを定義しようとするのは，とても勇気のいる仕事である。私たち一人ひとりを類のない、ただひとりの人間たらしめているものは何なのかを，どうしたら簡潔に分析することができるだろうか？
　多くの心理学者が，個人個人の相違と，どんな特殊な個人でも現存する人の類型のいずれかになっていく過程の両方を説明しようとする，パーソナリティ理論を考案してきた。つまり，**第1章**で見たように，ほとんどのひとは，この主題に関して各自の見解を持っている。けれども，公式的定義も非公式的定義も，ひとりの人間を人びととして理解させること，さらに人びとの代表的で，永続的な特徴というものを同定しようとするものである。
　これまで様ざまな見解や理論的立場から，パーソナリティの発達についてたくさんの記述がなされたが，何が'健康な'パーソナリティを形成するのかということには，あまり注意が払われてこなかった。本章は，ここから出発する。続いて，パーソナリティ心理学における論争の代表的な2つの領域を見ていく。第1に，パーソナリティは，どの程度が生得的な特性や生まれつきの気質の産物であって，どの程度が環境の影響や学習の産物なのかという点にまで及ぶ。研究と論争の第2の領域は，パーソナリティがどの程度個人の持つ比較的安定した不変的特徴と見なせるのか，またどの程度自分たちが置かれた状況の関数であるのか，つまりどのくらい変化し発達しうるのかに関するものである。パーソナリティへの代表的アプローチや，パーソナリティの測定とアセスメントを行う実践的な方法さらに，カウンセリング実践のためのそれぞれのアプローチの関わりあいを見ていく前に，これら2つの中核的問題を順番に検討しよう。

2.2　健康なパーソナリティ

　ある特別なパーソナリティの様式があるのか，それともたくさんの様式がある

のかという疑問は，どの様式が，ほかより健康的で適応的かという問いとして，魅力的である。けれどもこの問いは，主流を行く心理学者には扱われなかったし，彼らは，代わりにパーソナリティの病理や不適応に関心を向けがちだった。'人格障害'をともなう人びとがいるという考えを取り巻く問題は，**第11章**で論じられている。

　様ざまな医学的健康状態の進展や維持に関して，パーソナリティの果たす役割を検証した研究は，これまでに多くある。冠動脈心臓疾患のリスクは，タイプAと呼ばれる特殊なパーソナリティ様式に関連があることが見いだされている（Friedman and Rosenman, 1974）。タイプAのひとは，敵対心，時間的に迫まられる感覚，競争心，それから高い達成志向を抱く行動パターンを示す。タイプBのパーソナリティは，もっとリラックスしていて締め切りや時間的プレッシャーに無頓着である。このように分類されたひとたちの追跡研究は，冠動脈心臓疾患のリスクとタイプAの関係を見いだした。けれども，その他の特殊な身体的疾患に関係する，パーソナリティのパターンを見いだそうという試みは，ひどく混み入って，あいまいな結果となった（10.7参照のこと）。

　身体的疾患にかかりやすいパーソナリティのタイプを同定しようとする試みの中で，ある心理学者たちは，**心理的たくましさ〔頑健さ〕**（Kobasa et al., 1979）という概念を導入した。**第10章**の「ストレス」では，人びとの（出来事を'脅威'と取るか'挑戦'と取るかといった）自分たちの世界の解釈の仕方が，どうやって身体，とくに免疫系に，生物化学的な衝撃を与えるようになるのかが，わかるであろう。**頑健なパーソナリティ**とは，健康な人びとは，変化やストレスを，自分がコントロールして関わりを持つべき挑戦と見なすことによって，それに対処することができるというものである。様ざまな職業集団の研究では，このように変化をとらえるひとたちは，健康を損ないにくいということがわかった。

　健康なパーソナリティを論じている数少ない心理学者のひとりが，ヒューマニスティック心理学者のマズロー Abraham Maslow（1954, 1968）である。彼は，健康で適応的なパーソナリティのスタイルを持つと考えた人びとを'自己実現者'と名付けた。これらの人びとは，幸運にも安全，所属，評価への欲求に出会うことができた。そのようなひとは様ざまなパーソナリティ特性によって特徴づけられた。すなわち，

- 自己受容
- 現実の受容
- 外的問題への関心
- 孤独への願望
- 自立
- 開放性

である。
　マズローの理論は，ヒューマニスティックなカウンセラーのあいだにかなり

普及し，かつ他のヒューマニスティック理論に影響を与えたが，これまで，これらの概念について科学的な研究はほとんどなされていない。それにもかかわらず，マズローの理論と頑健なパーソナリティの概念には，明確な類似点がある。

2.3　氏か育ちか？

ときおり，お互いが別べつに育てられて，大人になってから出会ったという双子の兄弟の話がメディアに登場する。これらの物語はたいてい，双子が離れて育ったにもかかわらず，ひじょうによく似ていることを強調している。その一人ひとりが，同じような興味を持ち，髪型や服装について同じような好みを示し，おまけに配偶者の選択まで同じかもしれない。

心理学者は，そのひとの特徴が発生学的遺伝に基づくのはどのくらいで，育った環境の影響から起こると考えられるのはどのくらいか，ということを確定しようと，この種のデータを体系的に使用した。別べつに育った一卵性双生児の事例を見つけることは，はなはだ難しいことではあるものの，このようなひとたちに関する研究がいくつか出版されている（Bouchard et al., 1981）。そういった研究の中で，双子たちは，心理テストやその他のテストを広範囲にわたって受けている。

それらの結果によると，一般に双子は同程度の能力水準を示し，社会性の水準も似通っている。Goldsmith（1983）は，多くの関連研究を再調査して，遺伝がパーソナリティに，ある程度影響することを支持する，と結論づけた。最も強力な根拠は，社会性，情緒性，および活動性の水準に関するパーソナリティの側面に見られた。

しかしながら，心理学者がそれらのパーソナリティの側面に，ある程度遺伝的作用があると考えても，人びとの個人差や特定の個人における特殊な性質を，全部遺伝で説明できると主張しているわけではない，という認識が重要である。

2.4　パーソナリティの連続性

カウンセラーにとって，重要な問いのひとつは，ひとのパーソナリティがそのひとの永続的な特徴として存在する範囲はどこまでなのか，また変化する範囲はどこまでかということである。パーソナリティがある程度遺伝的な影響を受けるということは前節で見てきたが，もし個人の安定して，固定された特徴が残るなら，ひとの考え方，感じ方そして振る舞い方を進展させたり変化させるのを手助けするという考えは，少々謎を呈するものになる。

変化と一貫性の問題は，どうやってパーソナリティを評価し，測定するかということにもつながる。パーソナリティの質問紙が施行されるたびに，ひとりのひとがきっかりと同じに答えるとは思わない。けれども，おおまかに同じようなパターン（そうでなければ私たちの測っているものは，実際には'パーソナリティ'を評価していないものと思われる）を示すとの予測は可能であろう。しかしこれ

は人びとがこれまでずっとしてきたことだけをするとか，同じ状況下に遭遇したときにはいつでも同じ感情を抱くであろうなどという，ひとの可能性について悲観的にならざるを得ないという意味なのであろうか。

2.4.1 パーソナリティへの特性論的アプローチ

　パーソナリティについて，ある心理学者たちは，性質あるいは'特性'のアプローチを採用している。このパーソナリティモデルでは，個人の属性や性質は，時間と状況の双方を超えて安定し，かつ一貫性があるものと見なされている。言い換えれば，これらのモデルは，ひとが生きているあいだになし得る変化の質と量に関して，暗に保守的な見解を持っている。

　けれども，ある心理学者たちは，表面的な一貫性のなさは，実はより深い水準で内的な一貫性を反映しているのかもしれないと指摘した。オルポートAllport（1937）は，大学講師，DrDの例を挙げている。彼は，いつも自分の研究室をひじょうにきちんと整頓しているのに，学科の図書館員としての仕事に関しては，同じ行動を見せないのである。その図書館は，きちんとしておらず，雑然としている。これは2つの行動が，同じパーソナリティの性質，すなわち自己中心性から生じているので，一貫性がないことにはならないという。DrDは，自分の関心から自分の部屋をきれいにしたのであり，この関心は図書館の世話をすることでは満たされないのである。

　パーソナリティの特性理論は，パーソナリティの'類型論'といくつかの要素を共有してもいる。これらは，ひとには限定された基本的なタイプがあると提言する理論である。カウンセラーがよく出会う，もっとも一般的な理論のひとつがフロイトの初期の仲間だったユングCarl Jungのそれである。これについては，本章の後半で述べる。

　パーソナリティへの特性論的アプローチは，個人が比較的長続きする反応と行動のパターンを示し，さらにこのようなパターンはそのひとを他者とは区別するものであると仮定する点で，類型論と類似している。けれども，ユングは，内向と外向を2つの基本的パーソナリティタイプとみなしていたが，特性論的アプローチは，内向型と外向型を1つの連続体，すなわち人びとは，互いの特性の程度は異なるが，どちらか1つだけに属するものではない，と捉えている。

　パーソナリティの特性論的説明は，一般に人びとの行動を説明するために用いられる。例えば，カウンセラーが，ちょっとした痛みや苦しみについて過度に心配したり，まだ診断されてはいないが，医療的処遇の必要な状態を抱えているのでは，と想像するクライエントと出会っているとしよう。カウンセラーは，そのクライエントが，関連する専門機関から，様ざまなレッテルを貼られてきたことに気づくであろう。

　　クライエントは33歳の女性で，離婚して4歳と6歳の2人の娘と暮らしている。10か月前，彼女は交通事故で腕を骨折した。2か月ギブスをはめたが，それを取り除いても，腕の骨は整形せねばならなかった。いまやギ

ブスをとってから5，6か月たったが，彼女は，はっきりなぜなのか説明できないのだが，いまだに腕が'良くなった'と感じられていない。事故の後，体の右側に一時的なしびれを何度か感じ，それが何か気になった。病院からは，医学的な問題はないといわれている。

その病院の外来にフォローアップの予約を入れるさい，整形外科医に自分の心配事について説明しようとし，一般家庭医ＧＰに対して何度か不満（かなり弁解めいていたけれど）を訴えていた。けれども，彼女には，彼らがまじめに取り合ってくれず，本当のところでは自分に関心を持ってもくれないし，話を聞いてもくれないと感じられた。前回そのＧＰのところへ行ったとき，涙ながらによく眠れないと訴えたので，ＧＰは，抗うつ剤を処方した。これによって，彼女はひじょうに強い憤りを覚えた。（彼女が突然泣き出したのは，このところ，それが初めてでないことを認めなければならないし，なかなか'調子が出ない'し，気分は通常よりずっと'落ちて'いることは，わかっていたのであるが）彼女が眠れないのは，本人が説明しようとしたことによると，腕の具合が悪いためであり，涙ぐんだのは，聞いてもらえないことに不満を感じたからなのである。けれども，自分のケアに関する不満について一言も述べず，それを受け入れてしまった。ＧＰは，彼女をカウンセラーと会わせる予約を入れた。

彼女に関する病院の記録をカウンセラーが見ると，救急外来の研修医は，彼女のことを'依存性'人格と名付けていた。ＧＰとの話では，彼女の問題が'神経質'と'心気症的性質'から起きているものと見ていることがわかった。

この例からわかるように，クライエントの行動，すなわち，ある身体的な症状の訴えと不安を示し，それらに動揺することが，その背後にある資質のサインとして解釈されている。しかしながら，ほとんど何の証拠もないところでこれらを特定することは，あまりに安直である。またこのことは，そのクライエントというよりも，もっとひとについての帰属全般を示すのかもしれない。Mischel（1986）が指摘するように，'特性の帰属における危険は，もしそのひとの行動からそのひとを特定した状態，つまりそこから推察されたものが，その行動の原因として引き合いに出されたとしても，それは何の説明にもならない，ということを私たちは簡単に忘れてしまうことにある。'このようなクライエントの問題の概念化は，そのひとを援助することに関して何も役立たない。

それにしても特別な一人ひとりの個人的心理的特性が，時間と状況を超えてどの程度安定しているものなのか，という疑問は依然として残る。心理学者たちは，'根源的'特性すなわち，より基本的な特性と，'表面的'特性とを区別した（Cattel, 1965）。その他の主な特性論者は，アイゼンク Hans Eysenckのような人びとである。アイゼンクは（ユングとは対照的に）内向—外向を2つの異なるパーソナリティタイプというより，1つの次元と見なした。アイゼンクが重要な特性として強調した第2の次元は，情緒的安定性または神経症傾向である。ア

イゼンクたちは，これらの一般的特性と見なされるパーソナリティ次元に関してたくさんの実証的研究を行った。これらは，多くの異なる状況で確認され時間を超えて持続するであろう。ただし多くの研究にも関わらず，どの特性がパーソナリティにおいて最も基本的なものであるかは，いまだに大勢の一致が得られていない。これらはまた，ひとと生活状況の相互作用の複雑さを如実に表している。

Mischel（1986）は，パーソナリティの'特性的な'見解と，より'状況的な'見解のあいだに，必ずしも対立があるわけではないと述べた。彼は，パーソナリティは安定したものであるとか，変化しやすいものであると述べることが，間違った二分法を作り出していると考える。代わりに彼は，'問題はむしろ，私たちはいつどのようにして安定性を見いだすのか，またいつどのようにして変化を見いだすのか，そしてどうしたら，それぞれの現象を最も良く理解することが出来るのか？ということだ'と主張する。

行動が内的な特性との関連よりも，異なる状況における要素によって，よりよく説明されるというこの見解は，紙上の論争を引き起こした。ある著者は，結局私たちがいる状況とは，しばしば半ば自ら好んで選択している事柄なのだから，自分たちの'パーソナリティ'から完全に独立したものと見なすことはできないのだと指摘している。

2.4.2. パーソナリティ特性のアセスメント

心理学者がパーソナリティをアセスメントしようとするさいの最も一般的な方法の一つが，紙と鉛筆を使ったパーソナリティ検査である。これは精神測定検査とも呼ばれる。このような検査は広範囲で利用されており，多くは，職業や教育や臨床の心理学者によって，職業選択といった特殊な目的に応じて用いられる。いくつかの検査は部外秘なもので，適切な資格を得たひとだけに使用が限定されている。

パーソナリティ特性をアセスメントするひとつの一般的アプローチは，自己報告のパーソナリティ検査や目録を使用することである。このような検査では，被験者は，様ざまな記述，例えば'私はしばしば些細なことが気になる''私はひとと会うのが楽しい'について，当てはまるか否かを回答するように求められる。このようなパーソナリティ目録の例として，ミネソタ多面人格目録（MMPIとMMPI-2; Hathaway and McKinley, 1943,1989），アイゼンク人格目録（EPI〔MPI〕; Eysenck and Eysenck, 1969），16因子人格検査（16PF; Cattell and Stice, 1986）がある。

こうした検査は，明らかにパーソナリティが，信頼性と妥当性を持って測定するのに十分安定したものだと仮定している。けれどもそのようなパーソナリティ尺度が，測ろうとするものを確実に測っているということを定着させるためには，どんなパーソナリティ検査の結果も慎重な注意をもって扱われる必要がある。

特性的アプローチは，様ざまな検査とアセスメントの考案の発展を通して，心理学的測定を前進させた一方で，事前学習や現在の状況に応じた要因の重要性を過小評価していると批判されてきた。ひょっとするとこうした要因は，ひとの思考や感情や行動方法を，もっとしっかりとうまく説明できるのかもしれない。

2.5 パーソナリティへの精神力動的アプローチ

高度に発展したパーソナリティ理論を持つ，2つの主要な精神力動的アプローチは，フロイトとユングのものである。それぞれを順番に説明していこう。

2.5.1 パーソナリティのフロイト派理論

フロイトは，パーソナリティが3つの構成要素，すなわちイド，自我，超自我からなると考えた。彼はイドを，パーソナリティの源泉にあって，主に本能と衝動の満足や緊張の開放に関わる部分と見なした。自我と超自我は，後にイドから派生して発達する。自我はイドと外界との橋渡しとして形成される。つまり自我は，イドの要求と外的現実の制約とをうまくあやつらなければならない。フロイトは，超自我を社会や両親の基準や規則の内在化とみなした。超自我は，ときに良心と等しく考えられる。

パーソナリティの内的組織化について述べるのと同様に，フロイトは，パーソナリティ発達の特別なパターンを提唱した。彼は，個々人が通過する一連の精神性的段階が，どのようにしてあるのかを記述した。この理論では，4つの段階ないし時期がある。すなわち，口唇段階，肛門段階，男根段階，及び性器段階である。これに加えて，男根段階と性器段階のあいだの'潜伏期'を述べた。

口唇段階，すなわち生後12か月から18か月までのあいだ，衝動の快感と満足が主に口を通して，あるいは吸いついたり，食べたり，噛んだりする行為を通して達成される。肛門段階は，2年目あたりに起こる。この段階は，肛門と排泄への関心と，そこから快感を得ることに特徴づけられる。男根段階は，3歳から6歳までである。この段階では，子どもが性器を通して快感を得ることに興味を持ち，異性に性的な関心を向けるようになる。これが，エディプス コンプレックス，あるいはエレクトラ コンプレックスが生じると考えられる時期である。この段階では，女児は，パーソナリティ発達を成し遂げることが男児よりも難しいと考えられている。これは，男児が母親への感情の連続性を持つことが出来るのに対して，女児は，母親から父親へと自分たちの願望を移して行かねばならないことによる。男根段階に続いて，思春期までに，潜伏期があると考えられている。潜伏期には，性的願望や衝動は抑圧される。これらの衝動は，子どもが性器期に入る思春期あたりで，再び活性化する。これが精神性的発達の最終段階である。この段階では，本能的な欲求と社会の規則や基準の両者を満たしつつ他者と関わることができる'成熟した'パーソナリティのスタイルが現れると考えられている。しかしながら，フロイトのパーソナリティ発達の理論では，1つの段階からもう1つの段階へいたる道筋や，成熟したパーソナリティになることは，容易なことではないと考えられている。

この理論は，個人は，特定の段階に'固着する'ようになると提唱する。これは，成熟した性的関係のあり方というよりも，性衝動の満足に関係する。固着は，どの段階でもある程度の葛藤があれば，生じるものと考えられている。フロイト

によれば，もしそのひとが，精神力動的治療を通して，そのひとの行動と個人的適応の特殊なパターンを作り出している葛藤について洞察を得ることができるならば，パーソナリティの変容が起こりうるとする。

　フロイトの時代以降の精神分析家たちは，彼のパーソナリティ理論を様ざまな形で修正した。パーソナリティにおける性衝動の役割から自我の役割へと大きく転じた点を強調した。それゆえ，これらの理論家たちは，'自我心理学者ego psychologist'あるいは，新フロイト派と呼ばれてきた。彼らは，内的なメカニズムだけに焦点づけるよりも，社会や文化の影響を重視した（例えば，Hartmann, 1939; Erikson, 1968）。

2.5.2　ユング派のパーソナリティ理論

　これまで，ユングのパーソナリティに関するいくつかの視点に触れてきた。ユングは，ひとはそれぞれ，外界を習慣的に経験する方法が異なると考えた。彼は4つの基本的な方法（感覚，直感，感情，思考）と，態度の2つのタイプ（外向と内向）を唱えた。ユングは，入念にひとを8つの主要なパーソナリティタイプに分類した。彼は，人びとは外向か内向かに分けられ，人びとの人生における振る舞い方の主な特徴が説明されうる，すなわち，外向のひとは，社交的で外界を志向し，内向は内面を志向する，とした。

　ユングはまた，4つの心的機能，すなわち，思考，感情，感覚，直感，について述べた。主要な志向性（内的か外的）に4つの機能を加えた組み合わせが，8タイプの複雑なパーソナリティモデルになる。したがって8つのパーソナリティタイプは，外向的思考タイプ，内向的思考タイプ，外向的感情タイプ，内向的感情タイプ，外向的感覚タイプ，内向的感覚タイプ，外向的直感タイプ，内向的直感タイプとなる。

　ユングによって考案されたこのような類型論は，簡便さと明瞭さという魅力を持ちうる。あらゆるひとに便利なカテゴリーを供給するモデルというものを，使ってみたくなるものである。けれども，そのようなアプローチの問題は，実はひじょうに複雑な心理的現象をあまりに簡略化しすぎて，またパーソナリティにおける状況や環境あるいはその他の影響を考慮していないことにある。

　ユング理論のもうひとつ重要な側面は，'サイキ'に関する緻密な考えを中心に据えていることである。ユングは，ひとは生活体験に基づく**個人的無意識**だけでなく，人類全体の歴史を通して蓄積された記憶からなる**集合的無意識**を持つと信じていた。これらの記憶は，**元型**によって表象される。これはある一定のやり方で体験を解釈するために受け継がれた傾向である。元型は，歴史を通して多くの文化に出現している象徴や神話，及び信念の中で表現される。いくつかのユングの概念は，現代進化論者，すなわち私たちは，進化の歴史の名残を，自分たちの遺伝子に運び込んでおり，それが私たちがどのように知覚し，思考しそして行動するかに影響を与えているのだ，と信じるひとたちの考えに多少類似している。

　ユングにとって成熟したパーソナリティとは，'全体的精神，意識と無意識の

両方の部分が生きた関係の中に共に結びつけられているものである'(Jacobi, 1968)。

ユングは,あるひとが他のだれでもない自己になり,そして自己が満たされる過程を**個性化**と呼んだ。

2.5.3 パーソナリティのアセスメントへの精神力動的アプローチ

一般に精神力動的な臨床家と研究者は,ひとのパーソナリティを査定する方法として,臨床的面接と専門的な判断を主に用いており,'紙と鉛筆での検査'には慣習的に信頼を置いていない。けれども,ユング派理論の用語で個人のパーソナリティの査定を試みた,マイヤーズ・ブリッグスのような検査は,一般の関心を広め,専門家でないひとたちによっても広く使用されている。

精神力動的に方向付けられた研究者や実践家は,パーソナリティを査定する道具として**投映法**を用いる。これらは,もしあるひとが意味のはっきりしない刺激を提示されると,そのひとの刺激の解釈は,自分の内面的な,無意識の欲求や感情,世界観などを反映するであろうという考えに基づいている。

最も影響力のある2つの投映検査法は,**TAT**(TAT; Morgan and Murray, 1935)と**ロールシャッハテスト**(Rorschach, 1942)である。TATでは,被験者は,一連の多義的な図版を見せられ,その絵の中で何が起きているか,それ以前にはどうだったのか,そしてこれから何が起こるのかを述べるよう,求められる。被験者の反応は,その後,基にあるそのひとの無意識の葛藤や動機づけの図式を同定するために分析される。

ロールシャッハテストでは,被験者は'インクのしみ'のついた一組の図版を見せられて,見えたものやその抽象的なパターンから思い出されたことを何でも言うように告げられる。それらの反応は,ひとの無意識過程とパーソナリティの構造によって解釈される。

その他投映法と分類されうるものに,**文章完成テストSCT**があり,被験者は'私が感じるのは・・・'あるいは'私がいちばん好きなことは・・・'といった文章を完成させるよう求められる。

研究者たちは,これらの方法のパーソナリティ測定としての妥当性に疑問を投げかけるが,今でもある精神力動的方向づけを持った実践家によって,診断や治療の目的で,使用されている。

2.5.4 精神力動的パーソナリティ理論のカウンセリングおよび治療への示唆

最初にちょっと見たところでは,パーソナリティ発達へのフロイト派のアプローチは,かなり悲観主義的で厳しいものにうつるかもしれない。精神性的段階理論によると,パーソナリティの発達は実質的には6歳までに完成し,'固着'の概念は,外界との関わりや,そこから満足を得るというどちらかと言えば不変の方法を示している。けれども,先にも述べたように,最近の精神力動的理論家は,自我の重要性と成人期における経験がパーソナリティに衝撃を与える可能性を強

調している。彼らは，パーソナリティ変容に関する考えに，生活上のストレス，文化，現実の環境や認知過程の役割を取り入れてきた（例えば，Arieti, and Bemporad, 1978）。そのため彼らは，ひとがどう考えどう感じるかを決定するのに，精神内的要因だけが重要であるという視点はとらない。

　フロイトは，精神分析における個人の変容は，そのひとが自己の問題の起源について'洞察'を得たときに生じると考えた。これらの洞察はセラピストとの関係ないし転移を通して大部分が得られるものである。

　カウンセリングにとって重要な，パーソナリティに関する精神力動的な理論から生まれた概念は多い。事実，沢山の概念が日常語や常識やパーソナリティの暗黙の理論に入り込んでいるので，私たちが，精神力動的思考から派生したモデルを用いているときに，そのことを認識するのは，困難であるかもしれない。

　とくに，成人期におけるパーソナリティ発達が，洞察を通してのみ起こり得るという考えは，大多数のカウンセリングによるアプローチの柱となっている。感情の自由な表現を傾聴し，照り返し，まとめ，そして励ましていく過程は，クライエントに自分たちの葛藤的な感情を探求し，気づきと洞察を経て，ある統合に達する機会を提供するよう設定されている。この過程が，さきに述べた交通事故後に身体的状態について様ざまな不安を呈したクライエントの事例によって描かれる。

　　クライエントは，自分の不安を探求することを，カウンセラーによってずっと支えられてきた。医療専門機関から'真剣に取り合ってもらえず''十分面倒を見てもらえない'という彼女の気持ちを探求していく中で，カウンセラーはクライエントの'世話をしてもらえなかった'幼少期の体験と現在の'欲求'とが結びつくよう手助けする。カウンセラーは，クライエントが18か月のころ，母親が数か月間入院していたことがわかる。彼女はひとりっ子だったので，そのとき，祖母と父親に面倒を見てもらい，母親に会うことはほとんどなかった。

　　クライエントはまた，たくさんの関係や状況も語り，その中には自分が大切にされたり，特別な存在として扱われたと実感したことが一度もなかったという。彼女は前夫を'思慮深く理解のある男性'であり，2人はうまく行っていたと述べたが，しかし彼女は一度として，夫が自分のことを本当に愛していると感じることがなかったし，それがなぜなのか，多くを語ることはできないながらも，彼女の求めているものを与えてくれると感じることもなかった。彼女はまた，自分の家族や友人が，自分のことをあまりにも当たり前に思っていると感じる。彼女は自分を，親切でひとの役に立つ人物だと見なしてきたし，たいてい他のひとたちからもそう見られていたが，だんだん他人から'のせられている'と感じるようになってきた。彼女は，いまや（緊急事態においてはその限りではないが）ひとを助けることをやめてしまったかのように見える。彼女はこれに対して，けっしてその理由を言わないが，何人かの友人と仲違いをしている。彼女は，事故後のここ数か月，誰も彼女に救いの手をさしのべないことに自分がとても傷ついているのだということを理解した。

パーソナリティ発達のフロイト派のモデルからすると，クライエントは発達の口唇段階において，本能的欲求の剥奪を被ったと仮定されるかもしれない。この剥奪が，彼女を発達の口唇段階に固着させ，悲観主義や自分の欲求は満たされないという信念によって特徴づけられるパーソナリティを持たせているのだ，とするであろう。

もしカウンセラーが精神力動的に働きかけているなら，カウンセラーはクライエントに自分が何か欲している，あるいは奪い取られていると感じる，その他の状況，とくに彼女の近しい関係に焦点を当てるよう助けるであろう。彼女が，大人の女性として，欲し，求めているものを適切に明確化して，さらにこれらの願望を意識化することを許容してやることによって，自己の欲求を自分で満たしたり，それらが適切なものであるか'現実検討'したり，さらに他者から必要な助けを求めたりすることが，これまでよりも容易になる。

2.6　パーソナリティへのヒューマニスティック アプローチと現象学的アプローチ

ここでは，ヒューマニスティック理論と現象学的理論におけるパーソナリティモデルの役割を説明するために，2つの対照的な理論を述べる。

2.6.1　パーソナリティのクライエント中心理論

ひとを中心にした人間中心治療的アプローチに欠くことのできないロジャース Carl Rogersのパーソナリティ理論は，個人の独自性と成長や自己実現の能力に重点を置く（Rogers, 1951, 1961）。このパーソナリティ理論は，子どもが自己意識を発達させるときに育つ，他者からの肯定的関心への欲求を強調する。理想的な心理的適応を達成するために，子どもは**無条件の肯定的関心**が必要である。子どもが持っている自己への関心は，子どもにとって重要な他者から受けた関心を反映する。

無条件の関心は，ごくまれにしか達成されないので，子どもはほとんど一様に，条件つき関心を経験しながら成長する。つまり，子どもは彼らの'良い'行動を条件としている肯定的な関心を受け取るだけなのである。ロジャースは，これを子どもが**価値の条件**を持っていると論じる。もしある子どもが，無条件の肯定的関心だけを経験したのであれば，自己関心も無条件的なものを持つようになるであろう。しかしながら，私たちのほとんどは，親や大切な他者から条件つき関心を経験するので，私たちの自己関心も条件付きの特徴となる。自己は，他者との相互作用から発達し，これらの価値の条件も同様である。子どもはこれらの条件に合致するときだけ，自分を肯定的に感じることを学ぶ。ProchaskaとNorcross (1994) は，これを次のように述べている。

第2章　パーソナリティ　　63

　人びとが，他者から投入あるいは内在化された価値にしたがって行動し始めるときには，彼らは，価値の条件を修得している。彼らは，これらの条件にそって生きない限り，自分は価値を持っていると肯定的に見なすことができない。つまりあるひとにとっては，たとえどんなに有機体が損害をこうむったとしても，その価値に達しているときにのみ，自己を良いものと感じ，愛すべき，価値のあるものと感じることができ，また別のひとたちは，自分たちが愛想良く，決して他人にいやと言わないでいるときにだけ，自己が良いものに感じられる。いったんこのような価値の条件が獲得されると，そのひとは，有機体としての経験から引き出された価値に導かれるひとから，他の人びとの価値によってコントロールされるひとに変わってしまう。私たちはごく幼いときに，自己実現への基本的な傾向を，他者と自分自身の条件付き愛情に交換することを学習するのである。(p.131)

　そこで，外界におけるそのひとの体験は，どれくらいうまく価値の条件に合うかというフィルターで'濾される'。条件に一致する体験は正確に知覚されるが，条件と葛藤するものは，否定されたり，歪められたり，さもなくば意識に昇ってくるのを阻止されるかもしれない。これがそのひとの'自己'とそのひとの体験のあいだの溝につながり，心理的防衛を形作るのである。
　ロジャースはパーソナリティの変化は，無条件の自己への関心の増大と，自分自身に押しつけられた価値の条件の減少を経て起こりうるのだと仮定する。彼は，ひとには，成長と'自己実現'へ向かう内在的な動因があると確信しているので，ひとの成長と変化を可能にするには，有機体がこの基本的傾向を追求するのを認めるという条件を出すことによって，成し遂げられると考えた。これらの条件は'カウンセリングの関係'において提供されることが望まれる。

2.6.2　パーソナリティのゲシュタルト理論

　ゲシュタルト療法は，もともとは精神分析の訓練を受けたパールズ Fritz Perls（1947,1973; Perls et al.,1951）によって作り出された。ゲシュタルト療法の基礎となる理論は，たくさんの理論から影響を受けた。これらの影響の中で最も重要なのは，実存主義と禅宗とヒューマニズムであった。ロジャースの理論と共通して，パールズは人間の実現化へ向かう内的傾向を強調した。ひとの，自分自身と自分の行動に責任を持つ能力もまた，パールズの理論の核となる特徴である。
　パーソナリティの発達は，欲求を経験し，環境との相互作用によってその欲求の満足を得るという自然な過程と同化を通して起こり，このようにして，'ゲシュタルト'ないし経験の統一的全体を完成させる。
　子どもの成長や成熟の過程のひとつは，依存と環境的支援への信頼から，自立と自己支援への信頼に移っていくことである。子どもは，もし両親から甘やかされて，一度も自己支援を学習しないならば，行き詰まってしまう。パールズは，

成長はしばしば欲求不満を通して起こると考えた。なぜなら，これによって子どもは，単に親にその欲求全部に応じてもらうというよりむしろ，環境から必要なものを得るために自分の力を駆使しなければならなくなるからである。けれども，もしその子どもが自己支援の準備が整う前に両親が十分な支援を与えなければ，それもまた，パールズのいう'袋小路'に，その子どもがはまり込んでしまうにちがいない。

もしそのような成長の問題が起これば，個人は自己の有機体としての欲求を満足させるような行動を組織化できなくなる。パールズはひとはそれ故，自己のある部分を否定したり否認したりせねばならず，このようにしてそのひとたちのパーソナリティに彼が'穴'と呼ぶものが作り出されると考えた。

パーソナリティの変容は，ゲシュタルト療法では気づきと統合の過程を経て可能であると見なされる。ひとは自己の欲求や回避のパターンを自覚しなくてはならないし，自己支援の戦略を通して自己の欲求を満足させるために，環境と真の関わりを持たねばならない，とする。

2.6.3 パーソナリティ アセスメントへのヒューマニスティック アプローチと現象学的アプローチ

パーソナリティのアセスメントは，現象学派やヒューマニスティック学派では，自己報告型の質問票のアプローチを避ける傾向にあった。この派の心理学者は，測定可能な'客観的な真実'というものを信じていないので，個人に対する集中的で個別的なアセスメントを考慮に入れるやり方を採用する傾向にあった。

例えば，彼らはよく，そのとき質的にも量的にも内容分析をしやすかった臨床的インタビューの素材を用いた。このように彼らは特別な行動を監視したり，特性について尋ねるよりも，自己陳述を主要な素材とした。このグループの臨床家と研究者が採用したその他の技術は，ＳＤ法（Osgood et al., 1957），役割構成レパートリーテスト（Kelly, 1955）及びＱ分類法（Stephenson, 1953）を含んでいる。

2.6.4 ヒューマニスティックなパーソナリティ理論と現象学的なパーソナリティ理論のカウンセリングおよび治療への示唆

以上に述べられた個人の主観的な現実，パーナリティが成長する可能性についての楽観主義，及び全体としての有機体への焦点づけという，この２つのアプローチが強調したことは，カウンセリング実践に深くて幅広い影響を与えた。とくにロジャースの変容と成長の焦点づけは，実践家を大いに動機づけるモデルであり続けた。行動における変化は，そのひと自身が体験する，とくに自己概念における変化によりもたらされる，とロジャースのモデルは，提案する。

これら２つの理論には，多くの共有された要素があるが，それらの実践的な適用はかなり違っている。けれども，ここでの目的に合わせて，以前述べたクライ

エントの問題が，クライエントのパーソナリティ発達というヒューマニスティックな見解や現象学的見解から，どのように見なされるのか考察してみよう。

　　クライエントとの関わりから，カウンセラーは，彼女の母親の入院中からそれ以後にわたって，良い子でいることをほめられたり，注目されたりすることによって報われていたことがわかる。いい子でいるとは，要求せず，文句も言わず，また彼女の両親に心配をかけないことであった。彼女は，父親が母親の健康を心配しているので，自分はおとなしくて，聞き分けがよく，'何の問題も起こさない'ようにしなければならないと感じた。それゆえに，彼女は精神的な混乱を起こさないように，子ども時代の不安や願望をたくさん自分の胸にしまい込んだのであった。

　パーソナリティ発達に関するロジャースの見解からすれば，そのクライエントは，両親から必要程度の無条件の肯定的関心を得ることに失敗した。これは，ある部分は母親が病気で自分のことで精一杯だったことによるし，ある部分は，親の肯定的関心は子どもの'良い'行い次第，という親の信念によるものであったかもしれない。彼女はそのときそれらの見解を内在し，彼女が従順で，要求しないよい子であるべきという自己－関心が必要条件と信じるに至った。けれども，これによってクライエントは肯定的関心と注目へと進みつつある欲求を否定してしまう。クライエントは近しい関係での自分の欲求に気づいていないために，自分の夫の欲求を優先させてしまった。しかしながら，やがてクライエント自身の欲求が前面にでてきて，'特別にしてもらう'ことや'面倒を見てもらう'ことへの強い要求となって現れたのだ，とする。ここで，ロジャーズ派のカウンセラーやセラピストは，クライエントとの治療を通して，クライエントの自己成長と発達に必要な'価値の条件'を与えるであろう。

　ゲシュタルト療法の見解からすると，クライエントは，自己支援の準備が出来る前に，両親からの支援を引き上げられてしまったかもしれない。クライエントは子どもとしての自己の必要性を見つけねばならないし，これらの満たされない欲求が'未完成の仕事'として自己の大人の生活の中に持ち込まれているのだ，とする。ゲシュタルト理論における個人的変容は，クライエントが，支援を得るために環境を操作しようとするよりも，自己の欲求に気づき，それを満たすためにみずからが責任をとるようになることによって，生じる。これらのモデルは双方とも，とくにロジャーズ派のアプローチがより多くであるが，カウンセラーやセラピストに広く用いられてきた。クライエント中心のアプローチは，肯定的関心や暖かさや共感を与えることが，そのひとに自分の問題を探求し，そして本来の正常な活動をする，より健康な水準へ移行させうる重要な要素であるとみなす。

　両モデルに向けられたひとつの批判は，個人への社会的，文化的，及び直接的な環境の役割を十分強調せずに過小評価することである。それに彼らは，個人の生育歴を重視していないので，より深いパーソナリティ構造よりももっと'表層的な'側面を捉えているように見えがちである。

2.7 パーソナリティへの社会的学習アプローチと認知的アプローチ

内的認知過程の役割は，パーソナリティへの社会的学習アプローチと認知的アプローチにおいて主要な要素である。このアプローチは，それまでの行動理論，すなわちパーソナリティをひとつの学習行動の集合と見なして，特別な行動のパターンが発達，維持，変化させられる条件を特定しようとした理論に，満足できないところから生じた。学習は，それまでの中立的な刺激と，条件づけられていない刺激が結びついて，対になることをともなう**古典的条件づけ**の過程と，行動が，その後に起こる**正の強化**といった結果に影響を受ける**オペラント条件づけ**の過程を通して生じると言われた。

2.7.1 パーソナリティの社会的学習理論

バンデューラ Albert Banduraの**社会的学習理論**（Bandura, 1986）は，行動に影響を与えるものとして，正の強化や罰及びその他の結果の重要性は認めたが，彼は，人間は外的な刺激に受け身で反応するだけにとどまらない，それ以上の存在だと信じた。

ひとは，例えば試行錯誤に頼らずとも頭の中で'象徴的に'問題を解決するなどの別な方法で学習することができる。さらに重要なのは，人びとは，代理的に，つまり他者や**モデル**を観察することによって学習するということである。

行動にモデルを持つことの重要性と，異なるモデルの相対的な影響が強調されている。強くて目立つと見なされているひとのモデルは，より一層行動に影響を与えやすい。子どもが特別な行動をどんな状況下で起こすかは，強化（結果）と**内的期待**の両方の働きかけと見なされている。期待は，どんな結果がひとつの行動から起こるのか，についての内的な信念であり，そのひとがそれらの結果に置く価値である。期待は，人びとが自分自身をその中に見いだす状況に応じて変わる。これは，社会的学習理論が特性理論と違って，必ずしも行動が状況を超えて一貫しているとは考えないということを意味する。Rotter（1972）のような社会的学習論者は，因果関係を本来備わった性質の要因に帰属するよりも，認知的期待と学習された行動に中心的役割を与えた。

ひとの変化が起こるためには，バンデューラ Bandura（1982）は，そのひとの自己効力感を期待することが重大な要素であると考える。そのような**自己効力感**の期待は，熟達と成功の体験によって高められ得る。すなわち'変化は，認知的過程を通して仲介されるが，認知的な出来事は，成功を収めた行為から生じる熟達の体験によって，もっとも速やかに引き起こされ，変えられる'（Bandura,1977）。この理論では，ひとの適応上の困難は，そのひとの学習や強化の歴史から生まれた行動と期待に特定の問題が存在するものと見なされている。

認知論者たちは，いくつかのバンデューラの考えの背景にある仮説を採用し，さらに認知的モデルに基づく治療的アプローチを入念に作り上げた。最も良く知

られるひとりがベック Aaron Beckである。ベック Beck (1976) はもともと精神分析家として訓練を受けて実践してきたが，彼は，人びとはどのように，何を考えているかということを中心に据えた治療モデルを発展させた。どのようにして特別な思考パターンと行動が，そのひとの中で発展していくかの概略が述べられている。人生初期の体験，あるいはひじょうに危機的な性質の体験は，そのひとが外界を知覚して解釈する方法を決定する仮定，ないしは**スキーマ**を生じさせる。それ以後は，あるひとに何が起こるかではなく，そのひとが，起きたことをどう知覚するかが重要であるという。

2.7.2　パーソナリティの個人的構成概念理論

もう一人の重要な認知的パーソナリティ論者は，ケリー George Kelly（1955）である。ケリーのモデルは，ひじょうに影響力があり，とくに彼のパーソナリティアセスメントの方法すなわち，役割構成概念レパートリーテストがそうである。ケリーは，現象学的な理論家たちと同様に，評価基準となり得るある外的な，客観的現実があるとは考えず，それよりもそのひとが持つ自己の世界の感じ方が重要だと強調した。

それゆえに，ケリーが関心を持ったのは，ひとの自己の世界の見方，解釈の仕方，そしてこれらの解釈と自分たちの持つ信念とのかみ合わせ方であった。ケリーは，ひとが自分自身や外界について行うこれらの解釈を構成概念と呼んだ。彼は，外界と関わるそのひとの習慣的なやり方にとって主要な**中核的構成概念**があり，またもっと変化しやすい**周辺的構成概念**もあると考えた。そこでそのひとのパーソナリティは，**構成概念システム**全体として考えることができる，とする。

ケリーは，変化するためには，そのひとが実験作業の精神を持つことが必要だと考えた。これはケリーの'ひとは，科学者である'という重要な比喩において示されている。これは，自らの世界観を，観察と実験を通して修正や反論ができる理論的な見解なのだと考えるひとのことである。このモデルから生じたひとつの治療的戦略は，**役割指定療法**である。そのひとは，セラピストによってあたかも自分とは違う種類のひと，つまり自分がなりたい種類のひととして振る舞うように促される。

行動的実験と認知的過程の強調によって，ロジャースのような現象学者に適用される治療とは異なるスタイルと焦点を示している。

2.7.3　パーソナリティアセスメントへの社会的学習アプローチと認知的アプローチ

現象学的アプローチとヒューマニスティックアプローチに関連して論じられた多くのアセスメントは，社会的学習アプローチや認知的アプローチにも適用可能である。とくにケリーの**役割構成概念レパートリーテスト**は，そのひとが，自分や環境を理解するために用いる構成概念を捉える方法である。このアセスメント方式は，量的にも

質的にも，臨床や研究の目的で，ひじょうに広範囲に用いられてきた。

2.7.4 パーソナリティの社会的学習理論と認知的理論のカウンセリングおよび治療への示唆

　認知的過程のスタイルと認知的な信念あるいは'スキーマ'の特殊なパターンを強調するのが，これらのアプローチの特質である。個人は，外界について核となる仮定を持ち（例えば，'私は，完璧でなければならない，さもないとだれも私を愛さないだろう''世の中は，危険で予測不可能なところだ''私の未来は，この手の中にある'など），それがそのひとの体験の知覚や解釈，さらに評価の仕方を形作ると考えられている。（抑うつモデルと治療への示唆に関する11.5.3を参照のこと）。

　カウンセラーの仕事は，このモデルでは，これらの中核的信念を明らかにして，そのひとが，そうした信念を持つことの長所と短所を検討し，不適性な信念に挑み，そして，外界について考える，より適応的な方法を見つけるよう援助することである。

　これらのモデルは，認知的な信念を形成する上で，そのひとの環境の役割，とくに社会的環境の役割を強調するので，カウンセラーはそのひとに現在の状況のどういった側面が'欠点のある'思考スタイルを強化し，維持させているのかを見つけるよう援助するかもしれない。そのためこれらのモデルは，ひとの変化の可能性についてわりあいに楽観主義的であり，それは環境的要因か認知的要因を標的にすることで起こり得るとしている。ここで，カウンセラーが認知的な視野からクライエントの抱える問題にどのように働きかけ，概念化するのかを見ていこう。

> 　さきほどと同じクライエントとカウンセラーは，クライエントの特殊な行動パターンを理解するのを助けるのに，彼女が抱いていたかもしれない不適応的信念を同定しようと，共同作業をする。クライエントは，自分で理解していない自らの特別な欲求の結果として，見下げられていると感じるために，身近な関係を断ち切ってしまいがちになるということを考察していく中で，クライエントとセラピストは，クライエントが身近な関係について抱く，いくらかの仮定があることがわかる。これらの仮定が彼女に，たいていの身近な関係において従順で不平を言わず，自分の欲求を二の次にするようにさせてきたと，彼女は気づく。彼女はまた，自分の欲求が何であるのかを明らかにすることもほとんどなかった。それでますます他者が彼女に応答するやり方に憤慨するようになり，お互いにもっと調整や交渉をしようとするよりも，その関係を壊してしまいがちであった。
> 　クライエントとカウンセラーの双方は，これらの仮定が利益より不利益を多くもたらすということに同意し，彼女の欲求をその関係の中で満足させていくのに役立つ関係についてもっと適応的な信念を探求し始める。

クライエントの幼い時期の'ケアの欠如'と従順な子どもでいる必要のために，彼女は，'もし私が他のひとたちの欲求を優先させれば，そのひとたちは私を愛してくれる'，'もしだれかが本当に私をケアしてくれるとしたら，そのひとは，私が頼まなくても，私のしたいことをわかってくれる'といった信念を発展させた。

認知的な方法で働きかけながら，カウンセラーはクライエントに，彼女の中核的な信念をテストする様ざまな'ホームワーク'の実験を工夫するよう促すであろう。例えば，彼女は自分の近しい友人に，自分の欲求をもっとはっきりと出すように努め，それからこの'実験'の結果をカウンセラーと検証するであろう。このようなクライエントの個人的スタイルの変化は，行動変化と信念のシステムの変化の組み合わせを通して現れるものと見なされている。

2.8 カウンセリング実践における全体的示唆

前節までで，パーソナリティに関する主な理論的概念に触れ，カウンセリング実践への示唆をいくつか説明した。紙数の制約上，種々の理論は簡潔にされ，要約されてきた。カウンセラーは，様ざまなパーソナリティ理論のあいだに引かれた区別は，カウンセラーやセラピストが，しばしば複数のモデルに頼る実践においては，いくぶん人為的なものであるということを心に留めておかねばならない。そうではあるのだが，様ざまな要素を一緒にして記述することは，異なる理論的立場を比較するという点では，有用であろう。各理論が示唆していることは，(1) クライエントのアセスメント，(2) 心理的な成熟に関する定義，(3) パーソナリティ変容と発達の見立てについてである。表2.1はこれらの点を要約した形で記したものである。

パーソナリティ理論というのは，それを書いたひとが，ひとのひじょうに広い多様性と，どんなひとにもある複雑さの意味を理解しようと試みた方法である。

表2.1 パーソナリティへの主なアプローチ：カウンセリングおよび治療への示唆

	特性的アプローチ	精神力動的アプローチ	ヒューマニスティック/現象学的アプローチ	認知的アプローチ
クライエントのアセスメントにおける焦点	典型的な行動と感情	幼児期の体験と内的要因	クライエントの直接的体験	クライエントの構成概念
心理的な成熟	素質と環境との良好な適合	対人関係と毎日の仕事に満足を得ること	自己に責任をとり，自分自身に価値をおくこと	自己と外界に関する'現実の'認識
パーソナリティの変容	素質による制約を受ける	葛藤への洞察による	気づきと自己受容による	信念と期待の変化による
カウンセラーの役割	適用無し	案内役と促進者	促進者と協同者	協同者

これらの異なる理論は，すべてのひとにわたるプロセスを要約しようとするために，必然的に説明のさいにしばしば，過剰に簡略化されたり，一般化をされたりしてしまう。人間一人ひとりのタイプを包含しうる，唯一のパーソナリティ理論など無いのである。けれども，それらの各々が，カウンセリングを必要とする特定のひとを理解するために，私たちの助けとなりうる。ある状況では，特定のクライエントの理解とアセスメントをするための理論がその他の理論よりも有用で，得るところが多いという場合があるかもしれない。けれどもこれは特別な理論がそのほかのものよりも'本物である'ということを言っているのではない。

あるいはまた，あるひとの問題がそのひとのパーソナリティだけから生じるものと考えても，そのクライエントとカウンセラーの両者にとって，何の役にも立たないという場合もあるであろう。もしひとの行動に影響を与える，重要な状況的要因があるとすれば，これこそが真実である。そのひとの状況に付随する側面の方が，パーソナリティの側面よりも，もっとよく行動の予測ができるかもしれない。社会文化的要因もまた，ひととひとの行動を理解しようとするときに，考慮される必要がある。例えば，青年男子の攻撃的で衝動的な行動は，その年齢と性別からみて，あるひとにとっては標準的なものと見なされるかもしれないが，青年女子にとっては，何らかのパーソナリティの問題の根拠として受け取られるかもしれない。

カウンセリングや心理療法におけるパーソナリティのアセスメントの役割は，必ずしも単純ではない。実践においては，セラピストやカウンセラーは，数種の異なるパーソナリティアセスメントの方法をクライエントに用いている。すなわち，観察と心理計量的テスト及び臨床的な面接である。いくつかの方法は，施行と結果の解釈において特別な訓練が必要である。これらの方法はどれも，カウンセラーが承知して，気をつけておかねばならない制約と欠点がある。

パーソナリティアセスメントの心理計量的技法と投映技法の両方にともなう制約のために，多くの専門家はそういった尺度を用いることに懐疑的である。ヒューマニスティックな志向のある実践家は，そうした手近にある相当不完全な道具を用いて，人を判断してしまう哲理に反対だと思うかもしれない。行動志向性のある実践家ほど，内的な資質の推論を求めないセルフーモニタリングか観察という手続きを用いることを好むであろう。

ときどきカウンセラーは，パーソナリティやパーソナリティ変容について，そのような仮説が引き出されたもとの理論に全く気づかずに，仮説を適用する。しかしながら，**第1章**で見てきたように，私たちは，パーソナリティの性質やクライエントのパーソナリティ変容の可能性について，無意識のうちに，自分たちの暗黙の見解を伝えているのかもしれない。それゆえに，カウンセラーは，どんなパーソナリティの仮説や暗黙のモデルが自分たちの仕事の指針となっているのか，正しく認識することが大切なのである。

Mischel（1986）は，異なる目的で異なる理論を使うアプローチを'構成主義者'のアプローチとして述べている。これは次のようである。

構成主義者の見解は，発見されるのを待っているような，ただひとつの正しい現実も，'そこの外側に'存在する真実もないと考える。むしろ私たちは，レンズにとてもよく似た，理論や概念を発明したり，構築したりしており，それを通して，複雑でつねに変化する世界を眺める。それゆえ私たちが出会い，見つけるものは，自分で作り出した特別なレンズと，そのレンズを通してどこでどのように見たのかということに左右される。

2.9 まとめ

心理学者間の'パーソナリティ'の関心は，異なるパーソナリティ理論が多かれ少なかれ，大衆化するようになるにつれて，徐々に大きくなり，そして衰えた。この関心の重要な支流のひとつは，アセスメントの方法の発展（質問紙法，投映法，および現象学的方法）である。これらのアセスメントの考案物は，クライエントの感情や態度，あるいは信念の概念化や言語化を助ける道具として，治療的実践におけるプラグマティックな方法において，使用されうる。しかしながら，守られるべき必要があるこれらの測定'結果'を無批判に受け入れることには，警戒を要する。さもなくば，何が力動的で相互作用的な過程なのかを見失う危険を冒す。

特性論者がパーソナリティを中心的な関心に据えたのに対し，他の心理学者は人間の発達と精神病理のもっと広い理論の中に，パーソナリティに関する彼らの考えを平等に埋め込んだ。パーソナリティに関する著作が，臨床的な現象や，異常な不適応的パーソナリティスタイルのテキストへ吸収される傾向があるのは，このためである。過去には，ある治療的悲観主義は，ひとの行動の原因をそのひとのパーソナリティに帰属すると思われがちであった。けれども先述したパーソナリティ理論の表は，パーソナリティ理論家たちが，そのような見解を適用していなかったことを示唆するものであろう。むしろ，彼らは，個人の変容と発達を促進させるために，そのひとを理解する手段としてパーソナリティ理論をとらえる傾向にあったのである。

第 2 章　対照語リスト

archetype	元型
classical conditioning	古典的条件づけ
collective unconscious	集合的無意識
condition of worth	価値の条件
constructivist	構成主義者
core constructs	中核的構成概念
ego psychologist	自我心理学者
fixed role therapy	役割指定療法
hardy personality	頑健なパーソナリティ
individuation	個性化
internal expectancies	内的期待
Minnesota Multiphasic Personality Inventory	ミネソタ多面人格目録
Myers Briggs Test	マイヤーズーブリッグス検査
openness	開放性
operant conditioning	オペラント条件づけ
peripheral constructs	周辺的構成概念
personality test	パーソナリティ検査
personal unconscious	個人的無意識
positive reinforcement	正の強化
projective techniques	投映法
psyche	サイキ
psychological hardiness	心理的たくましさ〔頑健さ〕
Q SORTS	Q分類法
Role Construct Repertory Test	役割構成概念レパートリーテスト
Rorschach Psychodiagnostic Inkblot Test	ロールシャッハテスト
schema	スキーマ
self-efficacy	自己効力感
Semantic Differential	SD法
sentence completion tasks	文章完成テスト　SCT
Sixteen Personality Factor Questionnaire	16因子人格検査
social learning theory	社会的学習理論
Thematic Apperception Test	TAT
Eysenck Personality Inventory	アイゼンク人格目録〔MPI〕
unconditional positive regard	無条件の肯定的関心

訳者コラム
　　　　　　心理臨床における自立とパーソナリティ理論
　　　　　　　　　　　　　　　　　　　　　　　　青木紀久代

　訳者コラムでは、第2章の内容に関連することを，いくつか補足的に述べることとしたい。

パーソナリティ理論と心理臨床

　心理療法を行う目標は，パーソナリティを変化させることである。パーソナリティが，変化するかしないかについて議論の余地はあるが，少なくとも心理的な成長・成熟というものも含めて，私たち人間の心に変化がないとすれば，心理療法的な関わりは，存在不可能である。
　パーソナリティ障害については，第11章（心理的障害）にまとめられているが，そうした問題を抱えた人びとに対しても，変化や成長の可能性を仮定するからこそ，治療的関わりが成立するのである。
　さらに，心理臨床には，複数のアプローチがあり，それぞれのパーソナリティ理論とそれに即した技法，治療プロセスがある。それぞれ長所・短所があるのは当然のことで，比較より前に大切なのは，それぞれのパーソナリティ理論に即した治療的アプローチの実際がある，という認識であろう。つまり，カウンセラーやセラピストが一定の関わりをする時の最も基本的な態度を規定するのは，彼らの持つ何らかのパーソナリティ理論なのである。それが何であるのかを問うことで，今，ここで展開する関わりの意味が明確になるのである。
　すべての人に適用可能な完全なパーソナリティ理論というものが確立されていない以上，心理臨床のよりどころとする理論的枠組みは絶えず修正し，発展していくべきものである。臨床家は，実践の場で理論にそぐわないものに出会うことに，敏感かつ柔軟な対応ができることが望まれている。

アセスメントについて

　パーソナリティのアセスメントというと，心理検査などの一定の方法で，相手を査定する，という先入観がある。しかし，カウンセリングや心理療法の場では，常にクライエントとの関わりが連続的に展開しており，時間経過を凍結してその人のパーソナリティを査定しても，あまり役に立たない。臨床上必要なアセスメントとは，カウンセラーやセラピストが，そのクライエントと相談・治療過程を進める上で必要な，「見立て」であり，それは，刻一刻と更新されていくものである。「見立て」が形成されるプロセスは，第1章図1.1にある仮説生成の流れと同じであり，それが連続的に繰り返されるのである。クライエントとのやりとりで生じるすべてが，臨床上のアセスメントをするための素材となる。心理検査と

いうのは，この営みに利用される手段のひとつである。

心理検査

　本章で紹介されている心理検査は，あらかた日本語版が出版されており，最も基本的なものと言える。この中で，ユングのタイプ論をもとに開発された質問紙検査は，これまで日本語版が出版されていなかった。MBTI(Myers Briggs Type Indicator)は，20数か国で翻訳され，独自の学会をもち，研究資料の国際交流も盛んに行われているが，このたびやっと日本語版が正式に発表された。この検査は，検査の結果を臨床的な関わりに生かすことが前提であり，検査の施行法と臨床的な活用法を訓練する必要がある。こうした心理検査の用い方が，先のアセスメントに本来求められているのだと言えるかもしれない。

　さて本章では，心理検査をあまり重視しない立場もあることが示されている。また自己記入型の心理検査に限らず，投映法検査に関しても懐疑的な評価がなされている。ただし本章では，投映法の解釈法については触れられていないので，少し補足したい。

　例えば代表的な投映法検査であるロールシャッハテストなどは，反応形式を特定の臨床理論・技法に対応させる形で解釈法を用いる場合に，反応の意味づけが異なって生じることが確かにある。しかし，例えばエクスナー法と呼ばれる解釈法では，ロールシャッハの反応を無意識過程の反映としてではなく，純粋にその人の認知過程とみなし，認知のパターンとその他のパーソナリティ特性を関連づけ，信頼性のある指標を提示しており，現在も広く利用されている。

　心理臨床の過程で，自分の中に何の見立てもないまま，クライエントと出会うということは，磁石を持たないでいきなり船出するようなものだ，と喩えられることがよくある。

　心理検査の習熟は，アセスメントに関する適切な情報を確実に増やすことにつながる。

　以上，パーソナリティ理論や，それぞれの臨床技法，及び心理検査などについて第2章では紹介程度にしか取り上げられていない。これらはむしろ，臨床心理学の中で，独自の発展を遂げているとも言える。いったん，ひとつの学派について学びはじめると，とかくここでまとめられているような，他のアプローチとの関係を見失いがちになるので，第2章がこのようなことを予防するのに，少しは役立つかもしれない。心理臨床を行う上で重要なトピックが盛りだくさんのわりに，コンパクトに要件が把握できる，というのが担当者の所感であるが，はたして，読者の皆様は，どのようなご感想をお持ちであろうか。

（あおき　きくよ・お茶の水女子大学）

第3章 情　動

3.1　はじめに

　情動は私たちの世界に影響を与え，生活に意味をもたらすものである。'人間'であるがゆえに，愛，喜び，怒り，熱中，嫉妬，憧れといった情動を体験することができる。実際，人間は情動をもつので，人間以外の生命体（映画スタートレックでMr Spockを恋させておきながら，彼を忘れることのできた!）や，もちろんアンドロイドとは異なった存在だと考えられている（たとえばDick,1972）。

　クライエントの多くは情緒的状態の障害，すなわち不幸，不満，欲求不満，怒り，混乱を生じたために，カウンセリングを受けるようになる。生活上で何かがうまくいかなかったり，不満が強かったりするために，情緒的状態から警告が発せられ，その障害を解消するために，彼らは援助を求めたり，援助を受け入れたりしたのである。

　カウンセラーの多くは，クライエント自身やその経験を理解するために，情動的世界を探究することが重要だと考えている。カウンセラーは，クライエントが自分の情動にどの程度気づき，それを概念化し，表現できるかについては個人差が大きいと認識している。豊かで，強烈な情動体験を語るクライエントがいる一方で，自分の情動を同定したり，表出できないクライエントもいる。

　私たちは直観的には，情動がどのようなものかわかっている。しかし情動は日常生活のあまりに多くの部分に関わっているため，情動がなぜ重要なのか，情動が何を意味し，どのような働きをするのかをじっくり考える機会はほとんどない。心理学者はこれらの問題に関心をもち続けてきた。カウンセラーはその問題を個人的なレベルでとらえることに関心を寄せてきたが，心理学者はもっと一般的なレベルで，私たちがどのように感じるのか，そのように感じるのはなぜかについて理解しようとしてきた。

　パーソナリティに関する精神力動論では，情動がどのように発達し，表出され，防衛されるかについて多くのことを示唆している。フロイトは情動を，たんに激しい性本能および攻撃本能が，防衛過程によって必然的に歪曲された影にすぎないと考えた。しかし，情動に関する心理学的研究の多くは，より主流の実験心

理学において行われている。そこから得られた情動体験についての結果を，直接の経験や小説の内容と比較すると，それは限定され，表面的なものに感じられる。心理学者が近年まで科学的な厳密性を重視したために，情動を実験室で研究する傾向が強かったことも，この一因である。しかしながら，これらの実験室での実験により，情動に関わるいくつかの基本的な過程が解明され，また情緒的に障害のあるひとを含む個人の現実世界に適用できる価値ある知識や洞察が与えられたのも確かである。

3.2 情動の役割

ひとは，自分の感情をありのままには受け取りたくないときや，なぜすべての感情を体験しなければならないのかと思うときがあるであろう。にもかかわらず，たいていの場合，感情を体験するのは当然のことだと思い，それがまさに人間であるということだと受け入れている。心理学者は，情動は現実に，適応を助ける多くの重要な機能をもつものとみなしてきた。最も重要だと思われる2点がこの章で論じられる。第1に，情動は何か重要なことが起きているという信号であり，私たちに行動を促す，第2に，情動は自分自身に関する何か重要な情報を他者へ伝達する，ということである。以下で，このような機能がカウンセリングやセラピーとどのように関連しているかを論じる。

3.2.1 動機づけとしての情動

怒りや恐れのような情動は定義したり，同定したりすることが容易である。一方，罪悪感，誇り，希望，羞恥のような情動はもっと複雑で，ときとして定義するのがむずかしい。情動はまた，入り混じったり，相反するものが共存したりもするため，分類することも困難である。例えば，列車事故で，夫は無事だったが息子が怪我を負ったことを知った女性は自分が何を感じているのか，どのように感じているのかわからないにちがいない。

しかし一般的に，情動には**誘発性**がある。すなわち，それは安堵，熱中，希望，幸福，満足のようなポジティブな感情か，不安，羞恥，悲しみ，嫉妬のようなネガティブな感情のいずれかとして体験されるのが普通である。一般的に，私たちはポジティブな感情体験を促進し，ネガティブな感情体験を回避または減少させる方法で行動することを望んでいる。それゆえ，私たちは情動から，何らかの行為をするよう**動機づけられる**ことになる。これに関するわかりやすい例をいくつか挙げてみよう。たとえば狭く，険しい山道では恐れの感情が生じ，私たちは危険を避けるため一歩ずつ歩みを進めるように促される。またべつの例では，仕事上で欲求不満の感情を体験すると，私たちはその仕事を何とか納得の行くものにしようとするし，場合によっては新しい仕事を探すように刺激されることさえある。また試験に合格すると達成感を感じ，一生懸命勉強を続けるように動機

づけられるであろう。このように情動を体験することは，進化論的な意味で私たちが生存するために重要であり，同時に，とくに私たちの幸福感にとって意味を持つのである。

　Lazarus（1991a）によれば，情動はつねに個人的な'意味'や'目標'に関連している。したがって，例えば試験に合格することが個人的に意味があるなら（目標に近づくとか，ふだんの学校の成績が悪いというように），試験の合格に達成感を感じるであろう。もしも試験に合格することが個人的な意味を持たないなら，私たちはその試験をあまり重視しないし，結果についてもほとんど気にとめないように思われる。

　情動をどの程度の強さで体験するか，すなわち情動の**強度**もまた動機づけと関連している。情動が強くなればなるほど，私たちは何らかの行為を起こそうとするものである。仕事で軽いいらだちを感じるだけならば，それをやりすごすかもしれないが，何かについて深刻に悩む場合には，おそらくその状況を解決するために何かをしようとするであろう。

　前節でも述べたように，情動を体験する強さには個人差も存在する。生まれつきごく弱い情動しか体験せず，どんなことがあっても混乱したり，興奮したりすることのないように思われる人びとがいる。しかしながら極端に情動を体験しなくなると，ひとは正常に機能しなくなるだろう。この正反対の場合もまた問題を引き起こすことがある。情動を強く体験しすぎる場合には，思考や行動に集中したり，両者をうまくやりくりすることがむずかしいかもしれない。情動の強度はうつ病（１１.４参照）のような心理的障害によって短期間影響されることがあるが，それは通常，心理学者には気質の一面であるとみなされている。**第２章**で論じたように気質においては社会的学習が重要な役割を果たしているが，遺伝的な要因がその根底には存在しているように思われる（Eisenberg and Fabes, 1992）。

　上記のように，情動が身体的生存と心理的幸福感にとって重要だとすれば，私たちは当然それに注意をはらう必要がある。前述の山道での恐れの感情のような，ある状況のもとでの情動による私たちの反応は，無視できないと思われる。その一方で，私たちに緊急度のあまり高くないメッセージを伝える情動も存在する。緊急度は低いが，それらが伝達するメッセージは重要である。すでに指摘したように，もしそれらの情動が私たちにとって固有の意味をもたないなら，私たちはいかなる強さの情動も体験することはないであろう。情動は，何か重要なこと，私たちのより深い価値観や要求と関連した重要なことが起きている，という信号を私たちに伝達する。それゆえ，情動的反応は私たちに重要な**フィードバック**の源を提供しているのである。もちろん，このことは私たちがつねに自分の情動に基づいて行動しているという意味ではない。しかし，情動を無視し続けると自分自身の重要な側面をも否定することになり，そのためひとは不満や疎外感を感じ，不幸になるかもしれない。情動の抑圧もまた精神的，身体的健康に悪影響を及ぼすのである（3.7およびストレスと健康に関する10.7参照）。

　　一貫して自分の情動からのフィードバックを無視し続けてきた，34歳の男性

の事例である。彼は重度の抑うつ状態のためにカウンセラーのもとに紹介されてきた。彼は妻と暮らし，犬を飼い，保険会社に勤めていた。彼はここ4週間，病気休暇を取っていた。

　幼児期に，彼は3～4週間にわたり何度か入院生活を送った。その後，母親に対して強い愛着を示すようになり，2年前に母親が死ぬまでそれは変わらなかった。彼は父親が客観的には自分に特別に高い期待をもっているわけではないと思っても，彼自身にとって父親の基準はひじょうに高いものと感じられ，その基準にこたえるのはむずかしいと思うことがあった。しかし，父親にはなみなみならぬ敬意を感じてもいた。彼はつねに'良い'子であったが，ときおりひじょうに激しい怒りを感じたとも語った。

　10代になり，姉と弟が2人とも親に'反抗した'ときには，生活は少し困難なものになった。自分が姉弟の埋め合わせをしなければならないと感じ，両親にけっして心配をかけまいと心に決めた。彼は時どき自分の決心に腹を立てたけれども，実際に親にはけっして心配をかけなかった。彼は家でも，学校でも，そして職場でも誠実で責任感が強く，勤勉だった。彼には'ふさわしくない'と両親から言われた女性と婚約したことが唯一の例外であり，彼はつねに自分に期待されていることをした（彼は両親が婚約に干渉したので，一度ならず，憤りや怒りを感じたけれどもそれはほんの束の間のことで，彼は両親は正しいのだと認めざるをえなかった）。その後，彼は両親が認めた'女性'と結婚し，毎週土曜には洗車をし，日曜日には芝刈りをした。金曜日の晩には妻をスーパーへ連れていき，火曜の晩はゴミを始末した。彼はいつも職場に遅れずに行き，毎晩終業後30分経ってから家路についた。これが，彼が自ら望んでいると思っていた生活だった。彼は妻とうまくいっており，普通の，伝統的な秩序に基づいた生活を望んでいた。それなのになぜ，自分は幸せになれないのだろうと思っていた。スーパーへ行くことは，心の中で彼に混乱を引き起こした。また彼は芝を刈るとき心の中で'激怒'するのである。通勤電車の中では同じ車両の乗客を殺すことを空想していた。

　1年ほど前，彼がとくに嫌っていた同僚が彼の上司に昇進し，職場は一変した。この新しい上司はクライエントがそれまでイニシアチブをとっていた仕事を次つぎ奪い，それは彼の専門分野にも及んだように思えた。そのため彼は，上司のやり方に激怒した。しかしながら，いつものようにクライエントは不平ももらさず物事を進め，またいつものように愛想のよい，快活な態度をとり，決して不機嫌さや非協力的態度，無愛想な様子を見せなかった。彼はその上司に立ち向かうことも，その状況を解決しようとすることもなかった。

　しかし心の底では，クライエントはこのような態度はまちがっていると思っていた。彼は'心の中ですぐに激しい怒りを'爆発させ，朝起きるのがひどく億劫になり，自殺を考えることが増えた。彼はまた，次第に母親のことを考え始めるようにもなっていた。そして彼女の死を深く悲しむことができなかったことに気づいた。しかし彼は表面的にはこれまで通りの生活を続けていた。彼は情動からのフィードバックを無視し，それが自分にとってどのような意味を

もつか考えようとしなかった。

　カウンセリングの中で，彼は何を感じる'べき'かをはっきりさせようとするのではなく，むしろこの情動からのフィードバックに'耳を傾け'，これが彼に何を'伝えようとしているのか'を探究し始めた。これにより彼の生活は大きく変わった。芝生の一部には砂利を敷き，残りは以前ほど綺麗に手入れされることはなくなった。彼と妻は時々，スーパーの代わりにパブへ行き，自分で洗うほどはきれいにならなくても洗車場を利用するようになった。彼はまた時どきひとりで釣りに出かけた。これらの変化は，見たところとくに広い範囲に及ぶとか，深いレベルのものとは思われなかったけれども，変化の過程はクライエントにとって，困難でつらいものであった。実際，それは彼が自分自身で作りあげた生活のよりどころとしていたものへの挑戦であった。

　彼の変化は，彼を取り巻く人びととの関係に及んだ。同僚や上司は，彼がいつも穏やかだとは思わなくなった。すなわち，彼は時どきひじょうに'怒りっぽく'なったのである。彼の妻は妻で，多くの変化を要求されたし，父親は思ったほど息子のことをわかっていなかったことに気づいた。幸いなことに，犬との関係は変化しなかった。しかしながら，彼の他の関係の立て直しは相手の人びとに対して概して前向きに働き，クライエントはいまや心理的（および身体的）幸福感を維持するのに，以前より矛盾のない方法がとれるようになった。

　この事例におけるクライエントは自分自身で作りあげた生活に幸せを感じたいと必死だった。彼は芝刈りや洗車等を楽しみたかった。しかし情動は自分の意思で引き起こせるものではない。行為はひとが主体的に始めるものだが，情動はそれとは異なり私たちに'生ずる'のである。この意味で情動は**情熱**であって行為ではない。私たちは幸福や喜びを経験するのだと勝手に決めてしまうことはできない。私たちはまた，悲嘆や憂いをいつ感じるべきかを決めることもできない。私たちは幸せ，感謝，怒りでさえ感じる'べき'であると思うかもしれない。実際，それはカウンセラーがクライエントからよく聞くことである。たとえば，'彼女はとても良いひとなので感謝しようとしているが，私が感じるのはいらだちばかりなのです。''私はプレッシャーを感じなくなり，新しい仕事を見つけ幸せになれるはずだと思ったが，実際はそうではありませんでした'。

　情動はただ私たちに生ずるもののように思われるが，このことは私たちが情動をコントロールできないということではない。これは後に触れるように，情動は，状況に対する私たちの認知的評価，すなわち，何が起きているかを考え，解釈する方法から生じる面もあるためである（**第2章および3.4参照**）。しかし私たちが考え方や行為の方法を全く変えないなら，情動は解消されないままであり，とくに（闘争または逃避を引き起こす）怒りや恐れをともなう生理的変化があまりにも長く続く場合には，私たちはエネルギーを使い果たし，生理学的損傷さえ引き起こされる可能性がある。したがって，覚醒がつねに高い状態だと身体的健康に害を及ぼすこともある（**第10章参照**）。

　しかしカウンセリングとの関わりでは，クライエントの情動的フィードバック

への気づきや反応だけが問題となるのではない。カウンセラーまたはセラピストにとって，クライエント自身やクライエントが語る'素材'への自分自身の情動的反応も大切な情報源である。精神力動的用語ではこれは**逆転移**と呼ばれている現象である。逆転移を理解するためには，カウンセラー側に高いレベルでの自己覚知とカウンセラーの役割に対する理解が必要である。他の理論を支持するセラピストでもおそらくそれに反対しないであろう。カウンセリングのいくつかの訓練コース（および心理療法とカウンセリング心理学の訓練コースのほとんど）において，トレイニー〔訓練生〕にカウンセリングあるいは個人療法を一定期間自分自身で体験することを要求するのは，このためである。

3.2.2　コミュニケーションとしての情動

上記のように，情動は重要なことが自分自身に起きていることを知らせたり気づかせたりする。情動はまた,私たちの内的状態や意図についての情報を他者へ伝える重要な手段でもある。実際，ひとはビデオに録画された表出行動の標本から，広範囲にわたる対人的判断をかなり正確に行うことができる（Ambady and Rosenthal,1992）。したがって，私たちが与える信号は解釈され,次いで情動的反応も含む他者の反応に様ざまな影響を及ぼす。たとえば，悲しみや苦痛の表出は，他者からの共感や援助行動を引き起こし（Izard,1989），赤ん坊が泣くのを聞くと両親は当惑やいらだちを体験し，同情的で不幸な気持ちになることを報告している（Frodi et al., 1978）。

もしひとが自分の感情を友人や配偶者，親戚，同僚などに伝えず，'推測する'に任せておくなら，彼らは感情を誤って推測するか，下手をすると見逃してしまうかもしれない。結果として誤解が生じたり、コミュニケーションが成立しなくなってしまったりする。それゆえ感情を伝達しないと，他者を困惑させ，混乱させると同時に，自分も無視され，誤解され，軽視されていると感じることになる。

もちろん，感じたことを率直に表現しない場合には多くの理由が考えられ，このためにカウンセラーは情動表出をしないクライエントとともに，その問題について探究しなければならないのである。

> *クライエントは37歳の女性で，成人してから重症のうつ病を発病し，何度か再発を繰り返している。彼女が夫との関係について語っているところである。*
> **クライエント**　*問題は，私が何かについて，とくに何か感じたことについて話そうとして，でも何と言ったらいいかわからないでいると，彼はかならず話し始める—彼はいつもそこで先回りをするんです—私が何を言おうとしているか，私が何を感じているかは分かっていると言うのです。*
> **カウンセラー**　*彼は一歩先んじてしまうのですね。*
> **クライエント**　*はい。でも先んじてはいないんです。私が何を感じているかわかってはいないのです。問題は，夫がしゃべり出すと，私は夫の言ったことと自分が実際体験したことのどちらを感じているのかわからなくなってし*

まい—私はそこでだまってしまいます。こんな問題は時間をかけるに値しない。私はもうこのことについて悩まない。私は何年ものあいだ実際これについて悩みませんでした。

（上記の夫の話の前に，クライエントは彼女の父親と彼女の11歳の娘とのあいだのエピソードを語った。娘はそのときの彼女の心配ごとを祖父に話した。「世界にはお腹をすかして飢え死にしそうなひとがたくさんいるのに，私たちはたくさん食べるものがあるね。」祖父は「お前の言うことはばかげている，お前はそんなバカではいけない」と言った。娘は涙を浮かべたが，祖父は全く頓着しなかった。これでこの話は終わりになった。）
　クライエントは自分自身の考えや感情を父親に無視されたり，覆されたりした多くのエピソードを語り続けた。それでも彼女はなお情動を体験し，あるいは情動に'触れて'いたのだが，おそらく子どものころに情動を抑えつけられた経験のために，自らの情動を伝えることを諦めてしまっていたように思われた。その後，もっと情動を主張することが，このクライエントに対するカウンセリングの主要な目標となった。

この事例のような情動表出の信号が弱いひとといっしょに暮らしたり，やりとりをしたりするのもまた困難で，いらだたしいものである。このクライエントの夫とのセッションではそれがあきらかになった。

　'彼女が何を感じているのかわからない。彼女の感情は時どき，後になって現れるし，いつも回りくどいやり方でわかるんです。彼女の中で何が起こっているのかわからないときには，物事を計画するのも，私自身が愉快に過ごすのさえもとても難しくなる。私は彼女を理解しようとはしているのです。

これとは逆に，情動表出が過度になることも起こりうる。これもまた問題を引き起こす可能性があり，受け手は圧倒され，無力感を持つことが多い。

　'彼女が部屋に入るや否や，私は彼女がどんな気分なのかわかる。それは完全に私に投げかけられ—私に行きわたるのです。そのとき私は自分自身が何を考え，感じているかはわからなくなってしまう。私が自分を取りもどし，物事をうまくやっていくことができるのは，彼女がいなくなったときだけです。'
　このクライエントはカウンセラーとともに自分自身を'守る'方法，たとえば彼が反応している刺激（妻の過度に情動表出的な行動）を避けるために，気を紛らす行動をすること，を探究し続けた。

情動表出の問題に直接関わる心理療法は，社会的スキルトレーニング（社会生活技能訓練）である。これは対人的，情動的スキルを'訓練する'ために開発された認知行動療法の一形態である。これは個人が社会的および情動的行動を発達

させることと，他者の情動的反応を解釈することを援助する（Wilkinson and Canter, 1982）。この訓練は伝統的に，体系的な'プログラム'にしたがい集団で行われてきたが，個人を対象とするために修正可能で，注意を払えばカウンセリングセッションに使用することもできる。これが実際にどのように行われるかについては，7.4　社会的スキルおよび社会的関係参照。

3.3　情動の構成要素

ひとは自分の情動体験を多くの異なった方法で表現する。たとえばあるひとは，'私は全く怒り狂い，激しい怒りに身を震わせていた。'と言うかもしれない。またあるひとは'私は，とくに彼が嘘をついているのがわかったのでひじょうに怒り狂っていた，'と言うかもしれない。さらに'私は全く怒り狂い，彼に向かって声を限りに叫んだ。'というひともいるであろう。それぞれのひとは、怒りを異なって概念化していた。すなわち，第1のひとは**生理的感覚**から、第2のひとは状況を'評価する'こと、すなわち**認知的評価**と呼ばれるものから概念化していた。また第3のひとは**表出行動**の点から概念化していたのである。これら3つの情動の'構成要素'に関してはかなり多くの心理学的理論，研究がある。

情動はそれ自体独立して生じるのではなく，誘発刺激に応じて生起する。私たちは通常，特定の人や物に対して怒るのであり，また何かについて幸福を感じ，特定の人や物を恐れるのである。誘発刺激は外的である必要はなく，記憶やイメージの形で存在しうるものである。私たちのほとんどは怒りや幸せの感情について考えたとき，それらの感情を引き起こす状況を思い浮かべることができる。多くの場合，私たちはその'誘因'に気づいているが，気づかないときもある。ひとは実際，理由もわからずいらだちや不安を感じることがあり，情動的反応は，意識的にではなく，ほぼ自動的に引き起こされるように思われる。これに関しては本章5.2　無意識的評価，においてより詳細に取り上げる。

上記の例においては，3つの反応は3人の仮定された人物がひとつずつ示したものとして記述されたが，情動の生理的，認知的，表出的構成要素は決して相いれないものではなく，特定の刺激に応じて，一個人によってすべて経験されうるものである。

　　ある父親が生まれたばかりの自分の息子についての感情を書き記している。'息子のことを考えると，私は心の中で愉快な，温かい喜びを感じる（*生理的感覚*）。私は彼の誕生を首を長くして待っていたので，なおさらかわいく感じる（*認知的評価*）。私はこの3日間，にやにやするのをやめることができなかった（*行動的表出*）。'

この例では表出された情動は比較的，率直であった。しかしながら，上記のように，情動体験はきわめて複雑なものであり，入り混じったり，矛盾したりしていることもまれではない。したがって，クライエントがそれに特定のラベルをつ

けるのは困難だと感じることが多くても当然である。それゆえ'あなたは何を感じている（いた）のか'という問いかけはしばしば適切とは言えない。以下の事例は，あるセラピストがクライエントの体験を，かなり広範囲にわたって探究するために情動の構成要素の知識を用いた例である。

クライエントは36歳の女性で，幼少期から思春期前期にかけて父親から性的虐待を受けていた。彼女はセッションに数枚の父親の写真を持参した。

> **カウンセラー** それらの写真を見るとどんなふうになりますか？
> **クライエント** 口が乾いて，寒気がし，汗がにじんできます…。私はそれを取り出しました。でもそれらに手を触れることが出来ませんでした。(声が途切れ，呼吸が激しくなる)。私はそれらにほとんど—どんな形にしろ手を触れることができませんでした。私はそれらと向き合うことができない。(泣き叫び，頭を抱え，すすり泣く)
> **カウンセラー** 写真をみるとどんなことを考えますか？
> **クライエント** 何も考えません。全く考えることができません。この瞬間目を閉じて，父の手と目—そして肌を見ずに済ますことができたら—写真を直視しなければならないことはわかっているのですが。
> **カウンセラー** あなたは何をしたいと感じますか？
> **クライエント** 父親を八つ裂きにしたい。(怒りを込めて言う。彼女は写真の一枚を取り上げ，それを小さくちぎる)いまいましいろくでなし。あいつの顔や身体を切り離し，顔をメチャメチャにしてやりたい。父の身体のどの部分を思い浮かべても，嫌悪や恐怖の念がこみ上げてくる。—(声はだんだん低くなる)。(クライエントは立ち上がり，部屋の中を行ったり来たりする)私の心と身体は—あの事を考えると—カオスと地獄に近い。

この抜粋では，セラピストは情動がひとに'生じる'ものだという概念に焦点を当て（'写真を見たとき，どんなふうになりますか？'），認知的構成要素に焦点を当て（'写真を見たときどんなことを考えますか？'），また行動表出に焦点を当てた（'何をしたいと感じますか？'）。

クライエントは生理的反応（'口が乾いた'等），認知的要素（'父の手を見ずに済ますことができたら'等）および行動表出（'彼を八つ裂きにしたい'）の側面によって，自分の情動体験を概念化した。おもしろいことに，クライエントが'嫌悪'や'恐怖'というような，より率直な'感情'語で情動を表出した場合にのみ，あたかもそれらの言葉が彼女の体験の強度を表現するのに適切ではないかのように，表出の勢いが減少した。

したがって，身体，心，および行動は私たちの感情生活において重要な役割を果たしているのである。しかしながら，情動の生理的，認知的，行動的構成要素は，情動そのものではない。情動は生理的感覚でもなければ，特定の思考でもなく，また外的行動でもない。情動は主観体験である。心理学者がとくに関心を向

けてきたのは，情動の構成要素がこの主観的な情動体験とどのように関連し，それらの構成要素が相互にどのように関連しているのかについてである。

3.4 情動の生理的構成要素

3.4.1 自律神経系

強い情動を体験すると，身体部位の多くが影響を受け，多くの身体的変化が生じる。その一部は，さきの事例のクライエントによって記述された。私たちがこれらの変化に気づく度合いは一定していない。私たちは時として身体的変化に敏感すぎることがある。またあるときは，変化がよくわからない。情動が喚起されているあいだに生じる生理的変化のほとんどは，自律神経系の交感神経の活性化により生じる（図3.1 参照）。

自律神経系は神経系の下位分類であり，腺や'平滑'筋をコントロールしてい

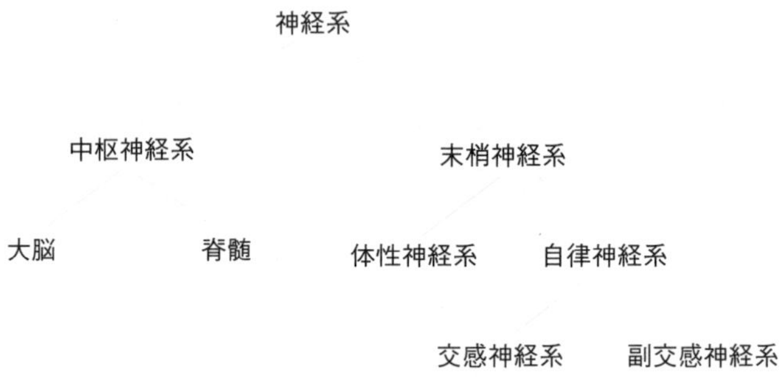

```
                    神経系

         中枢神経系              末梢神経系

      大脳      脊髄      体性神経系    自律神経系

                              交感神経系    副交感神経系
```
図3.1　神経系の構造

る。心臓や血管，胃腸はこれに当たる。自律神経系がコントロールしている活動の多くは消化や循環のような自律的，自己調節的なものである。自律神経系と意識をつかさどる大脳とのあいだには間接的な関連しかない。たとえば胃液の分泌が起きても，私たちはそれにすぐには気づかず，胃がゴロゴロ鳴るのを耳にするだけである。同様に，血圧を上げるために呼吸を維持するとか，筋肉を緊張させるような身体的な方法によって，あるいは自分が興奮する状況にいると想像するような認知的方法によって，間接的な形でしか自律神経の活動に影響を与えることができない。

自律神経系は**交感神経系**と**副交感神経系**に大別される。交感神経系は身体を行動，すなわち**闘争**または**逃避**へと向かわせる。副交感神経系は〔交感神経系により喚起された〕情動が沈静化するように，有機体をもとの平常な状態へと戻す，エネルギー－維持機構である。自律神経系のこれらの活動は，大脳の一部，すな

わち視床下部や大脳辺縁系によって引き起こされる。
　交感神経系の活動と内分泌系のホルモンによって生じる覚醒状態では以下のような変化が生じる（下記リストのすべての変化がいかなる場合も生じるわけではない）。

- 呼吸数の増加
- 心拍数の増大，血圧の上昇
- 発汗量の増加
- 唾液と粘液の増加
- 瞳孔の拡張
- 出血の迅速な凝固
- 胃腸系の自動運動の減少
- 胃腸から大脳や骨格筋への血流の変化
- エネルギーの供給増加のための血糖レベルの上昇
- 体毛が逆立つことによる鳥肌

　これらの生理的機能の変化は，身体を怒りや恐れのような行為へと促す情動と関連して生じる。ただし同様の変化が，性的覚醒や喜びの経験のさいにも生じるかもしれない。しかしながら，身体的変化のあるものは，悲しみや憂いのような情動のさい，抑制されたり，遅延されたりする。

3.4.2　自律神経系の覚醒と情動体験

　情動に関する初期の理論のひとつであるジェームズーランゲ説は，私たちが体験する情動は身体的変化（心拍数の増加，発汗など）を知覚することから生じると主張した。すなわち，私たちが'情動を喚起する'刺激に遭遇すると身体が反応し，大脳がそれらの反応を解釈し，恐れているとか，恋をしているとか，心配しているなどと私たちに知らせるのである（図3.2 参照）。これは明らかに全く逆の説明であるように思われる。つまり，私たちはふつう恐れているから心臓の鼓動が速くなると考えるのであって，心臓の鼓動が速くなっているから恐れているのだとは考えていないからである。

　自律神経系の覚醒と関連した身体感覚からのフィードバックが，私たちが何を

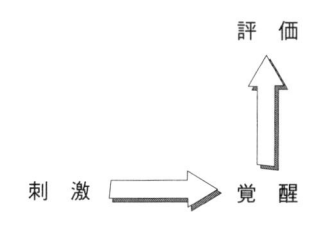

図3.2　ジェームズーランゲ説

感じているかを伝えるのだとすれば，そのフィードバックを妨害すれば，主観的な情動体験に影響を及ぼすことが期待される。これを検証するため，アドレナリンやβ遮断薬のような薬物を用いて，覚醒を増加させたり，減少させたりする研究が行われた（Fonte and Stevenson,1985）。これらの研究において，被験者は人為的に喚起された覚醒と一致する感情を報告した。

　自律神経系からのフィードバックを受け取っていない脊髄損傷の患者の場合は，情動体験が減少することや情動の強度が弱くなることも期待される。初期の研究ではこの考えが支持されたが（Hohmann,1962），最近の研究では，能動的なコーピングという考え方が支持され，情動体験の減少を示す証拠は見出されていない（Chwalisz et al.,1988）。これらの知見は身体からの覚醒のフィードバックが情動を体験するのに不可欠であるという主張に疑問を投げかけた。

　ジェームズーランゲ説を裏付ける証拠は確定的とは言えないが，私たちの生理的反応は情動体験においてひじょうに重要な役割を果たしている。したがってカウンセリング場面で，クライエントを自律神経系の覚醒に敏感にさせる方法が，みずからの情動状態に気づく援助となると考えることは以下の事例も示すように理にかなっている。

　　　クライエントは小さな工場で監督をしている34歳の男性である。彼は友人や同僚にはいつも本当に優しく良いひと，'誰にでも，どんなことでもしてあげようとするひと'のように思われていた。彼の妻も彼は物事を気にしすぎる傾向のあるひとだと述べている。彼はひじょうに尊敬している上司と良い関係であると報告している。過去数か月にわたって会社はいくつかの大量の注文を受け，だれもが大きなプレッシャーのもとで仕事をしていた。しかしながら，クライエントは会社は生き残りをかけて奮闘していることを知っていた。少なくとも彼は実際，会社といっしょに頑張っていた。

　　　このセッションの数日前，彼は上司と人事査定面接の途中で退出し，工場を後にした。彼はそれ以降，出勤していない。

カウンセラー　退出する直前，何が起こっていたのですか？
クライエント　わかりません。すべてがごちゃごちゃになったのです。私は出ていくしかなかったのです。
カウンセラー　あなたの身体に何が起こっていたか覚えていますか？
クライエント　いいえ，何も。ーとにかくそこにいたくなかったんです。
（カウンセラーはクライエントの呼吸がかなり速くなり，彼がこぶしを握りしめていることに気づいた）
カウンセラー　いま，あなたの身体で何が起こっているのでしょう？
クライエント　心臓がドキンドキンと打っているのを感じることができます。そのときもそれが感じられたんです。わかりますか？ーいやそんなことが出来るわけもなかったんですがー上司を殴りたかったんだと思います，そのときは考えなかったんですが。殴るとかいうことは好きなわけでもないですが，どういうわけかそれが私のしたいことだったんです。しかしそれは馬鹿げて

いる。私は上司が好きだし，彼は私のようにやさしい男です。それに私はそんなことをする人間ではありません。

ここでは，クライエントは自分の自律神経系の覚醒状態について意識することにより，少々困惑するような，また自分ではほとんど気づいていなかった感情を表出し始めた。

3.5 情動の認知的構成要素

情動体験において認知も重要な役割を果たしている。同じ出来事であっても，それをどのように捉え，**認知的に評価する**かによって，異なった情動が喚起されるかもしれない。これは，自分自身の価値観，個人的目標，過去の経験，予備知識，個人的ビリーフを含む多くの要因によるものである。2.7 社会的学習とパーソナリティに対する認知的アプローチ で述べたように，これらのビリーフは不合理で自滅的なこともある（11.4 うつ病に関する認知理論 も参照のこと）。

道を歩いていて，病気で寝込んでいた隣人がこちらへ歩いてきていたのに自分とは反対側へ渡って行くのを見た場合，私たちはこの出来事を隣人が私たちを避けたかったからだと理解するかもしれない。私たちは何か隣人の機嫌を損なうことをしたにちがいない。たぶん，私たちは隣人の家を見舞ったり，花を贈ったりしなければならなかったのである。このことは不安や不快という感情を引き起こすかもしれない。また一方で私たちはその状況を，隣人は病み上がりで余裕がなく，私たちに気づかずに用事に気をとられていたと解釈することもできる。その場合には，私たちは隣人が元気になったことを嬉しく思う一方，その健康を少し心配することになるだろう。

第1の評価状況に対しての**個人的ビリーフ**は，'それは私の失敗であるに違いない'であり，第2の評価状況に対するそれは'具合を悪くしていた人びとはふだんとは違うであろう'ということである。個人的ビリーフは私たちの過去の経験によってさまざまに影響されている。第1の評価をしたひとが，かつて自分ではどうにもならない出来事であるにもかかわらず，ひどい非難を浴び，個人的に責任を感じざるをえない状況におかれたことがあるとわかってもそれほど驚きはしないだろう。それゆえ，**過去の経験**がいかに私たちの感じ方に影響をあたえることがあるかが理解できる。私たちのビリーフは状況に対する私たちの評価に影響を及ぼし，次いで私たちが経験する情動に影響を与えるが，過去の経験はこの私たちのビリーフのもとになるのである。うつ病に関連する個人的ビリーフおよび認知的評価の果たす役割については**第11章**で概観する。

3.5.1 文化的学習と評価

　個人的ビリーフが状況の評価にどのように影響を及ぼすかを見てきたが，個人的ビリーフは**文化的ビリーフ**によって影響されると考えられる。もしそうなら，文化が異なれば状況を評価する方法も違うはずである。しかしこの考え方は支持されなかった。とくに，喜び，恐れ，怒り，悲しみ，嫌悪，羞恥および罪悪感を生じる出来事の評価においては，異文化間でもかなりの類似性が見出されている（Wallbott and Scherer,1988）。最近の研究においても同様の結論が示唆された（Mauro et al.,1992）。文化的にわずかに違いが見られたのは，出来事に対する個人的責任に関連したものであった。アメリカの被験者が誇りを体験するためには，日本の被験者と比較して，出来事の結果に対して，より大きな個人的統制を加えていると感じる必要があることが報告された。

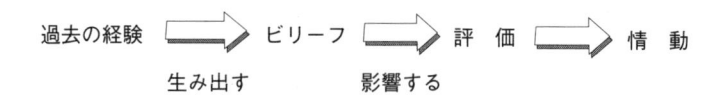

　過去の経験 ⇒ ビリーフ ⇒ 評　価 ⇒ 情　動
　　　　　　生み出す　　　影響する

図3.3　過去の経験と情動との関連

3.5.2 無意識的評価

　私たちは情動的反応の基になっている評価に必ずしも気がついているとは限らない（Lazarus,1991a）。子どものころ，医者とのつらい診察の前に,待合室で待つという経験を何度かしたことのある大人は，似たような状況で不安を経験するかもしれない。この場合には，その経験は状況に対する現在の解釈の結果ではなく，（行動的用語での）不適切な学習の結果である（Zajonc,1984）（4.5 状態依存的記憶，4.6 幼児期健忘，参照）
　精神分析理論はとくに，情動と関連した無意識過程に関心を向けてきた。フロイトは情動的情報に関して，**意識的処理**（評価）と**無意識的処理**の両方が行われることを示唆した。最近の精神生物学的研究は，無意識的な情動的反応が大脳の構造上の特性から生じることを示唆し,この見解を支持した。これに基づき，Lazarus（1991b）は同一の出来事に対して2つの情動が同時に生起することが可能だと提唱した。それらの情動とは，（**皮質活動**の結果として生じる）意識的情動と，（意識的処理が行われる）大脳皮質へ到達する以前の（感覚器から大脳辺縁系の一部である,**扁桃核**へ直接入力される情報により生じる）無意識的情動である。
　私たちは実際，フロイトが示唆したように，自分が深層の，接近不可能なところで何を感じているのか皆目検討がつかないことがある。しかし私たちは，その感情と一致する行動をとっているかもしれない。このことは情動がなぜ私たちを当惑させることがあるのか，行動的反応が意識下で経験されている情動と矛盾す

るように思われることがあるのはなぜかを説明する助けとなる。例えば'私は彼女に対して本当に攻撃的だが，それが何故かはわからない。怒りを感じているわけではないのです'。この種の無意識過程にどの程度接近可能であるかについては論争が続いているが，この領域の理論，研究がカウンセリングに大きく寄与することは確かである。

3.5.3 認知と覚醒との関係

前述のとおり，ジェームズ－ランゲ説は情動体験を生理的反応への評価から生じるものと見なしていたが，シャクター Schaachter とシンガー Singer（1962）は情動体験において，生理的覚醒と認知的評価はいずれも重要であると主張した。すなわち，私たちの情動体験は状況の評価，状況に対する生理的反応，これらの身体的反応に対する評価に基づくのである。

この理論によれば，生理的覚醒の**強度**により，感じているものがどのくらいの強さなのかがわかる。しかし私たちは，自分が置かれている状況に基づき情動を，恐れ，不安，怒りなどと**分類する**。分類は**帰属**，すなわち出来事の原因をどのように判断するかに依存する。原因が異なっていても状況によっては，生理的覚醒の感覚は同じだということがあるかもしれない。私たちが決勝戦を見ている場合には，心臓の鼓動が速くなり，呼吸が荒くなるのをおそらく興奮のせいだと考え，そのように情動を分類するであろう。しかしもし試験を受けようとしているなら，たぶん同じ感覚を神経質になっているためだと考え，情動をそのような用語で記述するであろう。私たちが感じていることを'心配'として分類するか'怒り'として分類するかは，状況に対する評価に依存するのである。

シャクターとシンガーはまた，私たちが情動を引き起こす出来事とは無関係な生理的覚醒の状態，たとえば身体的運動の結果として覚醒された状態にあるにしても，それを自分の置かれている状況によるものだと判断しようとするため，その情動は強められることになると主張した。この考えは，以下の事例でのクライエントの行動を説明するのに役立つ。

> クライエントは児童養護施設の児童指導員で，彼はちょうどランニングからもどり，階段を3分の2のところまでかけのぼっていた。そのとき，そこに入所している14歳の少年が指導員に電話のメモを渡そうとして彼を制止するために腕を差し出したところ，指導員は少年の腕をつかみ，床へ投げ飛ばした。少年の行為を襲撃だと思ったのである。指導員はその状況を対決として評価し，彼の高い覚醒水準と一致する解釈をしたように思われた。すなわち，彼の反応は状況そのものに対する評価よりもむしろ，運動による覚醒により生じた情動によるものと考えられた。

人びとは自分で気づいている以上に長時間，生理的に覚醒されたままの状態が続くことがある。そのため，ある経験から生じた覚醒がべつの，全く異なった状

況へと持ち越される可能性がある。これは**興奮の転移**と呼ばれ(Reizenzein,1983)，覚醒を引き起こす信号は消失したが，交感神経系はまだ活動しているような場合に生じる。たいていのひとは苦しんだり怒ったりした後,関係のない人や物に'八つ当たり'する経験をしたことがあるであろう。

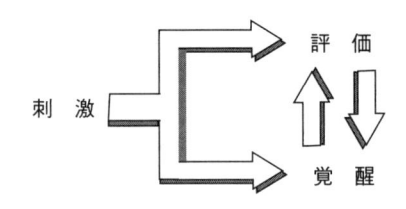

図3.4　シャクター―シンガーの情動理論

3.6　情動の行動表出的構成要素

ひとは自分の情動を生理的，認知的に経験するため，ここまで情動は"内側"から記述されてきた。情動の第3の構成要素は，情動の外的表出と関連している。私たちは幸せなときには笑ったり，微笑んだりし，脅えているときには閉じこもり，怒っているときには攻撃的になるであろう。私たちはなぜこれらのことをするのだろうか。またそれは自分自身や他者に対してどのような効果をもつのだろうか。私たちはコミュニケーションとしての情動表出についてはすでに論じた。本節では，私たちはこれについてより詳細に検証し，情動表出が主観的な情動体験にどのような影響を及ぼすかについて論じる。

3.6.1　顔面表情

感情は多くの身体部位によって伝えることができるが，顔面の動きや表情は情動を伝達するのに，中心的かつ根本的な役割を果たしている。一般的に社会的相互作用では顔に注意が向けられる。人間の顔は6000から7000の異なった表情を作ることができる（Izard,1971）。実際，片方の眉をわからないくらいわずかに上げるだけで，重要な情報を伝えられるのである。心理学者が情動表出に関する多くの研究の中心に顔の表情を置いたのも当然のことである。

私たちはすでに情動体験が生存，すなわち私たちに危険を警告し，闘争への準備をさせるためにいかに重要であるかを論じてきた。同様に、多くの理論家は情動表出が進化論的に重要であると主張している。私たちは，脅えているひとを見ると危険の警告と受け取り，怒っているひとを見ると，そのひとは攻撃的になっていると考えるであろう。ダーウィン Darwin（1872）はある特定の表情については，文化によらず，普遍的で生得的だと主張した。

この考えは，西洋文化とは全く接触のない，隔絶された,前識字文化圏の民族をも含めたひじょうに広範囲の，異なった文化圏の人びとに，驚き，悲しみ，怒り，幸福，嫌悪，恐れの表情を示す写真を見せることにより検証された。これらの人びとは顔の表情を正確に同定した。アメリカの大学生がビデオからFore族の人びとの情動表出を判断したさいも，恐れと驚きは混同される傾向があったものの，同様の結果が示唆された。(Ekman,1982)
　さらに，赤ん坊，とくに大人を模倣することができない盲目の赤ん坊でさえ，教えられなくても嬉しいときには微笑み，痛いときには顔をしかめるという事実から，顔の表情のいくつかは生得的なものであるという主張を裏付ける証拠が得られている（Eibl-Eibesfeldt,1973）。しかし，たとえ赤ん坊がこのような生得的な情動的反応から出発するとしても，彼らはすぐに顔の表情を模倣することや，発達しつつある情動を表出するために顔の表情を使うことを，学習することになる。

3.6.2　情動表出に対する文化の効果

　ダーウィンや上記の研究によって示唆されたように，特定の顔の表情が生得的なものであるなら，文化は何らかの役割を果たしているのだろうか？これは果たしているように思われる。成長するにつれて，子どもは特定の文化の**表示規則**を学習する。これは，ある状況ではどのような情動が適切であり，またどのような情動表出なら許容されるのかを決める規則（規範）である。これらの'規則'はひとつの文化の中で，異文化間で，また時代によって変化するかもしれない。顔の表情の文化的共通性および差異の検証のために計画された実験で，アメリカと日本の大学生に，かなりストレスの高い映像を個別に見せた。一人で映画を見ているときには日米の大学生のあいだで表情に差は見られなかったが，その映像について面接が行われたときには，日本の大学生は終始'楽しそうな'表情を示したが，アメリカの大学生は明らかに嫌悪と不安の表情を浮かべていた。
　したがって，文化的規則は情動が表出される方法を規定するものであるといえる。これは，情動についての一種の'言語'であり，その上，情動の基本的表現でもある。それは，同一の文化に属する他者に理解される言語である。例えば，舌を突き出すことは中国では驚きを表し，アフリカのマサイ族では大いなる名誉を侮辱しているとみなされる。
　生物学的要因は人びとがどのように情動的に反応するかに重要な役割を果たしているが，文化的表示規則は情動をいつ，どこで，どのように表出するかに影響を与えている。これはまた，声のパターンの変化，とくに声の高さ、速さ、大きさの変化を通じての情動の表出やコミュニケーションにもあてはまる。これらの変化の中には，声の高さの急激な上昇が恐れを示すというように普遍的なものも見られるが，文化により異なるものもある。
　異文化のクライエントとのカウンセリングでは，クライエントが体験し，表出することを理解する視点と，カウンセリングで生じる行動の変化の両面について，

文化的違いに敏感であることが不可欠である。

3.6.3 性差と情動表出

女性は男性より非言語的表出が多く、とくに表情に関してはその傾向が強いことを示唆する研究はかなり多い（女性はまた異文化間で、男性より表情の識別力がすぐれている;Ekman,1982）。男性も女性も、基本の表情は実際類似しているのに情動表出に違いが見られるのは、性に基づく表示規則の差から生ずるのだということが示唆されてきた。すなわち、男性より女性が情動を表出する方が受け入れられやすいのである（LaFrance and Banaji,1992）。しかしながら、ある研究では女性は情動的素材に反応して、男性より表情豊かだということが見い出されたが、男性より自律神経系の覚醒は有意に少ないことが示された。男性は表情にはほとんど表さないが、生理的には女性より覚醒されていたのである（Buck et al.,1974）。これは、情動表出は生理的覚醒を低下させ、情動表出の抑制は生理的覚醒を高めるということを示唆しているのであろうか？その知見は、生理的測度と表出測度とのあいだに正の相関があることを示唆した、以下に論じられるデータと照らしてみると、論議の余地があるかもしれない。

3.6.4 顔面表情と情動体験

顔の表情は感情を伝達するが、それに加えて、私たちの情動にも影響を及ぼす。これは**顔面フィードバック仮説**と呼ばれている（Adelmann and Zajonc, 1989;Izard, 1977,1990）。顔の筋肉は大脳にメッセージを送るが、このフィードバックは情動の他の構成要素と結合して、いっそう強い体験を生み出す（Laird,1974）。

情動の強度を高めることに加えて、顔の表情は情動の質を決定することもある。Strackら（1988）は、被験者が歯にペンをくわえているとき—このときには微笑んだときの表情筋を活性化させている—は、上唇の上でペンをはさんでいるとき—このときには不機嫌な顔をしたときに使う表情筋を活性化させている—よりも、被験者は喜びを感じていると評定することを見い出した。被験者はまた、上唇の上でペンをはさむよりも、歯でくわえる方がマンガを愉快に感じると評定した。この結果から、顔の表情が情動の強度に影響するという考えがさらに支持された。

他の研究では、'ee' やドイツ語の 'u' のような異なった音を発音した場合の被験者の主観的体験を比較する実験が行われた。微笑みの表情筋を活性化する 'ee' を発音した場合には、ネガティブな顔の情動と関連する表情筋を活性化する 'u' 音を発音した場合よりも、喜びの感情と関連していた（Zajonc et al.,1989）。顔の表情は自律神経系の覚醒を増加させるため、情動に間接的な効果をもたらすかもしれないということが示唆されてきた。Ekmanら（1983）は特定の情動を表出している被験者は、心拍数と皮膚温が変化していることを見出した。これは

前に述べた，情動は特定の身体的変化の知覚であると主張するジェームズ-ランゲ説を支持する証拠である。

顔面フィードバック仮説はカウンセリングとどのような関連があるのだろうか？この領域の理論，研究は，これまでのところ，現実世界の情動体験からは切り離されていた。しかし，より創造的で，革新的な心理療法のあるものに対しては生理学的支持を提供している。**ゲシュタルト療法，サイコドラマ，**および**社会的スキルトレーニング（社会生活技能訓練）**では顔の表情の重要性を認識していた。これらの心理療法は，顔の表情を含む情動の表出 を'行い'あるいはそれを誇張することが情動体験を促進し，異なった感情を生起することさえあることを陰に陽に示唆している。

3.7 情動表出とカウンセリング

多くのカウンセラーはクライエントの情動表出を促進することをカウンセリング作業の重要な部分だと考えている。しかし，実際にそれが役に立つというどのような証拠があるのだろうか？2つの領域の理論，研究がとくにこの問題に関連している。ひとつはペンベーカー James Pennebakerと共同研究者による，外傷による影響を克服するさいの情動表出の役割に関するものであり，もうひとつは攻撃性の表出の，その後に起こる覚醒に及ぼす影響に関するものである。

外傷を受けた人びとは，その出来事について突然考え込んでしまったり，戸惑いを禁じえないような記憶が鮮明によみがえってきてしまう。これらは心的外傷後ストレス障害（11.6参照）の症状である。研究結果から（たとえばWegner et al., 1990），これらの記憶を意識の表面に浮上させようとしているのは同化されていない情動であることが示唆されている（Harber and Pennebaker, 1992）。さらに望んでいない思考を抑圧しようとして，それらの思考が却って意識に強い力で入ろうとする'ブーメラン効果'を引き起こしてしまうこともある。

ペンベーカーと共同研究者は，外傷的出来事について書いたり，話したりすることが，覚醒，健康，幸福感に及ぼす影響について検証するために数多くの研究を行った（たとえばPennebaker et al.,1988,1989）。これらの研究から，開示する〔外傷的出来事について、書いたり、話したりする〕ことはきわめて効果的な過程であることが明らかになってきた。被験者は辛い経験について書くことは苦しい作業であると言い，心を乱されてしまうと初期には報告していた。しかし，同じ被験者は6週間から6か月後には（統制群よりも）幸せに感じたことを報告した。実験に参加した被験者は健康状態の改善も見られた（保健センターへ行く回数が有意に減少した）。被験者が外傷的エピソードについて，情動には一切触れず，事実のみを書くことが求められた研究も行われたが，'客観的な事実'についてのみ書くことは，心理的，身体的に効果があるとは言えないことが示唆された（Pennebaker and Beall,1986）。

最近の研究では個人的外傷を開示しているあいだの情動表出の役割にとくに焦

点を当てている。最も感情をこめて話をしたひとは，開示のあいだ生理的覚醒に最も大きな生理的覚醒の減少が認められた。ホロコースト〔ナチスによるユダヤ人大虐殺〕を生き延びた人びとの研究においては，自分の外傷体験について話したときに最も大きな覚醒の減少を示したひとは，1年後も健康状態の改善が有意であったことが示唆された（Pennebaker et al., 1989）。

　外傷の被害者にとってはその出来事についての感情を話したり，表出したりすることが役に立つように思われるのは疑いがないし，実際，自然にそうしたいという強い衝動に駆られる。しかし，聞き手（友人，同僚，親戚）の側がそのような経験を聞くことを避けようとすることもしばしばある。これは，聞き手が外傷についての代理効果を避けようとしているためであり，それは犠牲者にもっとつらい思いをさせることになる。

　私たちは外傷的出来事にまつわる感情を表出することがどのように覚醒の減少につながり，健康を改善するかについて論じた。しかし感情を表出することはつねに有効だろうか。激しい怒りの表出は覚醒を減少させる方向に働くのか，あるいは上記の顔の表情に関する研究で示唆されたように，感情を強める方向に働くのだろうか？攻撃性に関する理論，研究，とくに生得的な欲動としての攻撃性と学習された反応としての攻撃性をめぐる議論が，私たちにいくつかの手掛かりを与えてくれるであろう。

　精神分析理論は私たちが**攻撃欲動**もしくは攻撃本能をもっていると主張している。目標に到達しようとする努力が妨害されるか，挫折させられると，この欲動は欲求不満を引き起こした物またはひとを傷つける動機づけとして働き，達成されるまで持続する。

　社会的学習理論は，攻撃性が本能的欲動だという考え方を否定した。代わりに，攻撃性は観察や模倣を通じて獲得された，**学習された反応**であり，強化されるほど攻撃的反応は増加すると主張する。この理論によれば，欲求不満に対しては攻撃性以外にも多くの反応が存在し，人びとは過去に欲求不満を軽減するのに成功した反応を選択するという。

　攻撃性が生得的な本能欲動であるなら，攻撃性の表出はカタルシスであり，攻撃的感情，攻撃行動の強度は減少するはずである。また一方，攻撃性が学習された反応である場合には，攻撃性の表出は強化されると，攻撃性の増加を引き起こすことになるであろう。

　近年，攻撃性は学習された反応であり，攻撃性の表出はカタルシス あるいは'パージング'として働いているのではないという見解が支持されている。しかし通常'攻撃的'とは考えないような怒りの感情を表出するさいにはどのようなことが起こっているのだろうか？怒りの感情の表出は，いっそう怒りを刺激する可能性のあることが示唆された。解雇されたひとを対象とした研究で，まずどう感じているかについて面接が行われ，続いて自分の感情を書くことが求められた。攻撃性がカタルシスをもたらすなら，面接で高いレベルのネガティブな感情を表出した人びとは，'自分のシステムから脱し'，その後感情を書くように求められたときには攻撃性が減少していることが期待された。しかし，結果は逆であった。

すなわち，面接で攻撃性を表出した人びとは，筆記のさいには，面接時以上の攻撃性を表出することさえ見られた。面接において'いきりたったり''暴言を吐いたり，わめいたり'することは怒りの感情を低減するよりもむしろ刺激したのかもしれない（Ebbesen et al.,1975）。もちろんこれらの結果を説明するのに情動表出における個人差も考慮する必要がある。

カウンセラーやセラピストは心理学的文献からどうしたら情報を得ることができ，またそれを活用することができるのだろうか。この研究では，つらい外傷的出来事，状況にともなう情動を表出することは心理的幸福感，健康の双方に有益であるということが示唆されている。それはまた，カウンセラーやセラピストとして，怒りの表出を促進したさいにどのような結果になる可能性があるかについて，知っておく必要性も示唆している。怒りの表出を促進すると怒りをあおる結果となる可能性があり，その場合には覚醒は興奮の転移として持ち越され，カウンセリング場面の外で表出されることになるであろう。

これはカウンセリング場面ですべてのクライエントにネガティブな感情を表出させてはならないということを意味しているのではない。怒りを表出して，気分がよくなるひともいる。また以前よりも強くなり，自分をコントロールできるという感じを抱くひともいる。それは人びとにポジティブな行為をするように動機づけるかもしれない。自分自身の怒りに脅かされているクライエントが怒りを表出することは，自制心を失う恐怖を鈍らせるという意味で役に立つかもしれない。最後に，前述の顔面フィードバック仮説では，とくに顔の表情筋を使って，怒りの'表情を作ること'が主観的な怒りの感情を増加することを示唆している。これは弱い情動しか体験することのできないクライエントとともに作業するさいに役立ち，感情を伝達するさいに重要な行動的スキルも改善させるかもしれない。重要なことは，カウンセラーがクライエントの怒りや攻撃的感情を直接的に扱う場合には，クライエントやクライエントの状況を慎重にアセスメントする必要があり，またカウンセラーが怒りに介入する場合，それを行う目的，理論的根拠，起こりうる結果について明らかにしておく必要があるという点なのである。

最後に，私たちは体験された情動が不適切な評価の結果によるものかもしれない，ということを心に留めておく必要がある。大切なことを軽視するような不適切な評価をしたためにあわてることもあるだろう。このような場合には，生起している感情を表出することを奨励するよりもむしろ，評価に関する問題を探究した方が有効であろう。

3.8 まとめ

本章では，心理学者がいかに情動を解明しようとしてきたか見てきた。情動は3つの主要な構成要素，すなわち生理的，認知的，表出的構成要素から成っている。これらは相互にどのように関連し，私たちの情動経験とどのように関連しているのか，またカウンセリング状況とどのように関連しているか述べてきた。一

方では，私たちは多くの情動について，また何故情動を経験するのかについてひじょうに豊富な知識があるように思われる。一方では，情動とは何なのかという点になぞが残る。初期の研究では，情動はたんに自律神経系の覚醒にすぎないとみなされていた。新しい研究成果を取り入れることで，つねに新しい理論が生まれ，修正が加えられている。たとえば，最近の理論では情動体験を覚醒，表出行動，行為および状況という手掛かりから生じた**自己知覚**の無意識的形態として概念化している（Laird and Bresler,1992）が，これは将来的に有望な見解であるように思われる。

　情動に対する心理学的アプローチに関するもうひとつの問題点は，ほとんどの研究が実験室で行われており，怒り，嫌悪，喜びなどの，明白な，あるいは基本的な情動に関係のある変数操作に関する研究が多いということである。これらの研究から心理学者は情動のさまざまな側面や，情動過程に関することについて多くの知見を得たが，情動そのものについて明らかにすることには必ずしも役立っているとは言えない。これはおそらく心理学が比較的新しい学問分野であり，科学の一分野として地位を確立することに腐心してきたためであろう。結果として心理学は，自然科学では操作的統制に先立つ，自然の状態における長期にわたる，体系的な現象の観察を逸してきた。

　現在，この状況は変化しつつある。研究者は実験室から出て，その中で得られた理論や知識を，自然な設定における，より複雑な情動に関する研究，たとえば終末期における希望（Dufault and Martocchio,1985）へと応用している。

　カウンセラーにとって，クライエントが何を感じ，経験しているかについての情報が得られる理論，研究はあまり多くない。しかしながら，情動に関連する心理学的過程についての知識を得ることは，カウンセラーが情動体験に関連した様ざまな次元の問題に気づくのを助け，カウンセリングの過程についての情報を提供し，どうしたらよいかを示唆してくれるであろう。

第3章　対照語リスト

agression	攻撃性
aggressive drive	攻撃欲動
amygdula	扁桃核
anxiety	不安
arousal	覚醒，喚起
attribution	帰属
autonomic nervous system	自律神経系
boomerang effect	ブーメラン効果
catharsis	カタルシス
cortical activity	皮質活動
counter transference	逆転移
cultural belief	文化的ビリーフ
display rule	表示規則
disgust	嫌悪
eliciting stimulus	誘発刺激
emotion	情動
Facial Feedback Hypothesis	顔面フィードバック仮説
fear	恐れ
feedback	フィードバック
feeling	感情
fight or flight	闘争または逃避
gestalt therapy	ゲシュタルト療法
grief	悲嘆
guilty	罪悪感
happiness	幸福
helping behavior	援助行動
hope	希望
hypocampus	視床下部
James-Lange theory	ジェームズーランゲ説
jealousy	嫉妬
joy	喜び
limbic system	大脳辺縁系
motivation	動機づけ
parasympathetic division	副交感神経系
personal belief	個人的ビリーフ
personal control	個人的統制
physiological sensation	生理的感覚
posttraumatic stress disorder	心的外傷後ストレス障害
pride	誇り
psychoanalytic theory	精神分析理論
psychodrama	サイコドラマ
psychodynamic theory	精神力動論
sadness	悲しみ
satisfaction	満足
self-awareness	自己覚知
self-perception	自己知覚
shame	羞恥
social skills training	社会的スキルトレーニング〔社会生活技能訓練〕
sorrow	憂い
surprise	驚き
sympathetic divison	交感神経系
temperament	気質
transferred excitation	興奮の転移
valence	誘発性

訳者コラム
心理臨床における"情動"の重要性

佐藤章子

　第3章の原題は'emotion'である。emotionは従来，情動，情緒などと訳されてきたが，その訳語は研究者によりまちまちで，一貫していなかった。そもそも日本語の情動，情緒，感情という概念自体の区別も，これまでのところ，必ずしも明確とは言えず，同義語として扱われる場合もしばしばであった。一般には情動（または情緒）は「急激に生じ，比較的激しい一過性のもの」であるのに対し，感情は「感覚や観念，心的活動にともなって生じる快―不快の意識状態」と定義され，情動に比べて穏やかで比較的持続的なものと考えられている。また感情は広義には，経験の情感的あるいは情緒的な面をあらわす総称的用語とされたり，皮膚感覚的なものと狭義に捉えられて，情動あるいは情緒を上位概念とする考え方もある。このような中で，emotionにどのような訳語を当てたらよいかは，難しい問題であるが，本章では基本的にemotionを「情動」と訳しfeelingを「感情」と訳出することにした。しかし他の章では訳者の方針により，本章とは異なる訳語が当てられている場合があり，このような方針は，本書を通じて一貫したものではないことをお断りしておきたい。

　本章では情動に関して生理学的見地も含め，主に実験心理学からの知見が広く網羅されている。とくに生理学的知見はカウンセラーやセラピスト志望者には苦手とするものが多い分野であるが，情動の生起するプロセスを振り返るとき欠くことのできない領域であり，本章で取り上げられている意義が感じられる。また本章ではそのような実験心理学において得られた情動に関する知見をカウンセリングに応用していこうという姿勢も強くうかがわれる。このような試みは実際の臨床場面で行われることは現在のところ比較的少ないと思われるが，具体的な事例もあげられており，それらの記述は新鮮で興味深いものであった。本章の内容と関連した書として1990年に出版された『感情の心理学』（福井，1990）があげられる。この書では感情（本書ではすべて感情と言う語で統一されている）についてやはり幅広い領域を網羅しており，かつ心理療法のおのおのの立場が感情にどのように関わっているかについても取り上げている。情動や感情についてより理解を深めたい方には一読をお勧めしたい。

　さて，本章の内容に少し補足するとすれば，本章では主として情動の強度の問題が取り上げられていたが，情動に関しては強度の問題のみでなく，質の問題についても考える必要があるのではないかと思われる。たとえば，「攻撃性」の問題といっても，より未分化なプリミティブな性質のものと，分化し，より細かな情動が体験されるようになってからの攻撃性とでは質が異なり，当然それに対する介入も異なってくる。前者の場合，クライエントに攻撃性を表出するよう促すことは危険でもあり，治療的に意味をもたないことになる。これはアセスメントの問題と密接なかかわりをもつことになる。アセスメントの結果，介入が決まっ

てくるのでカウンセラーあるいはセラピストは，当然その結果には責任をもたなければならないのである。これが本章3.7 情動表出とカウンセリング で著者らが言いたかったことではないだろうか。そして著者らは研究の知見の豊富な攻撃性に関してしか触れていないが，攻撃性に限らずすべての情動に関して，アセスメントは重要であると思われる。たとえば，ポジティブな情動に接近することが苦手なクライエントもいる。このようなクライエントにどのようにアプローチするかは攻撃性に対してと同様，カウンセラーの理論的立場によりことなると考えられるが，アセスメントが重要であることにはかわりがないと思われるのである。

情動の扱いについてはさまざまな技法が考えられるが，情動にラベリングを行うことが意味をもつ場合がある。たとえば情動にラベリングを行うことで，クライエントはあいまいで混沌としたものとして体験していた情動を分化させることができ，またそれが他者にとっても理解可能で社会的に受け入れられるものであることが理解されるような効果をもつのである(Pine, 1985)。これを情動についての言語化の方向とすれば，それとはやや趣きを異にする，情動そのものを面接場面で体験することも，クライエントの問題によってはひじょうに重要な場合がある。理論的立場により違いがあるだろうが，情動を"言葉に置き換えず"に面接の場でそのまま体験すること，そしてそれがカウンセラー等に共有されることが治療的に大きな意味をもつことがあるように思われる。一般的に言語的なアプローチが中心の場合が多いために，これはかなりの困難さを含む問題である。しかし，これは情動を扱う限り，避けては通れない問題でもある。そしてこれはまた，カウンセラー等自身がどう自分の情動と向き合っているかとも密接な関連を持った問題であるように思われる。

以上いくつか補足をしてきたが，先にも述べたとおり本章では情動に関する基本的な考え方が実験心理学を中心とした広範な領域から取り上げられていた。ここから情動に関してかなり多くの基本的知識を得ることができたのではないかと思う。ただ，著者らも述べているように現在のところ，これらの中でクライエントが何を感じ，経験しているかについての情報が得られる理論はそれほど多くはない。これらの知識に加え，福井が指摘したような，自分の理論的立場（パーソナリティ理論や治療技法）に基づいた情動に関する見解を習得していくことで，情動に対する視野がさらに広がることになると考えられる。

（さとう ふみこ・多摩中央病院）

文 献

Pine, F. 1985 Developmental Theory and Clinical Process. Yale University Press（斎藤久美子・水田一郎監訳 1993
福井康之 1990 感情の心理学 川島書店

第4章 記 憶

4.1 はじめに

　記憶がなくなってしまうと，生活には意味が無くなる。記憶が完全に消え去ってしまったとき，私たちの生活がどうなってしまうか想像してみよう。何の知識もなく，ライフヒストリーもなく，友達や家族，敵がだれだかわからないし，自分がだれだかもわからない。私たちは記憶そのものだということもできるかもしれない。というのは，'自己'という概念そのものが，記憶によってしかもたらされることのない連続性の感覚に依存するものだからだ。

　カウンセリングの過程でクライエントが持ってきて打ち明ける記憶は，それ故，彼らの自己感覚の一因となっている可能性がある。もちろん，記憶はクライエントが現在抱えている困難を，そのひとのライフヒストリーの中に位置づける助けになる。このことは，そのひとがどうやって，そして何故現状に対してそのように応答したり反応したりするのかということを理解してゆく上で重要である。

　ほとんどのクライエントは，自分自身の背景についての全体像を充分理解できるような形で提供することができるにも関わらず，彼らは一般に自分の子ども時代や青年期の経験についてカウンセラーに話しているのだろう。それはひとつの理由付けであるだろうし，また記憶に基づいた，しかしクライエントの現在の視点からみた，後知恵による説明でもあり得るだろう。重要なのは，それはおそらく，クライエント自身の感じている何が関わっているのか，ということを説明するだろうということだ。それはまた，カウンセラーはこれを知りたがっているのかもしれないとクライエントが考えることによっても，色づけされているかもしれないのである。

　けれども，忘れられていたり意味はないと見なされていた経験から，クライエントとその経験についての'臨床像'を作り上げるのに重要な鍵や価値のある洞察が得られることが，しばしばある。

　特定のエピソードの記憶を回顧することで，その元もとの経験と同じような感情が生み出されることもある。外傷体験の場合，つらい情動が対処のひとつの方法として抑圧されたり，否認されたりしていることがある。外傷的な記憶と対面

すること（先の章で論じたように）は，心的外傷からの回復のひじょうに重要な側面である（Harber and Pennebacker,1992）。

特定の記憶が単なる出来事の記述よりもいつもはるかに'リアル'であるようにおもわれるので，その記憶は説明として正しいと見なしてしまいそうになる。しかしながら，過去の出来事を想起するとき，私たちがアクセスしているのは，何度も間隔を開けて練習し，リハーサルされた記憶についての記憶である。それ故，私たちはその出来事そのものを記憶しているのではなく，出来事について後から解釈したことについて記憶しているのかもしれないのである。

ましてや，クライエントと，以前記憶されていなかったことや比較的処理されなかった記憶について作業することには，正確さは無い。心理学的研究の示唆するところによれば，記憶とはたんに情報の'貯蔵庫'として作用するのではなく，**情報を貯蔵するのと同様，それを受け取り，体制化し，入れ替え，回復するような能動的な情報処理システム**なのである。したがって，心理学者たちの関心は，新たな情報の提示とその後の再生のあいだに何が生じるか，という点にとくに向けられてきた。

心理学者たちはまた，様ざまな記憶のタイプの同定と探究にも関心を寄せている。様ざまな記憶が，短期間あるいは長期間情報を貯蔵するために，また様ざまな種類の情報を貯蔵するために用いられる（例えば，私たちは技能について特定のタイプの記憶や，自伝的な事実についてのべつのタイプの記憶を持っていると考えられる）。多くの心理学的研究と同様，記憶研究の多くは実験室の中で行われているが，日常生活の状況下での記憶も徐々に研究されつつある（たとえばTulving,1983）。

この章では，記憶の構造（感覚記憶，短期記憶，長期記憶），処理（符号化，貯蔵，検索），そして内容（自伝的記憶について集中的に）についての研究を取り上げ，そのあとカウンセリングにとくに関わりがある話題の領域に焦点を当てる。これらの中には，記憶の個人的，状況的な要因がもつ効果，私たちが過去を'再構成'する方法，子どもに対する性的虐待に関連した偽りの記憶，そしてひじょうに重要なことだが，私たちがどのように，何故忘却するのか，といったことが含まれる。

4.2 記憶の構造

記憶には少なくとも3つの段階があると考えるとわかりやすい。感覚器官を通じて入ってきた情報は，まず感覚記憶に1秒程度留められる。そして選択的注意が，短期記憶または作動記憶での一時的貯蔵に何を転送するかを制御し，送られた情報はそこで数秒間だけ保たれる。もしその情報が長期記憶に転送されれば，それは比較的永続的なものとなるが，私たちがよく知っているように，それを検索するということはひとつの問題になりうるのである（図4.1参照）。

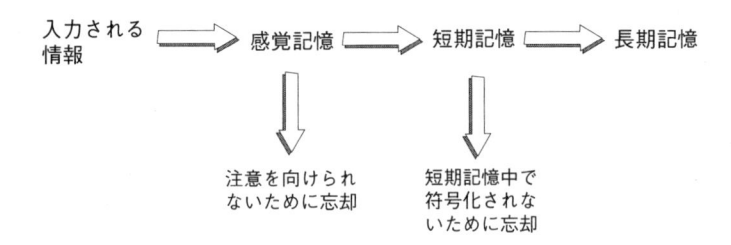

```
入力される  ⇒ 感覚記憶 ⇒ 短期記憶 ⇒ 長期記憶
情報              ⇓              ⇓
              注意を向けられ   短期記憶中で
              ないために忘却   符号化されな
                              いために忘却
```

図4.1 記憶システム

4.2.1 感覚記憶

　感覚記憶には1秒程度，再認を行うのに十分な期間だけ刺激の正確なコピーが保持される（Baddeley and Logie, 1992）。あなたの友人かパートナーが，しなければならない仕事や持ってこなければならないもののリストを読み上げて最後にきたとき，あなたは気が散っていて，'最後のは何だっけ？'と自動的に質問したのとほとんど同時にその答えが何か気がついた，とする。これは，その情報が聴覚的な感覚記憶に留められていたからである。

　感覚記憶は，さらに処理がなされなければたんに消えて行くだけである。**選択的注意**の過程が，何を二番目の記憶システムに転送するかを制御するのである。

4.2.2 短期記憶（作動記憶）

　一般的に言って，短期記憶はその時点で注意の焦点が当てられている対象のための記憶である（Goldman-Rakic, 1992）。短期記憶は少量の情報の一時的な貯蔵庫として作用する。情報が重要でなければ，その情報は短期記憶からは速やかに削除され，永久に失われる。短期記憶のおかげで，私たちの心は，役に立たない情報（例えば二度と必要にならない名前や日付，電話番号など）が散らかったままにならずにすんでいるのである（Miller, 1956）。

　短期記憶は数秒間，あるひとによっては30秒まで情報を保持することができると言われているが，保持される情報の量は限定されている。様ざまな記憶課題を用いた多くの研究では，短期記憶中には意味ある情報が最大でも5個から9個しか保持されないことが示されている（電話番号をおぼえるとき，心の中で'リハーサル'したり，いくつかの番号を'チャンク化'したり，何らかの意味をその番号の一部に付加したりしなければ，その番号を思い出せなくなるのは，そのためである）。

　短期記憶は，容量が限定されているけれども，決定的に重要であり，そしてまさにここで私たちの思考のほとんどが生じるのである。思考が生じるためには，

第4章 記憶　103

短期記憶中の材料を解釈するのに必要な，長期記憶中の情報を参照する必要がある。もし情報が重要である，あるいは意味があるのなら，それは第三の記憶システムである長期記憶に転送される。

4.2.3 長期記憶

　長期記憶は，比較的永続的な情報の貯蔵庫として働き，私たちが世界について知っている事柄のすべてを含んでいる。私たちが話したり，ものを読んだり，テニスをしたり，知っているひとを再認したりするときはいつでも，長期記憶に対する参照が行われている。しかし，長期記憶は容量が足りなくなってしまう，つまり'満杯になる'という危険が無いように見える。逆に長期記憶はほとんど制限のない容量を持つように見え，ある意味では，私たちが物事を知れば知るほど新しい情報を記憶に付け足すことが容易になって行くようですらある。これは，新しい情報が短期記憶に入れられたとき，その情報が長期記憶に貯えられた知識と関連づけられるからである。これによって新たな情報には意味が与えられ，長期記憶に貯蔵するのが容易になるのである。しかしながら，私たちがすでに持っている考えや視点とうまく'はまらない'新しい情報を同化してゆくのは難しいということもまたあり得るのである。

　私たちがある情報を，他の情報よりも，はるかに良く，はるかに長く憶えていられるのは何故かということを理解するためには，その情報がどのように'処理される'のか，つまりどのように記憶を作り（**符号化**），それらを保持し（**貯蔵**），それらにアクセスする（**検索**）のか，ということに注目する必要がある。

4.3　情報処理の概念

4.3.1　符号化

　長期記憶の容量が莫大で，最も大きな図書館よりもはるかに大きな収容能力があるように見えるにしても，情報が欲しいときいつでも取り出せるのならば，ちょうど図書館のそれと同じように，その内容は，特定の'符号'によって組織されていなければならない。例えば，試験のための情報を暗記しようとするときなどのように，記憶材料の組織化はしばしば意識的なレベルで生じ，またそれを行うための様ざまなテクニックが存在する。しかし，多くの場合，私たちは入ってくる情報を後あとの検索のために慎重に組織化しようとするようなことはなく，記憶はいかなる種類の意識的な処理もなく形成される。とは言え現在では，情報が長期記憶貯蔵庫に入れられるとき，相当な量の処理，あるいは符号化が行われていることが知られている。様ざまな種類の情報に対して，様ざまな種類の符号化が存在するが，符号化の最も一般的な形態は，意味的符号化と感覚的符号化である。

意味的符号化

　短期記憶で符号化されるのは，数字にせよ単語にせよ，通常は個々の音であるのに対し，長期記憶で通常符号化されるのは特定の細部であるよりも，むしろ意味や一般的な観念である。だから，ある文を聞いたあとで，再生できたり再認できたりするものはその文の意味なのである。'著者は委員会に長い手紙を送った'という文を聞いたとき，2分後にはその文を聞いたのか，同じ意味の'長い手紙が著者から委員会に送られた'という文を聞いたのか分からなくなるだろう。（Sachs,1967）

　私たちは，日常生活の中では絶えず意味を意識的に符号化している。人びとが複雑な社会的状況や家庭内の状況，情緒的あるいは政治的な状況について報告するとき，だれがだれに対してどんなことを言ったりしたのかとか，どの時点で部屋にだれかが入ってきたかとか出ていったか，などといった特定の細部は，間違って記憶されているかもしれないが，基本的な状況や生じたことの'要点'はかなり正確に述べることができる。

　それ故，記憶において構成されるものは，そのエピソードの最中に生じたことの正確な記録なのではなく，むしろそのエピソードの意味を記述する，一般的な事柄に基づく'テーマ'であると考えられる。一方，そのテーマは**スキーマ**によって導かれる。これは人びと，出来事，状況，対象の種類についての心的表象である（Fiske and Taylor,1991; Greene,1992）。記憶に蓄えられた情報はしばしばスキーマにそって符号化され組織化されるので，最終的に記憶されるものは，部分的には，個々人のスキーマの性質に依存するのである。

　カップルと共に作業したり，クライエントの家族と面接するすべてのカウンセラーは，同じエピソードに様々なバージョンが存在するという状況に出くわすことになるだろう。これはおそらく，カウンセリングでクライエントが報告する状況は，かなりの程度個人的な意味にしたがって符号化され，おそらく他の関係者たちとは異なった形で記憶されているためだ，と説明できるだろう。カウンセラーは，カップルや家族と作業するとき以外も，個々のクライエントと作業するときにも，このことに気をつけておく必要がある。また，符号化を行っているのはクライエントだけではない，ということも気をつけておかなければならない！カウンセラーもまた，自分の個人的な意味にしたがってクライエントの説明を符号化しているのである。このことは特定のクライエントについての事例記録や事例報告を書くときに，とくに気をつけておくべきことである。

感覚的符号化

　長期記憶には通常，意味的符号化が関わっているが，視覚的イメージや音，味や匂いも長期記憶中で符号化することができる。だから，ここにはもういない，おそらく死んでしまっただれかの，特徴ある，個人的な，鼻につく匂いが記憶に残るのである。それは言葉によって取りもどされるものでもなく，嗅覚的な'引き金'によって再生されるものでもないが，少なくともそれは残っているのである。

意味的内容と感覚的内容の両方が符号化されるとき，通常**二重符号化**と呼ばれるが，その場合後の再生はしばしば改善される（買い物のリストを書き留めるとき，それをもって行くのを忘れる前にそれを視覚化するようにすべきなのは，そのためである）。

4.3.2　貯　蔵

さきに述べたように，長期記憶の容量が莫大であっても，私たちがいままで学習したり経験したりしたことのすべてが，検索されるのを待っていつまでも記憶中にとどまっていることはありそうにない。情報のうちのあるものは貯蔵庫からはほぼ確実に失われてしまう（Loftus and Loftus, 1980）。

新たな記憶が長期記憶中で形成されるとき，**固定**という過程が数か月からそれ以上の期間をかけて生じる。（重度の抑うつを緩和するために行われる電気痙攣療法（ECT）は，検索にも影響を与えるが，まさにこの過程を中断すると考えられる。）新たな情報が受容されたとき，情報は**再符号化**され，記憶中の他の内容と関連づけられる。連想によって**ネットワーク**が構築され，貯蔵システム内の全情報のパターンがつくりかえられる。それにしたがってより古い記憶はしばしば*更新され，変化され，失われ，改訂される*（Baddeley, 1990）。

記憶を更新することは，**構成的処理**と呼ばれる。記憶中のギャップは，ありふれたものであれば，論理や，推測，新しい情報によって埋め合わせられうる（Loftus, 1980）。いままで決して起こらなかったことについての'記憶'を持つことさえもまたあり得る。これらはしばしば**疑似記憶**とか**偽りの記憶**と呼ばれる（4.7　再構成過程としての記憶　参照）。

4.3.3　検　索

私たちの記憶能力は，ある部分では情報が最初の段階からどのくらいよく符号化されるかということにもよるし，また，一部では記憶貯蔵庫をどのくらい有効に探索し，検索することができるか，ということにも依存する。

入力された情報がより活発に，あるいは'深く'処理されたり組織されたり，他の記憶との連合が形成されたりすると，長期記憶の再生はより良くなる（Craik and Lockhart, 1972）。もちろん，カウンセラーは入力される情報を絶えず処理し，理論的な枠組みの中で位置づけ（意識的にせよそうでないにせよ），そしておそらく他の類似した情報や彼らの経験から導き出される事例と関連づけている。このことは，経験を積んだカウンセラーがしばしば，クライエントに関して，何年も接触していないのにも関わらず，ひじょうに優れた記憶を報告していることのひとつの理由であろう。

長期記憶に書き込まれた符号化済みの情報に，適切にアクセスすることを助ける刺激は検索手がかりと呼ばれる。**検索手がかり**は普通，記憶が分類されるときに貯蔵される符号の一部である。カウンセラーは検索手がかりを慎重に使うこと

でクライエントの経験の様ざまな側面を取り出すことができる。**意味的検索手がかり**は言語的に与えられるものである。あるクライエントが，自分と父親とのあいだには身体的な接触が全くなかった，と言っていても，'就寝時刻 bed-time'という検索手がかりによって，父親の膝に乗ってお話をもうひとつおねだりしている記憶が洪水のようにあふれ出てくるのである。

検索手がかりは言語的なものの他，感覚的なものでもあり得る。**視覚的イメージ**，**嗅覚**や**味覚**も，すべて多くのひとにとって回想の強力な源となる。

検索手がかりが，記憶が符号化されたときに提示されたものに似ているほど，その記憶は喚起されやすくなる。このことは**符号化特殊性原理**（Tulving and Thompson, 1973）と呼ばれている。子どものとき通っていた学校にもどると，たくさんの記憶が呼び起こされてくるかもしれないが，これは再訪問で出会う光景や音が，その記憶が最初に符号化されたときに環境中に提示されていたらしいからである。また，情報はそれが獲得された環境において，より想起されやすいということも，繰り返し示されている。たとえば，ある研究によると，材料を学習した教室で検査されたときの方が，違う教室で検査されたときよりも記憶が良いということが示されている（Smith et al., 1978）。このことは，**文脈依存的記憶**として知られている。

実際に環境を訪れることではなく，むしろ環境を叙述することもまた，以前は思い出すことのできなかった記憶を呼びさますことができる。以下の例で，カウンセラーは，クライエントが子どものとき，人種差別的なことを言われたり虐待されたりした経験がある（そして，このことが現在の彼女の対人スタイルに何らかの方向付けを与えている）のではないか，という仮説を'検証'している。このカウンセラーは，'初等学校'という意味的検索手がかりを用い，間接的な形ではあるが，再生のための視覚的検索手がかりを与える校庭，教室，同級生について詳しく述べるようクライエントに頼んでいる。

> クライエントは39歳，アジア系の母とアフロ-カリブ系の父を持つ，混血の専門職の女性である。彼女は，母と継父によってイギリス西部地方の小さな村で育てられた。彼女は生物学上の父親についての記憶を持っていない。
>
> 仕事の面ではひじょうに成功しているにもかかわらず，同僚や友人たちと対立してしまうという経歴がある。何人かボーイフレンドがいたが，彼らとの関係はひじょうに軽薄なもので，喧嘩別れしてしまう。彼女は，上司が彼女のことを'攻撃的なスタイル'と言うのが心配になり始めたが，それはとくに，彼女にとってそれは自分のようなタイプの人間とは相反するようにおもわれるためである。また，このことは彼女の生活を，きわめて困難なものにしている。
>
> 考えられる背景を調べたところ，母親を除くと彼女は村で，とくに初等学校と中等学校でただひとりの白人でない人間であった。しかし，彼女は他の人と少し違うことをいつも意識してはいたが，自分はいつも愛され，受容されていると感じていたし，いかなる種類の人種についての言及や虐待を受け

た記憶は全くなかった。あるいは，彼女が付け加えたところによれば，おそらくたまたまそういうことを言われたことはあったけれども，深刻に受け止めることはないと考えた。

学校での特定の記憶について作業することで，全くべつの姿が明らかになった。人種について言及されることは頻繁にあり，そのことで彼女は傷つけられた。このことを母親に話すと，母はそれを笑い飛ばして，自分がしたのと同じようにそれに対処することを憶えるように言うのだった。

彼女は対処することを覚え，それはひじょうに有効であった。いまではその種の批評の対象になることはまれである。彼女が言うように'だれもわざわざそんなことはしない'のである。

私たちは一般に多くの異なった方法（言語的，視覚的，など）で記憶材料を符号化するので，ひとつだけの手がかりよりも二重ないし多重の手がかりを用いれば，新しい記憶へより多くのアクセスポイントを与えられ，再生が促進されることが研究によって示されている（Baddeley,1993）。

4.4 記憶の種類

カウンセリングという文脈で記憶について話したり考えたりするとき，私たちが一般に言及しているのは，私たちやクライエントの生活の中での出来事についての記憶のことである。この種の記憶は，通常**エピソード記憶**とか**自伝的記憶**として知られている。これは様ざまな理論家によって同定されている3種類の記憶のひとつである。他の2つは，世界や言語についての知識に関する**意味記憶**，そしてある種の技能を実行するのに関与する記憶である**手続き記憶**である。

4.4.1 エピソード記憶（自伝的記憶）

エピソード記憶は私たちの個人的体験の**自伝的**な記録である。これは，何が，いつどこで起きたのか，といった過去経験についての情報の貯蔵庫である。ここには日々，年々歳々のライフイベントが記録される。エピソード記憶は絶えず変化しており，古い情報は新しい情報が入ってくると（正しい手がかりを与えられれば思い出すかもしれないにせよ）急速に失われる。

出来事の特定の細部などを再生するとき，より古い記憶は新しい記憶よりも漠然としたものになる傾向がある（Pillemer et al.,1988）。しかしながら，情緒障害のある人びとは記憶したときの年齢に関わらず，特定の記憶を検索することが難しく，彼ら自身や彼らの家族についての一般的なクラスの情報しか検索しない傾向がある，ということが示されている（Williams,1992）。

Williamsは認知-行動的視点から，カウンセラーと療法家は，クライエントが'私は学校ではいつも不幸でした'とか'私には友だちがいませんでした'とい

った否定的に一般化された記憶の正体を明らかにし，それに挑戦することを助けることができる，と示唆している。特定の出来事を想起することによって，クライエントはより現実的で，願わくばより否定的でない形で彼らの経験を再評価することができるのである。

　特定の記憶を避けることはまた，外傷的な出来事がもたらす最大限の衝撃からの防衛の役割も果たしうる。先の第3章（3.7　情動表出とカウンセリング）で私たちは悲惨な出来事について話したり書いたりすることの療法的な利点について検討した。これは疑うまでもなくひじょうにつらいことであるが，そうした出来事を叙述し，情緒の表出をともなう過程は，情動面での苦痛を同化することを容易にし，心理的，身体的な健康に対してかなりの恩恵を与える。

　そのさい，クライエントはときには，漠然とだがある程度'客観的'な形でそうした経験について語り，それによってそのつらい情緒からは少し距離を置くこともある。

　　以下の報告では，カウンセラーは，クライエント（男性）に対して，家族ぐるみのつきあいをしていた親しい人から性的虐待を受けた経験について，優しくしかし直接的に向き合っている。彼は以前カウンセラーに，虐待が8歳から12歳までの4年間定期的に行われたことを，感情を交えずに語っていた。最近になって何が起きたのかについての生々しい記憶がよみがえったと言ってはいるものの，彼は自分の身に何が起こったのかをそれまではだれにも明らかにしてはいなかった。彼はこのすべてを心の奥底にとどめようとしてきたが，そうすることは出来ない。

　クライエントは，まず漠然とした記憶から話し始める。直接的な閉ざされた質問を行うことで，カウンセラーは特定の出来事に焦点を当てるようにクライエントを励ましている。

カウンセラー　そのときのことでいま憶えていることを話してください。
クライエント　彼が僕を腕の中に抱え込んだことを憶えています。
カウンセラー　何か実際に思い出せることはありますか？
クライエント　よく僕の家から連れ出した。
カウンセラー　何か特定の機会のことを憶えていますか？
クライエント　彼が自動車を変えた－僕を連れ出した－彼の家につれていかれた。どうやって彼が僕をベッドに連れていったのか思い出せないな。でも何をしたかは憶えている－僕をベッドに連れていった－何度もキスした。
カウンセラー　彼はどんな風にそうしたんですか？
クライエント　舌で－うう...－いまもそれを感じる－僕の手を押し下げる，彼をなでるために。
カウンセラー　どこを？
クライエント　性器を。彼がバスルームに行くまでそれが続いた。どうしてだかわからなかった。僕にはわからないことが多かったから。同じことが何度も何度も起こった。

カウンセラー　それが起こった特定の機会にもどってもらえますか？
　クライエント　あるとき，彼が僕を2, 3人の友だちとつれていった……（遠くに）－キャンプだ。彼は友だちにはべつのテントを用意したので，結局僕は彼といることになった。激しくキスをした。思い出した－彼の性器にキスをしたんだ。そうすれば彼が喜ぶと思った。僕はそうしたかったんだ。いまになってみればなんてひどいことをしたんだろう。彼はそうしろとは二度と言わなかった。どう感じたかいま思い出した。むかついて，恥ずかしかった。僕は妻にもキスできなかったって知ってますか？頬にさえできなかったんです。どうしてだかわからなかったけど。

　クライエントが生じた出来事について感じた情動を表現したのは，彼の経験を'記憶の中から'述べたときだけだった。そして，カウンセラーはクライエントの記憶の事実内容よりも情緒的な側面に反応して，より直接的でない方法で作業を進めた。

　エピソード記憶のうち，とくにきわ立ったタイプのものを**閃光記憶**と呼ぶ。これらの記憶は，通常私たちの生活の中で，ひじょうに意義のある，そしてしばしば外傷的な出来事と関連している。それらの特徴は，ひじょうに生き生きした細部とそれらがひじょうに長期間保持されるらしいという点にある。これは，'閃光'の中に記憶された出来事は，符号化時の強い情動的な反応を喚起する傾向があり，おそらく記憶の中やその後の友人や家族との会話の中で，繰り返し再生されるためである（Bohannon, 1988）。

　53歳のクライエント（女性）によって報告されたある閃光記憶は，彼女が6歳のとき，父が彼女を馬に乗せたというものだった。彼女が何を着ていたか，馬の名前や色，大きな動物の上に高々と乗せられてどう感じたか，と言ったことをひじょうに生き生きと記憶していた。その夜，父がいつものようにおやすみのキスをしに寝室にやってきたことを憶えている。彼女はまた父が言ったことも憶えている。彼はこう言ったのだった。'おやすみ。ママのこと，よろしくね。'そのとき，その言葉はちょっと変だけど，父は自分の知らない旅に出ようとしているんだと思った，ということも憶えている。彼女が父を見たのはそれが最後だった。その夜，彼は首をつった。

4.4.2　意味記憶

　意味記憶には私たちが世界について知っているすべてのことが含まれている。エピソード記憶とは対照的に，意味記憶は比較的体制化されており，安定している。意味記憶には私たちが会話したり，ものを読んだり問題を解決したりするのに必要なすべての知識が含まれている。最も重要なことは，意味記憶には思考の'道具'つまり私たちが使う単語，概念，スキーマや，文を構成したり一貫した

命題を提示するための文法規則が含まれている,ということである。こうした過程のうちのいくつかについては,思考に関する次の章で論じる。

4.4.3 手続き記憶

手紙をタイプするとき,自転車に乗るとき,あるいはボールを投げるとき,私たちは手続き記憶を利用する。手続き記憶とは学習された技能である。エピソード記憶や意味記憶の内容が言語化でき,そのためこれらがときに**宣言的**と呼ばれるのに対し,手続き記憶は何かを叙述するよりは何かを行うために用いられる。たとえば私たちはどのように自転車に乗るか,ということを意識的に考える必要はない。それをどのように行うかということを記述するのはひじょうに難しい。私たちはたんにそれを行うのである。

4.5 状態と気分の記憶への影響

記憶への文脈の影響についてはすでに議論した。しかし文脈は物理的な場所のようにいつも外にあるというわけではない。内面で起こるもの,つまり私たちの内的状態も文脈の一部なのである。外的環境と同じように,私たちの内的な心理的な環境が経験の一部として符号化され,後で検索手がかりとして作用しうるのである。

あるひとの内的状態が検索を助けたり妨げたりするとき,記憶は**状態依存的**と呼ばれる。もっとも極端な例は,アルコールや薬物の影響下でのひとの記憶の研究から得られている。アルコールの影響下で無くした財布を見つけるために,再び酔っぱらわなければならないひとの話を聞いたことがあるひとは多いだろう！この話はしばしば冗談として語られるけれども,アルコール,マリファナやその他の薬物の影響下に新しい材料を記憶したひとは,再びその薬物の影響下でテストされたときの方が良く再生できる,ということが見いだされている (Overton, 1984; Eich et al.,1975; Eich,1989)。

気分もまた,以前に符号化された材料の検索手がかりとして作用しうる内的環境の一側面である。この現象は**気分一致再生**として知られている。

> このクライエントが最初に夫の暴力を経験したのは,新婚旅行の最中であった。彼は普段よりもかなり多く酒を飲んでおり,部屋で2人だけになったとき,彼女がウェイターのひとりといちゃついた,といって責め,彼女に'食ってかかった'。彼女が強く否定すると,彼は彼女を殴り始めた。彼女はひどく恐ろしくなり,突然,彼女の父が酔ってよろめきながら寝室に入って来たという記憶が,洪水のように押し寄せてきた。小さな子どもだった彼女は眠りにつくのがいかに恐ろしかったか思い出した。父が酒場から帰ってくるのが聞こえると寝室のドアの向こうで縮こまっていたのを思い出した。長々と悪態をつき,ほ

んの些細な不品行を責め立てるのが本当に'聞こえる'かのようで，父が彼女を'慰める'前に必ず降りかかってくる殴打から自分を守るために，自分で頭を覆っているのを'感じて'いた。彼女にとって，これらの記憶は，夫の行為とほとんど同じくらい悲惨なものであった。

　気分一致再生の証拠は，大学生が，再生時にポジティブな気分でいるときのほうが，日記の中から，あるいはもっと以前の生活からより多くのポジティブな出来事を思い出す，ということを示す研究によって得られている（Bower, 1981）。またネガティブな気分でいるときにはより多くのネガティブな出来事を再生しやすい，ということもあるようである（Lewinsohn and Rosenbaum, 1987）。
　抑うつ的なひとに自伝的記憶を再生してもらうと，不幸な出来事が再生される傾向がある。あるひとがより抑うつ的だと，不快な出来事がより早く再生される（Baddeley, 1993）。この知見を解釈する上で難しいのは，抑うつ的なひとは一般的に，抑うつ的でないひとと比べて，記憶に残るようなよりネガティブな経験をしているかもしれない，という点である。確かに，彼らが再生するネガティブな経験は抑うつの原因として重要だったかもしれないのである。
　このようなもつれをほどくために計画されたある研究では，抑うつが日変化する患者が選ばれた。彼らは，楽しかった記憶を産出する傾向が，'悲しい'期間では他のときよりも一貫してより少なかった。確かに，抑うつ的なひと，あるいは抑うつ的なひとと接したことのあるひとなら知っているように，抑うつ的な気分の人びとは楽しい記憶を検索することが難しく，過去から主として不快な出来事を再生する傾向があり，さらに自尊感情を低め，抑うつを強めることになるのである。これは，認知主義的行動主義心理学者なら，条件の病因論の一部と見なすものである。つまり，抑うつ的なエピソードの中に現れるネガティブな思考は認知の'スタイル'の一部であり，抑うつ的な徴候が始まる前から存在し，因果的に関連しているかもしれないのである。
　抑うつへの処置の認知的アプローチがしばしば関わっているのは，そのひとがより抑うつ的でない記憶やよりネガティブでない生活の側面へのアクセスを獲得するのを助けることであり，そうすることで，下へと向かうネガティブな思考の渦に隠されがちな彼らの経験のよりポジティブな領域を再評価させるのである。

4.6　忘　却

　私たちはむしろ忘れるべきことを記憶し，記憶したいと望み，必要とし，記憶しなければならないものを忘れるかのように見えるときがある。忘却はひじょうに欲求不満をもたらすものであるけれども，しかしそれはまたひじょうに必要なものでもある。生まれてから見たり，聞いたり，読んだり，経験したことすべてを完全に記憶していたとしたら，どんなことになるか，想像してみよう。忘却は，そのような情報の過剰な負荷から私たちを守っているのである。忘却はまた，悲

惨な外傷体験から一時的に私たちを守るのに有益でもある。

　しかし，私たちはどのようにして忘却するのだろうか？風呂の栓を抜くみたいに，新しい情報に場所を作ってやるために一定の割合で情報が失われるような，そんなものだろうか？記憶痕跡が，使われないために薄れて行くようにして記憶は消えて行くのだろうか？これは伝統的な忘却の理論であるが，直観的なわかりやすさがある反面，これが実際に起こっているという証拠はほとんどない。少なくとも，長期記憶中の情報に関してはこの理論は当てはまらない。

　なぜ使われない記憶のうちのいくつかだけが消えて行き，他の記憶は一生保たれるのか，とか，老人はほんの5分前に言ったことを忘れているかもしれないのに，むかしのありきたりのことに思えるような出来事を'まるで昨日のことのようにハッキリ'おぼえているのか，といったことは，不使用という考え方では説明できない。また，数多くの研究（たとえばEbbinghaus,1885）から，情報の消失は最初ひじょうに急速に生じ，その後一様になる，ということを示す実験的な証拠がある。しかし，忘却については数多くの考えられる説明がある。

4.6.1　符号化の失敗

　最も明白な忘却の原因は，しばしば最も見逃されている。まず第1に，多くの場合，私たちが'忘れる'のは記憶が形成されなかったためである。環境からの情報の大部分は，私たちには必要のないものである。したがって，感覚レジスターで処理され，短期記憶に送られると，長期記憶へと符号化されるよりも削除される可能性が高いのである。（とはいえ，もっとも近く親しいひとに頼まれたことをし忘れて'正直な話，忘れてはいなかったんだ，これはたんに符号化に失敗しただけなんだ'と説明したところで，あなたが望んだように理解してこの弁解を受け入れてもらえることなど期待できない。）

4.6.2　干　渉

　記憶中の他の情報が検索の過程で干渉するために，記憶が検索できない，と言うことも時どきある。過去に学習された材料が後で学習された材料の再生に干渉するとき，**順向干渉**が生じる。**逆向干渉**はその逆で，新に獲得された情報が，それ以前に学習された情報の再生能力に干渉するときに生じる。

　この干渉理論に対する支持はひじょうに多くあり，多くの認知心理学者が干渉を忘却の第1の理由と見なしている。この領域のほとんどの研究は意味記憶との関連でなされてきた。カウンセラーにとってより興味深いであろうエピソード記憶との関連については，それほど明らかではない。

4.6.3　忘却の情緒的な要因

　すでに4.5で，抑うつ的な，あるいは気分が低調なひとが楽しい記憶を'忘

れている'ということを通して，気分がいかに記憶の検索に影響しうるかと言うことを議論した．情動はべつの形で記憶能力に影響しうる．

不安と忘却

　私たちの多くが，あまり自信のない科目の試験のときに，ある種のパニックを経験している．まず最初の問題を読む．少し目を通したけれどもあまりよくやっていないことに関するものだ．頭の中が真っ白になる．次の問題を見る．これはとくに難しくはないかもしれないけれど，最初の問題を読んだときの不安が，この問題にも乗り移っている．用紙の終わりにきたときには，試験問題の中身はもちろんのこと，自分がだれだかすらほとんど思い出せない！

　この例の中で起きていることは，記憶の失敗を生みだしているのは不安それ自体ではない，ということを示唆している．不安がともなうのは，他の思考の侵入なのである．'合格するなんて無理だ'といった考えが，検索過程に干渉するのである（Holmes, 1974）．

抑　圧

　抑圧は，情動と関連した検索の失敗の最も極端なものに近い．フロイトは，日常的な忘却の多くは不安と結びついた日常的な出来事の抑圧に原因がある，と示唆している．彼はまた，幼少期のいくつかの情動的な経験があまりに外傷的であるため，成年期においてこれらのことを意識することで，そのひとが不安に完全に圧倒されてしまう，と提唱している．こうした外傷的な経験は，無意識の中に貯蔵あるいは抑圧され，それらに結びついた情緒の一部が発散されたときに，通常は治療的な方法によってのみ回復されうる，と考えられている．この能動的な'妨害'という考えはこれまで議論した忘却についての見解とは質的に異なるものである．

　抑圧を実験室で研究するのは難しいことが明らかになっている．被験者を外傷的な出来事にさらして抑圧を'測定'することには明らかに倫理的な問題がある．被験者を中程度に混乱させる経験にさらすことでこれに近いところまで来た研究は，抑圧仮説に何らかの支持を与えるようである（Erdelyi, 1985）．抑圧を支持するさらなる証拠は，通常の忘却からではなく，神経症と関連した病的な忘却，すなわちヒステリー性健忘から得られている．

ヒステリー性健忘

　大きな心的外傷がヒステリー性の記憶喪失を生じうることは以前から知られていた．第二次世界大戦の最中，病院に収容された最初の千人の兵士の内、*150人*にそのような症状が見られた（Sergent, 1967）．ほんのときおり，'記憶を喪失して'情動的な危機状態にあるひとのことが聞かれる．彼らは自宅から何マイルも離れた場所をさまよっているところを，自分がどこから，またどうやって来たかということがわからずにいる状態で見つかるかもしれない．通常，保護して手当をすることで，数日の間に記憶は戻ってくる（Baddeley, 1993）し，また彼らの不

安の原因と対面することで，そうした症状はぶり返すことがなくなる傾向がある。

健忘を患う27歳のひじょうに不幸なあるクライエントは，（健忘を患うひとがしばしばそうであるように）どこかをさまよっているところを見つかった，というわけではない。彼女は病院のベッドで目が覚めたが，その前日に自分が女の子を26週で早産し，直腸を摘出する大手術を行ったため，回腸瘻造設〔小腸の内容物を排出させるために腹壁に回腸の開口部を作ること〕レストーマ・バッグを装着しなければならなくなった，と聞いて驚いた。彼女は自分がだれであるかは知っており，自分が妊娠していることもおぼえていたが，ひどい腹痛をともなう病気になったこと，病院に行ったこと，出産したこと，さらには腸に穴をあける手術をしたこともすべて記憶がなかった。この2日間，そしてその前後の1日のどれも全く失われていた。

彼女は自分はいつも神経質なたちの人間だったということを報告した。'病院とか病気になるということはとくにひどく恐れていた'と彼女は言った。4年ほど前，一般家庭医からジアゼパム（バリウム）を処方され，6か月間服用していた。妊娠したときは，自分が耐えられるかどうかやや心配ではあったが，うれしかった。妊娠の最初の数週間は良好であった。その後，直腸からの出血が始まった。医者を訪ねたが，医者は痔疾だと言って彼女を安心させた。実際，彼女が重度の潰瘍性大腸炎を患っていることにはだれも気づいていなかった。

彼女が長いあいだ病気や病院に対して恐れを抱いていたことから見て，これまでの4日間の外傷的な出来事について何の記憶も持っていないことは，驚くに値しない。それは彼女にとって耐え切れないものであった。

このクライエントが彼女の苦痛，とくに娘の出産に'失敗した'ように感じる怒りについてカウンセラーと作業を始めてから，そして健康状態が改善されるにつれて，この4日間の記憶がよみがえり始めた。彼女にとって，これらの記憶はひじょうにつらいものではあるけれども，人生の中の4日間が'失われた'と考えるよりは苦痛は少なかった。

4.6.4 幼児期健忘

ヒステリー性健忘はかなり極端なもので，それほどよく見られるものではない。私たちのだれもが経験する健忘のひとつの種類は，幼児期健忘である。これは，3歳以前に起きた出来事を実質的にだれも全く憶えていないことである。憶えていることが可能だと考える人はいるけれども，それらが本当に記憶であって再構成ではないと確信することはひじょうに難しい。私たちのほとんどは私たち自身の'お話'を聞かされたり，幼いころの写真を見ているので，私たちが憶えているかもしれないことは，長期記憶の中に符号化されたお話やイメージなのである。

もちろん，フロイト Freud (1905) は，幼児期健忘を，小さな子どもが両親に対して持つ性的で攻撃的な感情の抑圧として捉えた。この説明の問題点は，抑圧されるのはたんにこの時期の性的ないし攻撃的な思考や感情だけではなく，すべ

てである，と言う点である．

より受け入れられている説明のひとつは，子どもが記憶していないのは情報を長期記憶へと符号化する方法が原因である，というものである．4.4で，新しい情報がどのように処理され，意味にしたがって分類され，既存の長期記憶の内容との関連で符号化されるか，議論した．小さな子どもはこうした連想的なネットワークが発達していないのだろう．彼らは経験を，関連した出来事との結合なしに符号化するのであろう．子どもが出来事のあいだの結合を形成し，これらの出来事をカテゴリー化し始めると，初期の経験は失われる（Schactel, 1947）．もちろん，言語発達はこの過程で重要な役割を果たす．また，この過程に関与する脳の構造である**海馬**が，1，2歳までのあいだは成熟していないので，ひじょうに小さな子どもたちは記憶を固定することができない，ということも知られている．

しかしながら，言うまでもなく子どもは学習することができるし，ある意味で人生の最初の数か月から記憶することはできる．しかしそのような'記憶'は顕在的というよりも潜在的なものである．これらのことは行動に現れているが，意識の外にあり，したがって言語的に表現できないのである．

4.7 再構成過程としての記憶

長期記憶から検索された情報が，ビデオで録画されたものを見るのとは全く似ていないということは，いまや明らかになったであろう．記憶は，私たちがときおり考えるのとは逆に，しばしば概略的で不完全なものである．そのことは，家族のひとりが出てくる'お話'を他の家族のメンバーとしているときに気がつくだろう．'いや，そのことはそんなふうじゃなかったよ''それはボーマンスに行った年で，ボクナーに行った年じゃない〔ボーマンスもボクナーもイギリスの保養地〕''そのとき私はそこにはいなかった''いや，いたよ．君が大嫌いだった青の水着を着てたのを僕はおぼえている'．この種の状況では，直接検索された記憶を，ありそうな精緻化で装飾することで，もっともらしい記憶が**再構成**されているのであろう．

私たちはまた，ある出来事がどのようにして生じるか，ということについての一般化された考え，あるいはスキーマを持っている．私たちはこれらの**スキーマ**を，記憶を体制化したり，ある場合には再構成するときに使うのである．さきほどの例で用いられたスキーマは，'海辺での休日'といったようなものであろう．

再構成された記憶の古典的な実験で，バーレット Bartlett（1932）は，強力な超自然的要素が登場する北アメリカ先住民の民話を含む（複数の）物語を被験者に読ませた．バーレットのイギリス人の被験者がその話を再び語ったとき，彼らはそれを自分たちにとって意味があるように，彼ら自身の特定の文化的スキーマと関連づけるように，再構成していた．例えば，ヒーローはアザラシ狩りをしていたのではなく'釣り'をしていた，そして'戦士団'は'敵'になる，といった具合である．また，物語を読んだときとそれを再び語ったときとの時間間隔が

長くなると，その物語は一層イギリス文化にとって適合するものへと変化した。

私たちはスキーマを，世界や私たちの経験を理解する助けとしている。この目的のために私たちが用いるもうひとつの仕組みは**推論**である。しかし推論はまた記憶に影響し，**偽りの記憶**の構成に役割を果たすのである。

この点を示すために，LoftusとPalmer（1974）は交通事故の映画を被験者に見せた。その後ある被験者には自動車が'激突した'ときどのくらいの速さだったか，と質問し，他の被験者には'激突した'という語が'衝突した''接触した''ぶつかった'に置き換えられた。1週間後，すべての被験者に割れたガラスを見たかどうかという質問がなされた。以前'激突した'自動車について質問された被験者たちは，映画の中には割れたガラスが提示されていなかったにもかかわらず，より'はい'と答える傾向があった。'激突した'という新しい情報は，映画を見たあと被験者の長期記憶中で符号化され，その結果記憶が置き換えられてしまったのである。

認知心理学者たちの中には，事後情報が各人の元の記憶を永久的に置き換えてしまうことがあり，元の記憶は二度と検索されることがない，と信じる人たちがいる（Loftus et al.,1978）。べつの人たちは，記憶が永久に置き換えられてしまうかどうかということについては確信を持ってはいない（McCloskey and Zaragoza,1985）。しかし，一般的に合意されているのは，記憶は事後情報によってかなり影響される，ということである。

4.8　回復された記憶と子どもに対する性的虐待

回復された記憶という言葉は，通常は幼児期の出来事の記憶で，成人が以前は意識的に想起することができなかったもののことを指す。最も広範な関心を引き起こした事例は，セラピストがときには催眠のような'記憶回復'のテクニックを用いることで，クライエントがセラピー中に幼児期の性的虐待の記憶を'回復した'というものである。

初期のフロイトは，多くの患者が幼少期の性的虐待の記憶を報告したことに注目した。彼は，最初それらの主張を真実として受け止めていたが，後にそれらを異性の親に対して子どもが感じる性的な誘引を表現する空想として見るようになった。空想はセラピーの中で'記憶'として現れるまで，受け入れられずに'抑圧され'ているのである。

近年,性的虐待は空想ではないということがあまりにも明らかなものになった。イギリスの成人人口におけるその発生頻度の推定値は，標本と虐待の定義によって変動する。ある調査によると，代表的標本の女性の6％が身体的接触をふくむ幼児期の性的虐待を報告しているが，いくつかの推定値はその数倍にもなる（British Psychological Society,1995）。

子どもに対する性的虐待を受けた人びとの数と比較すると，完全な健忘から回復された記憶を報告するひとの数は相対的にまれである（British Psychological

Society, 1995)。しかしながら，虐待に関わったひとたちやその親族、そしてそのひとがセラピーにかかっている場所，当該のセラピストにもたらされる結果，という点から見ると，このことはひじょうに重大である。

成人した子どもから両親が訴えられる件数の増加を理由に，両親をサポートする団体として，1992年にアメリカで偽りの記憶症候群協会False Memory Syndrome Societyが，また1993年にイギリスで偽りの記憶英国協会British False Memory Societyが設立された。彼らの主張によると，回復された記憶は，ひじょうに多様な心理的な問題や症状（抑うつ，摂食障害，自傷行為，自尊感情の低さ，人間関係形成の困難など）が幼少期の性的虐待を示すものと信じているセラピストによって植え付けられたものである。

一方，セラピストたちの一部と生存者運動のメンバーたちは，回復された記憶のいくらかは立証されているという事実を指摘する。この'陣営'のメンバーは，偽りの記憶の団体が，加害者たちが保護を受けるために加入する避難所として作用しうる，と訴えている。

セラピストやカウンセラーの中には，回復された記憶の信憑性を問うのはセラピストの仕事ではない，と主張する人たちもいる。その主張によると，決定的に重要なのはクライエントが何を経験するかであって，何が実際に起こったのかということではないのである。

このアプローチには明らかな2つの問題がある。第1に，セラピストが自動的かつ無批判にクライエントの虐待の記憶を受け入れるなら，そのセラピストは，クライエントの家族や，ひるがえってクライエント自身に対してかなりの暗示を与えるかもしれない偽りの信念と共謀してしまうかもしれないのである。

第2に，アメリカでは，多くのカウンセラーが自覚しているように，回復された記憶はカウンセリング室から出て行き法廷へと移って行くことが増えている。イギリスにおいてもこのことは時間の問題に過ぎないかもしれない。もしそのことが起こったら，性的虐待の主張の妥当性が重要なものになるのである。

それゆえ，カウンセラーとセラピストは，回復された記憶という現象を取り巻く科学的な証拠について知っておく必要があるだろう。このことにとくに強い関わりがある心理学的研究の領域は，幼児期健忘，再構成された記憶，抑圧，催眠と暗示である。

4.8.1 幼児期健忘と再構成された記憶

幼児期健忘についてはすでに議論した。つまり子どもは3歳ごろから前の出来事については記憶していないのである。すでに述べたように，たとえひじょうに小さな子どもも学習したり，初期の出来事を何らかの形で記憶することができることは明らかだとしても，その記憶は潜在的なものであり，言語的にはアクセスできないものである。

また，経験したことを理解しようとする方法として，いかにして記憶が再構成されるかも，研究例を通して見てきた。もし外傷的なエピソード（入院などの）

が意識的記憶を持つ年齢以前に経験されていたなら，性的虐待の'記憶'は，初期の心的外傷を理解するために再構成されたものと仮定できる。しかし，その記憶が正しかったとすると，これほど多くの子どもが幼い年齢で外傷的な出来事を経験をするのに，これほどわずかの大人しか回復された記憶を経験しないのは何故なのか，ということが問題になる。

4.8.2 抑圧と子どもに対する性的虐待

4.6.3で指摘したように，大きな心的外傷はヒステリー性の記憶喪失を生じうる，ということが以前から認められてきた。Baddeley（1993）の報告によると，暴行罪を宣告された犯罪者の30-40％は，とくに犠牲者と密接な情動的，あるいは家族としての結びつきがある場合，その犯罪行為を再生することができない。しかしながら，加害者よりもむしろ犠牲者の記憶に基づいたべつの研究では，親が殺害されるのを目撃した子どもには抑圧の証拠が見られないことが発見されている（Malmquist, 1986）。最近は，繰り返されたり長期にわたったりした重大な心的外傷は，単一のエピソードの健忘よりもより極端な健忘を引き起こす傾向があることが示唆されている。

子どもに対する性的虐待との関連では，生存者の3分の1から3分の2が，虐待に関して何らかの健忘の時期を経験していることが報告されている。残念なことに，多くの調査結果は解釈するのが難しい。このことは一部には抑圧の基礎にあるメカニズムが，いまだほとんど理解されていないためである。

抑圧について仮定されてきたメカニズムには，以前は明らかに意識的だった出来事の記憶への動的な抑制が含まれている。心的外傷を受けたときは'一時的に意識を失う'ため，その記憶は決して意識的に利用可能ではなかったのである。その記憶はそのひとのセルフスキーマの一部ではない。記憶は全体としてあるいは部分的によみがえってくる（フラッシュバックなど）が，何かべつのものとして解釈されていた。関連した検索手がかりに出会わないために記憶がよみがえらず，そして出来事の記憶は区分される，あるいは'分離される'ため，特定の精神状態にあるときのみ，当該の出来事が再生される。

性的虐待の生存者についての研究のうち，たったひとつの研究だけが，完全な忘却と部分的な忘却との区別を明確なものにしており，それによると完全な健忘は19％と報告されている。また，虐待を確証しようとしている2つの研究は，完全な健忘が報告されている事例を区別して見てはいない（British Psychological Society, 1995）。抑圧と虐待の記憶の回復については，明らかによりいっそうの研究が必要である。

4.8.3 暗示と子どもに対する性的虐待

記憶が失われたり曖昧であったなら性的虐待がなされていたかもしれない，とクライエントに強く示唆するセラピストに関して数多くの告訴がなされている。

たしかに，カウンセラーがしばしば用いている，子どもに対する性的虐待の生存者のためのひとつのガイドでは（Bass and Davis,1988），次のことがハッキリと述べられている．'もしあなたが特定の事例を思い出すことができず....しかし虐待のような何かがあなたに起こったと感じているなら，それはおそらくあったのでしょう'（p.21）．そして，'私たちが話したなかのだれも彼女が虐待されたかもしれないと考える人が無く，後で彼女がそうでなかったということをだれも発見しない限り....もしあなたが自分は虐待されたと思っていて，あなたの生活の中で症状が現れているなら，あなたは虐待されたのです'（p.22）．この著者たちが述べている症状とは，低い自尊感情，自殺的，自傷的な思考，抑うつ，性的障害，である．

エピソード記憶はしばしば断片的であるので，そのギャップを埋めるために再構成を行う傾向がある，ということがわかっているからとはいえ，暗示によって完全に誤った記憶が作り出されうるなどということがあり得るのだろうか？記憶のこの領域の2人のもっとも著名な研究者であるBaddeleyもLoftusも，それがありうると考えている．

Baddeleyは，魔術儀式による性的虐待を告発された男性の，警察と心理学者による尋問記録を引用している．その男性が虐待を自白した後，心理学者はその男性に，その男性の子どもたちが報告していると言いきかせてあるでっち上げの出来事を呈示した．初めはその出来事について記憶がないと報告したものの，その後男性はその場面の漠然とした状況を再生し，後日，彼の'記憶'についての詳細な報告を書いた．しかしその記憶は偽りの自白と似たような状態にあるかもしれない．つまり，そのひとはそれらの出所について十分自覚しているが，その状況（尋問）から一時的に逃げ出すことができるような証拠を提供するのである．

Loftusによるある研究では，ある成人と青年が，彼らが小さいときあるショッピングモールで迷子になったことがある，と信じ込まされた．そして彼らはその架空の事件の細部を'思いだし'始めたのである．

もちろん，長期にわたって方向付けられたセラピーの後，見かけ上偽りの信念が作り出されたという個々の事例の報告は多数ある．記憶の複雑さについてよく知られていることにもかかわらず，また，まだよく知られていないことにもかかわらず，驚くべきことに，英国心理学会による回復された記憶についての報告（BPS,1995）のなかに次のような記述がある．'LindsayとRead（1994）による最近の包括的なレビューに私たちは全面的に同意する．*2，3の暗示的な質問によって，心理療法のクライエントが，幼少期にうけた性的虐待の，生き生きとした，そして説得力のある幻の記憶を想い出してしまうだろう，ということはほとんどおそれる必要はない．*'（p.294強調は付加）．

この報告の筆者は，ときには強力なものとなる転移関係の性質を考慮しそこなっている．他の文脈では無害な'2，3の暗示的な質問'でも，セラピストとクライエントの力学や，子どものとき性的に虐待されたという以外の理由で傷ついているかもしれないクライエントと引き合わされることによって，高度に説得的と解釈されうる条件を生み出すかもしれないのである．

4.8.4　記憶に対する催眠の効果

催眠が忘却された記憶への鍵を持つ，ということが一般に信じられている（6.6参照）。この信念は，催眠をかけられた目撃者が，以前は思い出せなかった自己や犯罪の細部を生き生きと再生する，というマスコミによる一見印象的な説明によってあおり立てられてきた。また幼少期の記憶へのアクセスを獲得することが私たちの現在の生活を理解し，対処することを助ける，といったことも多くのひとによって信じられている。したがって，催眠による退行が，子どもに対する性的虐待の生存者と疑われるひとと作業しているいくらかのセラピストにとって，自明の選択肢のひとつとして見なされる，ということは驚くにあたらない。

記憶を促進するために催眠を用いることは，人間の記憶のビデオ録画モデルに基づいている。つまり，私たちの経験するすべてのものは，ともかく'そこに'記録され，再生のための'正しい'条件を与えることで，その元来の形でアクセスされる。その条件とはすなわち催眠である。

これまで見てきたように，これは全く間違った記憶の見方である。したがって催眠をかけられたひとは，通常の条件下でよりも記憶のギャップを想像で埋める，つまり記憶を再構成する傾向がつよいことを示す研究のことを知っても，もうこれは驚くにあたらない。催眠下では'誘導的な'質問が記憶を変えうる（Sanders and Simmons,1983）ということや，被験者が誤った情報を与えられたとき，彼らは自分の記憶にそれを組み込んでしまう傾向がある（Sheehan and Statham,1989）といったことも示されている。

催眠は確かにより多くの情報を引き出す（Watkins,1989）が，真実の記憶よりも偽りの記憶の方が増加する。ある研究によると，催眠下の被験者の産出した新たな記憶の80%は*間違っていた*（Dywan and Bower,1983）。すべての中でおそらく最も憂えるべき特徴は，催眠下にある人物が感じるこれらの偽りの記憶に対する確信度，つまり揺らぎようのないほど強くその記憶が正しいと確信してしまっていることである（Laurence and Perry,1983）。

これらのことはカウンセラーに何を残すのだろうか？確かに子どもに対する性的虐待は存在するし，いくつかの事例では虐待の記憶が抑圧されている可能性もかなりある。また記憶のなかには再構成されたものや誤ったものもあり得るのである。

暗示の危険性に警戒する必要があるのは明らかだが，ときにはクライエントは，他のセラピストによって，あるいは日常生活の中で回復された記憶を持ってセラピーにやってくるかもしれない。カウンセリング'作業'の多くは，カウンセラーとクライエントのあいだの信頼同盟という文脈で行われる。セラピストとしての私たちは，私たちがクライエントに信頼して欲しいのと同じくらいに，彼らを信頼したいものである。しかし逆転移もまた転移と同じくらい強力に作用することも自覚しておく必要がある。私たちはクライエントを信じたいし，その事柄についての私たちの展望や判断の感覚を見失いたい，のかもしれないのである。

回復された記憶に基づいて作業する上での困難や個人的な労力を認めるのと同

様，本当に抑圧された記憶と再構成や作り話を区別する私たちの能力がきわめて限定されている，ということを認めるのも重要なことである。しかしながら，回復された記憶がそのまま真実であるかどうか，部分的には正しいか，それとも完全に間違っているか，そのいずれにせよ，そのことはまたクライエントにとって同様に外傷的であり，クライエントの家族にとってもかなりの打撃たりうる，ということも，けっして忘れるべきではない。私たちがしなければならないのは，回復された記憶が'真実'かそうでないかということについて早まった結論を下すことを避ける一方，クライエントを真剣に受け入れる方法を見つけることである。

4.9 まとめ

　この章では，カウンセラーがクライエントの記憶を理解したり，それについて作業をしてゆく上で，記憶の基礎にある過程についての知識が，いかに助けになるか，ということを示すことを試みた。

　これまで見てきたように，私たちは，頭の中にある出来事のビデオ録画の一種としてとらえる記憶の古い見方からは遠いところへやってきた。私たちが見てきたのは，記憶がひとつの動的なプロセスであり，すでにある貯蔵物に新たな情報が加えられ，変化し，新たな記憶が古いものを更新し置き換えて行く，ということである。

　記憶が短期記憶から長期記憶へといかに転送され，それらがいかに符号化され貯蔵されるかを理解することで，人びとが，自分のしたことを何故覚えていて，いかに忘れるのか，ということを理解し始めることができる。このことはまた，再構成された記憶と回復された記憶という，魅力的な領域を説明することを助けてくれる。しかし，抑圧の過程は，カウンセリングやセラピーの作業にとってひじょうに重要であるにもかかわらず，いまでも比較的わずかにしか理解されていない。この領域での今後の研究が，この謎を解き，この現象をより良く理解する助けとなることが望まれる。

第4章 対照語リスト

autobiographical memory	自伝的記憶	procedural memory	手続き記憶
childhood Amnesia	幼児期健忘	pseudo-memories	疑似記憶
consolidation	固定	reconstruct	再構成
constructive processing	構成的処理	reconstructive memory	再構成された記憶
context-dependent memory	文脈依存的記憶	recovered memory	回復された記憶
declarative	宣言的	retrieval cue	検索手がかり
dual coding	二重符号化	retrieval	検索
encoding specificity principle	符号化特殊性原理	retroactive interference	逆向干渉
		schema	スキーマ
encoding	符号化	selective attention	選択的注意
episodic memory	エピソード記憶	semantic memory	意味記憶
false memory	偽りの記憶	semantic retrieval cue	意味的検索手がかり
flashbulb memory	閃光記憶		
forgetting	忘却	sensory coding	感覚的符号化
hippocampus	海馬	smell	嗅覚
hypnosis	催眠	state-dependent	状態依存的
hysterical amnesia	ヒステリー性健忘	storage	貯蔵
inference	推論	suggestion	暗示
Interference	干渉	taste	味覚
mood-congruent recall	気分一致再生	visual image	視覚的イメージ
proactive interference	順向干渉		

訳者コラム

認知心理学―記憶―心理臨床

田中吉史

　ごらんの通りこの本は心理学の幅広い領域を心理臨床と関連させて論じているが，第4章と第5章はいわゆる認知心理学や認知科学と呼ばれる分野で研究されてきた，人間の認知機能を解説したものである。

　認知心理学や認知科学についてはすでに多くの入門書があるので，詳細についてはそれらを参照していただきたいが，ここではおおざっぱにその考え方をまとめておく。人間の高度な認知過程は，一種の情報処理過程と見なすことができる。つまり，外界から感覚器官を通じて情報が生体に送り込まれ，生体内でそれらの情報が処理され，何らかのアウトプットが得られる。特徴的なのは，こうした人間の情報処理過程をコンピュータの情報処理過程と類似したものとして捉える，つまり人間の知的活動をコンピュータの計算活動と同じようなものとして捉えている，ということである。こうした捉え方は情報処理アプローチと呼ばれ，認知心理学・認知科学の大きな特徴となっている。ただし，人間の情報処理とコンピュータの行う計算とは異なる点も多い。むしろ人間とコンピュータの相違点こそが，認知心理学・認知科学においてもっともエキサイティングなテーマだと言えるかもしれない。(ただし，一言付け加えておくと，こうした情報処理アプローチに対して批判的な立場をとる認知心理学者・認知科学者も少なくない。)

　第4章で著者らがもっとも強く主張するのも，こうした機械の記憶（コンピュータによる磁気情報やビデオ録画）と人間の記憶との相違点である。私たちの素朴な印象では，（著者らの言葉を借りれば）人間の記憶はまるでビデオテープに録画されたものを再生するのと似たようなものだと考えてしまいがちである。しかしこのような素朴な「思いこみ」は，実はひじょうに危険なものにもなりうる。カウンセリングの過程でクライエントが話すのは，あくまでも彼らの「記憶」であって，事実そのものではないかも知れない。また，カウンセラーがカウンセリング中の出来事を思い出し，後でそれを記録するときですら，カウンセラーの記憶は変容してしまって，客観的に「語られた」こととはズレてしまっているかも知れないのだ。私たちの記憶は，後から入ってきた情報や古い記憶によって干渉され，何か別の手がかりが無ければ見つからなかったり，ちょっとしたきっかけから全く別のものになってしまったりするような脆さや危うさを抱えている。私たちはそういうこわれやすい記憶を頼りにして，毎日を何とかやり過ごしているのである。逆に言えば，新たな情報とつねに相互作用を起こすダイナミックな性質を持つが故に，記憶は私たち心理学者の興味を引きつけるのである。想像するに，カウンセラーの仕事というのは，結局の所，クライエントや自分自身の当てにならない記憶を頼りに，それらを張り合わせたりバラバラにしたりしながら，解決策を探りだすことなのだろう。

ところで，認知心理学や認知科学は，心理学全体の中では比較的「基礎的」な領域で，あまり実生活での応用を念頭に置かないかのような印象があるが，実際には認知心理学・認知科学での知見は，とくに工学分野を中心として幅広く応用されている。そもそも認知心理学・認知科学が情報処理アプローチをとるのも，コンピュータ科学とのタイアップによって可能になったと言ってよい。たとえば，人間の知識構造についての研究は，エキスパートシステムの開発と密接なつながりを持っているし，教育場面への応用も積極的に行われている。また，ヒューマン・エラーの心理学的なメカニズムについての研究は，工業製品のデザインへの提言を可能にしている。さらに近年では，本章でも触れられているように，人間の記憶についての研究は事件の目撃証言の妥当性について，ひじょうに大きな問題提起を行っている。

　このように認知心理学・認知科学にはひじょうに大きな応用的側面があるにも関わらず，これまでのところ，心理臨床やカウンセリング場面への応用を目指した研究はきわめて少ないと言える。最近は臨床心理学の中でも認知行動療法と呼ばれる行動理論や認知心理学の知見を応用した方法が注目されてきており（例えば，レントゥルとドライデン著，丹野義彦監訳「認知臨床心理学入門」東大出版会などの本が出版されている），また感情が認知にもたらす影響はここ最近ホットなトピックのひとつだが，それでも多くの認知科学者・認知心理学者にとって，心理療法やカウンセリングは縁遠い存在である。

　こうした事情は，本書の著者らにとっても同じらしい。おそらくこの分野は，心理臨床家である著者らにとってもっとも縁の薄い領域なのだろうが，これらの章では著者らの苦心ぶりが伝わってくる。とくに第5章では，一般に心理臨床場面のトピックとは全く無関連に研究が進められることの多い高次認知機能の研究成果を，なんとか臨床場面の例を使って説明しようと四苦八苦しているようだ。それに対して，記憶についてとりあげた第4章では，実験心理学・認知心理学での記憶研究の基本的な知見から最近話題のトピックまで，幅広い内容が比較的要領よくまとめられている。

　第4章では，抑圧や催眠，回復された記憶など，本格的に心理臨床を学びたいと思う人以外の一般の人たちにも興味を持たれやすいと思われる話題を取り上げつつ，私たちの記憶がいかに当てにならないものか，いかに複雑なものかを解説している。こうしたトピックはともすればセンセーショナルに捉えられ，一般の人たちの好奇心をくすぐるものでおわってしまいがちだが，人の心を扱う立場の人間としては，その背後にある記憶の一般的な特性について充分理解しておかなければならない。とくに，この章で力説されているように，精神分析的な立場にたつカウンセリングでは，過去の出来事について何度も話させることは重要な意味を持っているが故に，カウンセラーは常に「偽りの記憶」の危険にさらされているのである。

　さて，その「偽りの記憶」は，著者らがかなりの紙面を割いて論じていることからもわかるように，最近の日常記憶研究の中で最もホットな話題の一つであり，最近もロフタスの著書が邦訳された（ロフタスとケッチャム著，仲真紀子訳「抑

圧された記憶の神話－偽りの性的虐待の記憶をめぐって」誠信書房）。著者らは，「偽りの記憶」に基づく訴訟が，アメリカでいかに深刻な問題になっているかを解説した後，英国での「偽りの記憶」への対応の遅れを指摘している。それに対して日本ではそもそも訴訟そのものが欧米ほど多くないこともあってか，実際にカウンセリング場面で創り出された「偽りの記憶」による訴訟は，どこか対岸の火事のような印象さえある。むしろ日本では事件の目撃証言が尋問の過程で作られた「偽りの記憶」なのではないか，という点が大きな関心を呼んでおり，最近法律家と心理学者との協力により「法と心理学会」が設立された。

　それはさておき，カウンセリング場面での「偽りの記憶」の問題が興味深いのは，認知心理学における記憶研究とカウンセリング，そして実験室や面接室の外にある現実世界の三者がこの問題において出会う，ということである。認知心理学の研究は，たとえ「日常記憶」を扱っているとは言え，ある程度現実場面を抽象化した形で扱っている。一方，カウンセリング場面（とくに精神分析療法における）はクライエントをいったん現実世界のしがらみから解き放ち，その中でクライエントの抑圧を取り去って行く場所であり，その意味では現実場面から切り離された特殊な空間である。ところが「偽りの記憶」による裁判では，記憶研究者もカウンセラーも自分たちの閉じた世界から否応なしに出て行き，他の人たちを巻き込んだり，巻き込まれたりすることになるのである。その意味で「偽りの記憶」は，これまでほとんど関わり合うことの無かった記憶研究とカウンセリングとが，現実社会という場ではじめて対面した場所であり，おそらく両者がはじめて共に向き合うことの出来る問題であったと言えるかもしれない。

（たなか　よしふみ・東京都立大学）

第5章　思考：情報処理，意思決定，問題解決

5.1　はじめに

　人生のかなりの部分を，私たちは考えることについやしている。ときには私たちは，自分のこころを'さまよう'ままにさせておく。たとえば空想にふけっているときのように。またあるときには，思考はもっと絞りこまれている。たとえば，特定の事柄や問題について'考え抜いている'ときや，なんらかの決定ないし行動方針に達しようとしているときのように。この過程は，私たちの日常生活のなかでとても大きな部分を占めているので，多くの場合，意識的な努力をほとんど必要としない。たとえば，家を出るときに傘を持っていくかどうか決めるときがそうである。しかし，意識的な計画づくりがもっと必要になる場合もある。そうしたときには，私たちは自分がその問題にこころを向けていることに気づくだろう。たとえば，ひどく騒々しい隣人にどう対処するかを決めるときや，仕事上のきわどい状況をいかにして切り抜けるかを決めるとき，家庭生活と職業生活がもたらすさまざまな（しばしば対立する）要請をどうにか調整するとき，などである。

　クライエントがカウンセリングないしセラピーにはいるのは，くぐり抜けるのが難しい，もしくは不可能だと思われるような特定の問題に直面しているときであることが多い。また，自分の人生に（ことによると，他人の人生にも）大きな影響を与える可能性のある決定に，迫られていることもあるだろう。

　カウンセラーもまた，解決すべき'問題'やおこなうべき決定に，つねに直面している。'この問題を抱えたこのクライエントのためにはどんなアプローチがもっとも有益だろうか？' 'カウンセリングが役に立つだろうか，それともピア・サポート・グループに参加するほうが適切だろうか？' '抗うつ剤を使うのがよいだろうから一般家庭医に相談するようにアドバイスしようか，それとも私が自分で一般家庭医に話そうか？' 'セッションは何回必要かしら，それからインターバルは？' もっとも非指示的なカウンセラーでさえ，どの'素材'にどのような感情レベルで返答するか，という決定をおこなっているのである。

この種の思考に従事しているとき，その思考の基底にある心的諸過程に，私たちは気づくことがない。しかし，これらの諸過程についての広範囲にわたる研究が，認知心理学とよばれる分野の心理学者たちによって重ねられている。実際，認知心理学が主に関わってきたのは，ひとがどのように思考するか，刺激（たとえば，空のようす）とそれにつづくあるひとの反応（場合によって傘を持っていったりいかなかったりすること）とのあいだでいったいなにが起きているか，ということだったのである。このことはふつう**情報処理**とよばれている。のちにみるように，刺激は外的であるとはかぎらない。すなわち，私たちは内的な刺激に反応することもある（たとえば，もし濡れネズミのような身なりをしていたら他人がよく思ってくれないだろう，という信念は，内的な刺激の一例である）。

ひとが問題を解決し決定をおこなうやりかたについて理解し研究しようとするさい，認知心理学者たちは情報処理という概念を用いてきた。問題解決と意思決定のアプローチを採用したカウンセリングのモデルは数多くあるが（例，Egon, 1986; Janis and Mann, 1977），これらのモデルが基づいている'土台'や根拠についての知識をカウンセラーが持つことによって，これらのモデルについての理解が広がり，より詳しい知識に基づくアプローチが可能になり，自分の仕事をより広い理論的枠組みのなかに位置づけることができるようになるだろう。

そこで，本章ではまず**情報処理モデル**について述べ，刺激を知覚し理解するやりかたに影響しうるいくつかの要因について触れる。また，情報の処理において起こりうるいくつかの'エラー'についても論じる。次の節では問題解決についての研究を扱い，実際の'ケース'にこれがどのように適用されるかを示す。次の節では，意思決定とその改善の方法に焦点をあて，現実生活での環境と問題にとくに関連している研究に注目することにする。最後に，創造的問題解決についての節を設ける。カウンセラーにとってこの節は，クライエントと接する仕事において役に立つだろうし，自分自身との関係においても役に立つかもしれない。

5.2 情報処理

自分たちのまわりの世界でいま何が起こっているかをつかみ，理解し，それに反応するために，私たちはつねに情報を'処理'している。自動車を運転していて，近づいてくる信号が青から赤に変わった，としよう。このとき私たちは，次つぎにはいってくる刺激の複雑なパターンを知覚し，決定と行為の前にそれを評価している。このすべてがあまりに素早く起こるので自動的な過程に思えるほどだが，刺激の提示と反応の実行のあいだには，たくさんの段階が生じているのである。

この過程の第1の段階では，刺激（信号，道路の状態，交差点のしくみ，ほかの車や人，など）についての情報が，感覚受容器を通じて脳に到達する。第2の段階は，情報に注意を向け，知覚し，認知する段階である。そのためには，知覚されたパターンを長期記憶のなかのパターンと照らし合わせ一致させることが必

要である。私たちは刺激を，すでに知っていること（信号が変わるパターンが何をあらわしているか，速度と制動距離はどの程度か，それに天候条件はどう影響するか，法律に違反したらどのような刑罰がありうるか，など）と関連づけて理解するのである。この過程は，段階が進むにつれて多くの注意を必要とするようになる。

　情報は，記憶のなかにただ貯蔵されるだけの場合もある。しかし，ここでの例のように，なんらかの行為を起こす決定をしなければならない場合には，第4の段階に進む前に，反応を選択しなければならない（ブレーキをかけるか，信号を

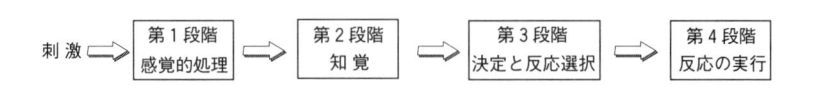

刺激 ⇒ 第1段階 感覚的処理 ⇒ 第2段階 知覚 ⇒ 第3段階 決定と反応選択 ⇒ 第4段階 反応の実行

図5.1　情報処理モデル

'すっ飛ばす'か）。第4の段階は反応の実行である（実際に反応をおこなう）。その後，この反応が環境に与えた影響がフィードバックされ，新しい情報として処理される（衝突してサイレンを聴く，あるいは，ほっとため息をついてうまくやりすごしたなと思う）。

　以上の例からわかるのは，情報処理において，注意，パターン認識，記憶がそれぞれ重要な役割を果たしている，ということである。以下では，ある'ケース'を参考にしながら，これらの3つの領域の理論と研究について述べ，またそれらが情報の処理における知覚的・認知的な諸段階とどう関連しているかについて，論じることにする。

　　　クライエントは54歳男性。夫婦間の深刻な問題を抱えている。（妻はセッションに加わることも自分自身についてのセッションをおこなうことも拒否している。）彼は7年ほど前，最初の結婚生活を少なくとも外見上は円満に終え，3年前に再婚，現在にいたる。彼は，妻が彼と彼の成人した子どもたちとの関係を'気が狂ったように'嫉妬しており，彼が子どもたちと連絡をとることを'禁止'している，と報告している。彼が述べるところによれば，彼女は彼に対しかんしゃくをおこし，'金切り声をあげ，どなりちらし，荒れ狂う'のだという。これに対し彼は，彼女をなだめ，愛しているといって安心させることで対処しようとしている。6か月前，彼がとてもかわいがっている彼女の8歳の息子が，夫婦とともに暮らすことになり，彼はこれで状況が改善するのではないかと考えていた。しかしそうはならず，最近では妻の爆発がますます頻繁になり，ほとんど毎日起こるようになっている。

　　　3回目のセッションで，クライエントは，家庭の状況をうまく扱うべつのやりかたを探索するようになっており，それらを試してみることについてかなり楽観的であるようだった。次回のアポイントメントを確認した後，カウンセラーは彼のためにドアを開けてやった。次のクライエントが待合室をいったりきたりしているのがみえた。彼は立ち去りながら，普通に会話する口調

でこういった。'じゃ，どうもありがとうございました，来週お会いしましょう，もしまだ私が無事だったらね。でもどうだかわかんないですよ。前になかったわけじゃないですからね，妻が私に文句をぶつけて，私は包丁をかくさなきゃならないっていうのが。でもまあ，とにかくありがとう。'

ここで私たちは，クライエントの別れの台詞を刺激とみなし，注意・パターン認識・記憶について，この例と関連づけて論じることにしよう。

5.2.1 注意と情報の選択

情報処理モデルが示唆するところによれば，とりわけ知覚と決定の段階において，注意は欠かせない役割を果たす。カウンセリングは高いレベルの注意を必要とする。カウンセラーは，通常の会話において求められるよりもはるかに深く真剣に注意するように訓練される。また，言語的な面だけではなく，言語外の手がかりにも注意するように訓練される。表面的な内容にも隠れた内容にも注意しなければならないのである。しかし，いかに高度に訓練され経験を積んだカウンセラーであっても，なにもかもに注意を払うことはできない。もしそんなことをしたら，環境からの感覚的メッセージに押しつぶされてしまうだろう。意識の上にのぼるのは，これらのメッセージのうちほんのいくつかだけであり，残りは濾過され取り除かれて，かすかにしか知覚されないか，全く知覚されない。これを**選択的注意**と呼ぶ。

上の例でいえば，カウンセラーはクライエントの台詞が会話の口調であることを知覚し認識し，注意を彼から待合室に移して，次のクライエントがいるのに気づいたわけである。'包丁'という言葉を聞いてはじめて，カウンセラーの注意はもどり，クライエントにはっきりと焦点が当てられたのである。

実験室実験の結果が示してきたところによれば，私たちは一度に1つ以上のものに完全に注意を払うことはできないが，注意をあちこちに素早く移動させることによって，2つの異なるメッセージの意味をつかむことができる（Sperling, 1984）。

5.2.2 パターン認識と概念形成

情報処理モデルが示唆するところによれば，私たちが認識しているのは'次つぎにはいってくる刺激の複雑なパターン'である。このパターンは，長期記憶のなかにある類似した事例と対応づけられ比較される。このような**パターン認識**によって，私たちは刺激をカテゴリ化できるようになるのである。これらのパターンを長期記憶に構築する過程を**概念形成**と呼ぶ。概念の中には，比較的わかりやすく，その境界がかなり明確なものもある。たとえば，西欧文化の下にあるたいていのひとが，'くだもの'という概念について一致した考えを持っているだろう。（それも，トマトがくだものかどうかと尋ねられるまでの話だが！）新しい奇妙な対象に出会うとき，私たちはそれが，自分が持っている概念のなかに含ま

れているほかの事例と，どの側面がおなじか，またどのようにちがっているか，を認識する。さらに，その概念について私たちが持っている**プロトタイプ**を参照することもある。プロトタイプとは，その概念のなかにあって，その概念の最良の例を記述する特性を含んでいる部分である。この〔新しく出会った〕対象を'くだもの'としてカテゴリ化するかどうかは，この過程の結果に依存している。

以上に述べたことがカウンセリングに対してどのような関連をもっているかは，上に述べたセッションの終わりの例にもどるとあきらかになる。くだものという概念を形成するのと同じやりかたで，私たちは，危険さと危険な状況という概念・プロトタイプを形成する。しかし，たとえば状況が危険であると認識するとき，私たちはどのようにしてそう認識するのか？ 危険さという概念の中にはなにが含まれているのか？ そのなかには，妻とのけんかの最中に台所の包丁を他の場所に移しておかなければならないと感じる男も含まれるのか？ あきらかに，この点にはかなりの個人差がある。概念形成のされかたは，背景にある経験や文化的文脈のような，多数の要因によって決まるものと思われる。突き詰めていえば，このケースでカウンセラーがどのように行為するかということは，部分的には，彼らの持っている危険さという概念に依存するであろう。

5.2.3 記憶と情報処理

ここまでで論じてきたのは，情報の処理における記憶の役割についてであった。永続的な記憶には，概念とカテゴリのほかに，出来事，イメージ，単語の記憶がある。'心配'と'包丁'という単語を聞いたとき，カウンセラーはおそらく，クライエントがやりかねなかった潜在的な暴力的行動についてほかになにか言及していなかったか，記憶を検索するだろう。

長期記憶はまた，**スキーマ**（第4章 記憶 で論じた）や**スクリプト**といったより複雑な構造も含んでいる。スキーマということばは，過去の経験を組織化する手助けとなり将来の経験を理解する枠組みを与えてくれる，信念と期待のひとつのまとまりを意味している。スクリプトということばは，ある出来事ないし社会的相互作用に関連したスキーマのことを指して用いる。

多くのカウンセラーやセラピストにとって，セッションが終わるまさにそのときになって自己開示するクライエントはおなじみのものであり，したがって彼らは，こうした現象についてのスキーマをすでに構築しているだろう。あるひとは，この現象を'コート掛け'現象と呼んでいる（クライエントが出掛けにコートを取るまさにそのときに起こるからである）。私たちは，こうした行動への反応についてのスクリプトさえ構築しているかもしれない。すなわち，無視する，次のセッションのクライエントと向かい合う，など。

このように，スキーマとスクリプトは，私たちが次にどう行為するかについての選択に，大きな影響をもたらしている。これはひじょうに有用なものとなり得る。とりわけ，'自動操縦'で操作することが'安全'だとわかっている状況では有用である。しかし，カウンセラーやセラピストとしての私たちを，こうした

メカニズムが導いているのならば，私たちは，そのことによって起こりうる影響について意識しておく必要がある。さらに，私たち自身が持っているスキーマやスクリプトのそれぞれについてあきらかにするよう，積極的に努力する必要があるといえるだろう。それらは，私たちがクライエントの経験を概念化するさいに影響を与えているかもしれないし，ひいては私たちのセラピー的決定にも影響を与えているかもしれないのである。

5.2.4　情報処理におけるエラー

　注意，概念形成，記憶について，情報処理と関連させて議論しはじめるとすぐにわかることだが，'間違える'のは実に簡単なことである。こうしたエラーは，私たちが状況を解釈するやりかたに根本的な影響を与え，私たちの次の行為に影響を及ぼす。

注　意

　すでに述べたように，私たちはつねに多数の刺激にさらされており，それらの刺激に絶えず注意を払うのは不可能である。したがって，'感覚の過負荷'を避けるために，私たちは注意を選択的におこなっている。その第1の方法は，特定の刺激に焦点をあてることであり，第2の方法は，はいってくる情報を濾過することである。

　注意はまた，刺激の性質と個人的特性の両方に強く影響される。私たちがある状況を'危険'だと知覚ないし概念化した場合には，私たちの注意はそれに引き寄せられやすくなる。しかし，上の例のように，カウンセラーが状況をそのように分類しなかった場合には，注意は切り替えられてしまい，次のクライエントに焦点があてられる。次のクライエントがなんだか動揺しているようにみえたとなればなおさらである。競合する刺激のあいだで注意をすばやく切り替えることは可能だが，ふたつのものに同時に注意することはできない。したがってなんらかの情報が失われてしまうだろう。

　特定の刺激に焦点をあてると，環境からくる無関係な情報を濾過しやすくなる。この濾過の過程のおかげで私たちは，もし脅威的に感じられる刺激を知覚していたならわき上がってきたであろう不安から，自分の身を守ることができるのだ，と考えられている。この強力な防御は，ひじょうに有用な場合もあるが，有害なものにもなりうる。とりわけ，それが私たちの'知覚スタイル'の一部を形成してしまう場合には有害である。なお，ストレスによって注意が狭められ，刺激の特徴が見失われてしまうこともある。

概　念

　ある状況について，それに関連する十分に頑健な概念を構築していなかったがゆえに，その状況が特定の状況'クラス'に属していることに気づかない場合がある。こうした場合には困難が生じるだろう。概念が過度に包括的であったり

('危険'という概念があまりにたくさんなものを含んでいて，ほとんどなんでも'危険'だということになってしまう場合)，包括性が不十分であったりしても(危険という概念が暴力犯罪に限定されている場合)，困難が生じるだろう。出来事などのカテゴリへの割り当てが過度に厳密におこなわれる場合にも問題が起きる。例をひとつ挙げるなら，カウンセラーがクライエントの別れのせりふを，'コート掛け発言'，つまりクライエントがセッションの終わりによく'投げつけ'るものなのだと，決めつけてしまう場合がそうである。このせりふがこのように分類されると，カウンセラーのその後の行動はおそらく，この種の状況に関するカウンセラーのスクリプトと一致するものになるだろう。

記憶

情報の処理は，長期記憶に貯蔵された情報に依存している。しかし，現在の状況に関連する情報が，長期記憶の中に記されていないこともある。情報が'貯蔵'されていたとしても，検索に問題があるかもしれない。4.7で論じたように，記憶は検索だけでなく素材の構築をも含んでいるのである（第4章を参照）。

5.3　意思決定

ここまでの節では，情報を知覚し概念化する（べつのいいかたをすれば，処理する）やりかたが，私たちのその後の決定と行為にどのように影響するかをみてきた。これまで主に扱ってきたのは，日々のこころのはたらきに含まれている一瞬ごとの処理についてであり，私たちみなが直面し，しばしばクライエントを悩ませている，日常生活上の決定のようなものは，あまり扱ってこなかった。若者は職業の選択をしなければならないし，年配者は退職するか否かを決めねばならず，患者は手術を受けるかどうか決定せねばならず，クライエントは荒れ狂う連れ合いにどう対処すべきか決めねばならない。そしてもちろん，本章の最初の例にでてきたカウンセラーは，クライエントが漏らしたことばにどう反応すべきか決めなければならない。こんどは，このような実生活上の**意思決定**をひとがどのようにおこなっているかをみてみよう。この問題は，社会心理学者によって広く研究されてきた。

不確実性が存在する文脈では，つねに意思決定が起こる。でなければ，しなければならない決定など本当は存在しないことになってしまう。突き詰めていえば，〔意思決定において〕大事なのは確率なのだが，日常生活では確率がはっきりしないことが多い。これらの確率の評価がとても重要になる場合もある。さきほどの若者は，大学のコースのそれぞれについて，それらが修了時に良い職を得るための役にたつかどうか，その確率を査定しなければならない。年配者は，早期退職して減った収入で暮らすことが年金の増える65歳まで勤めづけることよりも良くなる確率を査定しなければならない。手術について考慮中の患者は，手術に関連するリスクを，手術によって得られるかもしれない利益と比較検討すべく，

最善をつくさねばならない。クライエントは，妻が夫と家族を残して家を出てくれたほうがもっと満足できる，という見込みを評価してみる必要があるだろう。最初の例にもどれば，カウンセラーはクライエントの妻が暴力的に反応する確率を推定しなければならない。

JanisとMann（1982）は，意思決定において私たちは'あとで後悔しない決定にいたるために，必要な時間と努力を費やして，含まれている問題を明確にするよう努め，開かれた心をもって熟慮し，選択肢の帰結について関連する情報を探し，一貫した計画を立て，そのほかいくつか特定の段階を踏む'必要がある，と述べている（p.49）。とはいえ，世界は不確実性に満ちているので，'最良の'決定ですら満足のいかない結果に至ることがあり得る。結果が不確かなときになされるこの種の決定はふつう，**リスク下決定**ないし**不確実性下の決定**と呼ばれている。しかし心理学者たちは，人間の決定が満足できない結果に終わるそのほかの原因を数多く見いだしている。以下ではそのいくつかについて述べる。

5.3.1 意思決定における難しさ

確率の推定

実生活のなかで決定をおこなうとき，個々の出来事が起こる正確な確率を私たちが知っている，ということはほとんどありそうにない。そこで私たちは，見込みを推定する手助けとして，いろいろな**ヒューリスティクス**，いわゆる'おおざっぱなやり方'を用いる。日常の意思決定は多くの場合ヒューリスティクスを用いているが，それらの誤用は，これからみるように，深刻なエラーを導きかねない（Tversky and Kahneman, 1973）。

意思決定において用いられるもっとも一般的なヒューリスティクスは**利用可能性ヒューリスティクス**である。このヒューリスティクスは，記憶における情報の利用可能性に基づいて決定するように，私たちを導くものである。利用可能性に影響を及ぼす事柄はたくさんある。ひとは，普通でない，ないし典型的でないものに気づきがちであり，それらはときとして，出来事が起こる確率の過大な推定につながる。たとえば，暴力犯罪の被害者になる可能性を人びとに尋ねたところ，彼らはそれを4分の1だと推定した。実際にはその確率は200分の1に近い。

情報の利用可能性に影響するその他の要因として**顕著さ**がある。第1章の例における一般家庭医は，もっと人間関係を大事にするように患者に助言したが，そう助言した理由はおそらく，このアプローチが最近彼の役に立った（したがって彼にとってたやすく利用できた）からであり，かつ，そのさいに重要であった（したがって印象的であった）からだろう。確率の推定によく使われるもうひとつのヒューリスティクスは，一般に**代表性ヒューリスティクス**として知られている。このヒューリスティクスに含まれるのは，ある物事が，問題となっている概念について私たちが持っている理想像ないしモデル（プロトタイプ）にどれだけ類似しているか，それがそのクラスないしカテゴリに一致しているかどうか，という点についての判断である。

たとえば，もしあなたが，きれい好きで背が低くメガネをかけ，静かに話すちょっとシャイな感じの男の人に出会ったとしよう。その人は図書館員と農民のどちらだと思うかと尋ねられたら，あなたはきっと'図書館員'を選ぶだろう。TverskyとKahneman（1974）による実験でも，被験者たちはそちらを選んだ。しかし，この答えは誤っている公算が強い。この記述はおそらく，人びとが持っている農民のプロトタイプよりも，図書館員のプロトタイプのほうに似ているのだろう。しかし，世界には図書館員よりもずっとたくさんの農民がいるので，この記述に一致する農民も，おそらくは図書館員よりもたくさんいる。したがって，この記述に一致する男性は，図書館員であるよりも農民である可能性が高い。前節で述べたエピソードで，もしカウンセラーが代表性ヒューリスティクスを採用していたら，カウンセラーは状況をコート掛け状況の代表として分類し，それにしたがって行動していたことだろう。

このヒューリスティクスが用いられるとき，代表性は確率とたやすく混同されてしまう。つまり，全体の確率は無視され，そのかわりに，利用可能な証拠にとって代表的あるいは典型的なものに焦点が当てられるのである。

確率の評価において判断のエラーが犯されるもうひとつのかたちは，**確証バイアス**によるものである。ひとは一般に自分の信念を支持してくれる証拠・情報を求める傾向があることが，多くの研究によって示されている。これによってもたらされる結果のひとつとして，間違った信念がいつまでも維持されてしまう，ということが挙げられるだろう。それらを支持する証拠が選択・生成され，それらを無効にしかねない結果は回避ないし再解釈されるわけである。

たとえば，女性は運転が下手だと信じているひとは，女性の運転手をみるとあら探しをしやすく，女性の運転がまずかった事例をよく覚えているだろう。さらに，これらの事例は（半）凝集的な概念として組織化され，より思い出しやすくなるだろう。このひとはおそらく，男性の下手な運転が女性に比べてどのくらい起こるのかについては，検討しないだろう。

5.3.2 オプションと結果の評価に関与する認知過程

意思決定のなかには，行動方針の選択肢，つまりオプションについて，その結果に関する情報を探索することが含まれている。それぞれの選択肢はおそらく，ポジティブあるいはネガティブな特徴ないし**属性**を持っている。どの大学に進むか決めたり，引っ越すかどうか決めたりすることは，すべて**多属性意思決定**（Edwards, 1987）の例である。

多属性意思決定はときとして難しいものになる。その理由のひとつは，短期記憶の容量に限界があるせいで，すべてのオプションのすべての属性を心に留め，結合し，比較することが，簡単にはできない（Fischoff et al., 1977）からである。ひとが同時に心に留めることができるのは，数'チャンク'の情報までであるようだ（**4.2.2　短期記憶**を参照）。

また，どちらの選択肢を選ぼうが望ましくない結果が予測される，ということ

が意識されている場合には，検索と評価という重要な段階が簡単にすまされてしまう傾向がある（Janis and Mann, 1977）。ひとはしばしば，もう情報を完全に探し終えたと都合良く考え違いしてしまうものだ。しかしそれまでに実際にしたことといえば，いわゆる'専門家'（ことによると，カウンセラー）と短い時間接し，そしておそらくは友人や知り合いと何回かインフォーマルな議論をした，というだけであったりするのである。

　情報処理におけるさまざまな欠陥・限界を強調している研究もある。たとえば，意思決定者は選択肢の無関係な諸側面に気を逸らされてしまう傾向があり，そのせいで，予測できるはずの結果について間違った推定をしてしまう（Abelson, 1976）。エラーのその他の原因として，制御幻想が挙げられる。これは，運次第な結果について楽観的すぎる推定を生み出すもととなる（Langer, 1975）。自分の予測についての確信は，その正確さよりも一貫して大きいということが示されている（Fischoff and MacGregor, 1982）。このことの教訓は，だれかが，ある決定についての予測が正しいと確信している，と表明しているときには，警戒すべきだということである。ひとは自分で思うよりもよく間違えるものなのである。

5.3.3　意思決定における不確実性とストレス

　上述したように，不確実性が存在するところではかならず決定が必要になる。不確実性は，出来事（あるいは予期される出来事）がストレスフルなものとして知覚されるかどうかを決める重要な要素のひとつであることがわかっている（たとえば，Fleming et al., 1991）。高い不確実性が自尊感情の損失をもたらすことも多い。これは，予後がはっきりしない疾患を抱えたクライエントのために働いているカウンセラーならよく知っていることである。

　意思決定者のストレスのレベルを高くする要因は，不確実性のほかにもたくさんある。課題があまりにこみ入っていて制御できない，決定をおこなうために利用できる時間が少ない，意思決定者が悩み疲れている，決定の帰結が物質的な損失やその人の自尊感情への損害を潜在的に含んでいる，などである。ストレスは注意を狭める傾向があり，そのことは情報処理に重要な影響をもたらす。情報検索に関連する影響や，可能な選択肢を検討するさいの影響はとくに重要である。

　そのほかにも，意思決定を妨げ得る原因が，**決定上の葛藤**と呼ばれているものから生じると示唆されている（Janis and Mann, 1982）。'所与の行動方針の受容と否定という，対立する傾向が個人内に同時に存在する'場合，その人にとって決定は困難ないし不可能になってしまう。'こうした葛藤のもっとも目立つ徴候は，ためらい，動揺，不確実性の感覚，激しい心理的ストレスのあらわれである'（p.50）。JanisとMannは，こうした状況におけるストレスに対処しようとしているときに，人びとが採用するいくつかの基礎的な不適応パターンについて示唆している。決定上の葛藤のわかりやすい例は，配偶者と別れるか否かという決定に直面しているひとである（そこでは，べつの人間関係も巻き込まれているかもしれない）。多くのカウンセラーが，この種の動機上の葛藤を抱えているクライエ

ントをみたことがあるだろう。

- **無葛藤的な固守** 意思決定者が，リスクと損失についての情報を無視し，自分がしてきたことを続けるという現状維持的な決定をしてしまう。
- **新しい行動方針への無葛藤的な変化** 意思決定者が，新しい行動方針はなんであれいちばん卓越しているのだ，いちばん強く推奨されているのだ，と無批判に受け入れてしまう。
- **防衛的回避** 意思決定者が葛藤から，少なくとも一時的に，逃げ出してしまう。〔決定を〕先延ばしにしたり，責任をだれか他の人に押しつけたり，いちばんましな選択肢を支えてくれる希望的合理化を構築して，それを矯正する情報に対しては選択的に気を配らなくなったりする。
- **過剰ビジランス** 意思決定者が，ジレンマから抜け出す道を狂ったように探し，当面の安心を約束してくれるように思える急場しのぎの解決策に衝動的にすがりついてしまう。感情的興奮，ひとつのことへの固執，認知的構築（これは直接記憶範囲の減退と単純化された思考によって示される）の結果として，選択の帰結が全面的に見落とされる。もっとも極端なかたちの過剰ビジランスは'パニック'と呼ばれる。

5.4 意思決定を改善する

意思決定を改善するための，いちばん明白な方法は，上の節で強調した問題・難点を避けるような方略を構築することである。カウンセラーは，自分自身の思考・判断のなかに認められる多様なヒューリスティクスとバイアスの操作について敏感でなければならない。また，可能なオプションと結果に関する情報の検索と評価において，どのような認知的過程が作動しているかを理解しなければならない。さらに，不確実性とストレスの関係を正しく認識し，不適応的な対処方略を同定してそれを回避・除去するべくつとめなければならない。

以上は意思決定における落とし穴を避ける方略であったが，さらに，効果的な意思決定を促進するために構築された多数のモデル・理論・方略がある。このうちカウンセリングという文脈にもっとも関連しているのは，JanisとMann（1982）の葛藤理論モデルと，期待×価値理論（Brehm and Self, 1989; Weiner, 1992）の2つである。

葛藤理論モデルの主張によれば，私たちが重要な選択をおこなわなければならないはめになったときに生じるストレスに対し，5つの基本的な対処パターンがある。そのうち4つは，上に列挙した不完全なパターンである。第5のパターンは，この理論の主張によれば，'質の高い意思決定'のための基本的規準に合致する決定をもたらす。この第5のパターンとは：

- **ビジランス** 意思決定者は，関連する情報を労を惜しまず検索し，情報を偏り

なく取り入れ，選択をおこなう前に選択肢を評価する。

　カウンセラーは，クライエントのビジランスを促し，それによって不完全な対処パターンを回避するようにする手助けをすることができ，それによって意思決定を改善することができる。JanisとMannはその方法を数多く示唆している。'合理化の意識'手続き，構造化されたサイコドラマでのロール・プレイング，バランス・シート手続き（結果の全範囲を意識するよう導くために考案された方法），決定後の失敗のためのストレス摂取，などである。

　期待×価値理論に由来するアプローチもまた，動機上の葛藤の下での効果的な決定を助けることができる。この手続きでは，クライエントは利用可能な行動方針の選択肢と，それぞれから帰結するであろうポジティブな結果やネガティブな結果を同定するように，手助けされる。次に，それぞれの帰結に対して，それが起こる可能性（期待）と，それがどの程度ポジティブないしネガティブか（価値）について，数値を割り当てる。これらの得点は，かけ算され，決定における選択肢のそれぞれの対に対して期待×価値得点が求められる。この得点を，合理的な決定をおこなうさいの基礎として用いることができる，というわけである。

　カウンセラーとクライエントは，こうして得られたこの'得点'ないし数値を，そのひとの思考の方向を示す以上のものとして扱ってしまいがちだが，しかしそうしてはならない。たとえそうしたとしても，クライエントが心変わりすることもあるのだ。

> 　戦火で疲弊した故国に帰り，おそらくは政治的告発を受ける道を選ぶか，それとも帰国しないか，という決定をおこなおうとしていたあるクライエントに，このような課題を指導したところ，その結果は，もどるべきでない，というものだった。しかし，その後のセッションで彼女は，この課題が役に立ったとカウンセラーに語り感謝したうえで，別れを告げた。課題をおこなう過程で，彼女の思考は磨かれ，自分にとってどちらが'正しい'選択肢だと感じられるかという決定にいたることができるようになったのである。彼女は，自分はもどらなければならないということを知り，決断する勇気を手に入れたのだ，と述べた。その後クライエントと連絡をとったところ，帰国した結果ひじょうにつらい思いをしたが，それでも彼女はそれが正しい決定だったのだと感じている，ということが確かめられた。

5.5　問題解決

　情報処理モデルの見地からみると，もしこれまでに述べたエラーと落とし穴のすべてを回避できるなら，人間の行動はすべてよどみなく有効なものであり，私たちはさしたる困難も感じずに適切な決定をおこなうことができ，苦労なしに人生を航行しているはずのところである。しかし，だれもが知っているように，多くの場合決定は明快なものではない。ときには，ひじょうに不満足な状況下におかれることもある。私たちは，そこに居たいと思っている場所に居るわけではな

く，問題と解決をつなぐ道はぜんぜん明らかでないのである。

問題解決についてはこれまでにたくさんの研究がおこなわれているが，その多くは実験室実験を中心としたものであった。つまり，たとえばアナグラム〔ことばの綴りの順番を入れかえてつくられた文字列〕を解読したり，さまざまな幾何学的問題の答えを見つける，というような問題（多くの場合それには'正解'がある）の解決に含まれている基底的な過程を研究するために計画された実験である。認知心理学者たちによれば，これらの基底的過程としては，問題の理解（ないし診断），問題を解くためのプランの作成，そのプランの実行と結果の評価，が挙げられる（Polya, 1957）。問題解決者は，問題の解という目標に向けた内的な諸段階を，順に進んでいくわけである。

問題解決の研究における主要な研究手法のひとつは，問題を解こうとしている最中に，被験者に'声に出して考え'させるというものであった。この方法によって心理学者たちは，問題解決において被験者がどのように**推理**（立論し，評価し，結論に到達する過程）や**論理**（妥当な結論にいたる心的手続き）や**ヒューリスティクス**（心的な近道，ないし'おおざっぱなやり方'）を用いるかについて，研究することができるようになったのである。

ヒューリスティクスは，問題解決の理論と研究のなかでも，カウンセリング状況においてよく出会う種類の問題解決を理解・促進することと，とくに関連している部分である。

5.5.1 問題解決のヒューリスティクス

実生活での諸問題を解決しようとしている人の多くは，ヒューリスティクス，つまり'おおざっぱなやり方'アプローチを採用する。ヒューリスティクスはふつう，思考者が考慮しなければならない選択肢の数を減らしてくれる。それらは，どんな出来事があり得るかという点についての判断を導いてくれるが，これからみるように，偏っている可能性もある。

ヒューリスティクス方略として，以下のものが挙げられる：

- 問題を同定し，定義し，リフレーミングすること（診断）。このことは，あとで消去できるような，あるいは選択と検証ができるような，仮説を定式化する さいに，手助けとなる。
- 自分がどうありたいかについて，何らかの考えをもつこと（目標ないし解）。
- 現在状態と目標状態のあいだの差を小さくすること。
- 可能な解と，関連する知識を探査すること。
- 望まれている目標から，出発点ないし現在の状況へとさかのぼって取り組むこと。
- 目標に直接到達できないのならば，少なくとも望まれている結果に近付けるような，当面の目標ないし下位問題を同定すること。

以下のケースは，ヒューリスティクスが働いている様子を描写している。

問題　Mrs Cは32歳，田舎のかなり広い快適な家に，2人の子どもと子馬とラブラドル犬といっしょに住み，いろいろな種類のとてもたくさんのネズミをかごに入れて飼っている，という幸せな身の上の女性である。しかし，彼女にはとても不幸な一面もある。週に2, 3回，夫が彼女の膣にビール瓶などをつっこむのである。それが起きるのはふつう，夫がいきつけのパブから遅くに帰ってきたときだが，飲んでいないときに起きることもある。Mr Cは，自分の性的な習癖と飲酒癖について，Mrs. Cともほかのだれとも話し合うことを拒んでいる。

　問題の背景　Mrs Cは，かなり裕福な両親のもとに生まれ，11歳から18歳にかけて全寮制の学校に通った。学校での最後の2年間，彼女は拒食症になり，3か月間入院した。（彼女の摂食と体重はいまでは通常である。）　その後成績が落ち，普段なら3つとれる'A'が2つしかとれなかった。もっともな評点ではあるが，進学のためには不十分であった。彼女は秘書コースに進み，20歳で結婚した。

　23歳のとき，彼女はパーティのさいに，夫の親友にレイプされた。彼女は極度に苦しんだが，夫は狼狽した様子もなく，そもそも彼女が奴と庭に出たのがいけなかったのだ，とにかく奴は学校時代からの古い友人で良い仲間なのだ，と彼女に言った。その8年ほど後になって，彼女が最初にカウンセリングを受けようと思ったのも，この事件の余波であった。

　Mr Cは町で働いているが，最近相当な金銭的損失を被り，家を売らなければ，と言うようになった。彼は外で酒を飲み，昼飯時にはビールを数杯，週に3, 4日は夕方にパブに行きビールを4, 5パイント飲んでいる。

問題の診断

　カウンセリングにおける重要な課題のひとつは，多くの場合，（諸）問題を同定し定義（診断）することである。それはかなりの部分まで，**リフレーミング**ないし**再構造化**であろう。クライエントが気分や身体的な機能に問題を示すことは多い。うつ，怒り，意欲喪失を感じているとか，毎日の生活という課題が価値のないものに思える，ないし続けられないとか，眠れない，などの問題である。上の例では，カウンセラーはクライエントとともに，レイプの苦しみに対処し，彼女と両親・夫・子どもたちとの関係を探っていったが，その過程の中ですでに，実に数多くのリフレーミングが起こっている。

　この意味での'診断'を促進する方略のひとつは，仮説の定式化と検証をおこなうことである。ここでいう仮説とは潜在的な解のことである。それらは説明的かつ予測的でありうる。すなわち，仮説は出来事がどのようにして起こったかを説明することができ，かつ，あり得る結果を予測することができる。理論的には，これは以下の3つの段階からなる。

段階1── どんな説明が考えられるかを決める。これはふつう，初期仮説の構築と呼ばれている。（クライエントはこれを，カウンセリングにやってくるまえに

始めているかもしれない。しかし，その枠を無批判に受け入れてしまわないことが，クライエントとカウンセラーにとって重要である。）

Mrs Cがつくったいくつかの仮説をみてみよう。

- **仮説1** 夫が私を性的に虐待するのは，私が役立たずの妻だからだ。もし私がもっと良い妻で，ベッドでもっと魅力的だったなら，夫はあんなこと（ビール瓶などを使って私を性的に虐待すること）はしなかっただろう。
- **仮説2** 夫がそうするのは，酒を飲んでいるからだ。もし夫の飲酒に関して，私が夫の助けになっていたなら，夫はあんなことはしなかっただろう。
- **仮説3** 夫がそうするのは，私たちの関係になにか悪い点があるからだ。もし私たちが結婚指導ガイダンスに行けば，夫は自分の振るまいが受け入れられないことを知り，変わってくれるだろう。
- **仮説4** 夫がそうするのは，私が彼の友人にレイプされてもいいと思うくらいに身持ちが悪い女だと思っていて，私を罰そうとしているからだ。もし夫が，このことを口に出すようになるか，援助を求めるようになれば，もうこれ以上あんなことはしないだろう。
- **仮説5** 夫がそうするのは，彼が性的な方面で完全におかしくなっているからだ。夫はそのことについてなにも話してくれないので，私には理由がわからない。もし私が近くにいなければ，私にあんなことはできないだろう。

段階2―これらの決定のうちどれが，これまでに観察されている証拠と整合的であるかを決定し，証拠に一致しない説明を排除する。このことは，証拠に対しての仮説の評価と呼ばれている。

　第1段階を終えたMrs Cは，仮説1・2を排除した。それらが証拠と一致しなかったからである。べつの理由から，仮説3・4も放棄しなければならなかった。Mrs Cは，自分がこれらの仮説の検証をすでに試みてきており，夫が専門家と話すなり，援助を求めるなりするよう，勇気づけるためにできることは，すべてやったと感じていた。

段階3― 残っている仮説を検証する。ある仮説が正しければある結果となり，べつの仮説が正しければべつの結果になるような検証方法が，なにかないだろうか？ もしあったら，その検証をおこなって，そこから得られる証拠をもとに，仮説を評価することができる。この段階では，さらなる情報の収集がおこなわれ，実際に求めているタイプの情報，とくに仮説をゆるがすような情報が，必要とされる。これは本質的に，科学者が実験を計画するさいにおこなっていることと同じである。その目的は仮説の排除であり，それが正しいことの証明ではない。

　このケースにおいて，試される仮説はただひとつ―仮説5 '夫がそうするのは，彼が性的な方面で完全におかしくなっているからだ。夫はそのことについ

てなにも話してくれないので，私には理由がわからない。もし私が近くにいなければ，私にあんなことはできないだろう'であった。またこの仮説は，自分がどのようにありたいのかということについての考え，つまり目標ないし解を，彼女に与えたのである。

目標ないし解

解とは，自分がどのようであることを望んでいるか，を教えてくれるものであって，それをどうやって手に入れるかを教えてくれるものではない。私たちが選択について知覚するさい，目標がどのように心的に構成されているかという点がひじょうに重要になる。このことは，潜在的結果の心的構成についての研究において示されている。ある実験では，ガン細胞を取り除く新しい実験的治療法があることを被験者に話し，半分の被験者に対しては，その成功率が50%だと述べておき，残りの半分には，失敗率が50%だと述べておいた。すると，'50%失敗'群よりも'50%成功'群のほうが，その治療法がより効果的だと評定し，自分の家族に対してその治療をおこないたいという希望をより強く表明した（Kahneman and Tversky, 1979）。選択の心的構成がポジティブな観点からおこなわれるかネガティブな観点からおこなわれるかによって，この効果が生じるわけだが，その理由は，ひとはポジティブな結果に価値を割り当てるのと比べて，ネガティブな結果により大きな代価を割り当てる傾向があるからである。このことはMrs Cの例によっても示されている。

> Mrs Cの解は，夫がもう自分を性的に虐待できなくなるように，まわりの状況を変えていこう，というものであった。もし彼女がこの解を，夫のもとを去るという観点から心的に構成していたなら，彼女の思考は十中八九，次のようになっていただろう：'私が生活していけるところなんてないし，夫は子どもたちに対してとても気むずかしくなるだろうし，子どもたちは私立学校から転校しなければならないし，動物たちはどうなるかしら，子どもたちは父親と友だちと子馬から引き離されてしまうし，夫は子どもたちの養育権を手に入れるかもしれないし。あの子たちに対してそんな真似はできないわ，あの子たちが大きくなるまで，やっぱり私はがまんしなければ"。望まれる結果をもっとポジティブなかたちで心的に構成することによって，Mrs Cは彼女の問題解決をさらに進めることができたのである。

さかのぼって取り組む

次の段階は，望まれる結果からさかのぼって取り組み，当面の下位目標を同定することである。それによって，現在の状況と問題となっている目標とのギャップを縮めるのである。Mrs Cの事例でもこのような過程がみられた。

- 夫がもう自分を性的に虐待できないような立場に立つためには，彼女は経済的に独立する必要がある（多少の生活費を受け取ることはできるだろうけれど

- 経済的に独立するためには，なんらかの〔職業〕訓練が必要である。
- 彼女にとって可能であることがはっきりしているようなレベルの職業訓練を受けるためには，さらに'A'をとる必要がある（より高い教育をうける資格を得るため）。
- 勉強に馴れるためには，より簡単なコースから始める必要がある。

結　果

　このアプローチでは，目標はかならず到達しなければならないものではなくて，方向感覚を与えてくれるもの，それに向かって取り組むべきなにか，である。最初の下位目標（簡単なコースから始めること）は確かにレベルが低く，クライエントにとってあまり'代価'がかからないものであり，重要な決定を必要としなかった。とはいえ，無理からぬことだが，Mrs Cは家族とさらなる訓練との両方にどう対処するか心配したし，夫の行動による極度の苦しみは続いた。しかし，彼女は下位目標を目指して取り組み続けた。

　この種の長期的計画を立てるときにはしばしば忘れがちなことだが，どのみち人生はなるようにしかならないものである。物事がどうなるかは，ほとんど，あるいは全然，意のままにならないものなのであり，だから，起こりうる事柄を計画段階ですべて考えておこうとしても，あまり役に立たない。もしMrs Cがそんなことをしていたら，'もし訓練の一環として職業斡旋を受けなければならないとしたら，どうしたらいいかしら'などという問題に再び足をとられ，結局最初のコースを始めることができなかっただろう。

　今日では，Mrs Cは最初の学位を無事に取得し，職業訓練の最終学年にいる。彼女の自尊感情は増大し，夫の性的虐待は減少した。結婚生活は破綻し，子馬は売られ，子どもたちは州立学校に転校した。きわめて困難な，不安定な時期もあり，Mrs Cは家族が四散し生きる場所がなくなるのではと怖れたものだった。物質的な点で代価は大きかったが，いまMrs Cは，自分は自分がそうありたいと望んだ（そして，いまも望んでいる）ようになっている，と感じている。子どもたちとは良い関係を保っているし，自分たちがやらなければならなかった大手術によって，全体的には利益を引き出したのだ，と感じているのである。

5.5.2　問題解決にともなう諸問題

　問題解決において，ひんぱんに起こる問題・誤り・落とし穴はたくさんある。もっとも，それらのほとんどは最初の診断の段階で生じる。

固　着

　問題解決にとっての一般的な障壁のひとつは，**固着ないし心的構え**である。これは，もっといい選択肢があるときでさえ特定の仮説ないし方略を使い続け，そ

れによって目が見えなくなってしまう，という傾向である。（これは**係留ヒューリスティクス**として知られているものの一例である。）　まずい解に固着してしまい，他の選択肢が眼中になくなってしまうわけである。ちょっと不合理な話だが，解への動機づけが強いほど，問題への心的構えも強くなる。その構えが適切なものであれば良いが，そうでない場合，そこから抜け出すのは難しい（Glucksberg, 1962）。5.6 で論じる創造的問題解決の手法は，柔軟性のない心的構えに陥ったひとを，そこから脱出するよう仕向けるために用いることができる。

不十分な仮説の生成

　ひとが問題解決を始めるとき，検証すべき仮説について曖昧な考えしかもっておらず，効率的な問題解決を促進するために必要なだけの数の仮説を，生成できないということも多い。ある特定の仮説だけに固着してしまうこともあるし，もっとも簡単に心に浮かぶ仮説だけしか考慮しないこともある。（このことは**利用可能性ヒューリスティクス**として知られている。）　いくつかの特性は，ある仮説を他の仮説よりも思い出しやすくするはたらきを持っているだろう。たとえば，単純さ，感情的内容，どのくらい最近に経験したか，などである（Tversky and Kahneman, 1974）。カウンセリングないしセラピーにおいては，検証すべき新しい仮説を生成・探求するようにクライエントを励ますとよいだろう。

確証バイアス

　ひとは多くの場合，自分が選んだ仮説を論破するよりも確証しがちであるという傾向を持っている。自分の仮説を支持するデータは進んで知覚・解釈するのに，不整合な情報は無視しがちなのである（Adams, 1989）。ある特定の仮説に'固着'し，他の選択肢を探求していない場合には，こうした傾向がより強くみられる。

否定的証拠の無視

　ときには，起きていることと同じくらいに，起きていないことも重要である。もともとの仮説を否定するさいには，徴候がないという事実が重要なものになりうる。たとえば，すべてが自分の落ち度なのだ，という仮説を，その証拠がないのにもかかわらず，持ってしまう人もいるだろう。とはいえ，起きていない徴候ないし証拠に気づくことは，そこにある徴候に気づくことにくらべて少ない（Hunt and Rouse, 1981）。

論理にともなう諸問題

　もし仮説が間違った推理の過程から引き出されたものであるなら，その仮説は妥当でない。もっとも一般的な誤りとしては，間違った前提（想定），ないし間違った論理が挙げられる。以下の例（**三段論法**と呼ばれる）はこのことを示している。

三段論法 1
  大前提：今日のすべてのティーンエイジャーは，ドラッグに接するおそれがある。
  小前提：私の息子はティーンエイジャーだ。
  結論：ゆえに，彼はドラッグに接するおそれがある。
  この三段論法の前提は正しく，論理も正しい。このことは，結論が正しいことを意味している。

三段論法 2
  大前提：不幸な，ないし崩壊した家庭で育った若者だけが，ドラッグを摂取する。
  小前提：私の娘は，不幸な，ないし崩壊した家庭で育ったのではない。
  結論：ゆえに，彼女はドラッグを摂取していない。
  この三段論法は間違った前提に基づいている。そのため，論理は妥当だが結論は妥当でない。

三段論法 3
  大前提：私の両親は死にかけており，私がそばにいることを必要としている。
  小前提：私はこの田舎町を出てロンドンで暮らし，自分の人生を前進させたい。
  結論：ゆえに，私がロンドンに行きたいと口にするのは，両親に死ねというのと同じことだ。
  ここでは，前提は妥当だが，論理が間違っており，したがって，結論は正しくない。

　このように，問題解決の文脈における間違った前提や間違った論理に挑戦することが，カウンセラーにとってとくに重要な課題となることがある。

5.6　創造的問題解決

　創造的に考える人は，考慮している問題に対し適切でかつ新しい結論を見つけだす。私たちの実際の経験をもとに考えてみると，重要な洞察はふつう，予想外の時と場所で起こるものだ。風呂場とか，学校に子どもを迎えに行くときとか，犬の散歩中とか，庭や台所でのんびり仕事しているとき，などである。座り込んでその問題をよく考える時間ができたときや，解を見つけるべく時間を割いたときなど，起きて欲しいときに注文通りに起こることは，なかなかないようである。
　この種の'ひらめいた'解は，出し抜けに生じ，ある種の概念的再組織化をともなっているように思われる。ふつう，問題に没頭する集中的な認知活動の時期がある。引き続いて，孵化の時期がある。問題を'脇にどけておく'が，問題から完全に離れてしまってはいない時期である。つまり，無意識的に取り組み続けているのである。この時期があるおかげで，不適切な心的構えがこわれ，新しい解が生じるチャンスが生じるのだ，と考えられている。

ある問題に'頭を悩ませ'ているのを中断するのは，なにか心的な鍛錬でもしていないかぎり無理である。しかし，解を目指して取り組んだ時期の後で，それを脇にどけておくことができるなら，問題解決者は新鮮な洞察を手に入れることができるかもしれない。

問題解決を促進するもうひとつの方法は，**遅延評価**を用いることである。ひとがもっとも創造的になりやすいのは，アイデアと解を評価したり，帰結を査定したりしようとせずに，それらと戯れているときだ，ということが，いろいろな研究によって示唆されている。解の適切さについて思い悩むことは，創造性を阻害するようである（Amabile, 1983）。このアプローチは，ブレインストーミングの手法へとつながっていった。

ブレインストーミングは，集団の手法として開発されたものだが，個人の問題解決にも，そしてカウンセリングにも，適用することができる。この方法の本質的な特徴は，アイデアの生産とそれらへの批評を，分離した点である。重要なのは，**拡散的思考**（たくさんのアイデアや選択肢を生み出す思考。独創的ないし創造的な思考の重要な要素である）を奨励する，ということである。問題解決者，あるいはグループの各人は，批評や評価を怖れることなく，できる限りたくさんのアイデアを生産する（Haefele, 1962; Buyer, 1988）。アイデアは，論理，組織，正確さ，現実味と関係なく，生産されなければならない。ひとつのアイデアは他のアイデアの引き金となる。網羅的なリストが作られてからはじめて，そのリストについての示唆が，再考察，評価，修正，結合，拒否ないし受容される。

問題解決への創造的アプローチがすべてそうであるように，ブレインストーミングも，柔軟性のない心的構えから抜け出すという原理に基づいて働くものである。

5.7 まとめ

本章の目的は，意思決定と問題解決に含まれるいくつかの基礎的な心理的諸過程について，カウンセラーが理解するさいの手助けをするために，それらについての心理学的研究を概観することであった。カウンセラーとクライエントの両者が直面する問題と決定に対して，この研究がどのような関連を持っているかを，例を用いて論じた。

この文脈で示した説明用のケース素材がはらんでいる問題点のひとつは，あまりにも整然としておりわかりやすいという点である。人生がそうでないことはだれでも知っているし，カウンセリングとセラピーも同様である。Mrs Cの例を挙げれば，一連のカウンセリングを通じて，多くの感情的問題や葛藤や困難が，当然存在したのである。またそれらに続いて，さまざまな紆余曲折があった。それらはここでは述べられていない。私たちが見てきたのはむしろ，あるひとつの骨組みの，いくつかの部分であった。つまり，多くの場合カウンセラーが意識しており，カウンセリングを通じて適切な時点でクライエントの注意を向けさせる，骨組みである。

カウンセリングないしセラピーにおけるいかなる介入も，治療的関係と治療的過程という文脈でなされなければならない。問題解決と意思決定の手続きも例外ではない。クライエントの内的世界と，クライエントの感情的要求・状態に，つねに敏感であることが，カウンセラーにとってきわめて重要なのである。したがってカウンセラーは，これらのアプローチ・方略のなかのどれかを固守することを避けなければならない。カウンセラーがおこなわなければならないのは，それらのアプローチ・方略を創造的かつ柔軟なかたちで用いることで，クライエントが自分の選んだ目標に到達するのを手助けできる介入の枠組みをつくることである。

第5章　対照語リスト

anchoring heuristics	係留ヒューリスティクス
anorexia	拒食症
attention	注意
attribute	属性
availability heuristics	利用可能性ヒューリスティクス
brainstorming	ブレインストーミング
'coat-rack' phenomenon	'コート掛け'現象
concept formation	概念形成
confirmation bias	確証バイアス
conflict-theory model	葛藤理論モデル
decision-making	意思決定
decisional conflict	決定上の葛藤
decisions under uncertainty	不確実性下の決定
defensive avoidance	防衛的回避
delayed evaluation	遅延評価
divergent thinking	拡散的思考
expectancy x value theory	期待×価値理論
fixation	固着
formulation and testing of hypotheses	仮説の定式化と検証
heuristics	ヒューリスティクス
hypervigilance	過剰ビジランス
incubation	孵化
information processing	情報処理
information processing model	情報処理モデル
insight	洞察
logic	論理
mental set	心的構え
multi-attribute decision-making	多属性意思決定
pattern recognition	パターン認識
problem-solving	問題解決
prototype	プロトタイプ
psychodrama	サイコドラマ
reasoning	推理
reframing	リフレーミング
representativeness heuristics	代表性ヒューリスティクス
restructuring	再構造化
risky decision	リスク下決定
role playing	ロール・プレイング
salience	顕著さ
schema	スキーマ
script	スクリプト
selective attention	選択的注意
syllogism	三段論法
vigilance	ビジランス

訳者コラム

その野心的試みを称えつつ……

小野　滋

　アメリカの作家ジョゼフ・ヘラーの，第二次大戦中の米軍を舞台にした小説「キャッチ=22」のなかに，病院に派遣されて困惑する動物学者が登場する。病室のベッドに横たわる，どうやら米軍にとって重要な人物であるらしい大佐のために，軍は眼科医や皮膚科医や膀胱専門医など，数多くの専門医を派遣する。そのなかに，鯨を専門にする動物学者が，手違いで含まれてしまう。彼は仕方なく，重体の大佐を相手に「白鯨」について講義しながら，任期を過ごそうとするのである。
　患者に施される処置が，患者にとっての善し悪しで決まるのではなく，むしろシステムの都合で決まってしまうという，この荒唐無稽なエピソードは，しかし，私たちの背筋をなにかしらひやりとさせる。学問もまた，ひとつのシステムにほかならない。それは，＜学ぶ人にとってなにが重要な事柄でありなにがそうでないか＞ということを，学ぶ側にとっての必要性とは無関係に，システムの内部の都合で決めてしまう側面を持っている。ある事柄が教科書に載っているから，用語が太字で書かれているから，といった理由だけで，その事柄を重要視する学生は，場違いな専門家が苦し紛れに語る鯨についてのうんちくに疑いもなく耳を傾ける，瀕死の患者であるのかもしれないのである。
　「心理臨床・カウンセリングコースで学ぶべき心理学」と銘打った本書のなかで，5章が扱っている話題は，病室での「白鯨」講義に陥る危険がもっとも高いものだといえるだろう。認知心理学の分野でこれまでになされた，意志決定や問題解決といった高次の認知過程についての研究は，単純化された実験室的な状況を扱うことが多く，臨床的な問題意識とは無関係に進められてきた。こうした基礎的研究にたいして，応用指向的な概説書がとりうるであろうひとつの態度は，無視することである。(試みに，一般教養レベルの心理学概説書をいくつか開いてみても，たとえば問題解決に関する認知心理学的知見について，本書ほど丁寧に説明しているものは，あまりみあたらない。)
　これに対し，本書の著者らが採った戦略は，認知心理学的な知見の積み重ねを咀嚼したうえで，臨床コースの初学者にとって有益な部分を取捨選択し，再構成することであった，といえるだろう。それはある意味でひじょうに野心的な試みであり，それ自体高く評価されるべきだと思う。
　果たして著者らのもくろみが，病室での「白鯨」講義に陥ることなく成功を収めているかどうか，その判断は，読者の方がたに委ねたい。ここでは，その判断の一助とするべく，著者らが(おそらく紙幅の都合で)取り上げていない点や，訳者の感想などを述べてみたい。

概念とプロトタイプ
　著者らも述べているように，外界についての私たちの認識は，私たちが持って

いる概念に依存している。(これは認知心理学的な知見というより，むしろ問題をべつの言葉で言い換えているのに過ぎないという点に注意されたい。)

　認知心理学が問題にしてきたのは，私たちの概念がどのように形成され，それらがどのような構造をもっているか，という点であった。こうした議論の中で重要な役割を果たしてきたのが，本章で登場するプロトタイプという考え方であった。

　プロトタイプとは，あるカテゴリを構成するメンバーのなかでもっとも典型的な部分のことである。たとえば「もっとも鳥らしい鳥」は何かと問われると，多くの日本人はスズメを挙げるのではないだろうか。このようなとき，スズメが鳥のプロトタイプである(ないし，プロトタイプに近いメンバーである)という。

　ここでいくつかの点に注意しておきたい。第1に，本書で紹介されている，概念がプロトタイプを中心とした構造を持っているという見方は，有力な見解ではあるものの，自明なものではない。定義的特徴の役割を強調する見方や，それらの概念を包括する知識体系の重要性に注目する見方もあり，議論が続けられている。第2に，概念構造についての議論は往々にして，私たちの概念が環境に応じてダイナミックに変化していくものであることを見落としがちである。本文の例でいえば，カウンセラーの持っている「危険」という概念もまた，経験の蓄積や状況に応じて柔軟に変化するはずである。

意思決定の改善

　本章の後半では，臨床場面における意思決定を改善するいくつかの方略が紹介されており，それが本章の魅力のひとつとなっていると思う。しかし同時に，内容の上で若干まとまりを欠く結果につながっているということもできるだろう。意思決定において一般に用いられるヒューリスティクスやバイアスについての知見は，私たちの認知システムそのものに起因する，実際の決定と合理的・規範的な決定とのズレに関するものである。いっぽう意思決定の改善方法として触れられているのは，ストレスなどに起因して生じる不完全な意思決定過程をいかにして回避するか，という問題である。このギャップの背後に，意思決定を支える一般的な認知モデルの構築を目指す立場と，意思決定に影響する個人差，たとえば動機づけ的な諸要因に注目する立場とのちがいを，見ることができるかもしれない。

　最後に，臨床心理学にはまったく不案内な訳者が漠然と抱いた，素朴な疑問を書き留めておきたい。本章で紹介されている意思決定の改善方法は，カウンセラーによる臨床的介入と，どのような関係にあるのか，それとも体系的な関係はないのか？というのは，臨床的介入のためにはクライエントの内的状態についてのなんらかの把握，ないし見立てのようなものが必須なのではないか，と想像するからである。いっぽう，本章で触れられているのはむしろ意思決定支援の一般的な方略であり，クライエントについての個別的な理解を必ずしも前提としていないような印象を受ける。

　結局のところ，本章で紹介された内容は，『十分経験を積んだカウンセラーが臨床的介入の枠組みを創造する』さいに，その手助けとすることができる，種々

の知見の集まりに過ぎないのだろうか？ それとも，認知心理学は臨床現場にもう少し体系的な寄与ができるのだろうか？ ——どうやら，訳者の能力をはるかに越える問題に踏み込んでしまったようだ。いまはただ，著者らの企てを無理のない日本語に移し変えることができたことを祈りたい。

(おの　しげる・東京都立大学)

第6章　意識の状態

6.1　はじめに

　私たちは，意識とはどういうものかを直感的に知っている。また，私たちの大半は，いつ意識が変動（たとえば，目が覚めているときから眠りに移行するときなど）するのか，いつ意識が混乱（たとえば，私たちが'まるで自分じゃないみたいだ'と言うときなど）するのか，いつ意識が（アルコールなどによって）変容するのかということを知っている。意識とは何か，そして意識をどう定義するのか，というのは知っているということとはべつの問題である。この問題は，長年にわたって，哲学者や心理学者や神経学者を悩ませてきたことである。

　むかしからずっと，人びとは意識を変性させる方法を探ってきた。薬物などを使用しての変性状態は，はじめは快楽のために探索された。しかし，多くの文化では意識の変化を悟りのための通過点と見なしている。その達成方法には，断食，瞑想，祈り，孤独，不眠，回転，詠唱，幻覚剤が含まれている。

　現代の心理学は，1870年代に意識の研究とともにはじまったが，ほとんどは内省という方法を用いていた。しかし新しい科学的規範が広まるにしたがって，心理学者もその注意を次第に観察可能な刺激と反応のみの研究へと変えていった。内省法とともに意識についての研究も，次第に興味をもたれなくなった。この世紀の大半にわたって，行動の研究が心理学の研究の優位を占めた。しかし，1950年代に，心理学者の中には，何かが失われている，すなわち行動主義は制約がありすぎる，と感じるようになったひとたちも出てきた。その結果，学術用語で言うところの変性意識状態に重点をおくような意識の研究を含むように，心理学の主流は再度拡張された。変性意識状態には，睡眠や夢，リラクセーションや瞑想，催眠，向精神薬の影響によるものも含まれている。

　心理学者は，意識の定義については合意していないにもかかわらず，多くの目的のために，意識というのは，自分自身と環境，すなわち思考，感情，知覚に対する，瞬間瞬間の気づきであると考えている。意識はこれらの認知的処理過程の特性であって，過程そのものではない。たとえば，知覚は意識たりうるが，意識は知覚と同じではない。

意識の多くの面は，カウンセリングの実践と関係がある。カウンセラーやセラピストは，しばしば前意識的記憶や下意識，そしてときには無意識の過程や解離状況での分裂した意識も扱う。睡眠の領域もカウンセラーにとっては興味深い対象であり，この章では，睡眠障害（それ自体は，生活が不安な状態になったりまた，苦しんでいる状態にあるひとにとってはよくあることである）だけでなく，通常の睡眠パターンにも注目する。

夢というのは，確かに，フロイトによる心理的混乱の概念化と治療において中心的役割を果たした。フロイトの夢についての考えも考察するが，より最近の，夢についての認知的そして神経学的理論と研究のいくつかも紹介するつもりである。

クライエントはしばしば催眠について尋ね，何人かのカウンセラーは催眠を行ってみるかもしれない。'催眠ってなんですか？' 'どういったものなのですか？' '役に立ちますか？' といった疑問は，心理学者がこれまでにすべて取り扱ってきており，その研究のうちのいくつかをこの章で概観する。同様の疑問は，瞑想についてもなされてきた。この分野についての心理学的研究についても簡単に紹介する。

最後に，種々の精神活性薬の意識に対する効果についても論ずるつもりである。これらの薬には，抗うつ剤，刺激剤，幻覚剤，大麻が含まれる。

6.2　意識の機能

自分自身や環境についての気づきは，私たちがどのような反応をする必要があるかについての情報を与える，という点で，私たちの生存にとって重要である。しかし，私たちはすべての利用可能な刺激をモニターしたり処理したりすることは，たぶん出来ないので，意識はいくつかの刺激には焦点を当て，他を無視する。生存するのに必要な出来事に最優先権がある。もし私たちが重要なインタビューの最中に煙のにおいに気づいたとしたら，私たちの注意は，即座にそれに対処するという方へと引きつけられる。そしてやりかけのインタビューに集中することは出来なくなるだろう。

意識のべつの機能は，友人とピクニックに行くという簡単なものであっても，または，全く違う仕事に転職するという複雑なことであるにしても，計画を立て，行動を起こしその行動を方向づけるのを助けることにある。そのような注意と意識的努力を必要とする活動は，**制御的処理**を含むといわれている。しかし，広い意味での精神的活動では，意識的注意は必要とされていないようであり，そこには**自動的処理**が含まれる。これらの活動は，言語を理解したり，言語を生み出したり，情報を記憶するのに関わったり，何かべつのことをぼんやり考えながら車の運転を行うといったような決まった運動課題を行ったりするのに使用される構造的知識を含んでいる（4.4　記憶の種類　参照）。

複雑な認知活動のかなりの部分は，自動的処理を通してであり，私たちの意識的気づきの外側で行われているので，しばしば全く気づかないうちに評価を下していることがある。なぜそういう評価を下したのかを知ることすらないかもしれ

ない（無意識的評価については3.5.3を参照）。自動的処理は，マインドレスネスともいわれる（Langer,1989）が，それゆえ，不利な点を持っている。5.2.2の問題解決の諸問題で論じたように，私たちが持っているかもしれない問題に気づかないようにしたり，世界への古くさい見方に挑戦したり，問題や困難にアプローチする新しいやり方を見つけたりするのを妨げたりする。

6.3　意識のレベル

自動的処理であるのか制御的処理であるのかは，私たちがどの程度心的過程について気づいているかに関連する。思考であれ知覚であれ感情であれ，そういった刺激に対してどのくらい私たちが意識的か，ということである。このことに関しては，鋭敏に気づくという段階から，全く気づかないという段階まで様ざまである。心理学者はしばしば，意識的気づきを4段階に分ける分類スキーマを用いる。

6.3.1　意　識

意識があるという用語は，私たちの直接的な気づきとして存在している，こころの内容物を記述するのに用いられた。これらは，私たち自身の体の中でなにが起きているのかということだけでなく，私たちの周囲でなにが起きているのかということをも含んでいる。たとえば，あなたはいまこの瞬間自分がなにを読んでいるのかを意識している。もしあなたが不幸にも背中が痛んでいるとしたら，身体的な不快さや痛みも意識するかもしれない。

6.3.2　下意識処理

多くの研究は，私たちは，意識的にではなく受け取った刺激を登録したり，（他のところでも論じてきたように）評価したりしていることを示している（Kihlstrom,1987）。注意が焦点づけられなかった対象や出来事でも，意識に対して何らかの影響を持つことが出来る。これらは**下意識**レベルにおける作用と呼ばれる。たとえば，あなたは時計が時を打ち始めるのに気づかないでいるかもしれないが，しかし何回か鳴った後にその音に気づいたときには，あなたは時計がすでに何回鳴ったかを‘わかって’いる。このような日常的な例は，下意識レベルで気づいて行われる処理作業に関しての洞察を与えてくる。

6.3.3　前意識的記憶

前意識という用語は，意識的な気づきの外にあるが，しかしある条件の下では思い出すことの出来る考えや記憶を指している。前意識的記憶は，生涯を通じて蓄積される情報の他にも，カウンセリングやセラピーでしばしば焦点となるよう

な，個人的出来事の明確な記憶も含んでいる。

6.3.4 無意識

通常の環境下で意識的に気づかなかった思考や感情や記憶は，**無意識的**素材と呼ばれる。精神分析理論によると，情緒的なつらさをともなう記憶や願望は，無意識に追いやられるか**抑圧される**。しかしそれは，夢や非合理的な振る舞いや言い間違いを通して，間接的にあるいは形を変えて，私たちの行動に影響し続けるかもしれない。精神分析的なセラピーは（2.5.4　精神力動的パーソナリティの理論のカウンセリングおよび治療への示唆　で議論したように）いわゆる抑圧された素材を意識へと引き出し，そうすることで，心的健康や機能を改善する。

ほとんどの心理学者は，私たちが意識的に気づいていない記憶を持っているという概念を受け入れている。しかしその存在の理由に関して，フロイトの見解に同意するひとは少ないだろう。多くの心理学者が焦点をあててきたのは，こうした記憶が存在する理由とその仮定された内容ではなく，日常生活において私たちが絶えず依存していながら意識的にはアクセスしていない心的諸過程であった。そのような過程は，これまで論じてきたように言葉を理解したり生み出したりするのに使われる構造についての知識を含んでいる。

意識，下意識処理，前意識的記憶，そして抑圧された素材と心的でアクセスできない過程としての無意識という4つの概念は，心理学では広く用いられる。しかし，これらの定義については意見が分かれており，それぞれの理論で，いくらか違ったように解釈しているという点には注意すべきである。

私たちは，心理学の研究と，またカウンセリングやセラピーがとりわけ関係している分野とで中心となっている意識の現象，すなわち，睡眠，夢見，催眠，瞑想，薬物使用による変性意識状態について注目する。

6.4 睡　眠

私たちは，睡眠と呼ばれる半分意識があるという奇妙な状態を扱うために，かなりの時間，労力，資源を割いている。西洋文化では，たいていの個人宅で，空間の3分の1から半分をこの目的のための特別室に使っている。というのも，ほとんどのひとは台所や風呂場やダイニングルームでは眠らないからである。私たちは，特別な睡眠用衣服を着て，それから膀胱を空にして，歯を磨いて，睡眠という目的にあわせて作られた家具にもぐり込むというような独特な儀式に従事する（Empson,1993）。しかし，被験者を用いた多くの研究にも関わらず，なぜ私たちは，人生の30～40%を眠っているのか，依然謎である（Ellman and Antrobus,1991）。

睡眠についてのもっとも有力な理論は2つの大きなカテゴリーに集約される。ひとつは進化論的機能を強調しており，もう一方は回復的機能を強調している。進化論的理論では，睡眠サイクルは，生体が外敵に対してとくに弱い日中や夜の

間，生体を不活発にし可能な限り隠れるようにしておくということを主張する (Webb, 1974)。回復理論は，私たちが疲れたとき，睡眠は身体に回復のチャンスを与えると示唆している。この見解についての証拠は，身体が作り出すソマトトロピン，すなわちタンパク質を合成して組織の再生を助ける成長ホルモンの大部分は深い睡眠中に生み出されるという事実である。しかし，この回復という見解にはあわないべつの証拠も見つかっている。たとえば，私たちの身体は，寝ているときでもリラックスして起きているときと同じくらい酸素とグルコースを消費している (Horne, 1988)。それ故，睡眠の回復理論は直感的には受け入れられるにしても，私たちはなぜ眠るのかという問いには依然，答えは出ていない。

6.4.1 睡眠の段階

脳波（EEG）を使用し脳内の電気的活動の変動パターンを分析することによって，睡眠は5つの段階を含んでいることが示された。それは睡眠の深さの4段階と，夢を見ているときの**高速眼球運動（レム REM）**睡眠として知られている5番目の段階である。

目を閉じると，呼吸はゆっくりと規則正しくなり，脈拍は遅くなり，体温は低下する。

- **第1段階** あなたが意識を失い，軽い睡眠に入ると，鼓動はよりゆっくりとなり，呼吸はよりいっそう不規則になり，筋肉は弛緩する。しばしば筋肉の収縮反射を引き起こすが，これは**睡眠痙攣**と呼ばれる。眠ってからしばらくあとで起こる足の筋肉の痙攣はミオクローヌスと呼ばれるが，**不穏下肢症候群**として知られている。第1段階で目が覚めたひとは，眠っていなかったと言うかもしれない。
- **第2段階** 眠りが深まると体温はさらに低下する。第2段階の睡眠に入って約4分がすぎると，その段階で目の覚めたほとんどのひとは眠っていたと答えるだろう。
- **第3段階** この段階はより深い睡眠と意識のさらなる消失を含んでいる。
- **第4段階** 眠り初めてから約1時間で深い（徐波）睡眠に達する。そのときひとは忘却状態である。この段階で大きな音が鳴ったとすると，眠っていたひとは，混乱した状態で目が覚めて，その音のことは覚えていない。
- **レム睡眠** 成人が1時間程度眠った状態の後，眠っているひとの目が瞼の下で動くのを観察できるならば，そのときにはべつの変化が起きている。情緒的変化の大きい期間である。鼓動は，日中のレベルまで増加し，（脳波からは）脳は日中のレベルよりも活発であるように見える。さらに，レム睡眠中は，私たちは実質的に麻痺している。ノンレム（NREM）睡眠では，その時間の90％は夢を見ていないのに対して，レム睡眠中に目覚めたひとは，ほとんど毎回夢を見ていたと報告している。ストレスがかかっているときや情緒的危機にあるときは，レム睡眠の割合が増加し，このタイプの睡眠中に心理的回復がおこっているという見解と一致する。

睡眠サイクル

夜のあいだずっと，様ざまな睡眠の段階が入れかわりあらわれる（図6.1）。眠りはノンレム段階で始まり，いくつかの睡眠サイクルから成っている。サイクルごとにレムとノンレム睡眠が含まれる。よくわかっていることだろうが，ひとは急速に覚醒から深い眠りへと向かう。約70分後に第2段階にもどり，すぐに最初のレム睡眠に入る。第3段階か第4段階の深い眠りは睡眠の前半に起こる傾向がある。一方，ほとんどのレム睡眠は後半におきている。しばしば，4回か5回の断続的なレム睡眠が見られる。これは成人初期に典型的な睡眠パターンである。睡眠パターンは年齢によって様ざまである。

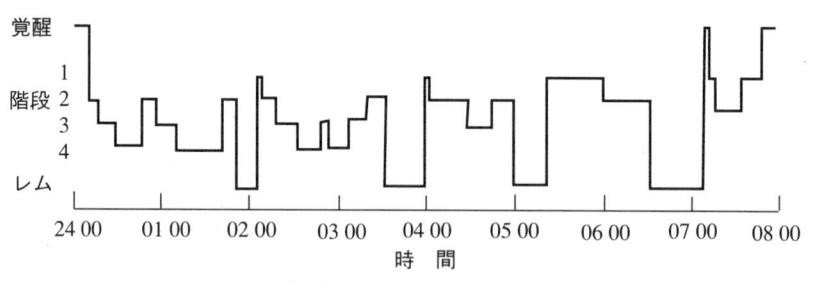

図6.1　成人初期の典型的な睡眠パターン

6.4.2　睡眠パターン

調査では，成人は平均7時間半眠っており，母集団の3分の2は，一晩に6時間半から8時間半眠っている。およそ16％はいつも8時間半以上寝ており，べつの16％は6時間半以下である（Empson,1993）。まれには，健康なひとで，普通の睡眠時間が24時間あたり5時間よりも少ないひとやさらには2時間という，より少ないひともいるが，それは無視できない少数派である。短時間睡眠者2名の実験室研究では，彼らの睡眠パターンは平均的な睡眠者のパターンと異なっていることがわかった。ほとんどの時間，眠りは第4段階かレム睡眠に費やされ，通常のこの2つの段階の睡眠量とほぼ同じ量であり，浅い睡眠はひじょうに少なかった。

多くのひとが気づいているように睡眠パターンは年齢によって変化する。20歳のひとの睡眠は，36歳のひとの睡眠よりも中断が少ない。そして，生涯を通じて睡眠中の目覚めの増加が続く。20歳と70歳ではレム睡眠における違いはないが，中年期のあいだに第3段階と第4段階が減少し，その結果70歳を過ぎると，第3段階と第4段階はほとんどなくなる。しかし，私たちは年をとるにつれて若干長く床についているようになり，その埋め合わせをしている。

私たちは，明暗の変化や，仕事に出かけたり動物や子どもに食事を与えたり，というような外的事象によって睡眠と覚醒の時間を調節しているが，自然にさせておいても，体はだいたい24時間周期で活動する。これは体温，血圧，ホルモン分泌，及び他の身体における一日の周期的変化に関わりのある**サーカディアン・リズム**の一部である。私たちは，ふつう，一日の体温周期のうちいちばん低くな

るところで眠っている。

　睡眠パターンの極度の変化によるサーカディアン・リズムの混乱は，ある種の疲労や時差ぼけに似たぼんやりした感じを引き起こす。物事に機敏に対応可能な状態や睡眠をコントロールしている神経作用が眠たさを生み出し，早朝（午前2時から7時）にはその機能が減少し，また午後にも多少減少するということもわかっている。重大な自動車事故や工場の事故（チェルノブイリやスリーマイル島での原発事故など），土木現場の事故は同じパターンを示している。

6.4.3　乱された睡眠

　多くのひとは，眠ろうと思っているのに眠れないのであれば心配になるし，仕事や社会，家庭的責任やプレッシャーの結果，生涯のどこかで睡眠を乱された経験があるだろう。しかし，睡眠の欠如は私たちにどんな影響を与えるのだろうか。
　一般に信じられているのは，睡眠が剥奪されると一時的に精神病状態になるということである。しかし，多くの研究は，睡眠を剥奪されたひとはひどい気分だと感じはするが，睡眠剥奪の一貫した影響は，頭がぼーっとしたり，眠りたいと思ったり，たやすく眠りに落ちやすくなったりすることだけであることを示している。およそ50時間以上ひとをおこしておいて起こるもっとも悪いことは，'一時的な不注意，混乱，誤認'である（Webb, 1975）。8日間起こされた被験者は，いくつかの混乱した行動を示したが，興味深いことには，彼らは眠らなくなった5日目には調子がよく，もし9日目の分の報酬が支払われるならば9日目まで実験を続けられる感じがあると言っていた（Pasnau et al., 1968）。幻覚や他の精神科的症状，例えば妄想（パラノイア）などは，集団で実験を行うように選ばれたひとよりも，1人で実験に参加するという条件で，または1人で志願してきた被験者の方に影響を与えやすいように思われる。
　他に一般的に信じられていることは，正気が維持されるには'夢見の睡眠'（レム睡眠）が必要であるというものである。これも神話のひとつである。ひとは，確かに，ストレス下ではより長いレム睡眠を体験するのだが，レム睡眠開始時に規則正しく起こされると，平常時のレム睡眠量の50％増加という'リバウンド'効果が起こるだけである。そうだとすると，レム（夢）睡眠はストレスから回復するための身体の作用なのだろうか。それともフロイトが言うように，ストレスに対する症状だろうか。

6.4.4　睡眠に対する，食事療法や運動の影響

　ひとは，日中何を食べたかによって睡眠が影響を受けると信じている。確かに消化不良や夜遅くに重たい食事をとったりすることは睡眠を妨げる。しかし，睡眠に対する食物の他の影響とは何だろうか。
　臨床的観察や研究による証拠からは，食物摂取の量は，睡眠の質と量に何らかの関係があると言えそうである。神経性食欲不振症のひとは，睡眠が極端に少な

くまた断続的であることがわかっている（Crip and Stonehill, 1977）。このひとたちは，体重が増えて回復してくると，睡眠は中断が減りより多く眠れるようになる。他の興味深い発見は，回復中は深い（第4段階）睡眠の大きな増加があったことである。このことは，上に述べた睡眠の回復理論と一致する。つまり，第4段階は身体の成長プロセスと関係があるというものである。

眠りに対する特定の食べ物の影響についての研究は多くはない。しかし，私たちの母親（そして多分祖母）は，結局のところ正しいように思われる。むかしながらのホーリックス（もしくは麦芽入りのミルク）はまさによく眠らせてくれる。すなわち寝付きはそれほどでもないが，夜中安眠させてくれるようである。

多くのひとが，運動をしたあとはよく眠れると主張している。しかし睡眠についての運動の効果は単純なものではなく，研究による証拠はどうも否定的なようである。Horne（1981）は，広範囲の文献のレビューから，第3段階と第4段階の深睡眠の増加は，消費されたエネルギーの総量によるというよりも，エネルギー消費の比率の増加のあとにおこると結論づけた。しかし，体温の上昇が同じ効果を生むこともわかっており，この証拠は解釈が難しい。

私たちは運動をしたあとはよく眠れると感じるかもしれないが，それは一般的なことではないのかもしれない。次節で，不眠症のひとたちが，睡眠に費やす時間をどのようにして一貫して過小評価しているかを検証するつもりである。運動することを心地よく感じるというのは，その逆なのではないだろうか。すなわち，彼らは自分たちの眠りの質を過大評価しているのではないだろうか？

6.4.5　睡眠に対する，たばこ，アルコール，カフェインの影響

たばこをきっぱりとやめたひとについての研究では（平均52分から18分までで）寝付きがよくなったことが示された。そして睡眠中に目が覚める時間は減少した。睡眠の質の向上も維持された（Empson, 1993）。

バルビツール酸系睡眠薬と同様，アルコールは鎮静薬であるが，睡眠薬と違ってアルコールはレム睡眠を抑圧しない。眠りに入るまでにかかる時間（入眠潜時）は，適量範囲内で多めの量を服用すると減少することがわかっている。被験者は，より早く眠れるようになったと報告しているが，低服用と比べて，測定可能な差異はない（Stone, 1980）。しかし，つねに飲んでから寝る，ということを長いあいだ続けると，徐々に睡眠パターンの変化が見られるかもしれない（Empson, 1993）。

カフェインは，たんにあなたを目覚めさせておく，のではない。第4段階の睡眠量を減らし，覚醒する回数が増える。また高服用（300mg。これは濃いコーヒー3杯分）は，早朝覚醒を引き起こす（Gaillard et al., 1989）。

6.4.6　睡眠に対する処方薬の影響

カウンセリングを始めたクライエントは，カウンセラーに援助を求める理由と

なった体調や症状のために，薬の処方を受けていることは疑いないだろう。こういった症状の軽減のために，一般に処方される薬の睡眠に対する影響について，カウンセラーは知っている必要がある。

抗不安薬

　ベンゾジアゼピン系薬 benzodiazepines や緩和精神安定剤（マイナートランキライザー）minor tranquillizers は不安と睡眠の問題の両方に処方される。この種の薬で，不安の治療にもっともよく使われるのは，ジアゼパム diazepam（バリウム Valium），クロルジアゼポキシド chlordiazepoxide（リブリウム Librium），ロラゼパム lorazepam（アチバン Ativan）である。クロルジアゼポキサイドは深徐波睡眠（第4段階）の量を減らすことがわかっている。長期にわたると，レム睡眠が減少するかもしれない，という証拠がある。しかし，薬をやめたときの，レム・リバウンド（レム睡眠の最大増加）についての明確な証拠はない。ジアゼパムの影響も似ている（Hartman, 1976）。

睡眠薬

　今日もっともよく処方される睡眠薬は，ニトラゼパム nitrazepam（モガドン Mogadon），フルニトラゼパム flunitrazepam（ロヒプノール Rohypnol），フルラゼパム flurazepam（ダルマン Dalmane），テパゼパム tepazepam のようなベンゾジアゼピン系薬である。それ以前に使われたバルビツール酸系睡眠薬 barbiturates と異なり，ベンゾジアゼピン系薬は，フルニトラゼパム（ロヒプノール）の場合では，繰り返し服用することで第4段階の睡眠が消失することは示されているが，通常の処方量と服用であれば，レム睡眠の抑圧は起こらないようである（Haider and Oswald, 1971）。抱水クロラール chloral hydrate（ウェルドーム Welldorm）は，別のタイプの睡眠薬で，バルビツール酸系睡眠薬のように，初期にはレム睡眠を抑制するが，服薬をやめるとかなりのレムリバウンドを引き起こす（Hartman, 1978）。

　多くの睡眠薬は，血中での半減期が長く，それで，その効果は夜間に限定されず，実験では，ベンゾジアゼピン系薬は翌日に行った単純な運動課題の成績を下げることが示された（Walters and Lader, 1970）。セパゼパムのような半減期の短いベンゾジアゼピン（3～5時間）があまり一般的ではないのは，おそらく，効果が一晩中続かないという理由によるのだろう。

　どの薬も理想的ではないが，ベンゾジアゼピン系薬は最も害が少ない（Empson, 1993）。長期にわたって服用すると，あるひとたちには習慣形成がおこる。英国薬品安全性委員会では，ベンゾジアゼピン系薬を常用している患者の40％は身体的に依存するようになるかもしれないと警告している。薬をやめたときに，不安発作や不眠をふくむ離脱症状を起こすのである。

抗うつ剤

　英国で最もよく処方される抗うつ剤は，アミトリプチリン amitriptyline のよう

な三環系抗うつ剤である。これはわずかに睡眠時間をのばし，またわずかだがレム睡眠を減少させることがわかっているが，投薬中止時のレムリバウンドは比較的短期間である。

　モノアミン酸化酵素阻害剤 monoamine oxidase inhibitor（MAOIs）のような別の型の抗うつ剤は，実際にレム睡眠を破壊し，また実質的に第3段階と第4段階の睡眠を破壊する。驚くべきことに，患者は抑うつ状態が少々軽減さえし，なんとかこの事態に対処できそうに見えた（Oswald, 1973）。

　より最近では，5－HT取り込み阻害剤が進歩している。この種の抗うつ剤には，パロキセチン paroxetine（セロクサット Seroxat）とフルオクセチン fluoxetine（プロザック Prozac）が含まれるのだが，これらもまた睡眠に影響を与える。とくにフルオクセチンはレム睡眠の抑制と覚醒の増加を示している（Nicholson and Pasco, 1988）。

β遮断薬

　これらの薬は通常血圧や心拍を下げたり，不安による身体症状（例えば，筋肉の振戦）を減じるために処方される。いくつかのβ遮断薬（アテノロール atenololを含む水溶性のもの）は睡眠や夢見には全く影響しないが，プロプラノロール propranolol（インディラル Inderal）のような脂溶性薬を服用している患者は，しばしば，睡眠を中断してしまうような鮮明な夢や悪夢があると訴える（Wood, 1984）。多く服用すると，レム睡眠を抑制する。またそれらはナルコレプシーの治療にも使用されている（6.4.7参照）。

6.4.7　睡眠障害とその治療

　睡眠障害は，まれに医療が原因であったり先天的なものによったりしている症候群もあるにしても，もっとも一般的な形態は心理的な問題と関係している（Empson, 1993）。睡眠の乱れは，一般的に身体的不健康，不幸，不安と関係している。しかし，情緒的問題を抱えているひとが睡眠についての問題も抱えていることはよくあることだが，睡眠障害の既往のあるひとが精神科的治療を受けるということは滅多にない（Bixler et al.,1979）。

不眠症

　不眠症という用語は，睡眠の質や量についての主観的不満について述べているものである。しかし，なぜだかはよくわからないのだが，不眠だと訴える人びとは一貫して睡眠量の減少を過大評価しているようである（Carskadon et al., 1974）。ともかく，彼らは寝つくのに時間がかかり,頻繁に目を覚まし,深睡眠段階(第3段階と第4段階)が減り，ふつうに比べて絶対睡眠量が少なくなっているのである。

　不眠症は，医療的，精神科的，社会的，心理的，あるいはまた，薬物と関連した様々な理由によって起こりうる。不眠症は，睡眠に対する生得的に弱い傾向によるのであり，おそらく，中枢神経系（CNS）が介在しており，不規則な生活

をしたり心配事があったり寝るときにベッドで食べたりテレビを見たりするといった就寝時の行動にみられるような心理的要因によって，影響を受け持続するのであろう（Dorsey, 1993）。また，不眠症は，他の医学的，精神科的原因によって二次的に引き起こされたりすることもある。例えば，痛みや抑うつや躁状態などによってである。

　ある有名な調査（Bixler et al., 1979）では，不眠症を報告したほぼ半分のひとは，**入眠障害**，つまり，心配や不安状態が主な理由となって眠りにつくのが困難である，というものであった。しかし不安と睡眠障害との関係は単純ではなく，一般に高い不安状態にあるとして選ばれた被験者は，眠りに入るのには問題は無かった（もっとも，よく眠れなかったり，眠りが浅かったりというのはあった）（Rosa et al., 1983）。しかし，もし実際に不安が不眠症を引き起こさないとしても，とても高い不安や心配は，熟睡とは両立しないだろうし，睡眠は心理的危機があるとつねに害されるのである。Priest（1983）は，ひとを眠らせないのは，不安があるというよりも，むしろ憤慨や怒りに関連した強い感情であると主張した。

　入眠障害についての，他の可能性のある理由は，サーカディアンリズムの混乱である。つまり，朝早い時間に眠りにつき，遅くに起きる，日中うたた寝する，などである。そういう人は，十分に眠っているのかもしれないが，その時間が間違っているのである。

　上に引用された調査の回答者のほとんど4分の3は，**睡眠の維持**の困難を報告しているが，さらに半分は**早朝覚醒**を報告している。これらの症状はある程度は年齢と関係あるのだが，中年期かそれ以前の持続的な不眠症は，うつや躁，薬物乱用，アルコール症，呼吸器系の病気と関連がある。精神科領域では，伝統的に早朝覚醒は内因性うつ病と，また入眠の失敗は反応性うつ病と関連づけられてきた。しかしこの主張には調査上の証拠はない（Costello and Selby, 1965）。

　不眠症の治療のために多くの種類の認知的行動的方法が発展改良されてきた。これらの方法は認知的行動的アプローチの知識があったり，その訓練を受けた専門家によって，カウンセリングのひとつに容易にくみこまれた。この場合には，**認知療法**は睡眠前の心配を減少させ，リラクセーションや睡眠により適したことを考えるようにすることに焦点をあてる。これはしばしば身体的平静さを生み出すことにより集中しようという，**漸進的リラクセーション訓練**と組み合わせられる。**自立訓練法**は睡眠を増加させるのにも使用される。これは，リラクセーションを誘発するために自己暗示とイメージを用いていて，認知的にリラクセーションの流れへと導く。温かさと重さのイメージと感覚は，多くの自立訓練手続きで使用されるが，それらは不眠症の治療に成功しているようである（たとえば. Bootzin and Nicassio, 1978）。

　いくらか異なったアプローチは，Bootzin（1972）が発展させた**刺激統制技法**である。刺激統制の目標は，睡眠を妨げるような行動，例えば，読書，テレビを見る，心配する，時計を見る，といったことよりも眠る手がかりとなるような環境を強固にすることである。

　睡眠制限療法は，かなりかわったやり方で就寝時間の行動に注意を向けさせる。

就寝時間，起床時間を規則正しくし，その結果ベッドにいる時間を一定にすることで，睡眠の質を向上させることに焦点があてられる。ベッドで費やす時間を規則正しく制限することで，睡眠を強固なものにしようとする。この方法は，はじめはいくらか不快感を引き起こすかもしれないが，効果は長く続き睡眠の質も向上する（Dorsey, 1993）。

結局,不眠症の治療に最も多く使われている治療法は,おそらく,**薬物療法**である。しかし，これまで見てきたように，薬物療法は問題なく使用できるわけではない。

カウンセラーやセラピストが個人的にどの治療法が好きかはともかく，以下の例が示すように，睡眠パターンと問題についての注意深い査定が不可欠である。

 クライエントは，ひとり暮らしの34歳の女性である。彼女が困っていることは，朝目を覚まして起床することができないことであり，それでしばしば仕事に行くのが遅れてしまうことであった。彼女はこのことで雇い主から警告を受けていた。また，彼女はひどい吹出物に悩んでおり，彼女にとって大きな苦痛であった。

 彼女の睡眠の習慣とパターンのアセスメントで，彼女はいつも寝るのが遅く，浴室の鏡の前で自分の顔に腹をたてて，（彼女の言葉では）'攻撃'するのに30分くらい費やしていることが明らかになった。彼女は，結局午前2時ごろに眠りにつき，その睡眠もたいてい途中で目が覚めることで中断していた。彼女は目覚ましを7時半にセットしていて，この時間に目を覚ましていた。彼女は目が覚めると，アラームを1時間後に再セットした。このときが一晩のうちでいちばんぐっすりと眠れると言っている。問題は，彼女は2度目にアラームが鳴ったときに，しばしばその音が聞こえなかったり，アラームを止めて寝返りをうって再び寝てしまうということであった。

 睡眠に関しては主に2つの問題があった。1つは，彼女はベッドに入る前に，覚醒するような行動をしていたことである。顔をぶつことで自分を怒らせ，しばしばひどく気持ちが傷つけられた。2つ目は，二度寝をするために，アラームで不意に起こされることになっていたので，睡眠のサイクルが混乱し，ふつうは夜間前半に起こるはずの深い眠り（第3段階と第4段階）に入ってしまっていたことである。彼女が夜間に眠りにくいというのは何ら不思議なことではない。もちろんこれは全くの推測だが，治療アプローチのガイドとなる仮説の説明としては理にかなっている。

 クライエントとこの仮説について話し合い，また通常の睡眠パターンについていくつか説明したあとに，カウンセラーは浴室から鏡を取り外すように指示した。というのも，クライエントは鏡を見るのをやめるかカバーをかけたいと感じているが，それがうまくいっていないからである。カウンセラーはさらに，'攻撃儀式'を，風呂にはいるというようなリラックス行動に置き換えることを指示した。また，クライエントは目覚まし時計を遅いほうの時間にだけセットするようにも指示されたが，その時間でも，仕事には十分間にあった。

10日以内で，クライエントは真夜中に寝て8時30分に起きるという申し分ない睡眠パターンを確立した。もちろん，セラピーでは別な問題にも取り組んだのではあるが。

ナルコレプシー

ナルコレプシーのひとは，圧倒的な眠気の攻撃にさらされていて，まったくふさわしくないときに寝てしまう。例えば，会話をしている最中とか，車の運転中とかである。そういったことは，一日に何回も起こり，15分から30分のあいだ続く。ナルコレプシーとはレムエピソードの日中への侵入である。発作のあいだ，患者は急速にレム睡眠に突入し，筋肉のコントロールを失い，横になるよりも前に倒れてしまう。ナルコレプシーは遺伝するものであり，遺伝的影響の証拠がある。

ナルコレプシーの治療法はないが，日中は興奮剤の助けでコントロールすることができる（Empson, 1993）。β遮断薬もよく用いられる（Meier-Ewart et al., 1985）。

睡眠時無呼吸症

これは危険で生命を脅かすような状態である。血中の二酸化炭素濃度が上がり，患者が息苦しくなって目を覚ますまで，呼吸は止まってしまうのである。これは一晩に，しばしば500回も起こりうる。肥満の男性はとくに罹りやすい。睡眠時無呼吸症の結果，患者は毎晩12時間かそれ以上をベッドで過ごし，次の日も，ひどく眠たい状態となる。睡眠薬は問題を悪化させるし，致命的になることもあるかもしれない。なぜ睡眠中に死んでしまうのかということの主な理由は，おそらく目が覚めないことなのである。

無呼吸症は外科的に治療できるが，あまり負担にならない治療法は，機械を使うやり方である。その機械は 経鼻的持続気道陽圧呼吸と呼ばれ，患者は夜間，マスクをつける必要がある。

夢遊病と寝言

これは第4段階睡眠に特徴的で，大人よりも子どもで一般的なものである。一般に夢遊病エピソードは15分以内であり，無目的な行動のあと，自分のベッドでふたたび眠るか目が覚めるかする。その障害は遺伝的であり，夢遊病は遺伝的に同定されるという証拠がある。

夜　驚

これも大人よりは子どもに一般的である。悪夢とは区別される必要がある。悪夢は，脅かすようなもしくはひどく不安にさせるような夢からなっており，ふつうはレム睡眠中に起こる。

夜驚は第4段階睡眠中に起こり，恐怖の理由は全く見あたらないように思われる。典型的には，子どもの耳をつんざくような悲鳴で親が起き，子どもが再び深い眠りに落ちるまでの10分から15分の間，子どもはひどく怯えてなだめることができない状態になる。朝になってこのことを思い出せるのは，両親か介護者だけ

である。大人も夜驚になるが，ふつうは激しくはない。

夜驚の治療について，心理的な療法と薬と，どちらが有用であるのかという明確な証拠はない。しかし，CushwayとSewell（1991）は夜驚の治療について，両親に情報やアドバイスを与えることも含めて，いくつかの提案をしている。

6.4.8 熟睡

研究者や臨床家の間では，どうしたら眠れるようになるかについて意見が一致している。以下にあげる提案はAtkinsonら（1990）の考えをもとにして作成した。いくつかは実地調査に基づくものであり，いくつかは現場の専門家による適切な判断に基づいている。

- **規則的な睡眠スケジュール**　規則的な就寝と起床時間の確立。毎朝決まった時間に目覚まし時計をセットし，どんなに睡眠時間が短くてもその時間に起きる。昼寝は毎日するかそれともまったくしないかにする。もし，時どきは昼寝をするようにすると，その夜はたぶんよく眠れなくなる。週末に寝坊することも睡眠サイクルを混乱させる。
- **寝室**　もし可能なら寝室は睡眠と結びつくように，勉強やTVを見るなどの活動とは関連づけないようにすることである。理想的なのは，ベッドルームには机やTVを置かないことである。
- **アルコールとカフェイン**　寝る前にアルコールのような飲み物をとることは，眠りやすくする手助けとなるかもしれない。しかし，睡眠サイクルを混乱させるかもしれない。コーヒーやコーラのようなカフェインの入った飲み物は，寝る数時間前から摂ることは避けるべきである。もし何か飲み物をとるならば，麦芽乳のようなものにするべきである。
- **就寝前の食事**　寝る前にはたくさん食べないことである。というのは，消化するのには数時間かかるからである。
- **運動**　ふつう運動すると，主観的にはよく眠ったという気持ちになるので，よりよく眠るのに役には立つだろう。重要と思われるのは，運動の量というよりはエネルギー消費の割合のようである。しかし寝る前に激しい運動はするべきではない。
- **睡眠薬**　睡眠薬の服用には気をつけるべきである。どんな種類の睡眠薬も，睡眠サイクルを混乱させ，長期にわたる使用は依存を引き起こし，不眠を増加させる。前の晩に熟睡できなくても仕事をすることはできるが，睡眠薬の副作用はあるかもしれないのである。
- **リラクセーション**　寝るときはストレスになるようなことを考えるのは避けるべきである。寝る前には毎晩決まりきったことをするようにし，風呂にはいるとか何分間か静かな音楽を聴くとか，心を静めるような活動をするべきである。部屋の温度を快適と思えるものにし，できるなら一晩中その温度にしておくのがよい。

● **どれもうまくいかないとき** もしベッドの中で眠れなくなったとしても，起きあがるべきではない。そのままベッドにいてリラックスするようにつとめるべきである。しかし，もしそれが失敗して緊張してしまったなら，少しのあいだ起きて，何か落ち着くことをするべきである。腕立てふせとか一生懸命家の掃除をするとかはよい考えではない。

6.5 夢

睡眠の生理学については多くのことが発見されており，どういうときに夢を見やすいのかを確定する信頼できる技術もあるが，理論的な心理学は夢の性質についての研究をほとんど無視してきた。このことについては多くの理由があるが，心の病の治療としての夢の分析という精神分析的概念に幻滅したということも含まれている。

すなわち夢の素材はひとりのひとにだけ利用できるもので，夢を見たひとと夢のデータは認知的な出来事と言うよりは知覚的な出来事であり，それゆえ，'科学的'研究には利用できない現象なのだ，ということである。

夢は目覚めているときの意識とは異なっている，というのは意識のコントロールによる産物というよりも，夢が私たちに生じるからである。すなわち，夢の中で物事が起こり，私たちは観察するのである。夢の内容は，よく知っているように，現実的なものから空想的なものまで様ざまである。それでも私たちは，依然として夢の奇妙な性質に驚いているようである。しばしば私たちは'昨晩とっても変な夢を見たんだけど'と言ったり，聞いたりする。

6.5.1 夢を見ることに関する事実

誰でも夢をみるのか？

多くのひとは夢を見ていないというが，自分で夢を見ていないというひとと見たというひとでは，レム睡眠中における違いはない。研究室実験では，夢を思い出さないというひとがレム睡眠中に起こされて夢を思い出す比率は，夢を見ているというひとに匹敵する。それ故，ひとはみな夢を見ているように思われる。見ていないというひとは，単に思い出せないだけなのである。

どのくらいの時間，夢を見ているのか？

成人はレム睡眠のおよそ25％の時間夢を見ているか，あるいは一晩に合計して約1時間半から2時間，4つから5つのエピソードからなる'夢'を睡眠中に見ている。

どのくらいのあいだ夢は続くのか？

夢は目覚める直前に形成されるつかの間の印象であると広く信じられている。実際はレム睡眠から起こされて夢を話すように言われると，その長さはレムエピソードの長さと同じくらいである（Dement and Wolpert, 1958）。このことは，夢の出来事

は現実世界で起きるのと同じくらい持続していることを示唆している。

ひとはいつ夢を見ているのかを知っているのか？

あるひとたちは，はっきりとした夢を見るが，彼らは実際夢を見ているときに，自分は夢を見ているということに気づいていて，それで思考によって夢をコントロールできるのである。明瞭な夢を見ることのできる被験者が選ばれて，このレベルの気づきが夢に対してどのように組み込まれているかを示すための実験が行われた（Green, 1968；Hearne, 1990）。

ひとに夢を見ていることを意識できるよう教えることができる（Salamy, 1970）し，この'技術'は悪夢を操作してコントロールする助けに使うこともできる。LaBerge（1985）はこの問題について多方面にわたって書いており，そこでは夢を明瞭にする助けとなり，それによってある程度夢の内容をコントロールするテクニックについて示唆している。CuswayとSewell（1992）はこれらのテクニックを適用し，まずまずの成功を収めている。夢を見るひとがすでにある程度明瞭に夢を見ることができるときには，その技術を伸ばし夢を見ているときに悪夢を積極的に変えられることがわかった。彼らはカウンセラーやセラピストに対し，何らかの精神病的エピソードのあるひとや境界人格を持つひとの夢を明瞭にすることに対しては警告している。

夢の内容はコントロールできるか？

これまで論じてきたように，ひとは自分が夢を見ていることにある程度は気づくことができるようになるし，思考によって，夢の内容をコントロールできるようになる。ひとはまた，ある特定の夢を見るという睡眠前の暗示によって様ざまな度合いで夢の内容をコントロールできる（Cartwright, 1974）。

夢は前日の出来事と関連があるのか？

最初のレム睡眠時の夢は，その日の出来事と関連する傾向があるが，それよりあとのレム期では，夢はより鮮やかで非日常的でときに不安をひきおこす傾向がある。

男性と女性では，夢にどんな違いがあるのか？

男性の夢は，女性の夢に比べて，より活動的で攻撃的な傾向がある。男性は夢を記述するのにより活動的な用語を用いるが，女性はより情緒的な用語を用いる。

色のついた夢を見るか？

しばしば夢に色がついていると報告される。色盲のひとは起きていたときに見た色の夢を見る。生まれつき目の見えないひとは，自分の知っている感覚，主に聴覚や触覚の夢を見る。

なぜ自分たちのすることを夢に見るのか？

心理学者はこの問いに対する答えを持っていない。研究者は私たちがすることを夢に見るのはなぜかは言うに及ばず，なぜ夢を見るのかについても，実際は何

も解明していない。しかし，以下にその概要を示すように，このことについては多くの理論がある。

6.5.2 夢に対する認知的アプローチ

Evans（1984）による認知的アプローチでは，脳が外界から解放されて日中得られた莫大な量の情報を整理し再編するのに使用する時間が睡眠であるとみている。Evansは夢は日中の出来事や体験を整理し，長期記憶に貯蔵するためのある種の'情報処理'機能であると示唆している。

6.5.3 夢に対する神経生物学的アプローチ

少々異なる見解は，夢は記憶するのを助けるというよりは忘れることを助ける点で心的機能にとって重要であると示唆している。CrickとMichison（1983, 1986）は，もし日中処理された情報すべてが脳のシナプス結合に永久に蓄えられるとしたら，新皮質はすぐに貯蔵スペースを使い果たすだろうと主張している。彼らは，夢を見ることは，脳が望まないことや重要でないことを，脳自身で清めているのだと示唆している。この見解が意味していることは，私たちが夢を思い出そうとすることは，本来あるべき状態と相反することをしようとしているということである。なぜなら，もともと夢は思い出すようにはできていないからである。

6.5.4 夢に対する心理療法的アプローチ

認知的アプローチと神経心理学的アプローチの持つ問題点のひとつは，どちらも夢の独創性や創造性を説明していないことである。それらのことは多くの文化に明白に現れており，また多くの作家によっても報告されている。どちらの理論でも，夢の内容の分析に対する心理療法的アプローチが典型的であるような，夢の豊かな象徴性と隠された意味とを結びつけたりしない。

精神分析的アプローチ
フロイトは，夢を'無意識への王道'とみなし，夢は**願望充足**の偽装された試みであると信じた。これは，夢はひとが認めがたいと思っている欲求や要求や考えを表していて，そのためにそれは無意識へと抑圧されているということである。このような考え方においては，夢は通常の体験としてよりも，神経症的症状として扱われる。

すべての夢が願望充足でないことは明らかであり，フロイトは，これらの無意識的欲求や考えは，夢の顕在内容というよりは**潜在内容**として，象徴的に現れるのだと説明している。顕在夢と呼ばれるものは，願望充足の偽装された妥協案なのである。フロイトによると，潜在夢は顕在夢の拡張分析を通してのみ接近可能なものであり，それが'本当の'夢なのである。私たちの知っている夢というの

は，これらの受け入れがたい考えが表出できるようにする処理の成果であり，そういった考えをあからさまにしないようにすることで眠りを保っている。

現代の精神分析家も，依然夢の分析を用いるが，しかし'潜在'夢を強調することはない。むしろ，精神分析家は，患者の最も関心を持っていることを探索するのに彼らの夢を使用しようとする。

ユングの夢の理論

フロイトとは対照的に，ユングは夢を健康と成熟への内的欲求の働きの現れとしての，無意識の正常な創造的表現であるとした。フロイトもユングも夢の象徴に興味を持ったが，ユングは象徴を他の何かの偽装として見るのではなく，象徴それ自体で意味を持つものとして見ようとした。それ故，夢が隠しているかもしれないものよりも，夢の顕在内容のほうをより強調した。

ユングは，夢の普遍的なテーマは，おのおの各自の中にあり，また全世界に共通している心の層の存在を明らかにすると信じていた。彼はこれを**集合的無意識**と呼んだ。集合的無意識の元型は基本的で永続的な興味の表現であり，それは多くのひとに象徴として現れる。

夢のゲシュタルト理論

ゲシュタルト療法を創始したパールズは，夢についてのユングの理論を発展拡張した。彼は夢のそれぞれの対象や性質は，私たち自身の一部であり自分自身の外に投影されたパーソナリティの断片であると考えた。彼は，夢の主な機能は未完成の状態を解決し，パーソナリティの断片を統合することであると見ていた。彼は夢に取り組むことで，パーソナリティの失われた部分を'再生'し，より統合されたり完全になったりできると信じていた。

ファラディの夢の理論

ファラディ Faradayは夢を見ることに関する研究分野にとても影響を与えており，ユングとゲシュタルトの多くの概念を利用している。しかし，フロイトの願望充足と潜在内容の考えはほとんど用いていない。彼女は，夢は3つの異なったレベルで解釈されうると提案している。第1の段階を，彼女は'外をみる'と呼んでいる。このレベルでは，夢は外界についての客観的真実や危険，思い出などを提供すると述べている。解釈の第2のレベルでは，彼女はこれを'鏡を通して'と言っているのであるが，夢は，夢を見ているひとの内的態度や葛藤によって外的現実をねじまげるような，ゆがんだ鏡として働き，そのために夢を見ているひとの主観的現実についてのイメージを与える。解釈の第3のレベルは，'内側を見る'で，それは内的葛藤と，自己の切り離された部分とを接近させる(Faraday, 1974)。

6.5.5 共通の夢のテーマ

共通する夢のテーマ，またはユングによれば元型的な夢のテーマは，数多くあ

るようであり，それらは潜在的な内容についてのメタファーとしても働いていると示唆されている（Faraday, 1974）。夢のテーマは，睡眠中に実際に起きている体験を意味づけようとしていることを表している。つまり，'レム睡眠の特徴である後脳からのひじょうに活発な放電の何らかのパターンから，一貫したストーリーを作ろうという試み'である（Empson, 1993, p.90）。

一般的な夢のテーマとそのメタファーは，ファラディFaraday（1994）そしてCushwayとSewell（1992）によって呈示されているが，それは以下のような内容である。

- 落　下　尊敬を失うこと，仕事に失敗すること，または恋に落ちること。
- 飛　行　支配感覚の表現。情緒的に高揚している，もしくは逃れようとしている。
- 歯が抜ける　伝統的には攻撃願望の抑圧表現。しかし，成長や老化の表現でもある。
- 裸　体　しばしば恥や当惑を示している。すなわち，露見のおそれ，もしくは願望。生活上，よりオープンに，正直になりたい願望。
- 試　験　試されること，自分が有能であることを示したい欲求，もしくは期待に添えなかったこと。

6.5.6　夢の扱い方

カウンセラーやセラピストが夢を扱うやり方は，それぞれが依拠する理論的立場によってはっきりと異なる。これまで見てきたように，例えば，フロイトはファラディとは全く違ったアプローチを取っている。ファラディにとって，最も問題となるのは，夢を見るひとの個人的意味であり，逆にフロイトにとっては，顕在的もしくは個人的に受け入れ可能な内容を表しているだけなのである。

CushwayとSewell（1992）は，ファラディやその他の人びとの考えから，夢を扱うための'夢の作業モデル'を発展させた。彼らは，夢の解釈の技法を，主観的アプローチと客観的アプローチに分類した。客観的アプローチでは夢を見るひとは，夢から連想するどんな感情からも離れて，観察者としての視点で夢とそのシンボルについてコメントするように奨励される。この見解によると，情報的側面が再統合されるのは，可能な限り象徴が解釈されたあとになってからである。

主観的アプローチは，ゲシュタルトのワークの方法を含んでいるのだが，夢を見たひとは夢に再び入り込み，その中でワークするように奨励される。そのことは，夢を見るひとを，元の夢の内容からかなりひき離し，体験の新しい異なった部分へ探索に向かうよう誘導する。

6.6　催　眠

催眠は意識と行動に著しい変化をもたらす。催眠は夢をみることと同様に，神

秘のベールに包まれている。心理学者は（それが心理学者の習慣であるのだが）そのベールをぬぐい去ることに成功してきている。ある心理学者達は，催眠を，注意が狭窄し，暗示にかかりやすくなっているという特徴を持つ，変性意識状態と考えている。また他の心理学者達は，リラクセーション，想像，暗示，服従，信奉，役割演技の混ざりあったものとしか考えない（Baker,1990）。催眠は'魔術的'ではない。催眠は普通の心理学的原理で説明される。それでも催眠は魅力的なテーマである。

6.6.1 催眠のかかりやすさ

催眠的暗示にどのように反応するかは，ひとによって大きく異なり，催眠のかかりやすさは時間を経ても安定している特性のようである（Piccione et al.,1989）。想像力があり空想する傾向のあるひとは，しばしばひじょうに催眠にかかりやすいが，そうでないひとも催眠にかかる（Lynn and Rhue,1988）。催眠のかかりやすさの主な要因は，催眠にかかりたいという意志のようである。10人中約8人が催眠にかかるが，催眠をかけるのに適した被験者は10人中約4人だけである。

6.6.2 催眠的体験

ひとは最も深い催眠下以外では，周囲で何が起きているかに気づいていられる。しかし催眠に誘導されているとき，多くの変化が起きる。これらにはHilgard（1965）によって要約された以下のものがある。

- **基本的暗示効果** 催眠にかかった人びとは，暗示された行動や経験は自動的であり，ひとりでに起こってくるものと感じる。彼らはどんな行動も自分で始めることを好まず，受動的な姿勢を取り，催眠術者からの指示を待つこと好む。
- **注意の変化** 注意はより選択的になり，被術者は指示された場合には催眠術者の声以外のすべてを無視する。
- **解　離** 催眠は意識の'分裂'を生じさせることができる場合がある。例えば，被術者が片手を氷水に浸すよう言われ，痛みを感じないと言われたとき，痛みは報告されなかった。しかし，心の中に痛みを感じる部分があるかと尋ねられたとき，多くのひとは自由な方の手で痛いと書いた。かくれた観察者と呼ばれる心のこの部分は，痛みに気づいているが背景にとどまっている（Hilgard,1977）。
- **被暗示性の増大** これについては，いくらかの証拠はあるが，信じられているよりは少ない。
- **空想力** この能力は高まるので，容易に様ざまな情景に入りこんだり，古い記憶を思い出すことができる。
- **現実検討力の低下** 被術者は想像上の経験を容易に受け入れる。例えば，想像上の人物と普通に会話する。
- **後催眠健忘** 多くのひとは催眠中に何が起きたか覚えていることができず，

とくに反応のよい被術者に対しては，教示によって催眠下で起きたことを忘れさせるように指示できるし，あらかじめ決められた信号を与えることによって記憶を回復させることができる。

6.6.3 催眠の効果

催眠の効果については多くの説があるが，それらの根拠は何であろうか。不完全で矛盾している場合もあるが，全体として次の結論は正しいと考えられる。

- **記　憶**　催眠が記憶力を高めるといういくらかの証拠はあるが，それはしばしば多くの偽りの記憶をも増やす。催眠効果を確信するあまり，（4.8.4で記憶に対する睡眠の効果について論じたように）意図せずとも情報が歪められ，出来事が不正確に再構成されることがある。
- **年齢の退行**　催眠は，患者や被術者を子ども時代に'退行させる'ために用いられてきた。しかし年齢を退行した人のうち何人かは，大人しか知らない知識を使い続ける。このことは，子どものように'演じている'にすぎないことを示唆すると指摘されている。しかし，FoenanderとBurrows（1980）は被術者は記憶がたどれないときに作話するだけで，思い出せるときは実際に退行があるのだと主張している。
- **感覚の変化**　催眠的暗示は，色彩知覚，聴覚，時間感覚やその他多くの感覚反応を変化させることができる（Kihlstrom,1985）。
- **痛みの緩和**　催眠を，例えば助産，癌，火傷，歯科医療における痛みの緩和に用いる多くの例がある。この領域の研究の多くが方法論的には満足のいくものではないにしても，適切に用いるならば，催眠は補足的にだけでなく単独での使用でも，痛みの治療には有効であるというのはあきらかである（Hilgard,1980）。
- **後催眠暗示**　後催眠暗示，すなわち覚醒後の行動について被術者に与えられる暗示の有効性については多くの証拠がある。残念ながらこの効果は，特定の言葉を聞くたびに手で髪を梳くことを指示できるというような，ほとんど治療的には価値のない行動についてもっとも有効であるようだ（Orne et al.,1968）。喫煙や過食といった行動を催眠的暗示によって修正することははるかに難しい。喫煙に関する研究結果はかなり惨憺たるものだが，動機づけが強いときには禁煙を維持する率は高い（Collinson,1980）。肥満の場合，多くの治療プログラムは様ざまな技法の組合せであるため，催眠の有効性についての研究証拠を判断するのは困難である。

6.6.4　催眠，セラピーそしてカウンセリング

催眠は，心理的不適応の治療における長い歴史がある。フロイトは，催眠的関係は感情に強く関わっているため，防衛をより早く取り去り，転移関係（これは，クライエントが他のひとに対する感情と態度を，治療者に置き換えることを可能にする）を促進するのに役立つと信じていた。

フロイト自身は，後に精神分析技法を発展させるために催眠を捨てたが，心理療法と催眠の統合は他の人びとによって続けられ，様ざまな形となっている。催眠のセッションそのものが治療技法の修正なしに，定期的に導入されることもある。また他の場合には，年齢的退行や誘発された夢，自動書記といった方法が採用されている。

　催眠は，精神力動的療法で使用するのに加えて，直接的な暗示をかけるために用いられており，また前述のように痛みの治療においてとくに効果的であることが知られている。催眠は，喫煙や摂食，飲酒のコントロールの目的に用いられているが，行動を修正するというよりも，主観的体験を変えさせるという点で有効であるようだ。そして行動的技法と組み合わされたときにもっとも効果的なようである。

　このことは催眠の使用を考えているカウンセラーにとって何を意味するだろうか。まず第1に，催眠には何ができて何ができないのかについての知識を持つことが重要である。

　第2に，カウンセラーは，催眠的関係の影響力と，この関係から生じる転移の問題を認識しているべきである。これはあなたがクライエントと共有したい関係なのだろうか？と。精神分析による主な批判のひとつは，催眠的関係においては陽性転移が顕著なため，治療的なプロセス（とくに抵抗の表現）が妨げられるというものである。カウンセラーも同じことを感じるかもしれないが，その理由はかなり異なる。

　第3に，催眠が適さなかったり害を与える可能性のある人びとや，催眠の危険性を認識している必要がある。CrasilneckとHall（1985）は，危険として以下のものを挙げている。

- 解離性神経症や精神分裂病といった精神医学的疾患を引き起こす可能性
- とりわけ，無差別に症状を除去することによって，いまある障害を悪化させること
- 退行を引き起こすこと
- 受動－依存的な患者，ヒステリー性人格障害の治療を長期化させること
- 病気を覆い隠すこと
- 過度の依存

　またCrasilneckは，催眠療法家がとくに警戒して扱うべき，ある種のパーソナリティタイプや人格障害があると述べている。これには強いパラノイド傾向のある患者，自殺未遂歴のある急性抑うつの患者，強い薬物の常用者，病的にマゾヒスティックなひとが含まれる。このリストには，精神分裂病やその他の精神病，また境界状態で苦しんでいるひとも付け加えられる。

　ほとんど訓練をしなくても，自発的に協力する被験者やクライエントを催眠状態に誘導することは比較的容易である。しかしながら，催眠は安易に扱うべきではなく，催眠療法とカウンセリングあるいは心理的なセラピーの両方について必要な訓練を受けていないカウンセラーやその他の人びとが従事するべきではない

ことは，上記のことから明らかである。

6.7 瞑想

瞑想によってひとは変性意識状態に達する。その意識状態の特徴は，心と身体の分離，外界から分かたれている感覚，内面の平和と静けさの感覚，そして限定されてはいるがより広い意識に包含されている感覚である。この状態においては，呼吸，心搏，筋緊張，酸素消費量が減少し，通常かなりのアルファ波活動（一般に覚醒しリラックスした状態で見られる脳波型）が見られる。生理学的な状態は，バイオフィードバックや深い筋リラクセーションのような他のリラクセーション技法によってひきおこされるものと同じである。

この状態は通常フォーカシングと関連する方法によって起こる。これは，瞑想者が他の事を考えることをやめられるまで，注意をただひとつのもの（それが**マントラ**であることもある）に集中することを目的としている。何にフォーカス（焦点）をあてるかということは，それを**受動的姿勢**で行うことに比べると重要ではない。

瞑想が自分をよりよく理解し，ストレスや不安または，それに関係する高血圧や不眠症の問題を軽減する役に立つことは，実践しているひとによって多く報告されている。人格検査では，瞑想を実践しているひとの得点は，全般的な心の健康，自己評価，社会的開放性の増大を示している（Shapiro and Giber,1978）。瞑想はスポーツ心理学において，技術の向上のために用いられている（Syer and Connolly,1984）。

とくに，瞑想の支持者が主張するのは，生理学的にはリラクセーションと区別できないにしても，瞑想だけが本当の悟りに通じると信じられている高められた変性状態をもたらし得るということである（Holmes,1984）。瞑想がどのようにしてその効果をもたらすかは正確にはわかっていない。

6.7.1 瞑想とカウンセリング

西洋社会においては，一般に，瞑想は催眠と異なり治療的な道具とは考えられていない。これは，ひとつには文化的な，またひとつには歴史的な理由による。伝統的な瞑想の形態は，ヒンズー教の思想体系に基づいた**ヨガ**の実践や，また中国と日本の仏教に由来する**禅**の実践に従っている。最近西洋において，**超越瞑想（TM）**として知られる，やや商業化され宗教色を除いた瞑想の形態が広まってきている。TMは独自の訓練と組織構造を持ち，広く実践されているにもかかわらず，これまで主流の治療的実践に統合されたり組み入れられたりしていない。それでも，カウンセリングや治療的援助を求めるクライエントの中には，TMをカウンセリングの補助として使うひともいる。先に述べた，催眠の適応についてのある種のクライエントに対する警告は，瞑想にも当てはまるであろう。

6.8　薬物による変性意識状態

数千年のあいだ，人類は薬物を意識を変容させるために使用してきた。知覚を増大させるため，リラックスするため，刺激を得るため，眠らないため，また眠りに就くために。こういった薬物は通常，**精神活性薬**と呼ばれる。たいていのカウンセラーは，なんらかの薬物により人生に影響を受けているクライエントや，クライエントの親戚あるいは友人に出会うであろう。この節では，このような薬物が意識や気分，また行動に与える影響について概説する。しかし，個々の薬物は，摂取量や使用頻度，身体の大きさや心理的状態といった要因によって，人によっては予測のつかない影響を与えることがある。それゆえに，薬物の影響を述べるさいには，一般論でしか言うことができない。

この節では，意識に与える比較的短期的な影響についての情報をカウンセラーに提供する以上のことをするつもりはない。長期の影響や，依存や使用中止による影響についての問題はこの章の範囲を越えている。

6.8.1　鎮静薬

中枢神経系を抑制する薬物には，**ベンゾジアゼピン系薬**（バリウム Valium，リブリウム Librium，アチバン Ativanといった抗不安薬），バルビツール酸系睡眠薬，アルコールがある。もちろん，**アルコール**はおそらく最も頻繁に乱用されている。

意識体験は，アルコールによって主としてエネルギーと社交性の増大という影響を受ける。自信が増し，抑制が減少し，運動反応は緩慢になる。血中アルコールレベルの上昇にともない，身体は全く反対の反応をし始める。疲労，むかつき，悲哀そして抑うつといった感覚が現われてくることがある。思考過程と身体の協応は次第に乱れ，反応時間，手と目の協応，決定能力はすべて損なわれてくる。

6.8.2　刺激薬

最も広く使用されている2つの刺激薬は，**アンフェタミンとコカイン**である。刺激薬は，鎮静薬とは反対に覚醒させる。一般に'スピード'や'アッパーズ'として知られるアンフェタミンは，機敏さと自信を増大させ，疲労感と退屈感を減少させる。興奮させる効果が終わると，使用者は抑うつやイライラ，疲労を感じ，反動として落ち込む期間がよく見られる。

コカインあるいは'コーク'，またその派生物の'クラック'は，劇的にエネルギーと自信を増大させ，使用者は機知に富みひじょうに機敏であると感じる。反復使用によって耐性は増し，多幸的な高揚状態の後には，不安で怒りっぽくなる。これは使用するにつれて，ひどく憂うつで苦しい状態になり，さらにコカインを増やすことでしか和らげることができない。

6.8.3 アヘン剤

アヘンとその誘導体（**モルヒネやコデインを含む**）は，医療において痛みを緩和するものとして広く用いられている。これらはまた，気分の変化，ときには多幸感をもたらす。

モルヒネの誘導体である**ヘロイン**は，静脈注射すると'スリル'や'ラッシュ'と呼ばれる状態をもたらす。使用者は，何の心配も懸念もなく，'世界のてっぺんに'いるが，とても穏やかな気分でいる。この場合も耐性が生じると，使用者は'ハイ'な状態になるため，また薬が切れたときの極度の身体的不快感を避けるためにますます多量の摂取を必要とするようになる。

6.8.4 幻覚剤

幻覚剤や**精神異常発現薬**には，ＬＳＤ（リゼルグ酸ジエチルアミド），'エンジェルダスト'として知られるＰＣＰ（フェンシクリジン），**メスカリン**が含まれる。これらの薬物は，内界と外界両方の知覚を変化させることが特徴的である。しかしその効果は，使用者の気分や心構え，環境に大きく影響される。

幻覚剤は通常，知覚体験を歪めたり強めたりするので，普通の環境刺激はこれまでまったく体験したことのないような様式で体験され，音や色はひどく異なって感じられる。時間感覚はひじょうに歪められるため，数分が数時間のように思われる。

神秘的な体験が報告されており，使用者は，爽快な気分，現実からの引きこもりや激しい感情の爆発，自己破壊行動やパニックをともなった興奮を体験することもある。幻覚剤の心に対する効果は通常予測できず，その効果は薬物を摂取した数日後あるいは数か月後にさえ，**フラッシュバック**として再現することがある。

6.8.5 大　麻

アルコールと同様，大麻への反応にも２つの段階がある。興奮と多幸感の段階のあと，静穏な（より多量に摂取した場合は眠りの）段階が続く。感覚と知覚の変化，空間と時間の歪曲，そして周囲に対する認識の変化が起こることがある。常用者の16％が，不安や恐怖，混乱がよく現われてくると報告しており，３分の１が急性のパニックや幻覚，ボディイメージの不快な歪曲といった徴候をしばしば体験すると報告している（Halikas et al., 1971, Negrete and Kwan, 1972）。

6.9　まとめ

カウンセラーにとって，意識や睡眠，夢の心理学についての認識と知識は，治療的実践に直接関連する。すべての心理学者やまた心理学者ではなくてもほとんどのひとは，われわれの存在の一部は意識下で進められているということに同意

するだろう。このことを，認知心理学者が研究している情報の処理に関連があると思うか，あるいはフロイトが信じたように受け入れがたい考えや感情に関係がある，と思うかどうかは，われわれ自身の個人的・職業的態度とものの見方による。それが何であれ，べつの理論や説明に目を向けることは，クライエントや彼らが体験していることについてのわれわれの理解を深める。

クライエントはみな，眠り，夢を見る。多くは睡眠と夢に関して困難を感じ，あるいは関心を持っている。一般的に，直接的に睡眠を評価し改善することは，認知行動療法の領域であるが，これらの技法は他のセラピーやカウンセリング技法にかなり容易に統合することができる。

実験心理学にしっかりと定着している睡眠の心理学に比して，夢についての関心は，治療のために直接クライエントに接する中から生じてきた。したがって多くのカウンセラーは，クライエントの夢を扱うことにはきわめて'熟達している'と感じているだろう。また，夢を治療に用いることは治療的実践にきわめて自然に統合されるだろう。

睡眠，瞑想そして薬物に関する本章の各節は，もっとも基本的なレベルの情報を提供することと，さらに興味を広げてもらうことを目的としている。催眠の訓練を受けるカウンセラーがいるかもしれないし，催眠を使ってみようと考えているカウンセラーがいるかもしれない。また別のカウンセラーは関心を持っただけかもしれない。心理学者はしばしば，催眠には何も神秘的なところはなく，すべて心理学用語で説明できると言うが，それでも痛みのコントロールにおける催眠の使用はとても印象的なのである。残念なことに，多くのひとが変えたいと望んでいる行動（例えば喫煙）に対してなど，他の領域における実績は，あまり目立ったものではない。

心理学者によって研究されているにもかかわらず，瞑想はふつうは心理療法の一種とは考えられていない。否定する心理学者がいるかもしれないが，催眠と同様，心理学はその'神秘的な'効果を完全には説明していない。

意識についての章は，様々な薬物が意識や認知，行動にもたらす効果について言及しなければ不完全であろう。本章はごく簡単な導入だけを目的とする。薬物を使用するクライエントを持つカウンセラーは，もちろん本章の範囲よりはるかに多くの情報を必要とするだろう。

意識とその変性状態についての研究は，ひとの体験の広い範囲をカバーしており，睡眠や夢といった日常の普通の活動や，瞑想のようにより深遠なもの，そしてLSDといった向精神薬によって引き起こされる，明らかに異様でまれであってほしい体験を含んでいる。これらの大きく異なる領域に共通しているのは，どれもが意識の概念を含んでいるということである。

第6章 対照語リスト

alcohol	アルコール	endogenous depresison	内因性うつ
alpha wave	アルファ波	false memories	偽りの記憶
altered state of consciousness	変性意識状態	flashbacks	フラッシュバック
		flunitrazepam	フルニトラゼパム
amnesia	健忘	fluoxetine	フルオクセチン
amphetamines	アンフェタミン	flurazepam	フルラゼパム
anorexia nervosa	神経性食欲不振症	focusing	フォーカシング
anti-depressants	抗うつ剤	hallucinogens	幻覚剤
anxiolytics	抗不安薬	heroine	ヘロイン
archetype	元型	hidden observer	かくれた観察者
autogenic training	自律訓練	hypnic jerk	睡眠痙攣
automatic processing	自動的処理	hypnotics	睡眠薬
barbiturates	バルビツール剤	hysterical personality disorder	ヒステリー性人格障害
benzodiazepine	ベンゾジアゼピン系薬		
benzodiazepines derivatives	ベンゾジアゼピン系薬	insomnia	不眠症
		introspection	内省
beta blocker	β遮断薬	latent content	潜在内容
biofeedback	バイオフィードバック	lorazepam	ロラゼパム
borderline	境界例	LSD（lysergic acid diethylamide）	ＬＳＤ（リゼルグ酸ジエチルアミド）
cannabis	大麻		
central nervous system（CNS）	中枢神経系	mantra	マントラ
chloral hydrate	抱水クロラール	masochistic	マゾヒスティック
chlordiazepoxide	クロルジアゼポキシド	meditation	瞑想
circadian rhythm	サーカディアン・リズム	mescaline	メスカリン
cocaine	コカイン	mindlessness	マインドレスネス
codeine	コデイン	minor tranquillizers	抗不安薬 緩和精神安定剤（マイナートランキライザー）
cognitive therapy	認知療法		
collective unconscious	集合的無意識	monoamine oxidase inhibitor（MAOIs）	モノアミン酸化酵素阻害剤（ＭＡＯ阻害剤）
conscious	意識		
controlled processing	制御の処理		
depressant	鎮静薬	morphine	モルヒネ
diazepam	ジアゼパム	myoclonus	ミオクローヌス
dissociation	解離	narcolepsy	ナルコレプシー
dream-work	夢の仕事	neocortex	新皮質
drug therapy	薬物療法	night terrors	夜驚
early wakening	早朝覚醒	nitrazepam	ニトラゼパム
electroencephalogram（EEG）	脳波（ＥＥＧ）	opiate	アヘン剤
		passive attitude	受動的姿勢

PCP（phencyclidine）ＰＣＰ（フェンシクリジン）	
positive transference	陽性転移
preconscious	前意識
progressive relaxation training	積極的リラクセーショントレーニング
propranolol	プロプラノロール
psychedelics	精神異常発現薬
psychoactive	精神活性
psychoactive drugs	精神活性薬
psychodynamic	精神力動
psychotropic drugs	向精神薬
rapid eye movement（REM）	急速眼球運動（レム）
reactive depression	反応性うつ病
reality testing	現実検討
regression	退行
repress	抑圧
resistances	抵抗
restless leg syndrome	不穏下肢症候群
schizophrenia	精神分裂病
self suggestion	自己暗示
self-destruction	自己破壊
sleep apnoea	睡眠時無呼吸症
sleep disorders	睡眠障害
sleep maintenance	睡眠の維持
sleep restriction therapy	睡眠制限療法
sleep-onset insomnia	入眠障害
sleepwalking	夢遊病
stimulant	刺激薬
stimulus control	刺激統制
subconscious	下意識
tepazepam	テパゼパム
transcendental meditation（TM）	超越瞑想
transference	転移
tricyclic anti-depressants	三環系抗うつ剤
unconscious	無意識
wish fulfilment	願望充足
yoga	ヨガ
zen	禅

訳者コラム

意識の状態

酒井　健

　第6章は意識の状態について書かれている。各節では，意識のレベル，睡眠，夢，催眠，瞑想，薬物による変性意識状態が述べられている。著者は、意識の概念を含んでいるという点でこれらのトピックを1つの章にしたようである。それは理解できることであるが、臨床心理学初学者向けの本にこのような内容が取り上げられているという点は，日本では珍しいことのように思う。その理由について個人的に思うことを少々述べたいと思う。

　本章で扱っている内容のうち，意識，無意識，前意識，夢，はこれまでも臨床心理学関係の様ざまな本で基本的なこととしてよく取り上げられている。また睡眠，というのはどちらかというと医学分野か，基礎心理学で扱われていることが多いだろうが，それでもメジャーな内容であろう。比べて，催眠や瞑想になるとどうなのであろうか。催眠療法や瞑想法というと，日本ではまだ少々怪しげなものというニュアンスを含んで語られることが多いように思うのは私だけであろうか。催眠は，TVなどで行われるような娯楽向けのものとして，また瞑想は，どちらかというと宗教的もしくはニューエイジ運動や精神世界というような，やはり認められた科学というよりはちょっとオカルト的な内容として語られるのではないだろうか。だとしたら，この本で，こういった内容にそれなりのスペースが割かれているのは何故であろうか。

　まず，催眠について。現代で催眠療法というと，有名なのはエリクソンであろう（エリクソンというと，エリク・エリクソンが有名であるが，もちろん別人。催眠療法のエリクソンは，ミルトン・エリクソンでErickson，エリク・エリクソンはEriksonと綴る）。ミルトン・エリクソンとその弟子らによる研究は，単に催眠療法を変革したという以上に，心身のコミュニケーションということに注目したという点で評価されるのではないだろうか。18世紀にメスメルが行った動物磁気療法もそうであるが，身体的な症状や問題と心とはつながっているということは現象としては知られていた。精神分析をはじめとする心理療法は，ここから始まったと言える。しかし，なぜ治るのか，というごく素朴な問いに対して様ざまな説明はなされたが，だれもが納得する答えはまだ見つかっていないと言うべきであろう。

　漠然と知られている心と体のつながりを，よりよく理解するには，心理学のみならず，生理学，神経学，免疫学，内分泌学といった様ざまな身体に関する知見を総動員する必要がある。言い換えるならば，学際的な研究が求められるということである。さらにいうなら，こういったことに興味を持つものは，これらについての理解能力が必要になるということでもある。入門テキストが催眠を取り上げているからといって，そこにこのような専門間の壁を越えようという思いを見るのは思いこみが強すぎるかもしれないが，少なくとも複雑なシステムとしての

人を治療するためには，いわゆる心理学的な内容だけでは不十分であり，他分野との協力が不可欠であると考える風土があるのではと感じられる。まぁ，そこまで大げさでなくても，心理療法家たるもの，これくらいのことは知っておくべき項目なんですよ，と著者が言っていることには耳を傾けるべきであろう。1つの見方や立場にとらわれることなく，ある現象は様ざまに見ることができるのだということを理解することには異論あるまい。

　さて，もうひとつ。本書で瞑想，薬物による変性意識状態を扱っていることについて。瞑想や変性意識という内容を扱っている心理学の1つに，トランスパーソナル心理学と呼ばれるものがある。代表的な研究者であるスタニスラフ・グロフは，LSDを用いて意識についての研究を行ったことがある。この分野では幻覚剤は意識を研究するための望遠鏡のような役割を果たすとみなされていたのである。薬だけでなく，瞑想，ヨーガ，その他様ざまな方法によって引き起こされる変性意識状態の研究も，そこに何らかのより高次への人格変容の可能性をみるからなされるのであろう。しかしたったこれだけ並べてきただけでも，アカデミックな心理学から見るとやはりずいぶんと怪しげであるように感じられるのではないだろうか。これには日本の心理学の歴史的な経緯もあることであるので詳細は成書にあたっていただきたい（たとえば『通史　日本の心理学』北大路書房　など）。ともかく読者の方は，こういった内容をどのように判断するであろうか。そういう怪しげな内容もあるんだなと思うだろうか。それとも逆にこれこそ新しい心理学だとおもうだろうか。いずれにせよ，これについても現在言えることは，無条件に排除するでもなく，無批判に受け入れるでもなく，これらの内容をきちんと評価できるようになることが科学的であるということであろう。

　　　　　　　　　　　　　　　　　（さかい　たけし・東京都立大学）

第7章 自己と人間関係の社会心理学

7.1 はじめに

　もし，あなたの生活の中で最も重要なものは何ですか，と尋ねられたとしたら，たいていのひとは，それは家族や友人，配偶者などの他者との人間関係であると答えるであろう。もし，あなたの生活の中でたいてい不満や苦痛の原因となるものは何ですか，と尋ねられたとしたら，同じように多くの人びとが他者との関係であると報告するであろう。人間関係は，楽しみや満足，喜びの源泉となるだけでなく，不満や悲しみ，苦しみをもたらすこともある。

　私たちは，人間関係を必要としている。遺伝子が生きのびるため，また，組織化された社会を築き，維持するために人間関係を必要としている。個人のレベルでは刺激を得るために（ロビンソン・クルーソーがそうであったように），また危機にあるときに支援を得るために（Sarnoff and Zimbardo, 1961），そして生活に意味を与えるために，人間関係が必要とされる。生活や体験を共有したり，他者を気遣ったり気遣われたりする人間関係は，人間の経験の基本的側面である。

　カウンセリングを受けているクライエントは，自分の人間関係の困難をたびたび報告する。これらの困難は根本的なもので，それが援助を求めてきた理由かもしれない。あるいは，そのひとの人間関係に変化をもたらしている死別や仕事上の問題といった，生活上の他の要因の結果なのかもしれない。その困難は，ときおりある特定の人間関係に集中する。しかし他のクライエントたちにとっては，満足のいく人間関係，すなわち親密な関係のような特定のタイプの人間関係を作ったり維持したりする能力に影響する，はるかに一般化された問題なのかもしれない。

　人間関係の研究は，概して社会心理学者の領域であった。社会心理学者は，たんに認知的および心理学的過程の点から説明のできる個人として人びとを見るのではなく，社会的環境の所産として人びとを見る。したがって社会心理学者は，実験室よりもむしろ自然な環境で人びとを研究する傾向にあった。しかしながら，多くの研究者は大学教員であり，大学教員は大標本の大学生の被調査者を利用することができるため，この研究の一部には限界がある。例えば，対人魅力（とく

に青年期の）についてはずいぶんわかっているが，成熟した人間関係についてはあまりわかっていない。

　本章は，人間関係についての社会心理学に関連している。まず，人間関係の始まり，つまり私たち自身から述べ始める。自分自身を意識し，知り，理解する仕方は，他者との関わり方において重要な役割を果たしている。その次に，どのようにして他者についての印象を形成するか，また，どのようにして自分の関わる他者についての理解を発展させていくか，という対人知覚の領域に移る。次に，人間関係の形成についてみた後に，人間関係やその崩壊に関する主要な理論のいくつかを議論する。最後に，ゲイやレズビアンの人間関係に関する研究について，また，それらが異性の人間関係といかに類似し，異なっているかについて手短に見ていく。全体にわたって，クライエントとカウンセラーとの人間関係，つまりセラピーの人間関係に対するこの本の含意を議論していく。

7.2　自　己

　自己の感覚は，私たちの世界のまさに中心を形成し，私たちを取り巻く世界の見方や関係づけの仕方を特徴づける。例えば，もし自分自身を社会的に臆病だと考えているとしたら，でしゃばりで大胆であると考えるときとは違った反応や応答をするであろう。

　'自己' は，ひとが持つ自分自身の認識および表象の総体であり，ひとに方向性や意志を提供する統一的な現象である。これは，意識の領域である。

　ロジャース Carl Rogers にとって，自己は彼のパーソナリティの理論の中心的概念であった。この自己は，'私' あるいは '私' を特徴づけるすべての観念，知覚，そして価値から成り立っており，'私であるもの'，'私ができること' についての観念を含んでいる。

　しかしこれから見ていくように，'自己' という用語には多くの用法がある。自己は，知能のような個人的特性だけでなく，私たちを集団のメンバーとして関係づける社会的特性をも含んでいる。実際に自己は，私たちが自己の感覚を発展させる社会的関係の文脈の中に存在している。

7.2.1　自己覚知

　一部の社会心理学者たちは，他者が見るように自分自身を見る能力，つまり自分の行為や思考，情緒の反省ができることが，人間であるためには必要不可欠であると主張している。経験だけでは結果として理解することにならない。人が経験から学ぶためには，その経験を反省することができなくてはならない。他者に対してするかのように，自分自身を心的に表象するこの能力は，子ども時代を通じて次第に発達する。

　他者との相互作用が可能であるためには，どのようにその他者が自分自身に対して応じるかについて何らかの観念を持てなければならない。つまり，他者の視

点から自分自身を見ることができなくてはならない。もちろん，これらの知覚の正確さは，だれが知覚者であるか，まただれが知覚されるかによって変わってくる。

しかしながら，極端な自己覚知は，とくに自分の（知覚している）行動と，その状況で適切だと自分が考える，社会規範や受容されている行動基準によって指示される行動との食い違いに気づいて苦しんでいるときには，あまり望ましいものではない。

極端な自己覚知は，他者が自分を評価していると思うこととよく結びついており，このことが彼ら自身の能力についての不明確さにつながる。このような予期から生じる否定的な認知（例えば，'私は全くバカなまねをしている。彼らは私のことを心底バカだと思っているに違いない。'）は，社会的不安，つまり他者の面前での不安，あるいは他者の前に出ることが予期される場合の不安（Beck et al.,1987）の発達に，主要な役割を果たしている。慢性的な社会的不安は，社会的接触の減少や，他者が面前にいるときの内気な行動につながるかもしれない。このことが，再び社会的スキルを学ぶ機会を減少させ，そしてますます内気にしてしまうかもしれない。

おそらくだれもが，何らかのときに急性の社会的不安を覚えたことがあるだろう。しかしそれは，中程度から高い自尊心を持つ人びとよりも，低い自尊心を持つ人びとに，強い影響を与える傾向にある。どのような状況が急性の社会的不安にどれだけつながる傾向にあるか，に影響する多数の要因も示されてきた。これらには，いかにそのひとが人目を引くか，その状況の新奇性，'観衆'として居合わせているひとの数，その観衆の相対的な地位，観衆に対するそのひとの知名度，そのひとの他の点に関する観衆との類似性，そして観衆の行動がある。

極度の自己覚知に苦しんでいるクライエントに取り組む場合には，これに結びついている不安が，'いつも私がしゃれの上手な面白いひとでなければ，だれも私のことを好きにならないでしょう'などの'誤った'信念の結果であるか，社会的スキルの欠如（実行の不足）の結果であるか，あるいはこれは最もありそうなことだが，その2つの組み合わせの結果であるかを調べることが重要である。強力な認知的要素を用い，その状況において注意を他者へ移すことを強調する社会的スキルのアプローチは，とても高いレベルの自己覚知と社会的不安を経験しているクライエントとのカウンセリングにおいて，採用されうるひとつの方法である。

セラピストの自己覚知

繰り返しになるが，セラピーの人間関係との関連で，セラピストの自己覚知の重要性が本書を通じて強調されてきている。自己覚知は，クライエントが私たちを見るように自分自身を見る能力，そして私たちのパーソナリティや信念，行動が彼らに与える可能性のある影響を理解する能力を含んでいる。

7.2.2 セルフモニタリング

　自己覚知に関連するひとつの概念は，セルフモニタリングである。Snyder（1987）は，セルフモニタリングの高いひとは，自分がいかにふるまっているかについてよく気づいており，社会的な手掛かりや状況の社会的な要求に対してひじょうに敏感であることを見出した。問題は，高いセルフモニタリングを行う者は，その状況の要求に応えることに時間を費やし，自分の内的な信念に矛盾した仕方でふるまっているかもしれないことである。言い換えれば，自分自身を見失うかもしれないということである。

　反対に，セルフモニタリングの低いひとは，こうしたカメレオンのようなふるまい方ができないか，あるいはしようとせず，彼らが見る'本当の'自己ときわめて一貫して自己を表現する傾向にある。セルフモニタリングの次元の低い側の問題は，他者の情緒的な要求を含むその状況の要求に対して，そのひとが鈍感であるかもしれない，あるいは鈍感であるように見えるかもしれない，ということである。

　カウンセラーに対するこれらの知見の含意は，かなり明白である。高いセルフモニタリングがクライエントにとって困難を引き起こしている場合には，クライエントは，自分自身の目標や予定，要求ともっと'連絡'をとる必要がある。問題を引き起こしているのが低いセルフモニタリングである場合には，クライエントが状況的，対人的な要求にもっと気づき，その状況においてより柔軟に対応するのを学ぶ援助をすることができる。

　低いセルフモニタリングは，当人には間接的にしか現れない。概してその問題を直接的に経験しているのは，そのひととやりとりをしているひとたちである。

　　家族療法において，父親が青年期の娘たちに'助けになる'と思う意見を述べようとすると，たいてい批判的だと受け取られ，とても激しい家族騒動につながる，ということが明らかになった。義母は，なぜこの娘たちがそんなふうに反抗するのかを理解できたが，仕事でかなりの重圧を受け，また先妻の慢性的な病気と病状の悪化からくる耐え難い情緒的な緊張状態にあるこの夫を，支持するか，あるいはその議論には口を出さずにいるべきだと感じていた。
　　娘たちは2人とも，家族で（つまり，父親と義母とともに）十分な時間を過ごしていないと思う，と何度も不平を言ってきた。問題の出来事では，この家族はいっしょに食事に出かけることを決めていたが，娘たちがとくに具合の悪くなった母親を訪ねることを決めたために，外食は取り止めになった。父親が次の晩に日をあらためようとすると，娘のひとりは友達と出かけることになっていると述べ，そこで父親は，彼女が本当に優先権をどこに置くのかを決めねばならず，自分も娘たちが家族として動いてくれることを望んでいる，と述べた。これは，家族での騒動がどのようにして始まるかについての，かなり典型的な例である。
　　カウンセリングで直面すると，父親はこのことが娘たちに与えうる影響にま

ったく気づいていなかったと述べた。つまり，自分の行動がその状況にどのような影響を与えうるかについてゆっくり考えることを，彼は一度もしてこなかったのである。

　社会的スキルトレーニング（社会生活技能訓練）のアプローチ（7.5.4参照）に続いて，ビデオフィードバックを使ったロールプレイが採用された。父親の目的は，その状況において自分の目標を見失うことなく，相互作用のありえそうな結果を意識して，より自己覚知を持って家族のメンバーに応じることに集中しながら，適切なレベルのセルフモニタリングを獲得することであった。

セルフモニタリングとカウンセラー
　カウンセリングの過程は，5.2.1で（注意と情報の選択に関して）論じたように，高いレベルの注意と，かなりの程度のセルフモニタリング，またはクライエントと自己とのあいだの注意の切り替えを必要とする。このセルフモニタリングの過程は，暗黙のあるいは公式の理論モデルに応じてクライエントについて考えたり情報処理をしたりすることと，交互になされる。これは，情報処理にかなりの要求をするきわめて複雑な認知過程である。カウンセラーは，とくに'専門的援助'において他の人びとがそうなるように，10.7.3で論じられる'バーンアウト'の危険に気づいている必要がある。

7.2.3　自己概念と自己スキーマ

　自己概念は，私たちがどのように自分自身について考えたり評価したりするか，つまり自分がどんな人物であるかの知識のあり方を記述する，一般的な用語である。カウンセリングでのクライエントはよく，'自分がだれなのかちっとも分からない。''自分のことは分かっていると思っていたけど，いまは違う。'などと言う。したがって，自己概念という主題に関する心理学的な理論や研究は，すべてのカウンセラーとおおいに関連がある。

　自己概念の認知的要素は**自己スキーマ**（Markus,1977）と呼ばれる。これは，自分自身についての情報や記憶，信念を含む。とてもひんぱんに，私たちは自分のスキーマを否定的な方法で確認し，'私にはたぶん... できない'あるいは'私は... ができるような人間ではない'などと言う。私たちは，現在の自己についてのスキーマを持つだけではなく，可能自己，つまりそうなるかもしれない自己についてのスキーマも持っている（Markus and Nurius,1986）。

　自己スキーマは，私たちが何に関心を向けるか，また何を記憶するかに影響を与え，自己スキーマに適合しなかったり，一致しなかったりするような情報であれば，それを無視することがよくある。このように，スキーマは自己永続的で，変化しにくい傾向がある。また，それらは'賞味期限の過ぎた'ものでもありうる。つまり，たとえ状況が変化してそのひとが移行したとしても，自己スキーマは変わらない，ということである。比較的変化しにくいというこの事実にも関わらず，自己スキーマは，拒絶または解雇されるなどの否定的な体験によって動揺

したり，傷ついたりする自尊感情に影響を受ける。多くのカウンセラーが，カウンセリング中の'アイデンティティの作業'において，クライエントの自己スキーマや潜在的自己スキーマに取り組んでいる。

いくつかの情報源が自己スキーマの発達に寄与するが，これから見るように，反映された評価や社会的比較，自己知覚そして自己効力感は，とくに影響力が大きい。

私たちが自分を知るひとつの方法は，自分に対する他者の反応を通じて知ることである。他者が自分をいかに評価し判断するかについての知覚は，**反映された評価**と呼ばれる。子どものころの他者の応答の仕方は，とくに影響力が大きい。そのため，両親やきょうだいや仲間との関係は，自己スキーマを形成する上で重要な役割を果たす可能性がある。

自己スキーマの発達において重要な過程の2つめは，**社会的比較**（Suls and Marco, 1991）である。比較的早期に，子どもたちは他者と自分自身を比較し始め，この過程は生涯を通じて続いていく。これによって，とても利口なきょうだいのいる子どもは，きょうだいが優れている領域では，自分が平均かそれ以上であっても，ときおり力がないと考える（Fiske and Taylor, 1991）かもしれない。

3つめには，**自己知覚**が自己スキーマの形成に寄与している。私たちは，どのように自分自身を見ているかに基づいて，自分自身についての信念を発達させる。しかしながら，ときおり私たちは見方を誤る。自分ではどうにもできなかったことで自分自身を責めたり，その状況で働いていた外的な影響力を認め損なうために，自分の行為を自分自身の性格に誤って帰属してしまうのである。

最後に，**自己効力感**は，私たちが自分自身を見るようになる方法に影響を与える。自己効力感は，望ましい結果を引き起こしたり，望ましくない結果を避けたりする自分自身の能力の知覚と関連している。したがって自己効力感は，私たちの統制感に寄与している。望ましい結果を引き起こす行為をするためには，私たちはそれができると信じなければならない。したがって自己効力感は，動機づけや認知，行動と関連がある。自己効力感は，過去の遂行，他者の観察，情緒状態，そしてその状況に関連している諸要因を含む多くの要因によって影響を受ける。10.6.3では，ストレスに対する反応に関して，自己効力感が論じられる。

7.2.4　社会的役割

私たちはみな，いくつもの集団のメンバーになっている。例えば，家族，仕事の部局，クラブ，教会のグループ，近隣集団，スポーツチームなどのメンバーである。すべての集団はそのメンバーの行動に影響を与え，各集団において，私たちはその集団の構造の中である地位を占めている。**役割**は，ある特定の集団内である特定の地位にいる人びとに期待される行動パターンである。

役割には，配偶者や恋人，先生やカウンセラーなどのように私たちが統制できる，または**達成された**ものがある。他の役割は，私たちにその**性質**があると見なされるもの，例えば男性／女性，息子／娘，青年，高齢の年金受給者などである。これらは，私たちには統制できない。

社会的役割は自分自身に対する見方に影響し、ある特定の集団内で期待される、または受け入れられるふるまい方のガイドとなる。例えば、ある集団において反抗者の役割を'達成した'ひとは、特定の仕方でふるまったり、この役割にしたがうことを期待され、もしそのひとが突然従順な行動をとり始めたら、他の人はひじょうに驚くだろう。

ひとりの人間は、おそらくたくさんの役割を占めており、2つあるいはそれ以上の役割が葛藤を生じることもまれではない。実際に、カウンセラーは自分のスポーツクラブで、前のボーイフレンドと別れたことをしばらく話し散らしていた他のクラブ会員に、'お願いだから、愚痴を言うのはおしまいにして、落ち着いてそのことについて何かしてください。'と、ひょっとすると言いたいのかもしれない。しかし、彼あるいは彼女は、困難や挫折を感じたりする**役割葛藤**に、ある程度巻き込まれているのであろう。

7.2.5　自己とアイデンティティ

自己とアイデンティティの研究は長い歴史を持つが、意識の研究と同様に、行動主義が台頭していたあいだは好まれず、後続の'認知革命'（Gecas,1982）において勢いを得て再び現れた。

自己概念とアイデンティティの全領域はむしろ問題があり混乱している。なぜなら、その分野におけるさまざまな理論家や研究者たちが、ひんぱんにその用語を異なって用いており、そしてときおりその違いが不明瞭なためである。しかしイギリスでは、アイデンティティ理論は社会的アイデンティティ、つまり社会集団のメンバーシップの文脈内での自己の性質に関する研究に関心が向けられる傾向にあった。そしてたびたび、社会的アイデンティティと'個人的'アイデンティティの区別がなされる。

アイデンティティプロセス理論（Breakwell,1986）は、この2分法（社会的および個人的アイデンティティ）を放棄し、アイデンティティの動的なモデルを提唱している。このモデルはとくに、アイデンティティに対し'脅威'を与えるかもしれない出来事の影響と関連して、アイデンティティ変容の過程に関心がある。

アイデンティティの3つの'原則'は、この理論の中心と理解され、またアイデンティティに対する他の多くのアプローチの中にも含まれている。それらの原則は、連続性、弁別性、自尊感情である。さらに最近では、自己効力感（10.6.3で論じられる）が加えられている。

このモデルにしたがえば、アイデンティティは時間を超えた**連続性**を提供する。このことは、あるひとがある時点での自分がそれ以前の自分と同じであると信じていなければならない、ということをかならずしも意味しているのではなく、いかなる変化もそのひとの自分の歴史についての理解から説明可能である、ということを意味している。自己の中で非連続性が知覚されると、ひとは古い自己と新しい自己との折り合いをつけようとする。ときおり、これが個人に問題を投げか

けることがある。

　ひじょうに日常的な最近の出来事をこと細かに思い出そうと必死に努力する，という形態をとる強迫的な考えが理由で，20歳女性のクライエントがカウンセリングに回された。彼女はよく，例えば先週の火曜日に自分が何を着ていたかとか，10日前に職場の食堂で彼女の隣に座っていたのはだれかといったことを，どんな苦労も惜しまずに正確に思い出そうとした。
　彼女は，関係がとても親密な家族のひとり娘であった。そして，ひじょうに異なった家族や社会背景を持つひとと結婚しようとしていた。彼女は，自分の両親が（とくに彼女にひじょうに身近であった父親は），口に出したことはないが全く賛成していないことに気づいた。
　アイデンティティ理論の視点からは，これらの熟考は，古い自己と'新しい'結婚をした自己とのあいだの連続性の感覚が失われるのを恐れて，以前の'自己'との調和を保つクライエントの試みとして理解することができる。

　アイデンティティは，他者からあるひとを個別化して，その他者を集団に同化するという**弁別性**，したがって弁別性と類似性を提供する。アイデンティティは，ひとと同様に文脈によっても異なる。アイデンティティ プロセス理論は，肯定的な方の違いを求めるよう動機づけられていることを含意するが，弁別性は本来，肯定的でも否定的でもない。
　ある種の**自尊感情**は，すべてのアイデンティティ理論の基本的特徴である。自尊感情は多くの定義がなされてきたが，一般的に，自分自身についての肯定的な考えを維持し，高揚する基本的な動機づけとして理解される。
　以上のことから，よく適応し，思慮分別のある人間であるために，理想的には，人は強い連続性の感覚と中程度の弁別性，そして高い自尊感情を持っていることが理解できる。しかし，しばしばこのような特徴を持たないこともある。これらの特徴を発達させられないかもしれないし，確立された自己イメージを脅かしたり変化させたりする出来事が起こるかもしれないのである。
　仕事上，家庭状況，健康上の変化はすべて，自己の感覚の前に現れる脅威として知覚されうる。したがって，失業の身になることは，自己における連続性の喪失，スキルや自己効力感を示す機会の喪失，弁別性の感覚の喪失，そして自尊感情の低下を知覚することになるかもしれない。
　アイデンティティへの脅威は，ひとの自己の感覚にとって，きわめて痛ましいものとなることがある。

　あるクライエントが，自分はとても'混乱'しており，'理路整然と考える'ことができず，自信を失ってしまって，朝起きることができず，仕事でも働けず，日常生活の課題にも対処できず，食欲を失ってしまって，よく震えが出たり，汗をかいたりする，などのことを彼の一般家庭医に報告し，カウンセリングに回された。

そのクライエントは，ある女性と飛行機で知り合い，恋に落ちたとき，自分自身納得のいく思い通りの結婚をしていると考えていた（この関係にはまさに'浮き沈み'があり，2人は別れてしまったが）。2人は離れた場所に住んでいたので，手紙で関係を続けていた。彼はこれを楽しんで，この取り決めにとても心安まっていた。しばらくして，この2人の'ペン恋人'は再会し，関係はすぐに激しく，情熱的なものになった。クライエントの妻が自分の夫との関係に決して満足していないことが明らかになったころには，彼女が仕事の同僚との関係を始めようかと考えていたことが，明るみに出た。この先2人が別れるのは，当然のことにみえた。巻き込まれる子どももおらず，表面上，すべてが明瞭で単純にみえた。

では，なぜこのクライエントはこうした出来事にそれほど打ちのめされていたのだろうか。自分が思っていた以上に自分の妻を愛していたためだろうか。愛着に関連した未解決の問題があったのであろうか。自己概念とアイデンティティに焦点を当てた調査によって，何がそれほど苦しめるのかが明らかになった。すなわち，彼がいつも自分をこうだと思ってきた類の人物，そして他者が彼のことをこう理解していると彼が感じる類の人物が，彼のしたことと完全に相反目しているという事実である。実際に，彼は'自分を知っている'家族や友達のだれとも対面することができなかった。彼は，このようなこと（恋に落ち，妻と別れること）がつねに自分の身に起こり得るということを受容できなかった。この人物は，自分が分かっていると思っていた男ではなかった。彼は，結婚生活が終わったという考えを自己概念に統合することができなかった。そのために，彼の自己の感覚の基盤すべてが揺らいでしまったのである。

もしこの状況を解決できるとすれば，彼は自分自身についての考え方を変えて自分の行為と両立しうる自己スキーマを形成するか，もしくは元へもどって自分の見方に一致するような仕方でふるまう必要があるだろう。

Breakwellによると，私たちはさまざまな方法でアイデンティティへの脅威に対処しようとする。**心内方略**は，脅威に適応するための'時間稼ぎ'の方法として，一時的に否認するなどのように何らかの形の歪曲を含んでいる。あるいは，配偶者の死のような既知の脅威が近づくとすれば，アイデンティティを徐々に変化させる方法として'予期的な再構造化'に従事するかもしれない。つまり，寡婦または寡夫，あるいは独身としての新しいアイデンティティを，気に入らないとはいえ，次第に覚悟するかもしれないのである。

脅威に対処する試みのうち，**対人方略**は，社会的回避や孤立を含む。すなわち，スティグマや同情を避けるために他者の前から去ることである。また，解雇されてしまったひとが，近隣のひとや配偶者に気づかれないように，いつもと同じ時間に家を出ていく，などのような社会的欺瞞に従事するひともいる。

最後に，**集団間方略**は，異なる集団からソーシャルサポートを求める，あるいは圧力団体や自助グループに参加するなどのように，ひとつの対処法として用いられるかもしれない。

アイデンティティの研究は，アイデンティティの問題を全般的に，また脅威をより特定的に探索するのに有用な枠組みをカウンセラーに提供しうる。これまで見てきたように，人びとはさまざまな方法でアイデンティティへの脅威に対処しようとする。それらの方法には，'健全な'ものもあれば，あまりそうでないものもある。ここでカウンセラーは，不適応な対処法をより肯定的な方略に置き換えることを目指し，クライエントと取り組むことができる。

7.2.6 '本当の'自己？

これまでは，自己覚知の過程や自己の概念，そしてアイデンティティについての話をしてきた。しかし，'本当の'自己のようなものは存在するのだろうか。

ヒューマニスティック心理学者のマズロー Abraham Maslow（1970）は，確かにあると信じていた。彼は，それぞれのひとは独自で本質的な'自己の内的な核'を持っていると考えた。この内的な核を認識し，受容し，表現する過程を記述するために，**自己実現**という用語を用いた。マズローによれば，この過程が妨げられたり阻まれたりするさいに，心理学的な困難が生じる。他の箇所（2.6 パーソナリティへのヒューマニスティックアプローチと現象学的アプローチ）ですでに論じたように，この考えはロジャースのカウンセリングのクライエント中心アプローチの中核となっている。

しかしこの'本当の'自己が存在する証拠はどこにあるのだろうか。研究の結果は混乱している。しかし多くの研究は，自己のさまざまな側面のあいだで矛盾がたびたび存在すること，また，人びとは自己実現の理論から予測されるほど統一された自己は持っていないことを示している（Gergen,1968）。これは，たいていのカウンセラーが十分気づいていることである。

7.3 対人知覚

私たちが人びとに応答する仕方は，そのひとがどんなひとであるかについての理解に依存するだけでなく，なぜ彼らがそのようにふるまうのかについての理解にも依存する。まず，私たちはたびたび，不完全で相反する情報に基づいて人びとについての印象を形成する。そのさいに，そのひとの特質や状況の性質，そしてその状況における行動を考慮に入れる。そこで，そのひとの行動の原因についての推論すなわち**帰属**を行い，**暗黙のパーソナリティ理論**を利用して，ひとの個々の性質や特徴がどのように結びついているのかを説明する。

7.3.1 印象形成

第一印象はきわめて重要であるという慣習的な見方が，研究によって確証されている（Hamilton,1988）。だれかと初めて出会うとき，そのひとの各側面をことご

とく知覚するわけではない。むしろてっとり早い方法をとって，**スキーマ**を用いる。スキーマは，一般化された見方あるいは記憶に貯蔵された表象である。おばあさんについてのスキーマは，年老いた，心安まる，白髪頭のひとを期待させる。もしそうだとすると，紫色の髪で鼻にリングをしているおばあさんに出会ったら，びっくりすることだろう。

あるひとについて，限られた情報をもとに多くの推論を行うために私たちはスキーマを用い，しばしば長期記憶に貯蔵された知識を利用して欠けている情報を埋めている。こうして，印象は素早く形成されるようになる（Brewer,1988）。非言語的および言語的行動のいくらかの断片を取りあげ，そのひとの生活やパーソナリティについてあらゆる種類のことを推論するのは，よくあることである。正しい推論もあれば，間違った推論もあるだろう。

たやすく形成されることに加え，第一印象は持続し，変化しにくい傾向にある。これはまず第1に，ひとは概して，ときには過剰に自分の判断に自信をもつ傾向にあるという事実でうまく説明できるかもしれない。ひとは，自分が信じ続ける必要がほとんどないときでさえ，自分が正しいと確信する（Fiske and Ruscher,1989）。

第2に，ひとははじめの印象に一致した方向で新しい情報を解釈しがちである（Park,1989）。ゆえに，同一の行動が，肯定的な印象を形成していたひとには自信があると概念化され，前の印象が否定的であった場合には，傲慢であると概念化されることがあるかもしれないのである。

第3に，全体的な印象に反するいかなる'証拠'よりも，ひとは一般的なスキーマをよく記憶する傾向がある。したがって，もしあるひとについての新しい一片の情報が'合わ'なければ，それを忘れがちになるだろう。

最後に，ひとはよく，全体的な印象に一致した行動を他者から引き出すような仕方でふるまう（Snyder,1984）。このように，はじめの印象は**自己成就的予言**となることがある。例えば，もしだれかを気さくなひとだと知覚したら，怪しげなひとと知覚したときよりも，気さくな反応を引き出すような仕方でふるまう傾向にある。

認知的スキーマとクライエント

カウンセラーやセラピストとして，ほとんどのひとが，クライエントについて自分は'中立的'で'結論を急がない'と考えたがるが，自分自身のスキーマをクライエントに適用することから逃れることはできない。私たちは最初の印象を基礎にして永続的な印象を形成する可能性があり，実際そうしている。

もし，ある場合には間違っているかもしれない印象の維持を助長する過程について，何らかの知識を持っていれば，自分自身の強固なスキーマを疑うことができるかもしれない。自分の最初の印象について自信過剰になるべきではなく，以前の概念化と一致させる仕方で新しいデータを解釈することに注意する必要がある。そして，新しい証拠を考慮に入れて，クライエントについての見方を調整する心構えが必要である。

7.3.2 状況のスクリプト

私たちは，ひとについてのスキーマを持つのと同じように，状況についてもスキーマを持っている。それらは**スクリプト**として知られている。私たちは**規範**に基づいて，さまざまな状況に対してスクリプトを発達させる。スクリプトの助けにより，ある範囲の状況でそれほど考え込むこともなく，期待を持ってふさわしいふるまいができる。出会いや別れの挨拶，見知らぬひとから情報を求めるとき，またパーティーやデートなどにスクリプトがある。

行動を導くだけではなく，スクリプトは他者の行動の解釈にも貢献する。もしだれかの行動が，特定の状況に対する私たちのスクリプトときわだって異なる場合には，その行動が私たちの期待に一致するときとはひじょうに異なった印象を形成するであろう。

以下の例がそれを示しているように，ひとは不適切なスクリプトを発展させることもある。

> あるクライエントの'デート行動'のスクリプトには，初めてのデートで相手の女の子を気前よくご馳走すること，があった。その後には，花，ロマンチックなカード，ちょっと'思いがけない贈りもの'，さらにご馳走，などが続くのであった。彼は，関係を作るために自分のスクリプトにしたがっていたが，どういうわけか決してうまくいかなかった。ひじょうに感じのいい若者で，'母親はみんな，自分をすばらしいと思っている'と悲しそうに言った。問題は，彼が母親たちとデートしているのではなく，当の若い女性の方は，ひじょうに異なったスクリプトを持っているということである。彼は明らかに，自分と合うスクリプトを持つひとを見つけるか，自分のスクリプトを変える必要がある。彼はカウンセラーと後者に取り組んだ。

ここで，スクリプトはひとの行動を導くだけではなく，他者が私たちを知覚する仕方や，他者について私たちが抱く印象にも影響を与えていることが分かる。

カウンセリング場面におけるスクリプト

ほとんどのクライエントはセラピーの状況についてのスクリプトを持っている。すなわち，彼らに何が期待されているか，何を開示することが適切なのか，そして何をすることが受容されるのか，である。カウンセラーもまた，クライエントのものとはおそらく異なっている自分自身の状況的スクリプトを持っている。クライエントがそのカウンセリングの状況から期待していることは，カウンセラーやセラピストが提供することとは合わないかもしれない。ここに，互いに受容できる取り組み方に到達するよう，カウンセラーがクライエントと交渉する必要がある。

7.3.3 帰属理論

　他者についての印象は，社会的知覚のひとつの側面にすぎない。私たちはいつも，なぜ人びとがそのようにふるまうのかについて，絶えず理解しようとしている。自分自身の行動および他者の行動の諸原因を特定するこの過程は，**帰属**と呼ばれる（Heider, 1958）。

　人びとはある特定の状況での行動を主として**内的原因**，すなわちパーソナリティ特性や能力，態度などのように個人の性質を反映するものに帰属するか，あるいは，その特定の状況から発生する**外的原因**に帰属する傾向にある。内的原因への帰属は**ひとへの帰属**とも呼ばれ，外的な原因への帰属は**状況への帰属**とも呼ばれる。そこでもし，風邪をひいて高熱を出して学校を休んでいる12歳の子どもを，ひとり置き去りにして働きに出かけてしまった母親のことを聞いたとしたら，彼女の行動を，彼女が無責任な母親であるという事実に帰属する（ひとへの帰属）か，あるいは全くどうしようもない状況に置かれているという事実，すなわち，夫とは別れており，子どもの世話をする余裕が無く，もし子どもの世話をするために休暇を取れば仕事を失ってしまう，というような事実に帰属する（状況への帰属）であろう。

　ある行動が，状況または個人のどちらの要因によって引き起こされているのかを決定するさいに，3つの要因が重要なものとして確認されている（Kelly, 1973）。1つめは，行動の**一貫性**である。もしそのひとが，いつも同じようにふるまうのであれば，一貫性は高い。2つめの要因は，**弁別性**である。すなわち，そのひとの行動について，この特定の状況に何か特別なことがありそうか，ということである。もしあれば，弁別性は高いことになる。最後に**合意性**，つまり他の人びとがそのようにふるまうと期待される程度，がある。もし，ほとんどのひとがその状況で同じことをすると信じられれば，そのとき合意性は高いということになる。

　一貫性が高く弁別性と合意性が低いとき，ひとはとくに行動を内的，または個人的原因に帰属する傾向にある。もしそのひとが，自分の子どもをたびたびひとりにすることがあり（高い一貫性），その状況が異常なものではなく（低い弁別性），他のひとがそのような状況で子どもをひとりにするとは考えられない（低い合意性）としたときは，その行動を無責任という個人的特性に帰属する傾向がある。

　一方，もし子どもをひとりにすることはまれで（低い一貫性），その女性の職場で人員削減がなされようとしていたと聞いたとして（高い弁別性），その状況でほとんどの母親が同じことをすると信じられれば（高い合意性），その行動を外的または状況的要因に帰属しがちであろう。外的な帰属は，しばしば他の情報のパターンに対しても，同様になされる。

　ひとは一貫性と弁別性，そして合意性の要因を考慮に入れて，上に示唆したような仕方でときおり思慮深い帰属を行っているという証拠がかなりある。しかし人びとは，てっとり早い方法をとって即興の判断を行い，その結果帰属のバイアスや過誤が生じうる。中でも最も一般的な過誤は，**基本的帰属の錯誤**である。これは，他者の行動を内的または個人的要因に帰属する傾向をいう。この傾向は，

さまざまな不運な状況の犠牲者を責めることにつながる（Ryan,1977）。たとえば，失業者を怠け者としたり，ホームレスを責任能力がないとしたり，レイプされたひとはそれを望んでいると見なすなどである。

しかし，自分自身の行動を説明するさいには，基本的な帰属の過誤を*回避*しようとする傾向がある（もしそれがあなたに起こったら，それはあなたに責任があるが，私に起こったらそれは状況の力であるというように）。これは**行為者－観察者バイアス**として知られている。このバイアスは，とくに自分の行動が不適切でかつ失敗をともなっているときに，防衛に役立つ。例えば，'バカな所に柱があったので，車をぶつけてしまった。（自分が見ていなかったからではない）'などである。**行為者－観察者バイアス**は，自分自身の行動に影響を与える外的要因を，他者の行動については利用できない仕方で直接利用できることからも生じる。したがって，そのぶつかった柱が，自分の車から見ることがきわめて難しいようなところに位置していたことを，当人は知っているかもしれない。

ひとが自分自身の行動を外的な要因に帰属する度合いは，その結果が肯定的か否定的に依存している。成功に対して賞賛を得る特徴的な傾向があり，**自己奉仕的バイアス**として知られている。もし試験での成績が良かったら，それは自分が一生懸命勉強したためか，ともかく自分が利口であったためとするが，もし成績が悪かったら，それは試験問題がひどかったため，とするのである（Smith and Ellsworth,1987）。また，一般に男性は成功を内的要因に帰属し，失敗を外的要因に帰属する傾向にあり，女性はその逆の傾向にあることも明らかにされている。

7.3.4　帰属のスタイルと抑うつ

内的および外的帰属の区別に加え，心理学者たちは，帰属が他の何らかの次元を反映していることを論じてきた。その主要な次元は，**安定／不安定**の次元と**一般／特殊**の次元である。前者は，その性質が時間を超えてどれだけ安定しているかの次元であり，後者は，その原因が多くの事柄に適用されると考えるか，あるいはただひとつの事柄に適用されると考えられるかの次元である。

したがって，帰属は内的もしくは外的であり，また前述のような次元も反映することがある。もし自分が，試験に失敗したのはそれほど懸命に勉強しなかったためだと考えるならば，この帰属は内的であり，かつ安定的で特殊的である。しかしもし，自分の頭がよくないために試験に失敗したと考えるならば，この帰属は先と同様に内的であるが，今度は安定的で一般的な帰属となる。この代わりに，多重選択の試験は不公平である，と帰属するかもしれない。これは，安定的で一般的な外的帰属の例である。

失敗の弁明の仕方が，その後に続く結果を決定する，ということが論じられてきた。一般的な帰属は，その失敗の結果を一般化する可能性を増大させる。そこで，もし私が試験での自分の失敗を，数学が苦手であること（特殊的）よりもむしろ頭が良くないこと（一般的）に帰属するとしたら，私はこの信念を他の生活領域にも適用する傾向にある。安定的な帰属は，信念を長期的にする。したがっ

て，失敗を頭が良くないことに帰属することは，一般的でさらに安定的な帰属なので，疲れすぎていたことに帰属するのに比べ，長期にわたる信念を生み出す。

示唆されてきたことではあるが，否定的なライフイベントを安定的で一般的な性質に帰属するときに，ひとは抑うつ状態になる。自尊感情が負の影響を受けるか否かは，その帰属が内的もしくは外的であるか否かによる。帰属が内的で，そのひとが自分自身を責めていたら，自尊感情は負の影響を受けるであろう。(したがって，自分の不運について何にでも，または他のだれにでもつねに責めるひとは，あまり好感は持てないだろうが，抑うつから守られているのかもしれない。)

'抑うつ傾向にある'ひとは，このモデルにしたがえば，特定の型の**帰属スタイル**を持っている。すなわち，悪い出来事を経験したとき，それは自分が原因で(内的)，その原因は長く続いており(安定的)，他の事柄をも悪くする(一般的)，と信じることである。　この理論に関しては，当初は何か訴えるものがあったが，その証拠についてはどうだろうか。Sweeneyら (1989〔1986の誤り〕) は，帰属スタイルと抑うつとの関係に注目して100以上の研究を吟味し，両者の相関について証拠が支持していることを見いだした。しかし，ここで述べているのは，抑うつのひとがこの特定の帰属スタイルを持っているということであって，その帰属スタイルが抑うつを*引き起こしている*，ということではない。

'傷つきやすさ'モデル，つまり帰属スタイルによって'危険が差し迫る'が，その状態に追い込む悪い出来事を自分が必要としている，というモデルを検証するためには，さまざまな研究を待たねばならないであろう。ただしそれらの研究は，そのひとが追い込まれるまえに行われる必要がある。これは明らかにひじょうに困難で，時間と労力を費やすことである。そして，現時点で主張できることといえば，帰属スタイルと抑うつとが関係するという事実が存在する，ということである。

帰属に関する知見は，認知療法にかなりの影響を与えてきた。しかし，たとえカウンセラーやセラピストが訓練されていないとしても，あるいは，クライエントと認知療法に取り組むことを選択しなかったとしても，帰属の理論や研究は，クライエントの世界がどのようにして概念化されているか，そしてクライエントがどのようにして結論に達するのかについて，クライエントとカウンセラー双方の理解を増すことができる。

7.3.5　暗黙のパーソナリティ理論

私たち自身の**暗黙のパーソナリティ理論**（第1章で論じた）もまた，私たちが出会う人びとの印象に影響を与える。暗黙の理論は，あるひとがなぜそのように考え，感じ，ふるまうのかを説明するのに役立つ。そして，人びとの持つ個々の性質や特徴がどのように結びついているかについての想定をしている。例えば，ひとによっては，'頭の良い'が'冷たい'と結びつき，太っているひとはやせているひとよりも優しいとか，女性は男性よりも直感的だとかいうことを想定する。

暗黙のパーソナリティ理論の内容は，社会的相互作用を通じて発達する。つまり，それらの理論は，純粋に認知的アプローチが含意するような，完全に個人的な情報処理過程の単なる産物にすぎないのではない。多くの暗黙のパーソナリティ理論が社会集団を越えて共通した性質を持つことは，それらの社会的起源から理解できる。
　人びとの持つ暗黙のパーソナリティ理論の正確さについては活発に論議されてきた。これらの理論はパーソナリティの何らかの一貫性を仮定しているので，この議論は，パーソナリティへの特性論的アプローチに関して2.4.1で論じたパーソナリティ特性の安定性についての議論と重なる部分がある。Mischel（1968）は，ほとんどのパーソナリティ特性が心理学者によって開発された尺度を用いて測定されており，パーソナリティ特性と行動とは時間や状況を越えて低い相関関係しか示さないことを見いだした。これは少なくとも，ひとはパーソナリティの一貫性の程度を過大評価し，その結果，暗黙のパーソナリティ理論がときおり不正確となることを示唆している。

暗黙のパーソナリティ理論とカウンセリング
　この主題は，第1章においていくらか細部にわたって論じられている。

7.4　人間関係の形成

　社会的知覚は，私たちが他のひとに対しどのように考え反応するかについて，明らかに重要な部分を占めている。しかし，好まれたり嫌われたりするひとを何が規定しているのだろうか，どのようにして社会的で親密な関係が形成され維持されるのだろうか，そして関係はなぜ崩壊するのだろうか。これらはまさに，対人関係の領域で研究する社会心理学者たちが取り組んできた問いの一部である。
　好意，もしくは対人魅力を促進する要因を調べる中で，心理学者たちは3つの主要な変数，すなわち身体的魅力，近接性，類似性に注目してきた。しかし，この研究の多くが，アメリカの異性愛の学生を標本として行われてきたことに注意すべきである。

7.4.1　身体的魅力

　たとえ人びとがそう主張しなくても，少なくとも人間関係の初期の段階では，身体的魅力が好意を持つことに中心的な役割を果たしていることが，研究によって示されてきた（Tesser and Brodie,1971；Walster et al.,1966；Mahes,1975）。身体的魅力は，子どもたちが学校でどれだけ人気があるかと関連していることも明らかにされてきた。
　しかしながら，身体的魅力は幸福の手段ではないようである。まず，大学時代の身体的魅力は中年期における生活満足度と関連がない（Berscheid,1984）。次に，

身体的に魅力的なひとたちは，かならずしも高いレベルの自尊感情を持っていない（Major et al.,1984）。実際，ひじょうに魅力的なひとたちは，おそらく他者が自分の内的な個人的特徴にではなく，むしろ'表面的な'性質にのみ言及するために，大きな自己不信や確信のなさに悩んでいることがある。

魅力的なひとには惹かれるけれども，実際に起きていると考えられるのは，最終的には魅力の面で自分と似ているだれかと親密な関係になる傾向がきわめて強い，ということである（Baron and Byrne,1991）。この傾向は，**釣り合い仮説**として知られている。

7.4.2 近接性

私たちは積極的に自分の友人やパートナーを選んでいるのだろうか，それとも'ともに放り込まれた'状況が，人間関係の形成に強い影響を及ぼしているのだろうか。2人のひとの物理的な近接性が，人間関係を形成する可能性に強く影響する，ということを研究は示している。親しき仲にも礼儀あり，ではあるが，全般的な物理的近接性は，魅力に肯定的な影響を与える（Festinger et al.,1950）。

このことは明らかに，友人を作ることや，パートナーになりうるひとと知り合うことに関する含意がある。職場または長期間人びとに密な接触をとらせる活動は，社交クラブやデートの斡旋などよりも，人間関係を作るのにより適した場所かもしれない。

もちろん，近接性が高いことが，その関係の質を決定するわけではない。ともに愛着を形成する見込みが全くないひとたちを職場でときおり目にするのは，そういうわけである。もし，関係の質について考えていくとすれば，パートナーになりうるひとたちの類似性にさらに注目する必要があるのかもしれない。

7.4.3 類似性

'類は友を呼ぶ'ということを耳にする一方で，'正反対のひとに惹かれる'ということも他方で耳にする。世間一般の考えは明らかに，この問題に関していくらか矛盾している。

研究では，年齢，教育，社会階級，態度，興味関心，そしてパーソナリティなどのような次元の類似性に注意が集められてきた。この研究から得られた事実は，短期的そして長期的関係の双方において魅力を増加させるのは，知覚された類似性であって非類似性ではない，ということを示唆している（Neimeyer and Mitchell,1988）。これは，文献に見られる最も強力で一貫した知見のひとつである。

強力な類似性の効果は，**態度や信念や価値**，とくに宗教や音楽，政治などのような事柄に関連して生じる（Byrne et al.,1986）。しかし，ひとたびだれかと親密な絆を発展させ始めたら，自分の態度はそのひとの態度とより類似するようになるか，もしくはそのひとの態度についての知覚を，自分の態度により類似して見えるよう変化させるかもしれない。しかし明らかに，妥協があまりに大きすぎ

と感じないときに，このような方向でうまくいくにすぎない。

もし人間関係が発達しつつあり，依然としてパートナーが互いに魅力的であるならば，その関係の初期の段階で，態度や信念を探るのは適当かもしれない。これには，一定レベルの社会的スキルと意識が必要とされる。自己開示，適切な質問や応答という必須のスキルが欠如しているひともいれば，実際にはほとんど存在しないところに類似性があると'思いこんでいる'ひともいる。これらは，カウンセリングやセラピーで取り組むことができる領域である。

類似した**パーソナリティ**のひとどうしが互いに惹かれ合うという主張に対しても，多くの支持がある。安定した夫婦関係にあるパートナーたちのパーソナリティは，不安定な関係にある夫婦に比べて類似している（Cattell and Nesselrode,1967）。

自分たちの関係について'物語る'仕方やそれらの物語の性質にまで，類似性の原理が及んでいるということも示唆されてきた（Weber et al.,1987）。関係が終るころ，パートナーたちは，その関係の性質や意味について，とても異なる評価を育ててきたことを思い知り，苦しむことがある。これは，たいていのカップルカウンセラーがよく通じている状況に違いない。

クライエント－セラピストの類似性

潜在的に親密な関係を形成する上で，類似性がいかに重要な要因であるかが明らかにされてきたかを見てきたが，セラピーの関係においてはどうだろうか。このようなセラピストとクライエントのあいだの類似性は，クライエントにとって有益で，セラピーの肯定的な結果と関連しているのだろうか。

ひじょうに多くの研究の結果は，クライエント－セラピストの価値の類似性と相違とが，ともに結果と関係していることを示唆している（Beutler et al.,1994）。賢明さ，誠実さ，知識，そして知的な気晴らしなどのような性質に置かれる相対的価値の類似性は，セラピーの肯定的な結果と関連を持つ。クライエントとセラピストが，社会的地位や友情（Arizmendi et al.,1985），治療の対人関係の目標（Charone,1981）に置く価値の不一致も，全く同様である。

セラピストとクライエントが共通して持つ，問題の改善と関連する価値（賢明さや誠実さなど）は，社会秩序を維持するために重要なヒューマニスティックな価値を反映していることが示唆されてきた。反対に，問題の改善と関連する不一致の価値は（社会的地位など），クライエントが援助を求めている諸問題とより密接に関連している（Beutler and Clarkin,1990）。

パーソナリティの類似性は，対人魅力と親密な対人関係の形成において重要な次元であることがわかったが，クライエントとセラピストのパーソナリティの類似性がセラピーの有益性に関連している，という見方を研究は支持していない。反対に，ある研究では逆の結果が見いだされた。つまり，肯定的な結果と関連しているのは，パーソナリティ スタイルが対照をなしていること（依存と自立）であった（Berzins,1977）。

他の多くの領域のクライエント－セラピストの類似性および相違が研究されてきた。それらには，年齢，性別，民族的背景の相違がセラピーの結果に与える効

果についての研究がある。

　ある研究では，クライエントよりも10歳以上若いセラピストは，クライエントと年齢が同じくらいかそれ以上であるセラピストに比べ，不幸な結果しか得られないことを見出したが（Beck,1988），この領域における他の多くの研究では結論がでなかった（Atkinson and Schein,1986）。セラピストの性別に関しては，セラピストの性別またはセラピスト－クライエントの性別の一致のいずれかに帰属できる，結果の重要な差違を，ほとんどの研究が確認できていない。

　セラピストの民族的背景に関する研究は，性別に関する研究と並行している（Beutler et al.,1994）。結果は，よくとっても複雑で，解釈が困難である。

　要するに，価値観やパーソナリティの点から見た類似性は，親密な対人関係を形成する上で重要であるが，セラピーの結果に一貫して影響力を持つことが示された唯一のクライエント－セラピストの類似性は，価値観の類似性であると考えられる。

7.5　人間関係の発達のモデルと理論

　最初の魅力からなにも進まない人間関係もあれば，親密性やコミットメントがより深いレベルに発達する人間関係もある。どのように親密な関係は進展し，何がそれらの発達を決定するのだろうか。

7.5.1　人間関係の発達段階

　人間関係が発達するさいには，しばしば多くの段階を経ていく。これらの段階は，かならずしも不連続ではなく，また厳密に順番通りに現れるものでもない。以下に論じるモデルは，たいてい排他性が期待される，恋愛の関係を理解するために開発されたことにも注意すべきである。明らかにひとは，さまざまな状況でさまざまな理由のために，ある範囲の人間関係を形成するのである。

- **段階1－サンプリング**　これは，相互作用が望みどおりうまくいきそうな相手を，相互作用を望まない相手から選別することを含んでいる。この選別は徐々に行われ，ほとんどのひとが初期の段階で，表面的な情報に基づいて除外される。さまざまな型の関係を望むことで，ある集団からは除外され，他の集団では一員になるかもしれない。例えば友人は，恋人とは異なる基準で選択されている。
- **段階2－取り引き**　これは，知り合い関係の形成と，期待されるコストと報酬の査定を含んでいる（以下の'社会的交換理論'参照）。これはつねに進行している複雑な過程である。
- **段階3－コミットメント**　これは，公的または私的な何らかの形のきずなを表出することを含んでいる。コミットメントは，その関係性についての相互

認識を含んでいる。
- **段階4－制度化** これは，結婚などのように，社会的に認知された制度の点から関係性を表出することを含んでいる。この関係性は，より公的な要素を持っており，またある点で法的に拘束を与えるものになる。

Walsterら（1978）は，人間関係が発達するにつれて以下のような点が増大することを提唱した。

- 好意および，または愛の強さ
- 交換される情報の深さと広がり　親密なひとたちは，お互いの特異性や個人史，そして傷つきやすさなどについて，はるかに多くのことを知っている。
- 関係の実際の長さと期待される長さ　関係が肯定的な結果を生むか否か，どれだけ長く続くかなど，その関係の期待される進展について，各自が推測をする。（7.5.3参照）
- 交換される資源の価値　関係が発展するにつれ，パートナーたちは，その関係に重要な資源をつぎ込むことがいつでもできるようになる。しかし，関係の終結にいたるまで，おのおのがその関係から得る成果とコストの分析を実施するだろう。そして（以下のように）他の可能な関係との比較もなされるだろう。
- 資源の互換性　例えば，パートナーの料理へのお返しに，ことばやその他で誉めてもよい。
- 'われわれ意識'　これは，パートナー同士が自分たち自身を，外的な世界と相互作用をしている単一体として定義する傾向である。

7.5.2　社会的交換理論

社会的交換理論（Thibault and Kelley, 1967）は，親密性への動きは，その人間関係において出くわす**コスト**と**報酬**の均衡によって支配されていることを示唆する。いくらか異なる説の社会的交換理論が多数存在する一方で，それらはすべて，1つまたはそれ以上の種類の資源の交換を強調する。

人間関係における報酬には，仲間づきあいやストレス時の情緒的サポート，そして他の欲求の満足が含まれるであろう。コストは，時間や金銭，人間関係を維持する労力，葛藤に苦しむことや，他の人間関係の機会を逃すことを含みうる（Kelly, 1979）。

この理論は，ひとがいろいろな仕方で，自分のコストと利益（または**選択結果**）の比を評価することを示唆している。評価の仕方には，以下のものが含まれる。

- **自分の利益と自分のコストの比較**　その人間関係から得られる利益（情緒的な報酬やソーシャルサポートなど）をコスト（その人間関係に注ぎ込む時間，労力など）が上回るか否か。
- **他者の「コスト／利益」と自分の「コスト／利益」の比較**　これは，だれが

その人間関係によりコストを注ぎ込むか，そしてだれがその中で最も多くを得るかを問うことを含んでいる。もちろん，その人間関係にあまりコストを注ぎ込んでいなければ，そこから少ない利益を得て満足するかもしれない。

- **予期される「コスト／利益」の均衡** これは比較水準として知られており，個人的な体験や，他者の人間関係の観察を基礎としている。ThibaultとKelleyによれば，比較水準と一致する，もしくは上回る選択結果は満足のいくものである。それ以下の選択結果では満足できない。
- **他の人間関係と比較した現在の関係** べつの人間関係からもっと得ることが可能か，それともあまり得られないか，つまり，代替的な関係はあるかということである。この問いは，先の3つが現実の人間関係について問うているので，それらよりも抽象的である。ここでは，ひとは自分が持つかもしれない他の人間関係を想像しなければならない。多くのひとが，現状に代わり得る現実的でより良い人間関係を想像できないことは，なぜ満足のいかない人間関係に留まるひとたちがいるのかの説明になるであろう。この評価は，**選択比較水準**と呼ばれてきた。

7.5.3 自己開示と社会的浸透

他者を知っていく過程は，人間関係が発展するにつれ，ひとはますます自分自身について打ち明けていかねばならないということを意味している。その最も重要で緊密なあるいは親密な関係の側面の1つが，内的な思考や感情を共有すること，すなわち**自己開示**（Jourard,1971）である。**社会的浸透理論**（Altman and Taylor,1973）は，人びとが互いに自分自身についてより多くを与え始めるにつれ，人間関係は表面的な交換からより親密な交換へと進展する，ということを示唆している。

人間関係がより親密になるにつれて，ひとは開示の深さと広がりの両方の点で，他者の開示と自分の開示とを'釣り合わせる'（Altman and Taylor,1973）。つまり，それぞれのパートナーは，他者の開示に対して親密性のレベルに応じてお返しをするのである。開示の釣り合いが，人間関係の発展の初期段階において，より重要であることが明らかにされてきた。十分に確立した人間関係では，すぐに開示をお返しすることへの期待は，より寛大になる。

自己開示を調節することは，人間関係において親密さのレベルを統制しうるひとつの方法である。人間関係の多くは，自己開示の程度がかなり低く，これはそれらの関係を進ませたいと望む程度と同じくらいである。社会的規範もまた，自己開示の程度や型に影響する。したがって，開示を一致したレベルに取り決めることは，多くの異なる種類の人間関係において重要なスキルである。

自己開示にともなう問題は多くの形を取りうるが，カウンセリングにやってくるクライエントが遭遇する最も共通した困難に，過剰開示，開示不足，開示の不釣り合い，そして'疑似開示'がある。

過剰開示は，すべてのことを開示してしまう場合である。'自分は隠し立てを

しないひと'，'ごらんになった通りですよ'，といった行動様式である。これにともなう問題は，まず，自分を守らずに批判や冷やかしなどを受けやすくしていることである。つぎに，それによってその人の相手はひじょうに困った立場におかれるのである。その相手にはいったい何が期待されているのだろうか。開示のお返しをする必要に迫られた感じがしても，すぐにそうできるとはとても言えないであろう。

開示不足により，人間関係の発展は失敗に終わる。これもまた，相手をあいまいな立場に置く。相手は一定のレベルで自己開示をしていたかもしれず，お返しがないために，多少弱みを感じたままなのかもしれない。

開示内容の**不釣り合い**は，あるひとが何らかの心的外傷や高いディストレス，または相手の経験範囲外の症状を経験する場合に，生じるかもしれない。もしこれが事実であれば，お返し的な自己開示を'なんとかやっていく'ことは本来的に困難である。

不幸にも児童の性的虐待やレイプなどの外傷的な経験をしたひとたちがいて，そのことを深く恥じることがあるかもしれない。そのひとたちが他者を信頼してこの種の情報を十分に開示することができるまでには，かなりの時間を要するであろう。もちろん，このようにひどく苦しい経験を開示するだけの安心感を決して持たないひともいる。そのうちに，相手は'隠しておくこと'をひとと関わるのを嫌がっていると解釈して，その関係から身を引いてしまうかもしれない。

生まれつき，または事故や手術によって外観を損なったひとたちも，自己開示に困難を持つかもしれない。しかし，これは異なる種類の困難である。もし損なわれた部分が見えなければ，発展の可能性がある人間関係においてそのような情報を開示するはずの段階が，主要な関心となる。

> 腹部に回腸人工肛門造設による嚢［ふくろ］を持つ21歳の女性が，このきわめて個人的な情報を，新しい恋人にいつ開示すべきかを苦しみ悩んでいた。これについてカウンセラーと相談し，その状況の'リハーサル'をした後，とうとう彼女は勇気を奮い起こして恋人に打ち明けた。'そんなことでほんとに嬉しい。いろんなひどいことをずっと想像してたから。君が性欲のないひとなんじゃないかとさえ思った。'などの恋人の反応に，彼女はひじょうに安心した。彼は明らかに，彼女が表明を控えていることに敏感に気づいていて，いまや打ち明けてくれるほど自分を信用できると彼女が感じたことに，安心したのである。

ほとんどのカウンセラーは，**疑似開示**をするクライエントによく通じている。そのクライエントは，情緒的なレベルでの自己開示というよりも，むしろ主観的感情を述べる。ここでカウンセラーは，述べられたことがその状況の要求による結果であるか否かを評価したがるであろう。つまり，ある意味で開示が期待されているために，そのクライエントは開示するのを嫌がって，反抗するのであろうか。そのクライエントは，そのセラピストを信頼していないのであろうか。あるいは，だれも信用しないのであろうか。それとも，自己開示に関する基本的なス

キルが欠如していて，この状況またはその他のいかなる状況においても，何が期待されているのか，また，この点でどのようにふるまうべきかがわからないのであろうか。

カウンセリングの関係における社会的交換と自己開示

カウンセラー-クライエント関係は，他の関係のように，多様な資源（情報，専門的知識，時間，敬意，地位，金銭，サービス，活力，信頼）の交換を通じて，コストと報酬および将来の結果についての期待の評価を下す。これらすべての過程は，公平や平等などのような社会的規範の制約の中で生じる。

セラピーの関係では，交換過程における不平等のひとつが自己開示である。カウンセリングの状況は，しばしばひじょうに個人的で私的な性質の情報が，クライエントからカウンセラーへ開示される状況である。自己についての情報が打ち明けられる親密な関係では，たいてい返報性が生じる。すなわち，双方のひとがだいたい同程度の親密さで，自分自身についての情報を開示するのである。しだいに，人間関係が発展するにつれて（またその発展の原因も発展するにつれて），情報量は増加し（情報の広がり），情報の質はより個人的になる（情報の深さ）。

しかし，カウンセリングの状況は，二者の返報的な関係を含んでいない。クライエントはカウンセラーよりも，自己についてより多く，より深い情報を打ち明けることを期待される。すべての相互作用においては返報性が期待されないような文脈に依存して行動の規範が変化する一方で，この開示の不平等はまさに，カウンセラーとクライエントの双方に，交換における不均衡を与えている。

ときおりクライエントは，カウンセラーから個人的な情報を求めることによって，この不均衡を調整しようとする。これはとくに，クライエントが何らかの理由で不平等に気づいたり，その関係に信頼が欠けていると感じたりするときに生じる。カウンセラーがこの状況でどうふるまうかを決めるまえに，この傾向の根底にある理由を注意深く査定することが必要とされる。

カウンセラーは，意識的に自己開示を用いることによって，人間関係における不均衡を調整することもできる。セラピストが自己開示をしてクライエントの自己開示に参加することを提唱した心理学者のジュラード Sidney Jourard（1971）は，そのことを強く主張した。セラピストの自己開示が有益であるという主張には，いくつかの実験的な支持があり，ある研究（Barrett and Berman, 1991）では，セラピストが個人的な情報を開示する場合，開示しない場合よりも，クライエントは症状が大幅によくなったと感じることが確認された。しかし明らかに，セラピストやカウンセラーによる自己開示は，自覚的に行い，注意深く用いる必要がある。

7.5.4 社会的スキルと人間関係

満足がいき，その甲斐がある，社会的で親密な関係を形成して維持するためには，かなりの社会的スキルが必要とされる。例えば，新しい友人関係を確立するためには，いくつかの段階で首尾よく交渉することが必要である。自己開示を

徐々に返していくさいにともなうスキルだけでなく，会う約束をしたり，誤解にうまく対処したり，お互いに対し十分な満足感を与えたり，他者をそのひとの社会集団と関連づけたりするために，スキルが必要とされる。その人間関係を維持するためには，報酬のレベルを落とさず，葛藤の源泉に対処するか，もしくはそれを回避することが必要である（Argyle,1988）。

長期にわたる親密な関係においても，自己開示は依然として重要である。男性も女性も，自己開示が高いときに，最も高い満足を報告する。実際に，互いの関心，信念，そして意見を共有することは，たいてい性別によらず重要である（Sternberg and Grajek,1984）。

葛藤や怒りは，すべての夫婦関係や親密な関係の不可欠な要素であるが，それらに効果的に対処することは，最も満足のいく夫婦関係の証明となる（Repetti, 1989）。意見の衝突をうまく乗り越えるときに，また，過去に葛藤につながった一連の相互作用の方向をそらすさいに，スキルが必要とされる。

ArgyleとKendon（1967）は，社会的スキルの情報処理モデルを提唱した。このモデルにより，'通常の'社会的行動の過程を認知的および行動的に説明することができる。彼らはその過程を，ひとの目標，知覚，知覚から行為または運動反応（言語的および非言語的）への変換，そして対人的パートナーからのフィードバックの観察から成るサイクル，という点から見た。後にWilkinson（1985）は，そのモデルを拡張し，（自己，他者，状況の）認知的スキーマや（規範についての）社会的知識を含めた。この分野の他の研究者たちは，社会的スキルに対するセルフモニタリングの重要性を強調してきた。

社会的スキルトレーニングは，スキルの欠点を訓練する治療上のアプローチとしてArgyleとKendon（1967）によって考案された。これは，会話を始めることや続けることのように，より一般的なスキルを訓練するための集団療法として考えられていた。しかし，多くの心理学者やその他の人びとは，さまざまな集団や問題に治療的に取り組むために，この方法をうまく当てはめている（例えば，Trower et al.,1978；Wilkinson and Canter,1984）。社会的スキルトレーニングは，以下の実例に示されるように，特定の問題を持つ個々のクライエントと取り組むために，うまく当てはめることができる。

> クライエントは，関係性にある困難を持ち続けてきた夫婦である。2回のセッションでは，両者とともに面談が行われた。その後，双方のパートナーが各自に固有の困難，とくにコミュニケーションスタイルに困難を持っていることから，カウンセラーがいくつかのセッションを各自と取り組んだ後に，2人と共同のセッションを続けることになった。
>
> 夫が表明したひとつの問題領域は，妻が'ひどく自立して'いたことである。これまで，彼女はけっして彼からの（つまりこれに関してはだれからの）どんな援助の申し出も受けることはなく，ほめたり，プレゼントを買ってあげても，クリスマスや誕生日のプレゼントでさえ，どう見てもけっして否定的にしか反応しない，ということを彼は言った。彼はつねに自分のことを，いつも楽しん

で物を贈る本当に太っ腹なひとだと考えていたので，このことをとくに問題と感じている。妻の否定的な反応によって彼が受ける影響のひとつは，その関係において自分がよけいなものだと感じることである。妻は自分を必要としていない，あるいは自分を評価していない，と彼は感じている。

このことを妻と探ることにより，彼女がこのいわゆる'自立した'行動を，混乱した環境とアルコール中毒の母親を持った子ども時代に，ひとつの対処法として発達させてきたということが明らかになった。'ありがたく思いな'は，母親に何度も言われたことであった。

彼女は，夫に対して問題を引き起こしているだけではなく，この行動が職場の同僚を遠ざけ，友人を困らせていたことにも気づいていた。もうこんな風に反応する必要もないし，そうしたくもなかったが，変えることはほとんどできないと感じていた。彼女は，この種の状況でいかに反応すべきかを知らなかったのである。

クライエントといくらか討論をした後で，カウンセラーは，そのセッションの中で社会的スキルトレーニングのアプローチを用いて，直接その問題の行動に取り組むことにした。これには，'目標となる状況'を同定すること，その状況におけるクライエントの**目標**を同定すること，'目標となる行動'を同定するために**査定ロールプレイ**を行うこと，**教示**と**行動リハーサル**を用いて目標の行動を'訓練すること'，そして**強化**を与えるように表出されるフィードバックを用いて行動をシェイピングすることが含まれる。

社会的スキルとセラピーの関係

セラピーのスキルはある特定の型の社会的スキルである。これまで論じてきたセルフモニタリングや社会的知覚などのような，セラピーのスキルの認知的要素は，おそらく社会的状況で必要とされるものとひじょうに類似しているであろう。しかし，行動的要素は，いくらか異なるものである。

セラピーのスキルは，カウンセラーやセラピストの理論的位置づけや個人スタイルによって影響を受けるが，ほとんどのアプローチ，またほとんどのセラピストに共通するスキルがある。それらは，ほとんどのカウンセラーやセラピストが訓練のあいだに学習するスキルである。多くは，それらのスキルは，自分たちが現在持っている行動のレパートリーにはないので，学習が必要である。

最も共通したセラピーの行動のスキル（言語的および非言語的）は，おそらくコミュニケーションの注意に含まれるもので，クライエントの思考，感情，動機などを探り，促進し，理解することである。これは，社会的な会話に見られるものとはひじょうに異なる'話し手－聞き手'の連続であり，クライエントは聞き手であるよりも，はるかに多く話をしている。セラピストは，クライエントの反応の顕在的，潜在的あるいは情緒的内容を反映した表現を利用すること，また'進行の問い'を利用することで，クライエントの話を促進する。この問いは，特定の話題に関してさらに深く考えることをクライエントに求める言葉づかいで，暗に示される問いである。

7.6 親密性と愛情

社会心理学者たちは，確かに人間の経験のうちで最も豊富で複雑な領域に違いない愛情に，かなり最近になって，ようやく注意を向けるようになった。

愛情は，ひとつの情動である（第3章参照）。そういう意味では，愛情はだれにも生じるものである。'恋に落ちる'のを，選んでしたりはしない。また，他のひとを愛するよう自分をし向けることもできない。

社会心理学者を含むたいていのひとたちは，さまざまな型の愛情があることに同意するであろう。広く受け入れられている区別のひとつが，熱愛と友愛の区別である（Hatfield,1988）。

熱愛は，きわめて情緒的でひとの心を奪う愛情であり，高いレベルの生理学的覚醒とパートナーに対する強い思慕を含んでいる。性的感情はひじょうに強く，相手についての考えがそのひとの意識にひんぱんに入り込む。

一方，**友愛**は，相手のためにそこにいることへの責務と結びついた，パートナーの安寧や幸福についての深い配慮に特徴づけられる，愛情のこもった関係を含んでいる（Caspi and Herbener,1990）。友愛は熱愛よりも安定しており，熱愛はときおり，ときがたつにつれ友愛へと発展する（Metts et al.,1989）。

このアプローチにともなう問題の一部は，熱愛や友愛の概念は，関係性の次元というよりむしろ，カテゴリーとして扱われているということである。Sternberg（1988）による**愛情の3要素モデル**では，カテゴリーとしては扱われない。このモデルの3つの構成要素は以下の通りである。

- **情　熱**　身体的および性的魅力だけでなく恋愛感情を含む。
- **親密性**　2人のひとが互いに対して感じる緊密さ，また，互いを重んじる程度，自分自身や自分の所有物を互いに共有する程度。
- **コミットメント**　人間関係に留まることの決定，および人間関係に'愛のある'関係とラベルづけをすること

それぞれの構成要素の強さの多様性によって，質的に異なる型の関係が生み出される。このモデルにしたがえば，親しい関係において生じる好意は，親密性は高いが，情熱やコミットメントは低い。熱愛や恋愛は，情熱や親密性を含んでいるが，おそらく意味のあるほどのコミットメントは欠けている。Sternberg が'愚愛'と呼ぶ愛情（2人のひとが出会い，激しく恋に落ちて，短く激しいロマンスの後に結婚するような型の愛情）は，情熱とコミットメントに基礎をおいている。情熱がなくなると，残るのはコミットメントだけであり，親密性のない状態ではコミットメントも残り続ける見込みがない。したがって，愚愛はたいてい，つかの間のものである。

Sternberg のモデルによれば，最も完全で満足のいく愛情が'完全愛'である。この愛情は，3つの構成要素（情熱，親密性，コミットメント）すべてを高いレ

ベルで含んでいる。完全愛は獲得し難く，維持するのはさらに困難ですらあるが，Sternbergにしたがえば，長期にわたる親密な関係の理想的基盤なのである。

以上提出された愛情のモデルは，すべて本質的に記述的なものである。それらは，なぜさまざまなひとが違った形で愛情を持つのかを説明していない。**愛着のアプローチ**（Shaver et al.,1988）は，これを説明しようとしてきた。両親や養育者への初期の愛着が，他者と親しい関係を持つ方法に永続的な影響を及ぼしている可能性がある，という証拠が増えてきている。ある大規模な研究では，子どもの発達の初期にみられる3つの主要な愛着のパターン，つまり安定型，回避型，不安－アンビバレント型が，大人の関係に現れることが示された。

この研究から，子どもが愛されている，受容されていると感じる初期の**安定型の愛着**が，大人の関係における肯定的な結果のほとんどと関係があるということは，明らかであると思われる。成人期における安定型の愛着は，配慮や親密性，支持性，そして理解によって特徴づけられる。安定型のひとは，自分自身をひとなつっこく，気さくで，好感が持てると考えており，概して他者を善意の，頼りになる，信頼に値するものと考える傾向にある。不幸にも，この研究では600名以上の標本の56％しか安定型が含まれていなかった。

残りの標本は，回避型と不安－アンビバレント型の2つの愛着のカテゴリーに分けられた。両親との**回避型の愛着**（拒否の感情）を報告するひとたちは，成人になって人間関係の接近に不快感を感じており，親密さを恐れ，愛情に懐疑的で無関心であり，ある人間関係において物事がうまくいかなくなると，しりごみしてしまう傾向にあった。回避型の愛着スタイルを持つひとは，他者を信用できないと考えるか，あるいは，他者は自分を人間関係に拘束しようと過剰に躍起になっている，と見る傾向にあった。

最後に，**不安－アンビバレント型の愛着**は，人間関係についての情緒が混じり合っているのが特徴である。愛情や怒り，情緒の動揺，身体的魅力や疑念からなる葛藤した感情によって，不安定でアンビバレントな状態によくなる。不安－アンビバレント型の愛着スタイルを持つひとは，自分自身が誤解され，真価を認められていない，と考えがちであった。彼らはパートナーと親密になりたいと望む一方で，パートナーが信頼できるか，頼りになるかという疑念に心を奪われ，パートナーが自分を真剣に愛してはくれないという不安がつきまとうおそれがあった。彼らの報告には，パートナーに捨てられることを同時に恐れながらも，パートナーと完全に結ばれたいという傾向があった。

これらの知見が直感的に納得のいく一方で，初期の愛着とその後の発達との間の人間関係は，この研究が示唆するほどあまり明快なものではない。この話題の批判的な議論に関しては，8.4.1の愛着と後の人生に対する結果，を参照されたい。それでもやはり，人間関係に対する愛着のアプローチは，カウンセラーに対してかなりの含意を持っている。しかしこれは，クライエントがさまざまなカテゴリーに分類され整理されるべきだということを示唆しているのではない。後続の発達に関して初期の経験が重要であることを強調しているのである。この主題は，次の章で詳しく述べられる。しかし，カウンセリングやセラピーに関連した

中心的問題は,回避型あるいは不安-アンビバレント型の人間関係に従事するクライエントが変わり得る範囲である。この問題は,第2章でより詳細に扱われている。

7.7 人間関係の衰退と崩壊

　社会心理学では,人間関係の崩壊よりも,人間関係の形成についてかなり多くの記述がある。しかし,多くの人間関係では親密性が低下し,中にはすっかり崩壊してしまうものもある。

　人間関係の解消の原因やその処理は,関係の型によって変わってくる。友情は,地理的な離別のために持ちこたえられず,接触頻度が少なくなるかもしれない。友情が衰退する他の理由は,報酬が得られる,信頼を維持する,互いを支持する,他の人間関係に嫉妬する,などの友情の'規則',に関連している（Argyle and Henderson,1984）。

　すでに論じたように,親密な関係にはたいてい高度の葛藤が存在する。そしてカップルは,葛藤を平和的に解決するスキルを持っていないかもしれない。幸福な夫婦関係でも,不幸な夫婦関係でも,配偶者の怒りに対して,もう一方が怒り返す傾向にあるということが確認されてきた。しかし,幸福な夫婦関係においては,怒りの反応のサイクルはたいてい妻によって断ち切られ,カップルは後の段階でより穏やかにその問題に対処することができる。反対に,不幸な夫婦関係では,夫と妻で傷つくことばや怒りを交わしては互いに増大させる悪循環に陥る。ちょっとした苛立ちは拡大し,非難は相手に帰属され,そしてコミュニケーションは崩壊する（Gottman,1979）。葛藤の典型的な源泉は,金銭,不実,姻戚関係,飲酒である。人間関係の崩壊においては,暴力や酩酊,あるいは不倫などのように,崩壊を早める出来事がよくある。この後に別居の期間が続くが,これは永続的なものになるかもしれない（Argyle and Henderson,1985）。

　抑うつは,人間関係の崩壊に共通した反応であり,孤独や寂しさ,そして後悔などと結びついているかもしれない。別れるときの役割が,抑うつになる可能性に影響する。関係を終わらせたいと思うひとは,実際に関係が終わっても,関係の終わりを告げられたひとより抑うつになる傾向が弱い。これは,抑うつとよく結びつく無力感や無能感の結果なのかもしれない。ここでカウンセラーは,クライエントが状況をもっと統制することによって自己効力感を増していくための手助けができるかもしれない。

　出来事の強迫的な総括が頭の中で生じ,さまざまな情景が繰り返し再現されるかもしれない。ここからそのひとは,自己概念に組み込まれていく崩壊の説明を発展させる。この説明によって,そのひとの自己を支え,保護するような出来事のとらえ直しができる。これによって,短期的にはより強さや統制感を感じることができるが,長期的には役に立たない。

　伝統的な人間関係および文脈においては,男性は,仕事上の役割を通じて自尊感情を維持することによって,ある程度守られるかもしれない。これはまた,気

晴らしをしたり日常雑事をしたりするのに重要な要因として役に立つ。しかし男性は，女性よりも情緒的な表出をする機会が少なく，未解決の葛藤や悲嘆の感情を抱いたままかもしれない。これらの感情の抑圧は，男性に短期的な統制感を与えるが，結果的に，新しい一連の問題や困難をもたらす。

一方，女性は，打ち明けることのできる同性の友人によるネットワークを持っている傾向にあるが，自尊感情を支える仕事上の役割を持っていないかもしれない。専門職の女性は，最悪の結果となる可能性がある。仕事上の役割やアイデンティティを持っていても，痛みをともなう感情を抑圧するのは難しいと感じるかもしれない。結果として，仕事はストレスの源泉となり，さらに，専門的な援助の必要を認めようとしないのである。

最後に，元はパートナーであった2人のライフスタイルは，ともに変化する。とくに女性の場合，財源が縮小するかもしれない。両者はともに，古い役割を捨て，新しい役割を担い，新たな個人的および社会的アイデンティティを発達させる必要があるだろう。

7.8 レズビアンやゲイの人間関係

異性愛，レズビアン，そしてゲイの人間関係のあいだには多くの類似性が存在するが，いくつか重要な差異も存在する。

これらの人間関係は，しばしば本質的に不安定で，長続きしないものとして描写される。しかし，いかなる人間関係であっても，もしその関係が認められておらず，関係の価値が低められ，パートナーの社会的ネットワークの中の重要な他者から支持が得られなければ，その関係の確立と維持にともなう困難は増加する。この異性愛者である重要な他者からの支持の欠如は，多くの場合レズビアンやゲイの人間関係を特徴づけており（Kurdek and Schmitt,1987），関係の維持をより困難にしている。したがって，ゲイやレズビアンの人間関係は長く続かないという信念は，自己成就的予言となっている。

PeplauとCochran（1990）は，レズビアンやゲイの人間関係に関する研究を概観し，45〜80％のレズビアン，40〜60％のゲイの男性が恋人の関係にあるということを報告した。異性愛の関係が長続きし，うまくいくことに影響する要因は，レズビアンやゲイの関係においても重要である傾向にある。例えば，レズビアンやゲイの人間関係は，パートナーが類似した生い立ちを持ち，その関係に同程度のコミットメントを持っているときに，長く続く傾向にある（Peplau,1991）。人間関係の満足に影響する諸過程も，レズビアン，ゲイ，そして異性愛の関係を越えて類似していることが見いだされている（Kurdek,1994）。

しかし，レズビアンやゲイの人間関係の性質や構造は，かなり異性愛の人間関係とは異なっているかもしれない（Kitzinger and Coyle,1995）。違いのありそうなひとつの領域は，性に関する排他性についての'規則'に関係する（Davies et al.,1993）。とはいえ，性に関する非排他性を取り決める過程は，これを導く社会的'スクリプト'が存在しないため，骨が折れるかもしれない。

パートナーのあいだでどのように力が分配されているかという点でも，異性関係，レズビアンの関係，ゲイの関係のあいだには差異があるかもしれない。研究では，レズビアンの関係では明らかに力が同等に分配される一方で，ゲイの関係では，異性愛の関係のように高い収入のあるパートナーがより力を持つ傾向にある，ということが示唆された（Blumstein and Schwartz, 1983）。

レズビアンやゲイの人間関係の終わりは，関係にあったひとたちに特定の困難をもたらす。例えば，若さを魅力と同等視する傾向は，ゲイの男性の社会的文脈や出版物において顕著である。したがって，人間関係の崩壊を経験した年輩のゲイの男性にとっては，べつのパートナーが得られないことへの恐れがとくに深刻となる。さらにもし，レズビアンまたはゲイの男性が，他者に性的なアイデンティティを開示したときの否定的な結果を気にしている場合には，そのひとの人間関係を知っている社会的ネットワークのメンバーは，かなり少ないであろう。したがって，もしその人間関係が終わった場合，そのひとの社会的ネットワークのメンバーから与えられるサポートは，ほとんどないかもしれない。

パートナーが，その人間関係をごく少人数のひとに打ち明けることを選択した場合，パートナーの死という出来事においても，ソーシャルサポートの供給は限定されるかもしれない。死亡したひとの家族は，葬式やその準備のさいに，残されたパートナーを排除あるいは無視するかもしれない。喪失した人間関係の性質および（または）重要性をこのように否定することは，残されたパートナーをますます苦しめる。エイズによってパートナーを失ったゲイの男性の死別体験は，この状況に結びついた社会的スティグマによってさらに悪化する。残されたパートナーが十分なソーシャルサポートを受け取る機会は，なおいっそう減少する。この要因は，自分の社会的ネットワークのメンバーが，エイズで死亡するさいに，多面的な死別を経験する可能性とともに，エイズにかかっているゲイの男性にとって，エイズによる死別をとくに外傷的な経験とさせる（Wright, 1993）。

したがって，パートナーを失ったレズビアンやゲイの男性と取り組むカウンセラーやセラピストは，ソーシャルサポートの程度を査定し，可能な新しい資源を探索する必要がある。もし，カウンセラーがレズビアンやゲイの問題に通じており，楽に取り組めるならば，そのカウンセラー自身が，カウンセリングのセッションを通じて効果的なソーシャルサポートを提供することができる。

最後に，人間関係の問題により一般的に取り組んでいるカウンセラーは，レズビアンやゲイ，そして異性愛の関係のあいだの差異を強調した研究の含意を知っている必要がある。また，異性愛の関係をレズビアンやゲイの関係に一般化することや，もちろん，ゲイの男性の関係をレズビアンの関係に一般化することも避けるべきである。

7.9 まとめ

本章では，人間関係を形成し，維持し，終えるまでの理論や研究の，主要な領

域のいくつかを提示してきた。これらの研究を多く行うさいに，社会心理学者は実験室から立ち去り，一応は実世界へと移っていった。しかし，それはいくぶん制限された世界である。現存する人間関係のモデルの多くは，伝統的な夫婦および家族のパラダイムを当然のことと考え，関係性の文脈を考慮していない。例えばフェミニストは，夫婦の問題をたんに関係の述語で定義することによって，これはとくに暴力場面で問題となりうる力の関係性が，結婚パターンの多くの分析から省かれていることを強く主張する（Alexander et al.,1994）。

夫婦や関係の困難を扱う仕事には，もちろん多様な処遇の哲学，モデル，技法が存在する。これらには，夫婦の行動療法，夫婦の認知－行動療法，情緒に焦点を当てた夫婦療法，そして洞察志向の夫婦療法がある。これらのアプローチを概観することは，本章の範囲を越えている。むしろ，これらのセラピーに関するアプローチのいくつかが基礎をおいている，あるいは援用している理論や研究の概要を示してきたのである。

カウンセリングの関係は，特有の型をもつ人間関係である。おそらく，大部分のクライエントにとって，その生活の中でこれと類似した人間関係は存在しないであろう。本章では，主として近接した社会的関係や親密な関係の発達に関心を向けてきたが，これまで説明してきた通り，この分野の多くの研究が，カウンセリングの関係に関連している。

一方，自己や人間関係に関する社会心理学の文献から推測すると，カウンセラーやセラピストが考慮する必要のある多くの要因が存在する。

まずはじめに，人間関係に取り組むさいには，単位（カップルや家族）よりもむしろ個人に焦点を当てさせる**還元主義**を避けることが重要である。したがって，例えば，ある人間関係内のコミュニケーションを調べるときには，メッセージを一定の順序で並べることと連続的な相互作用のパターンは，1人のひとが話すどんなこととも同様に重要である。

第2に，人間関係の問題を探求するさいには，**認知的，感情的，行動的側面**を考慮すべきである。行動的側面にはもちろん，**言語的および非言語的双方の要素**が含まれる。さまざまなメッセージがさまざまなチャネルに変換されており，その結果として一貫性のないメッセージとなっている可能性がある。

第3に，人間関係の**動的**な性質を覚えておく必要がある。魅力や帰属，そして交換などのような過程は，互いに相互作用しており，人間関係の推移を通じて，さまざまな時点でことに顕著となるであろう。それゆえ，ある時点での人間関係にとって良いことが，後ではそうならないかもしれないし，その逆もある。したがって，不断に変化し発展する人間関係の性質を強調する動的なモデルの中で，これらのさまざまな過程の統合および相互作用に焦点を当てる必要がある。

最後に，まったく明々白々のことではあるが，心理学の理論や研究で，人間関係の豊富さ，深さ，多様性を捉えることはできていない。これらを捉えるためにはおそらく，文学，ダンス，芸術，あるいは哲学へと——そして実生活へと目を向ける必要がある。

〔本章は Jill D Wilkinson と Adrian Coyle に依る。〕

第7章　対照語リスト

actor-observer bias	行為者―観察者バイアス
anxious-ambivalent attachment style	不安―アンビバレント型の愛着
assessment role-play	査定ロールプレイ
attachment approach	愛着のアプローチ
attitude	態度
attribution	帰属
attribution style	帰属スタイル
avoidant attachment	回避型の愛着
bargaining	取り引き
behavioural rehearsal	行動リハーサル
belief	信念，ビリーフ
commitment	コミットメント
comparison level	比較水準
comparison level for alternatives	選択比較水準
companionate love	友愛
consensus	合意
consistency	一貫性
continuity	連続性
cost	コスト
depression	抑うつ
distinctiveness	弁別性
feedback	フィードバック
fundamental attribution error	基本的帰属の錯誤
goal	目標
grobal/specific dimension	一般／特殊の次元
group	集団
identity	アイデンティティ
identity process theory	アイデンティティプロセス理論
implicit personality theory	暗黙のパーソナリティ理論
impression formation	印象形成
institutionalization	制度化
instruction	教示
matching hypothesis	釣り合い仮説
membership	メンバーシップ
norm	規範
outcome	選択結果
over-disclosure	過剰開示
passionate love	熱愛
personal attribution	ひとへの帰属
personality	パーソナリティ
person perception	対人知覚
physical attractiveness	身体的魅力
proximity	近接性
pseudo-disclosure	疑似開示
role	役割
role conflict	役割葛藤
reductionism	還元主義
reinforcement	強化
relationship	人間関係，関係性
repression	抑圧
reward	報酬
rule	規則
sampling	サンプリング
schema	スキーマ
script	スクリプト
secure attachment style	安定型の愛着
self	自己
self-actualization	自己実現
self-awareness	自己覚知
self-concept	自己概念
self-disclosure	自己開示
self-efficacy	自己効力感
self-esteem	自尊感情
self-fulfilling prophecy	自己成就的予言
self-monitoring	セルフモニタリング
self-perception	自己知覚
self-schema	自己スキーマ
self-serving bias	自己奉仕的バイアス
shaping	シェイピング
similarity	類似性
situational attribution	状況への帰属
social comparison	社会的比較
social exchange theory	社会的交換理論
social network	社会的ネットワーク
social penetration theory	社会的浸透理論
social skill	社会的スキル
social skill training	社会的スキルトレーニング，社会生活技能訓練
stable/unstable dimension	安定／不安定の次元
stigma	スティグマ
triangular model of love	愛情の3要素モデル
under-disclosure	開示不足
value	価値

訳者コラム
関係的な視点をもつこと

文野 洋

　この章では，社会心理学の知見の中でも，とくに「自己」，「対人知覚」，そして「人間関係」に関する知見が紹介されている。また，カウンセリングやセラピーに対してそれらの知見が持つ意味について，各所でふれられている。
　本文で述べられているように，カウンセリングやセラピーにおいて問題とされることの多くは，確かにクライエントの「人間関係」そのものか，人間関係に影響を与えている要因（「自己」や「対人知覚」）に関することであろう。したがって，カウンセラーやセラピストを志すひとにとっても，自己や人間関係に関する社会心理学の知見を把握しておくことは，やはり重要なことである。
　しかし，ただ単にそれらの知見をうのみにするのではなく，カウンセリングやセラピーに対する意義について批判的にとらえることが必要であろう。さもなければ，本章の内容は，カウンセリングやセラピーの場面でよく生じる現象を，社会心理学の用語で言い換えただけで終わってしまうことになる。
　この意味で，本章の構成はかなり配慮されているといってよい。社会心理学の概念や理論を説明しながら，それが実際のカウンセリング場面でいかに問題となって現れるか，また，どのようにして解決に取り組むのか，という視点からまとめている。さらに，カウンセリングの場面においてカウンセラーが行っていることや，その注意点についての記述も含まれている。ただし，心理学の入門書という位置づけからか，概念や理論の説明に分量がさされ，それらの記述はそれほど詳細ではない。したがって，読者の次のステップは，この点についてさらに考えを深めていくことであろう。
　社会心理学の知見がカウンセリングやセラピーに対して持つ意義について考えていくさいには，「他者を含むその場の状況との関係から個人をとらえる」という視点が役に立つ。これは，かなりおおまかにいって，社会心理学の特徴ともいえる視点である。
　例えば，カウンセリングにおいてクライエントが「自己」を語るという状況を想像してみる。ここでクライエントがしていることは，クライエント自身が個人的に持っている自己概念の表出というだけでなく，セラピストやクライエント自身に対して自分をどう説明するか，という自己を位置づける作業（アイデンティティの作業）としてもとらえられる。ここから，クライエントが自己について「何を」語るかだけではなく，「どのように」語るかという点にも注意が向けられる。それによって，クライエントが抱えている困難がはじめて見えてくることも十分に考えられる。
　このように，カウンセリングの場面もひとつの状況としてとらえ，そこでクライエントやカウンセラーが行っていることについても，考えてみる必要がある。こうした理由で，カウンセラーのセルフモニタリングや社会的スキル，クライエ

ントの印象形成に関して生じるバイアス（偏り）などについて，本文でも注意点や問題点が指摘されているのである。

ところで，本章では取り扱われなかった知見の他にも，ストレスとコーピング，自己と抑うつなど，カウンセリングやセラピーに関連した社会心理学の研究がなされてきている。また，社会心理学からの臨床心理学の領域へのアプローチとして，それらの研究の成果をまとめた文献がいくつかみられるようになってきている（例えば『不適応と臨床の社会心理学』；M.R.リアリー・R.S.ミラー著，安藤清志訳，誠信書房，1989）。本章を読んで，社会心理学と臨床心理学との接点に関心を持たれた読者は，この種の文献にあたるとよいであろう。

最後に，本章のタイトルにもなっている「人間関係」という訳語について，若干の解説を加えておこう。

本章では，"relationship"に対する訳語として，「人間関係」「関係」「関係性」を用いている。それぞれの語への訳し分けは，おおむね次のようにして行った。

「人間関係」は，ひととひととの関わり合い全般を意味している。ひとつあるいは複数の文中に「人間関係」が立て続けに用いられる場合には，読みやすさを重視して，単に「関係」として訳出している。

「関係性」は，数は少ないが「関係の性質」の意で用いている。例えば，「熱愛」「友愛」「力」など，人間関係に帯びる性質や，その集合を指している場合である。

"relation"の訳語としても「関係」を用いている。この語は，ひと以外の抽象的なかかわりの意味が強いが，人間関係に用いられる場合は，「親と子」などのように，人間関係上の役割のみをさしているものとして訳している。

以上の語の使い分けは，本章の内容を把握するうえでは，ある程度役に立つ。しかし，これらの用語を一貫して分類するのは，実際には難しい。

ここでも大切なのは，用語の使い分けそのものよりも，それを通して用語のもつ意味について考えてみることである。とくに，「クライエントとカウンセラー／セラピスト」という「関係」や「関係性」について問い直すのは，きわめて重要なことであるし，そこからさまざまな問題を考えることができるように思う。

（ふみの よう・東京都立大学）

第8章　生涯発達：乳児期と幼児期

8.1　はじめに

　本章の第1の目的は，幼児期の発達を記述し説明する試みにおいて，**発達心理学者**が近年探求している問題を選択し要約して示すことである。さまざまな年齢における子どもの能力について，そして子どもがどのように発達するかについては，かなり知られている。しかし，そのような発達の通過ポイントの要約を示すことは，本書の目的にあまりあわないし，発達の教科書ですでに述べられているようなことを繰り返す以上のことはない。

　そのかわり，カウンセリングやセラピーにおいてとくにその証拠が説得力を持ち興味をそそるようなもので，カウンセリングやセラピーに関わるひとにとって重要であるような‘テーマ’を示すことにしよう。そのことで，認知面，社会面，言語面，そして運動面の発達といった伝統的な節をたてなくていいという付加的な好都合を生じる。でなければ，これらの節によって，私たちの幼少期の理解をかなり人工的に区分してしまうことになるのである。

　心についてのカウンセラーがとくに関心をもっているようなことを書くが，この章の内容は精神病理学に基づいているわけではない。言い換えれば，‘うまくいっていない’発達ばかり扱うわけではないということである。むしろ正常な発達やそれについて既知のことをみるのである。発達からの顕著な逸脱に焦点化するのではない。

　この立場をとるには理由がある。第1に，子どもであれ，青年であれ，成人であれ人生においてカウンセリングを求める多くのひとは，異常な発達を遂げているというよりむしろ，‘正常な’発達を遂げてきているのである。第2に，たとえ，発達が規範からかけ離れたところにあったとしても，そのような発達を説明するためには，異常性を〔正常な発達から〕全く切り離した説明で扱うより，規範からの逸脱に関連して理解した方がよいことが多い。

　第2の目的は，幼少期の地位について重要な問題に関するものである。私たちの多くは，幼少期特有の特質に帰して考える。私たちは，後に成人してからの人生において，幼いころの経験が果たす役割に関連して，幼少期が生涯にわたって

特権的な立場にあると仮定している。私たちは，〔母性や環境刺激を〕剥奪されたり不幸せな幼少期を過ごしたにもかかわらず，情動的にも物質的にも成功した成人の人生を送っている人たちには驚く。しかし同時に，私たちは，後の人生での失敗や逸脱を，'困難な'幼少期を経験したことに関連させて解釈してしまいがちである。言い換えるなら，私たちは，発達の各段階がかなり連続しているものと仮定して世界を解釈する。そして，連続していない実例に驚くのである。そのように思っていていいのだろうか。この問いは，初期の関係性についての節において直接提示されている。しかし，この章全体においても深く関わるものである。

8.2　心理的な発達はどこではじまるか

　発達は，年齢に関連した変化に特徴づけられる。その変化は漸進的であり，結果的に，行動的な変化や，多くの場合，心理的進歩につながる。いわば3歳児の能力を，3か月のころと区別するだけでなく，3歳児の能力は，それ以前のスキルが進歩したものでもある。この原理は，運動の発達においてもっとも明白に示される。走ったりスキップをしたり飛び跳ねたりできる幼児の運動スキルは，もっと赤ちゃんだったころと区別できるだけでなく，その子どものそれ以前の能力に組み入れられ，その能力のうえに構築されたものである。しかし，発達の研究はどこから始めるべきだろうか。

　心理学者は，当然のことながら誕生を始まりとしてきた。文字通り，乳児が外界に出てきた瞬間である。しかし，最近では，技術の変化にともなって理論的な立場において変化が生じ，そのおかげで，心理的発達を研究する出発点が移行してきた。'リアルタイム'の超音波スキャナー〔訳注1〕によって，私たちは，おなかにいる赤ちゃんを観察することができ，誕生以前の行動を特権的にみることができる。そのうえ，胎児発達後期の段階における感覚発達はかなり示されている。たとえば，胎児の指しゃぶりや驚愕反応などである。このように，誕生は人生の決定的な瞬間をあらわすものである（新生児は，はじめて呼吸したはずだし，全く新しい感覚と心理的環境を経験しているはずである）と同時に，必ずしも，心理的発達の出発点であるというわけではないのである。

　たとえば，研究によって，*胎児期の学習 in utero learning* について有望な証拠が示されてきている。臨月に入った胎児の発達において，母親の声や音楽のような〔おなかの〕外の音が子宮内の生活でのかなりの雑音に関わらず聞き取ることができるというように，聴覚はかなり発達している。この感覚能力は，心理学的に意義があることも示されてきた。SpenceとDeCasper（1982）によると，おなかのなかにいるときに母親によって特定のひとつの文章を繰り返し聞かされた新生児は，他の文章ではなくその文章に対して選好性を示した。そして，他の人がその聞き慣れた文章を話すときに比べ，母親が話したときの方が，より選好性を示した。このタイプの知見の意義は，胎児の感覚能力をただ確認したというだけでなく，胎児が学習することができる——新生児は実際，それなりに慣れるにつ

れて文や話し手を再認する——ということをも示唆する。

この種の証拠に直面して主張すべきポイントが2点ある。第1に，発達心理学は，文字通り一段階もどって，深刻に誕生前の発達について考えなければならない。第2は，もっと議論の余地のあるものである。幼少のころの発達について，精神分析的には，もっとも幼いころの経験が現実的，心理学的に重要であるということが述べられてきた。この種の，誕生以前の心理的生活の証拠から，より長期間にわたって，そのような精神分析的説明に対する科学的信頼性が増すことだろう。

8.3 '有能な'子どもについてのモデル

もし，ここ30年間の発達心理学における変化をひとつあげるよう求められたら，発達学者の多くは，乳児や子どものコンピテンスに対して学者の態度が全般的に変化したことだと言うだろう。私たちは，初期の人生に対する明らかに否定的な見方からかなり肯定的な見方へ変化してきた。

ピアジェ Piagetは，ほとんど独力で，発達心理学を築き上げた学者であるが，彼は，発達を段階的（ひじょうにうまく適応する方向ではあるが）過程として特徴づけた。そうすることで，彼は必然的に，発達のより早い段階では欠如していて後の発達で達成する能力に焦点をあてた。このように，おそらく見落としてしまったために，彼は，赤ちゃんや幼い子どもたちに何ができるかではなく，何ができないかということに注目した。

この傾向は，近年，逆転してきている。今日，発達心理学者は，発達初期の欠損よりむしろ，達成や能力により専念することによって，いままでとは異なった絵を描いている。選ぶべき例は限りなくあるので，抜粋して紹介する。

8.3.1 乳児期初期の達成

乳児のコンピテンス（認知的なものも社会的なものも）の特徴づけは，最も劇的な変化を示してきた。ジェームス William James（1890）は，新生児の世界を'途方もなくがやがやした混乱'のようなものとして，新生児を'未発達な不定型の原形質'と記述した。仮にそうだとすると，幼い赤ちゃんは，心理学的探求に値しないことになってしまうだろう。

しかしながら，私たちはいまや，乳児期初期に対するこのような態度が全く間違いであることを知っている。新生児は明らかによく発達した感覚能力，とりわけ視覚を備えており，複雑な学習の能力も備えているのである（Papousek,1967）。新生児のスキルについてのすべての証拠について，2領域での研究が論じられるだろう。その領域とは，一般的なポイントを個々に実証するという領域と，それと同時に後の社会的生活について深い示唆を得るという領域である。

生後最初の2年間，乳児は物体があり，ひとがいる世界について学習する。そ

して，その世界についてどのように話すかについても学習する。この習得はまったく顕著なものである。この発達に前もって必要なスキルの多くは，生得的であるか，ひじょうに素早く学習されたかのどちらかである。そしてそれゆえ，乳児期の達成を説明する何かを用意するのである。しかし，発達は，厳密にどのように生じるのだろうか。なぜ，乳児は，ほんの少しの時間で世界と折り合いをつけ，その世界における積極的な参加者となるのだろうか。

私たちが生得論を訴えると仮定するとどうだろうか。つまり，これらのスキルは遺伝的に前もって組み込まれたものであり，運動発達が相対的に環境的影響に左右されず，必然的で，順序づけられた事象の連続として展開するのとちょうど同じようなやり方で，これらのスキルも展開することになる。その一方，私たちは，初期の発達が並はずれた熟達化のゆえひじょうにうまくいくのだと論じようともするだろう。大人は，その並はずれた熟達化の助けを借りて，赤ちゃんの最初の数か月間を構造化し影響を与え，その子どものために文字通り発達を創り出すのである。

これら両方の観点が，程度の多少はあるものの心理学理論に反映されている。そして，発達心理学者の抱える問題は，その2つを選ぶことではなく，それらの相互作用の性質を特定することである。2つの全く対照的な例がこの点を示している。

最初の例は，初期の顔の再認に関する研究に由来する。乳児が顔を再認する年齢および顔を再認するときのメカニズムに関わる科学的文献では，最近進行中の論争がある。それは，氏か育ちかの論争であり古典的な例である。人の顔を再認する能力abilityは生まれ持ったものなのだろうか。つまり，何らかのかたちで前もって組み込まれたものなのだろうか，それとも，顔を再認する能力が時系列的に徐々に学習されたのだろうか。

この種の問いは，初期の認知に関心をもつ研究者にとって，明らかに関心の的である。しかし，ここで問題となっているのは，認知的スキル以上のことである。母親の顔の再認は，幼い赤ちゃんについて，初期の認知的コンピテンスと同様，社会的コンピテンスについても提言しようとする研究者にとって，かなり大きな意味がある。この領域の最近の研究は，双方の特定の議論を活気づけ，私たちが初期の社会的コンピテンスを練り直すことに寄与する。

ブッシュネル Ian Bushnellと共同研究者たちによる研究（Bushnell et al., 1989; Sai and Bushnell, 1988）では，生後最初の数日（ケースによっては，数時間）のあいだに，新生児は，自分の母親と，外見を似せた見知らぬ他人とを区別することができる。さらに，これらの新生児は，嗅覚や聴覚など他の手がかりより，視覚的な手がかりにもとづいて母親を区別しているのである。この知見は，視覚的能力の測度として，全く驚きであり，社会的発達についての示唆となるものである。生後最初の数週間のスキルについてのこの知見は，通常，生得的能力capacityの証拠とみなされている。

しかしながら，この例において，乳児は生まれながらに母親がどのように見えるかを知っていると提言するのはおかしいだろう。さらに，ブッシュネルのさらなる研究からの証拠は，乳児が母親の特徴全体を認識する前のしばらくのあい

だには，正面からの顔や特徴の半分で母親を再認することを見いだしており，そのことからいくらかの学習が明らかに含まれていることを示している。ここに，生後まさに最初の数週間で，測定可能な初期の知識が見いだされるが，その知識は明らかに環境の経験をともなうものである。これらの知見について可能な説明をみる前に，私たちは，話を進めて，二分法としての氏か育ちかという概念化に挑戦するようなもうひとつの例を考えることにする。

　この第2の例は，模倣に関する理論的要求に関わるものである。その議論は，発達的変化の説明としての模倣の一般的な役割についての問い，そして開始の年齢，すなわち，いつ赤ちゃんは初めて模倣するのかという問題に再び焦点化する。

　スキナー Skinner のような学習理論家は，模倣が人間の学習にとって根本的なものであると提言する。彼は，言語発達がこれらの原理に訴えることによって説明できると主張したほどである。スキナーは次のように論じた。幼い乳児が発声し，親がそれらの発声を選択的に強化する。そして，その発声は，自国語の単語にもっともうまく近づいていき，赤ちゃんによる〔単語の〕生成の頻度が増加するのである，と。

　しかしながら，その議論は，たんにそのままになっているわけではない。チョムスキー Chomsky が指摘するように，言語発達の説明としてこの理論には致命的な欠点がある。第1に，言語発達はひじょうに短時間に生じるものなので，模倣という観点からそれを説明することはできない。第2に（そして，より深刻なことであるが），子どもは言語を習得するさい，体系だった誤りをおかす。しかし，大人はそのようなタイプの誤ったことばを用いないので，たんに大人を模倣しているとはいえない。例えば，子どもは過剰修正という誤りをおかす。過剰修正とは，'he went'と言うところを，'he goed'と言ったり，あるいは，'her house'と言うところを，'she's house'と言ったりする誤りである。チョムスキーは，これらの創造的な誤りは，模倣を主張するよりも，むしろ，言語の規則性に対する生得的な敏感性によってのみ，説明することができると論じる。模倣は，唯一の，あるいは，原初的な言語発達のメカニズムではありえない。

　もちろん，模倣の役割を全く考えないということはおかしい。子どもが，発達的形態としてのエスペラントではなく，自国語（それは，英語であったり，フランス語，日本語であったりするのだが）を獲得するという事実は，模倣が生じていることを示している。言語学習の例以外にも，私たちの多くは，模倣が心理学的に的外れであると仮定するのはおかしいと認めるだろう。生涯を通じて獲得される多くのスキルは，人間のスキルと行動が，他者によって直接示されるという単純だが強力な事実から生じる。そして，コピーという単純な行為によって，これらの多くはまだわずかな知識や能力しかもたない個人にとって利用可能なのである。

　チョムスキーのようにピアジェも，自分の説明が，学習理論に一致するように思われることを避けるために，苦労して模倣の役割を考慮しないようにし，発達のなかで子どもが担う重要な役割を軽視しようとした。ピアジェは，模倣には前もって必要な認知的スキルがあり，それゆえ真の模倣は，乳児期の相対的に後半の，子どもがもっと基礎的な心的象徴を獲得した時期にしか現れないと提言する

ことで，このジレンマを避けた。
　しかしながら，MeltzoffとMoore（1983）の最近の証拠では，誕生後すぐに乳児は，遅延模倣をする能力があるということを示した。しかも，それは，ピアジェが2歳になるまではうまくいかないと否定した能力である。Meltzoffは，（舌出しのような）ある身振りを大人が提示すると，生まれたばかりの赤ちゃんが確かにまねるということを示した。そして，生後もっとも早い時期から他者を模倣する能力capacityを実証したのである。
　これら2つの例，すなわち，新生児が母親を再認することと初期の模倣は，生後早い時期についての私たちの概念に対して，強力に挑戦するものである。これらの例の両方が，乳児の顕著なコンピテンスを実証している。しかし，生得的なメカニズムだけ，あるいは，環境の影響だけを訴えることはできない。ブッシュネルもMeltzoffも，彼らの知見をモダリティ間の写像として知られている能力abilityに関連して説明する。**モダリティ間の写像**とは，乳児がさまざまなモダリティ〔様相〕からの感覚入力を対応するものとして扱う能力のことである。
　このように説明することで，私たちは，生得的な装置を主張する必要もなければ，環境の影響が第一であると訴える必要もない。かわりに，私たちは，認知的メカニズムによって，学習が可能となるその迅速性を認める。新生児が，環境，とりわけ社会的世界に対して最大限に敏感であることを確かなものとする。
　乳児期について私たちの考え方を変化させるような，このタイプの研究のインパクトは，幼少期の発達についての研究によっても対応づけられてきた。やはりそこには，幼い子どもの印象的な能力を記述し説明する方向への顕著な変化がある。それは，たんに，より年長の子どもに比べて認知的かつ社会的に不足していると記述するものとはちがっている。発達のありとあらゆる側面において，6－7歳以前の子どもが，ピアジェの理論では否定されてきた顕著な能力をもつことが示されているのである。

8.3.2　幼少期の認知的コンピテンス

　幼児は，有能な思考者（Donaldson,1978）であり，推論的で演繹的な推理もでき（Bryant,1972），大人のような記憶容量もあり（Chi,1978），数学的にも有能である（Gelman and Gallistel,1978）。あげるときりがない。だからといって，5歳児と大人が，認知的能力について相違がないといえるだろうか。
　子どもの並外れたコンピテンスを示す研究では，子どもは，かなり特定の文脈下でしか，'大人のように'操作することができないということも，明らかにしている。すなわち，彼らの能力は，かなり**文脈に敏感**な，あるいは，**領域固有の**ものなのである。換言すると，子どもたちをテストするために用いたさまざまな認知課題が彼らにうまくできるかどうかは，その課題の提示のされ方，その領域の熟知性，および，課題そのものの文脈，とくに，社会的文脈や大人と子どもの相互作用に依存する。簡潔に言うと，子どもは課題が自分にとって意味のあるやり方で提示されるとき，彼らが大人の意図が理解できるとき，そして，彼らが課

題の性質を理解できるときには，適切に推論でき，(簡単な)数学を解くことができる。この種の文脈的なサポートがなければ，幼児たちは，伝統的なピアジェの見方にたったときに，私たちが予期する通りの間違いをおかす。

　私たちが，特定の状況において認知的に有能であるような子どもを(乳児とは対照的に)特徴づけるときの重要なポイントは，思考そのものでさえ，社会的側面に思いをめぐらせることなしには理解することはできないと示すことによって，幼児の社会的敏感性を強調することである。

　社会的世界は，それが幼い乳児にとって重要であるのと同じくらい，幼児の理解にも重要である。そして，社会的発達は，認知的発達と簡単に切り離すことはできず，逆もまたしかりである。さらに，私たちは，大人であっても子どもと同じように，文脈的影響を受けやすいということもわかっている。大人と子どもの差異は，以前の考えよりずっとわずかである。

　典型的に，有能な〔優れたコンピテンスを示す〕子どものモデルは，印象的な認知的スキルを有するものとして述べられている。しかし，これは社会的文脈のなかで考慮されるべきものである。応用的な見地からは，学校で子どもたちを教える方法について問題となっており，明らかに重要で教育的な意味がある。しかし，あらゆる種類のカウンセリングという文脈——いわば，子どもたちと子どもたちの言っていることを，より深刻に受け止めなければならないような文脈——では，子どもに関わり始めるひとにとって中心に位置するもっと広い意義がある。

　私たちは，子どもたちの訴えや行動を，'彼らの年齢'のゆえ理解できない結果(もちろん，これは場合にもよるのだが)であるとして自動的に片づけることができない。そのかわりに私たちは，〔子どもたちが〕早くから有する認知的能力 capacity についての心理学的証拠の重みを考えれば，どうしても行動の正確な文脈をよく見なければならない。この点について，ひとつ例を示す。

　法律的な事例において，子どもの目撃者としての妥当性の議論が長いあいだある。10歳になる前の子どもたちは，大人と同じだけの記憶能力 capacity がないので，あるいは，証拠をゆがめてしまう傾向があるので，信頼できないと考えられてきた。もっとも最近の研究からの証拠では，認知的スキルに関する一般的な研究と同様に，このことは，必ずしもそうではないということを示唆する。むしろ，子どもたちは，大人のように，〔記憶の〕再生の正確さに関しては時間の経過に刺激を受けやすいのだが，自分が見たもの，あるいは，自分に起こったことについて，大人ほど奇異な主張をしたりはしないようである(Dent and Flin, 1992)。この研究は，目撃証言について検討中の問いに特定的に関連するものである。その一方で，私たちのように，子どもを扱っており，実際に子どもたちが話すこと以外に判断できるものが何もない者にとって，この研究はより広い意義を持つ。

　この節ではここまで，子どもや大人の個人差にとくに言及せず，発達についてより一般的な観点で述べてきた。さらに進んで関係性の性質についての問いを見る前に一段階もどり，よく知られている差異についていくぶん考察する。それは，子ども間にあるいちじるしい差異，そして，もっとも基本的な水準ですら，さまざまな大人によって子どもとの関係の取り方が異なるものだが，その差異である。

8.3.3 個人差と気質

　多くの心理学の学生は，心理学ではひととひとの相違を説明することがほとんどないとがっかりする。これは，まさに心理学の役割とすべきものであるのに。——なぜ同じやり方で行動する人と違うやり方で行動するひとがいるのだろう。発達心理学は，とりわけ，普遍性——文化的，個人的多様性なしに生じる発達——に関する問いに焦点化してきた。しかし，いくつかの注目すべき例外がある。

　明らかな例外は，発達的行動遺伝学において行動の生物学的制約を記述しようとする領域である。たとえば，どのくらい，遺伝的傾向という点から多動や自閉症が説明できるだろうか。しかし，主流の発達心理学のなかからも例はある。それは，個々の子どもの相違や子どもに対する大人の応答のしかたの相違に敏感であると思える発達の諸側面をはっきりと示すものである。発達の多様性の重要性を実証するこれらの側面の例を紹介しよう。はじめの例は，乳児の気質に関連するものである。

　かつてある共同研究者が，気質とは，子どもが2人以上いるひとならその存在を信じられるものであると述べた。子どもの世話や乳児の行動についての育児書には，扱いやすい赤ちゃんについてのレトリックしか書かれていない。4時間続けて眠り，つぎの4時間の眠りにはいる前に授乳となるような赤ちゃんである。本当のところ，まさにこの通りに行動する乳児もいるだろうが（見たことはないが），そうでない赤ちゃんもいる。なぜ，ある家庭では子どもがいつも夜中眠るのに，べつの家庭では同じくらい一貫してそうしないのだろうか。私たちはこれをどのように説明できるだろう。同様な行動上の相違は，心理学的刺激に対するさまざまな反応だけでなく，食事や泣きのパターンにも見出されうる。

　興味深いことに，多くの学習理論のような説明では，環境の影響，とりわけ，親（とくに母親）の行動を主張する。ちょうどよい研究の証拠があるが，それは，子どもの世話という実践がどのように乳児の行動に影響を与えるのかを示すものである。もっとも顕著な証拠は，通文化的研究である。たとえば，SuperとHarkness (1982) は，ケニアのKipsigisでは，乳児は昼も夜もずっと母親といっしょに過ごすのだが，日中は起きていて，夜は眠るという傾向がないことを見出した。実際，この研究において，もっとも長く幼い乳児が眠ったのは，4.5時間であった。ちなみに，西洋の乳児のサンプルでは8時間である。

　いくつかの水準において，行動は社会的パターンとその影響に制御され順応する。そして，文化的相違についての説明を供給する。しかし，同じ文化や家族内にいる子どもたちのあいだにも個人差があるのはなぜだろう。

　この問いについて草分け的研究が，ThomasとChess (1977) によってなされた。彼らの最初の縦断研究は，時系列的に子どもを追跡することで，乳児には誕生時から顕著な気質の相違があるということを示した。彼らは，扱いやすい，気むずかしい，ウォームアップの遅い，という主として3つの気質の分類を同定した。

- 扱いやすい子どもとは，全般的に，気分はよく，日常的なこと〔授乳・睡眠など〕や新しい経験にすぐ順応する。
- 気むずかしい子どもとは，しばしば泣く傾向があり，否定的に反応し，日常的なことも不規則である。
- ウォームアップの遅い子どもとは，活動水準が低く，順応しにくいという特徴がある。

頻度については，3つのグループそれぞれがおおよそ40%，10%，15%である。そして，主張としては，これらの基本的な気質的特徴が幼少期を通して，かなり安定しているということである。

気質は，これまでなされてきたさまざまな双生児研究からの支持もあり，この結果は，気質との強力な遺伝的結びつきを示唆するものである。にもかかわらず，乳児の気質と親の行動とのあいだにも重要な結びつきがあるので，決定的な要因は，乳児の気質とさまざまな親の態度との適合であるように思われる（Plomin and Thompson, 1987）。

扱いやすい乳児は，文字通り，育児という仕事をよりやりやすくし，その上，親の気質と行動の特徴が，子どもについて有意義な結果を導きうるのである。換言すると，乳児が親に影響を与えるのと同じように，親が子どもに影響を与えうるのである。行動遺伝学者は，遺伝指標を単独で追求しようとするものだが，もっとも熱心な行動遺伝学者でさえ，これらの遺伝−環境相互作用に焦点化する。実際，いまや知能自体もこれらの用語で表され，それゆえ，もともとの氏か育ちかの議論からは論争が移り変わっている。

生物学的制約と環境的要因とのあいだでのこれらの明白な相互作用は，今日の発達心理学における多くの研究の核心に位置するものである。そして，しばしば，発達における因果についての論争が付け加えられる。要するに，論争は適切なものといえるところまで達してはいるが，しかし，その相互作用の性質を同定するのは，あまりに困難な課題だということである。

8.4 初期の関係性と発達に与えるインパクト

後の発達を決定するさいの初期経験の役割に関する問いは，この章の中心である。しかし，先の節で示したように，答えは容易ではない。しかしながら，この節において，私たちは初期の情動的関係と後のインパクトについて考え提案しながら，その問題に正面から取り組むつもりである。有用な証拠と関連する理論を考察する前に，鍵となる問題について概観する。その問題は，心理学者が扱わなければならないものであり，そして，幼少期に特別な性質があると広く受け入れられている信念がどのようなものであるのかについて意見を述べる役割を担うものでもある。

第1は証拠である。私たちは，幼少期が後の人生に影響を及ぼすということに

ついてどのような証拠を得ているのだろうか。幼少期には潜在力があるという信念の科学的基礎はあるのだろうか。第2に，心理的な幸福感を決定するさいに，初期経験が後の経験より重要であるということに理由はあるのだろうか。すなわち，私たちは，幼少期を青年や大人の経験以上に特権的な位置にあると信じていいのだろうか。第3に，それらの影響に臨界的な経験があるのだろうか。これは，後にいかに補償しようとも，初期のダメージ，あるいは，初期の恩恵をぬぐい去ることはないといったような明白で長期的な痕跡を残すと仮定するものである。最後に，特別に心理学的に敏感である幼少期のうちに，そのようなものとして認識すべき発達の時期があるのだろうか。

もしこの問いに対して神が答えたとしたら，実際，カウンセリングの相手が大人であれ，子どもであれ，カウンセリングに関わるだれにとっても顕著な立脚点を与えられることになるだろう。もし，そのような答えが与えられるとしたら，育児や子どもの世話についての確固たる規則を用意すると同時に，困難を経験している大人をどのように扱うかについての処方を備えることになるだろう。さらに，人生の初期にいくぶん欠けていたものがあったような人びとを，どのように補償するかに関して，情報に基づく推測をすることができるかもしれない。そして，どのような人が，カウンセリングや，あるいは，他の心理的介入によって恩恵を受けるのか否かについて，決めることさえできるかもしれない。

上で概観したような問いは，程度に多少はあるが，心理学的理論や研究によって，すべて方向づけられてきた。これらの問いが取り組まれてきた道筋を論じることにしよう。結果として，答えが明白とは言えないことがわかるとは思うけれども。

8.4.1 愛着と後の人生に対する結果

愛着とは，乳児と第一養育者とのあいだの密接な情動的関係のことである。発達心理学は，この関係の性質とその成り行きをずっと探求している。それは，正常な情動的発達にとってひじょうに決定的であると，フロイト，そして後にはボールビィ John Bowlby によって論じられたからである。フロイトは（第2章で論じたように），乳児が口唇への満足感を与える人物（たいてい母親）に愛着を抱くようになると述べた。しかし，ハーロー Harlow による一連の有名な研究（Harlow and Zimmerman, 1959）において，食物と口唇への満足が，乳児の愛着について第1の源というわけではないことを見出した。ハーローは結論として以下のことを見出した。サルが誕生時から母親と分離され，1体は食物を供給するが針金で作られており，もう1体は布で作られているような2体の代理母親に'養育'される。すると，そのサルは，たとえ針金の母親が食物を供給してくれるとしても，布の代理母親とともに過ごす時間の方が多いということである。さらに，そのサルは，新奇で威嚇的な事象に直面すると，針金の母親より，快適さの源として布の母親を利用した。これらの知見は，少なくとも乳児齢のサルが求めるものは，食物それ自体よりもむしろ，接触の快適さだということを示唆する。

人間関係に関してその領域で最も影響力のある人物は，ボールビィ（すなわ

ち，Bowlby,1953,1980）である。彼は，初期の母子の愛着についてその中心的性質を強調し，フロイトよりさらに進んで，後の発達へのインパクトについて，精神分析学的主張をした。ボールビィの初期の主張（Bowlby,1953）は，母親と乳児の愛着に関するもので，乳児の精神保健〔訳注2〕は，'母親との暖かく，親密で，継続的な関係' を持つことに依存するという彼の信念の中心をなしていた（p.13）。

この主張には，探求しなければならない2つの鍵となる側面がある。第1は，ボールビィの議論が，'可塑的でない' 関係性――すなわち，母親とのあいだの唯一の愛着に関するものであったことである。第2に，彼は，愛着は継続的でなくてはならず，中断してはいけないと論じた。これらの基準に従うと，ボールビィは，幼少期に満足のいく愛着を形成できないために，あるいは，母子分離による愛着の崩壊のためにダメージが生じるのは避けられないことであり，取り返しのつかないことなのだと仮定する。さらに，ボールビィは，発達の過程で，愛着を形成すべき臨界期があるという比較行動学の理論の影響も受けていた。

これらの主張は，初期の関係性のタイプについて，および，満足のいく愛着が得られないときに乳児の後の人生に続くであろう災難について，先を見通した含意がある。この主張を支持するものとして，ボールビィは，乳児の施設保育の影響に関するGoldfarb（1945）による証拠に訴える。Goldfarbは，母親から引き離され，施設で育てられた子どもは，正常な家庭で育った子どもと比較すると，後の人生において深刻な人格障害に発展する重大な危険性があるということを示した。

しかし，もともとの議論は，幼少期に施設で過ごすのは悪影響だという主張を越えていて，母親からほんの少しでも離れると深刻な影響をもたらすとしていた。'母性剥奪' の影響に関して展開した研究の全領域が，ボールビィの主張に基づいていた。

最近は，ボールビィの極端な見解には批判的な立場をとり，十分な証拠に基づいてなされる研究が多い。この証拠について考察する前に，ボールビィの研究を見通して述べる価値がある。心理学において，長期間にわたって書かれた他の主要な人物と同様，歴史は彼の研究のかなり静的な観点を報告する傾向がある。そうするとき，ボールビィが後の著作において劇的に彼の観点を変更した（すなわち，Bowlby,1988）という事実をしばしば見落としてしまうのである。

第2に，いくぶん反語的な言い方ではあるが，社会的政策に最も強い影響力があったのは，ボールビィの研究でもっとも極端で最も批判された側面であった。たとえば，病院に入院している子どもに親が付き添いで滞在することを認めるよう，現行の病院政策を変えるさい拠り所となったのは，ボールビィであった。1950年代にボールビィとともに研究をしたRudolph Shafferは，日曜日の午後，親が病気の子どもに会いに週に1回訪れるということについての懸念を語った。子どもたちは，1週間が過ぎなければ次の親の訪問がないことを知っているので，親が病院を出るときに泣く。彼は，その泣き声について述べたのである。今日，親はいつでも好きなときに，子どもを見舞うことができ，入院中ずっと，子ども

に付き添うこともできる。これは，ボールビの功績の結果である。彼のおかげで，政策に関わる人びとが，情動的生活を議題事項として取り上げるようになった。さらに，彼は，愛着が現在に至っても発達研究において鍵となる問題であり続けているという点において，フロイトよりも理論的に成功したといえる。

ごく最近，盛んになってきた議論は，私たちが初期の関係性を探求すべきか，それともそれらを無視すべきかについてのものではなく，ボールビの研究の特定の強調点についてのものであることが多い。議論の第1の側面は，ボールビが母子関係を第1のものとして，その可塑的でない性質を主張することにある。乳児はたったひとりのひとと関係を形成し，これが生物学的な母親でなければならないというのは，事実なのだろうか。

その証拠は明瞭なものである。いまや，生後18か月までに乳児が複数の愛着を形成しうること（母親，父親，きょうだい，ほかの養育者に対して）を示す揺るがしがたい証拠がある（Schaeffer and Emerson,1964）。さらに，複数の愛着を得ることで，愛着の質があらゆる意味で薄くなったりはしないということも明らかになっている。端的に言えば，この側面におけるボールビの議論は，実証的な検証には耐えられなかったのである。

論争中のボールビ理論の第2の側面は，愛着関係が継続的でなければいけないという主張である。言い換えると，愛着のきずなは，ほんの少しの中断にも耐えられないということである。やはり，これについても，証拠によるとかなり疑わしい。その証拠のある論評で，Rutter（1981）は，子どもたちの弾力性，そして，一時的，あるいは，長期的であったとしても，主要な愛着が崩壊したことにも耐えうるような愛着の関係性を実証する。Rutterが示すように，短期および長期の分離の影響を決定するのに鍵となる要因は，分離が生じた理由，分離期間に利用可能な'代理の'愛着の質，および，再会時の関係の質である。加えて，Rutterは，あらゆる関係の中断については複数の理由があり，それらは中断の結末について異なった影響を与えると指摘する。

取り上げなければならない第3の主張は，愛着のきずなの中断が**不可逆的**な結末となるというボールビの示唆に関連している。文献には，生後間もない時期に，その他の剥奪とともにもっとも基本的な人間関係を剥奪された子どもたちの実例がいくつかある（ありがたいことに，ほんのわずかしかないが）。その事例では，子どもたちは，生命を維持するための最小限の食事を与えられるだけで，人間と互いにやりとりすることは剥奪されていた。初期の剥奪の影響が**可逆的**なものであると示すことによって，悲劇的な事例は，発達の弾力性の証拠となり，ボールビの主張に対する証拠となる。それらの偶発的な発見に続く，これらの子どもたちに関する心理学的な結論はさまざまである。しかし，いくらかの共通したパターンが浮かび上がってくる。

第1に，剥奪からの回復は，実際，典型的にかなり急速にすすむ。第2に，長期的結果を決めるのに鍵となる予測因は，発見後の世話の質である。換言すると，剥奪された環境から子どもたちを移してやり，その子どもが愛情のある，親身に世話をする関係性の文脈に置かれるなら，実際に予後は正常な発達に近く，ひじ

ように良好である。事実，Thompson（1986）は，生後間もない時期に対人的な関係を経験できなかった幼児が，ある家族の養子となり，学校では学業成績がずば抜け，情動面でも彼の同輩と区別できなかったという事例を引用する。明らかにその証拠は，否定的な初期経験が，後の質のよい情動的経験によって保証されうることを示唆する。

この節においてここまで，私たちは，初期の関係性が唯一でなければならず，生物学的な母親とのあいだでなければならず，継続的なものでなければならないと仮定するような一般的な原則について，懐疑的になるべきだということを論じてきた。その立場で，私たちには人間の乳児の弾力性を支持してきた。つまり，乳児には弾力性があるので，複数の愛着を形成することができるし，仮に主要な関係を形成することができなかったり，これら初期の絆が中断されたとしても，そこから回復することができるのである。もちろん，このことから，初期の分離の影響があるかどうかについて，カウンセラーやセラピストが，'結論に飛躍'すべきではないことは明らかである。

しかし，この議論を通して，初期の愛着が心理学者によって査定される方法や愛着行動における個人差の役割についての問題を回避してきた。愛着理論がここ数十年にわたって展開してきた道筋を理解するためには，愛着の測定について考察することが本質的である。これは，後の発達に対する初期経験の重要性を越えて，その主張を維持してきた愛着理論のまさに基本を提供するからである。

8.4.2 愛着の査定

愛着理論の中心は，子どもと養育者の関係の個人差についての概念にある。'良い'あるいは'悪い'愛着の成り行きについて主張するのだが，それは，心理学者が愛着をそれぞれに分類するその能力にかかっているのである。では，これら初期の関係の質をどのように査定するのだろうか。大多数の研究は，通常は（つねにではないが）実験室の場で実施される**ストレンジ・シチュエーション法**として知られている方法に依存している。

ストレンジ・シチュエーションは，Ainsworthら（1978）によって提唱された。一連の短いエピソードのなかで，乳児（6-24か月）が観察される。典型的なストレンジ・シチュエーションでは，母親と赤ちゃんが3分間いっしょに過ごし，そこに見知らぬ大人（ストレンジャー）が入室する。それからさらに3分後，母親が退室し，赤ちゃんはストレンジャーとともにひとりで部屋に残される。その後，さらに3分たつと，母親がふたたびもどってきて，ストレンジャーが退室する。すべてのエピソードのあいだ，乳児の反応が観察される。とくに，母親の退室やそれに続く再会に対する乳児の反応に注意が払われる。このパラダイムを用いた多数の研究から得られた証拠によって，愛着について主に3つのカテゴリーがあることが示唆される。

- **A群：不安-回避**（おおよそ12-20%）　このグループの乳児は，母親との再

会時に母親と再び結びつくことを積極的に避け,また,見知らぬ人といっしょにいるときもとくにうれしそうにするわけではない。
- **B群:安定**(おおよそ60%) 安定した愛着を示す乳児は,母親といっしょにいるなら,見知らぬひととでも満足して過ごせるが,母親が退出すると苦痛を示す。しかし,母親がもどるとすぐに落ちつく。
- **C群:不安-アンビバレント**(おおよそ15-20%) これらの乳児は,母親とのアンビバレントな関係性を示す。分離の前から,乳児たちは,探索を避けるほど母親との密接な近接性を求める。しかし,(分離場面に続く)再開時には,積極的に母親を避けたりもする。

乳児期の愛着の測度は,のちの発達的結末を予測するものとして用いられている。ThompsonとLamb(1986)によるレビューでは,安定型の愛着が,就学以前の良好な社会的活動と関連するということを示していた。また,他の研究では(7.6の 親密性と愛情についての議論のように),かなり後の人生での関連を見いだしている(Shaver et al.,1988)。さらに,安定型の愛着をもつ乳児は,不安定型の愛着に比べて,さまざまな認知的測度についてすぐれていることが見いだされており,そのことは,人生初期の適切な関係が後の発達におけるあらゆる心理的幸福感に影響を与えるだろうということを示唆する。しかしながら,これらの知見は注意して扱わなくてはいけない。つまり,それらは,愛着の質の測度としてストレンジ・シチュエーションの信頼性と妥当性に依存しているからである。

あるテスト・セッションで安定型の愛着として分類された子どもは,その後のテストにおいて同じように分類される傾向があり,その点において,ストレンジ・シチュエーションはかなり再テスト信頼性を示すといえる。しかし,この一般的傾向にはやっかいな例外もある。たとえば,Thompsonら(1982)は,おおよそ50%の乳児が実際,生後2年目で愛着の分類が変化することを見いだした。たとえ,ストレンジ・シチュエーションが信頼性の高い測度であることを認めたとしても,これには,妥当性というもっと大きな問題も残っている。実際,ストレンジ・シチュエーションは,母子関係の質をどの程度査定するものなのだろうか。

Kagan(1989)のように,ストレンジ・シチュエーションでの乳児の反応を決定するのに,愛着そのものとはかかわりなく,気質の役割を問題としてきた研究者もいる。それと同じ方向で,Clarke-Stewart(1989)も以下のように論じている。ストレンジ・シチュエーションは,仕事をする母親の子どもにとっては妥当でないテストである。ストレンジ・シチュエーションは,仕事をしていない母親の子どもにとっては'見慣れない'ものであるが,仕事をする母親の子どもにとっては,実際,とても慣れ親しんだものである。パラダイムそのものが,そのような場面を意味するのである。母親が仕事をしているあいだ,友人や親戚,あるいは他の保育者によって世話をされる子どもは多くおり,また,増えつつもある。ゆえに,愛着の文献においてのこの批判は,事実,深刻に受け止められなければならない。

ボールビィが,初期の関係,とりわけ母子関係が後に生じる困った問題を説明

する鍵となっていると著したことから発した一般的主張は，現在では有効ではない。乳児は初期のころからの複数の関係性を形成する。この事実は，分離の期間がいかに続こうと，心理学的予後を決定するのは関係性の質なのであるとRutterがくり返し主張していることとも関連しており，この事実によって，私たちは初期のころと後の発達の関係をもっと洗練して分析しなくてはいけないという気になるのである。

　母子関係についての排他的な見方は，心理的な幸福感を決定するとき，生涯を通じたソーシャル・サポート・ネットワークの価値を理解するうえで深刻な損失となってきた。この母親中心主義は，心理学的な研究においてそうであるのと同様に，一般的に抱かれている素朴な信念として存在する。幸運なことに，最近は，このことを認めはじめた研究者もいる。そこで，他の家族メンバーやきょうだいを含むより広範なソーシャル・サポート・ネットワークへの変化を次節で論じることにする。

8.5　母親をこえて

　ボールビィや他の研究者が第1の愛着について語るとき，彼らは一般的に，母親が第1養育者であるという伝統的な家族について言及する。ここで，私たちは，子どもの発達における他の家族メンバーの影響についてみていく。

8.5.1　父親の影響

　発達心理学者は，1960年代，父子関係に関心を示しはじめた。当時，多くの幼い子どもたちが両親に対して等しく愛着をもっており，場合によっては，父親に選好性を示すこともあるということが研究から明らかになってきた（Schaeffer and Emerson, 1964）。しかし，この初期の関心は，かなりの程度，幼少期の母子関係についてなされてきた研究を反映していた。事実，乳児が母親と同じように父親に愛着を形成しうるのかどうか，そして，父親は母親と同じように乳児に関心を持ちうるのだろうかが問われていた。

　その答えは，明確で，肯定するものであった。分娩室から教室までの研究において，父親と子どもとのあいだには相互的な暖かい関係があるということを示した。なにより，心理学者が父親に関心を持ったのは，心理学的インパクトという意味で，両方の親の類似性を確立するためであった。先行する'母性剥奪'に関する関心は，'父親不在'についての，やはり情動的関心に対応するものであった。そして，この研究は，（おそらく，驚くべきことではなく）同じタイプの証拠や理論についての批判にあうことになった。

　1970年代の終わりごろ，2つのタイプの証拠があらわれ，その結果として，（研究の）焦点は両方の親の異なった役割が認められる方向へ変化していった。第1には，子どもの世話に関するもので，父親は子どもの世話についてはとても有能であるのに，実際，世話をすることはめったにない！という揺るがしがたい

証拠がある（たとえば，Lewis, 1986を参照）。第2に，さらなる問題は，子どもの心理学的発達に関する父親の長期的効果について問われてきたものである。

この研究の結果，父親は，母親に比べ，全くさまざまなやり方で子どもと相互作用し，それに応じて，発達に対してさまざまな効果があることを示した。父親は，'手荒くて投げ飛ばすような'直接身体的な遊びをしたり，対象について直接教えたりする傾向がある。逆に，母親は，もっとおだやかに，そして，子どもの言語発達を促進するように相互作用する傾向がある。全くべつではあるが発達にとっては等しく本質的であるような補完的な両親の役割の説明の準備がなされたものである。

母親と父親が異なったやり方で，しかし等しく価値のあるやり方で貢献するという家族の生活は，かなり楽観的な像であり，社会的現実や調査の証拠からすると，そのようにはいかなくなってきている。問題は，多くの子どもたちにとって，生活が2人の親（働く父親と家庭を守る母親）で構成されていないことにある。ひとりの親からなる家族が多く，もっとも安定した中流階級の家庭でさえ，母親はしばしば働きに出ている。

同様に，専門的な仕事に就いている母親についての研究 (Brannen and Moss, 1987) では，子どもの世話と子どもについての責任は等しく共有されるべきであるという信念が普及しているにもかかわらず，多くの場合，子どもの世話という日々の準備および，子どもの学校教育や全般的な福祉についての広範な問題の両方について，第1の責任があるのは，母親であるということを示した。これは，私たちが子どもの発達についての家族の影響を考えるとき，もっと広い見地に立たなくてはならないということを示唆するものである。

8.5.2　きょうだいの影響

最近20年にわたって，家族に対する心理学者の関心は，母親，それから父親へ広がり，きょうだいの潜在的な影響について認めるに至ってきた。きょうだいは家族生活の一部として当たり前である。——約80%の子どもが幼少期を兄弟姉妹と共有する。2人の親に育てられたか，片親に育てられたのか，それとも，それ以外の標準的でない家族の単位のなかで育てられたかに関わりなく，きょうだいと過ごすのである。初期の研究では，精神分析学の伝統を見いだすもの，すなわち，きょうだいの競い合いにばかり目を向けてきょうだい関係について否定的に主張するようなものであったり，出生順位のような要因に関連づけたりするものであった。しかし，近年，きょうだい関係は，発達への影響について，重要な理論的帰結を持って，直接研究されるようになってきた。

この領域における鍵となる研究者は，ダン Judy Dunnである。彼女がきょうだいとその関係を観察した研究は，発達心理学者が社会的発達や家族内の関係の性質について概念化してきた方法を，劇的に変化させた。大人だけでなく他の子どももいるような家族の単位で育てることが，子どもの社会的理解に影響があるはずであり，実際そうであるということは明らかなことのように思われる。しか

し，ダンの研究（たとえば，Dunn,1988;Dunn and Kendrick,1982）は，このことを利用して，私たちが子どもの認知を考察する方法を再構成した。

子どもがどのように社会的世界を理解するようになるかについてのピアジェの説明は，大部分が明確である。彼は，社会的な理解は本質的に認知的発達によって生じるのだと論じた。ダンは，全く対照的で，もっと説得力のある見方をする。彼女は，子どもたちが初期に家族と関わることによって，他者の行動や目的，意図について理解するようになるのであると示唆する。

家族生活は感情にかかっている。共有し，交渉し，喜び，悩み，言い争うことは，家族生活の不可欠な部分である。そして子どもたちは，とても幼いころから，この社会活動の水準に加わる方法を学習するに違いないのである。ダンの研究の証拠は，生後3年間において，子どもがこれをどのように学ぶかについて示唆するものである。しかしながら，この社会的コンピテンスは，それが認知的コンピテンスよりもたんに早い時期に発達すると仮定することによって，認知的コンピテンスから切り離されるべきではない。むしろ，ダンの命題は，社会的達成における根本が，実際，認知的発達を動かしているということである。つまり，ピアジェの説明とは正反対なのである。

一連の縦断的研究（時系列的研究）によって，家庭の日常生活場面において乳児期から幼児期の幼いきょうだいを研究した。その結果は，実験室研究における結果と比較すると，じつに顕著であった。ダンは，きょうだいの競い合いや，きょうだいの協同についての問いを調べた。そして，幼児間には，高水準のいざこざがあることを見いだした。たとえば，ある研究では，幼児期のきょうだいが平均すると1時間に約8回もけんかをするということを見いだした（Dunn and Munn,1985）。しかし，この結果は，きょうだい間の，ひじょうに高い水準での関心と協同での操作についての知見と適合するものだった。子どもたちは，互いの要求や感情に敏感で（たとえ，自分自身と直接いざこざを起こしているときでも），互いにとって，全く自己中心的でないやり方で行動した。相手の目的を認識し，それに協同することができるようになるのは14か月ごろからであり，他者の気分に対する敏感性の兆候は，それより早く約8か月ごろからみられる。

この研究から生じるもうひとつのポイントは，行動パターンの複雑な性質に関わるものである。たとえば，ダンDunnとKendrick（1982）は，新しいきょうだいの誕生に対する幼児の反応を研究した。予測したとおり，この事態に劇的に反応する子どもがいた。幼児のなかに，睡眠障害のような混乱した行動的なサインを示したり，母親にべったりくっついて離れなくなったりする子どもがいた。つまり，子どもたちは，新しい赤ちゃんに対して明らかに否定的な反応であるようなことをしたのである。

しかし，このことは，後のきょうだい関係にどのような影響を与えるのだろうか。事実，結果は，赤ちゃんの出生に対してもっとも否定的に反応した幼児にも，数か月経つと，赤ちゃんととても肯定的なきょうだい関係を発達させる子どもがいる。同様に，もっとも'混乱した'幼児でも，赤ちゃんにこの上ない興味を示すこともある。これらを考え合わせると，証拠によって，行動パターンのとても

複雑な連鎖が支持され，後のきょうだい関係にとって初期の関係が重要であるという，育児書の一般的な概念が問題視されることになった。きょうだいに関する研究のおかげで，より広範な枠組みのなかで家族の影響を調べるべきであるという見方が徐々に広がってきた。それゆえ，カウンセラーは，最近の心理学的な機能について理解しようとするなら，ひじょうに重要で影響力のあるこの領域を探求しなくてはいけない。

8.5.3 出生順位の効果

ある特定の特徴や行動を出生順位に帰属しうるということは，事実であるように思われる。たとえば，私たちは，一般的に一番上の子どもは責任感があり，一番下の子どもはのんびりしていると思っている。それは，おそらく，子どもに押しつけられた親の子育て観のためというよりむしろ，子どもたちの性質が'発生する'がままにしてきたためであろう。しかし，とても大きい家族やひとりっ子家族のように極端な家族環境においては，出生順位が唯一，ある役割を担うということを示唆する証拠がある。子どもが6人以上いる家族では，(驚くべきことではないが) 育児を再構造化する傾向がある。そして，子どもたちが別べつに相互作用するのについやす時間はあまりない。家族環境によっては，学業成績や非社会的な行動という点で，子どもたちを危険にさらすこともある（Wagner et al.,1985）。ただし，これらの影響は，大家族が経済的にも幾分不利益であることが多いという事実ともあわせて，扱わなくてはならない。それゆえ，家族サイズ（家族の大きさ）の'影響'は，定着した貧困の影響を反映しているだけかもしれない（Rutter and Madge,1976）。もう一方の極として，最初に生まれた唯一の子どもは，親との'特権的な'関係のおかげで，学業達成や人格特性において，短期的にも長期的にも有利であることが見いだされている（Sutton-Smith and Rosenberg,1970）。

これらの知見にも関わらず，出生順位の影響は，気質や家族環境によってかなり個人差があるので，正しく見通していく必要がある。さらに，きょうだいの相互作用の肯定的側面の研究に対する理論的な焦点づけは，たとえば，出生順位を'リスク'変数としてみる傾向がある伝統的なアプローチに取って代わりつつある。

8.5.4 家族外の影響

これまでの節では，家族の問題を中心に扱ってきた。多くの子どもがいろいろな形で，家族という文脈のなかで発達するということは，十分あり得ることで驚くべきことではない。しかし，発達は，家族だけに基づくものではない。より広い文脈のなかで発達を考察することが必要である。人種，学校教育，そして，子どもの生活に影響を与える他の社会的変数について重要な問題があるけれども，この節では，同輩関係の役割に焦点化する。

友情をふくむ同輩関係は，生涯を通して，真に発達的に意味があるので重要なのである。さらに，同輩関係は，たとえば人種や民族とは違った点で，少なくと

もある程度は個々の子どもの影響下にあるような家族外の影響を代表している。

同輩には，子どもの生活に与える現実的なインパクトがあるのだろうか。発達心理学において，同輩の影響は，見かけ上2つの全く異なる様相を呈している。ひとつは，認知発達に与える同輩の影響であり，もうひとつは，一般的なソーシャル・サポートとしての同輩の影響である。これら2つの全く区別された領域は同じ傘のもとで扱われている。この事実から，同輩関係の有意味性が強調されているのがわかる。

認知発達に与える同輩の影響

ピアジェが提示したもののように，発達の説明がもっとも認知的な場合でさえ，同輩や友情の役割は中心的な位置を占めていた。ピアジェは初期の研究において以下のように論じている。同輩とは，発達そのものに必要な認知的葛藤が起こる可能性を供給するものなので，実際，子どもの発達の原因となるものなのである。ピアジェの論によると，大人は，（知的にも社会的にも）子どもとはかけ離れているので，意味のある役割は果たせないのである。その代わり，幼い子どもが同年齢の子どもとつきあうことは，子どもが世界の理解の限界を知るのに必要なものとみなされる。

同輩と相互作用することによって，子どもは少なくとも，（極端に自己中心的で非論理的である）自分たちの世界観が，愚かにも実用的でないという事実に直面することになるだろう。同輩との相互作用についての新ピアジェ派の研究（たとえば，DoiseとMugny,1984）では，2人で，あるいは，集団で問題解決課題に一定時間取り組むことが，個々の子どもにとって有益であることを示した。他の子どもとともに作業した子どもは，同輩と相互作用せず利益を得られなかった子どもに比べて，引き続いて個人に提示された類似した課題にも成功する傾向があった（Blaye et al.,1991）。より最近の研究では，子どもたちはこのように利益を得るために，互いに相互作用する必要もないことを示した。──他の子どもがただそばにいるだけで，じゅうぶん成果は得られるのである。同輩が認知に及ぼす影響の証拠が強力なものであるならば，同輩が子どもの社会的発達に重要な貢献をするということを知っても驚くにあたらない。

ソーシャル・サポートとしての同輩

愛着についての主要な研究から，同輩が重要であることが確認できた。Ainthworth（1989）は，たとえ幼い子どもであったとしても，同輩は重要な愛着対象の代理を務め，親の愛着に特有な永続的性質をもっているということを論じた。この主張は，さきに述べた'ストレンジ・シチュエーション法'を用いた知見によって支持されている。乳児は，第1養育者と同じようにきょうだいにもなだめられるということが見いだされた。同輩関係は，もっとも傷つきやすい子どもを保護する重要な役割をも果たしうる。たとえば，離婚についての研究では，1対1の密接な友情がもっとも傷つきやすい子どもにとっての'保護'として提供されうることを示してきた（たとえば，Hetherington,1989）。

初期の同輩関係と成人役割の遂行

おおまかではあるが，Asherら（1993）は，同輩関係と後の成人生活における役割遂行の関係を調べた。彼らは，大人になってからの精神保健が初期の同輩関係と関連しているという強力な証拠を提示する。とりわけ，初期に同輩関係に恵まれないことが，後の〔精神保健面での〕障害と結びついているということが見いだされた。適例となるのは，幼少期の同輩の拒絶と成人してからの抑うつとのあいだに関連があるという仮説である。また，しかし，これらのパターンは明確なものではない。初期に同輩関係に恵まれないという経験をしても，大人になって困難な目にあわないひとも多くいる。連続性を過大に仮定するのは間違いであろう。

しかしながら，この種の結びつきは，後の成人役割の遂行に影響を与える背景要因について，家族外にも目を向けることの重要性を主張している。困難を経験している大人と関わるカウンセラーにとって，単に家族関係だけよりも，幼少期における全体としてのソーシャル・サポートネットワークをみるというアプローチを採用することによって得られることはずっと多いだろう（生涯にわたるソーシャル・サポートについての広範な議論については，ChampionとGoodall（1993）を参照のこと）。

8.6 家族の崩壊と分裂

家族間での日常的な葛藤（新しいおもちゃを誰が最初に使うか，昼食に何を食べるか，公園へ行くかそれとも買い物に行くか）は，家族の生活や発達にとって正常なことである。しかし，何を越えると葛藤が異常なものとなり，子どもたちに深刻な影響を与えるのだろうか。この問いを扱うさいのひとつの問題は，'異常' とは何を意味するのかを決めることにある。否定的な影響があるということだけで，その要因を異常なものとして定義すべきだろうか。もしそうであるなら，多くの親の別居や離婚が，このカテゴリに入ることになるだろう。しかし，社会的な意味での離婚は，結婚の約30%が離婚にいたる（再婚率もやはり高いのだが）という点で正常なこととみなされるだろう。

離婚に子どもたちが巻き込まれることは多い。子どもの40%以上が親の離婚を経験しているだろう。そして，離婚が子どもの心理的幸福感に与える影響について関心が示されることは，驚くべきことではない。この節では，家庭崩壊の子どもへの影響について有効な証拠を論じよう。

離婚によってもたらされる家族の分裂の，短期的および長期的影響を両方とも理解することが重要である。そして，同様にその影響の連続性についても理解しなくてはならない。結局のところ，その証拠は（前節において考察した証拠と同様），一貫している。離婚によって，子どもは短期的な心理的外傷を受ける。しかし，長期的な影響は，ほかの変数によって媒介され，消去されることもある。さらに，ほかの子どもより傷つきやすい子どももいる。そして，社会的要因が相

互作用することで，この傷つきやすさを強めることも弱めることもできる。大人や子どもに対してサポートをする仕事に携わっている人びとにとって，これらの事実を認めることはきわめて重要である。

親の分離の影響について，初期のころの証拠は，信じられないくらい悲観的なものであった。そして，引き続き生じる多くの心理的および行動的問題を仮定していた。しかし，この初期の研究は，方法論的な弱点をもっている。つまり，事実上，縦断的な研究はほとんどなく，'分離していない'家族から抽出された統制群を欠いている研究が多い。さらに悪いことに，研究の多くは回想的であり，すでに深い個人的困難を示しているひとたちからのみ臨床的に参照しているのである。そのような証拠は，幼少期に親と分離した'正常な'子どもという重要な集団に与える離婚の影響を明らかにしない。

しかしながら，より最近の研究は，これら初期の研究の弱点を改めることで，いくぶん進んできている。改められたポイントについて，私たちが意識しなくてはならない主要な変数についてここで概略を述べることにする。まず，子どもの要因でも，明らかに影響力の強いものが多くあるが，そのなかで2つの鍵となる要因は，親と分離した時点での子どもの年齢と性別である。

8.6.1 子どもの年齢と性別の影響

より幼い（就園前の）子どもは親との分離によってもっとも影響を受け，家庭や学校生活において混乱の兆候を見せるということを示す研究がある（たとえば，Wallerstein et al.,1988）。しかし，あらゆる年齢の子どもにとって，これらの影響は2～3年以内に目立たなくなってくる。

興味深いことに，子どもの性別に比べると，年齢はそれほど決定的ではないようである。ストレスに関するほかの領域と一致して，離婚の過程で，男児は女児よりずっと傷つきやすい。Wallensteinらが見いだしたように，女児は2年以内にほとんど完全な状態まで心理的に回復する。その一方で，サンプルとなった男児のなかには，幼いころの離婚のあと何年経っても，いくつかの測度において以前と変わらぬ否定的な影響があらわれた。さらに，男児はもはや'回復'しないだけでなく，同様の女児と比較して，全体的に低い水準でしか回復が示されないようである。

しかしながら，これらの知見を注意して扱わなければならない。それには，2つの理由がある。第1に，AllisonとFaustenberg（1989）による大規模な研究では，ひじょうに大きいサンプルにおいてでさえ，女児が有利であるという結果は再現されなかった。第2に，女児が，否定的な情動的衝撃にそれほど過敏ではないとしても，性別に関わらない結果を媒介する要因が別に存在するのである。

8.6.2 離婚後の関係性と家族の建て直しarrangement

離婚後における関係性の質は，年齢や性別のような個人的な変数とは比べもの

にならないほど，結果を予測するものとなる。ここで示す証拠はまったく明快である。離婚後の家族の建て直しが安定しており，家族の葛藤をほとんど示さないような場合には，子どもたちの幸福についての予後は良い。離別した親同士が，離別してからは敵意を継続させず，子どもが，（典型的には）不在となった父親との接触を維持できるということが，とくに重要なようである（Richards, 1988）。事実，この知見にもとづいて，（とくに合衆国では）育児を共有するように，つまり，子どもは，時期を区切ってそれぞれの親と過ごすように薦めてきた司法機関もある。少なくとも，〔両方の親が〕共同で子どもを預かることができるという実践によって，研究の証拠に根拠が与えられた。

さらなる知見は，子どもの性別と離婚後の家族の建て直しとのあいだの複雑な相互作用に関するものであった。離婚するケースの大多数は，母親が子どもの監護権〔親権〕を得る。そして，そのような母親の多くが再婚する。このようして，子どもには，義理の家族，とくに義理の父親がいることが多いのである。その知見についての詳細な分析では，離婚後の時期における女児の強みが，義理の父親のいる状況で弱みに変わりうることが示された。女児は，母親の再婚が裏目に出るような影響を受けやすく，男児はそれでうまくいくようである。

これらの微妙な相互作用と他の知見によって，発達心理学者は離婚についての捉え方を大幅に改めることになった。もはや離婚は，仮定され測定されうる一連の不都合な結果をともなう事象であると，考えることはできない。逆に，離婚は，複雑で変化しつつある一連の家族関係を含む過程としてみなされる。そのような家族の関係は，両親の離別という法的な行為のずっと以前から始まっており，そのずっと後まで続くのである。離婚の影響に関する初期の研究は，愛着理論の立場から理論的に表されていた。それゆえ，そこでは，子どもが鍵となる愛着対象と望まないのに離別するという事象として離婚を扱っていた。その影響は，'喪失'に関連して解釈された。よって，問題と影響について，両親の離別というごく小さな部分だけを指摘するものであった。いまや，私たちは，このアプローチが誤解であり，役に立たないものであることを知っている。

8.6.3 家族の葛藤

離婚は，子どもに否定的な心理的影響を与えるが，その影響は，かならずしも離別そのものの結果であるというわけではない。むしろ，子どもにとって悩みの種となるのは，法的な離別前後にある家族の葛藤であるように思われる。

これについてのもっとも説得力のある証拠は，Blockら（1986）によるある研究からくるものである。この研究は，3〜14歳まで一群の子どもたちを縦断的に追跡したものである。128名の子どものうち，親との離別を経験した41名の子どもたちを研究した。その結果は，離婚後の子どもを追跡した先行研究において見いだされた多くの行動特徴が，離婚する数年前の'離婚'群において見受けられることを示した。このように，いわゆる'影響'というものの多くは，離婚する前から測定されていたために，離婚の影響ではなくなった。では，それらは何

だったのだろうか。Blockらは，両親の葛藤の雰囲気が鍵となる要因であると結論づける。そして，そのような葛藤は，両親が実際に離婚する10年も前から測定されることもあった。

　この知見は，学術的な解明以上のものである。それは，私たちの注意の焦点を変えさせた。つまり，これまでは両親が離別し，そして，親が子どもの元を去るという単一事象として見てきたが，両親が離別するかどうかに関わりなく，あらゆる水準での両親の口論が子どもの心理的適応に対して不都合な影響を与えるだろうということを認めるようになってきたのである。離婚の影響についての証拠は，剥奪のもっと極端な形態に関連して考察されたものと類似している。私たちは，安易な分析に耐えられないし，答えも簡単ではない。しかし，その複雑性は，徐々に解明されつつある。そして，明白で即答できる答えはないにも関わらず，少なくとも，これらの複雑な社会的行為を説明する課題の尺度の輪郭が描かれている。

8.7　まとめ

　この章で述べてきたテーマは，少なくとも，発達心理学者によって最近探求されている研究領域のほんの一部については，提供したはずである。発達心理学者の研究は，意図的にせよそうでないにせよ，カウンセリングに関わる人びとにとって重要である。

　アカデミックな集団として発達心理学者たちは，典型的には，さまざまな理由——十分なものも不十分なものもあるが——から，個々の事例にインパクトを与える方法について規定するのをひじょうにいやがる。理由のひとつは，確かに，この領域の研究者が私たちの知識における大きな欠陥に気づいているという事実によるものである。その欠陥のおかげで，物理学や医学が提供できるような種類の明確なメッセージが，心理学界に関しては妨げられているのである。しかし，この理由は決してそれほど重要なものではない。

　ここ20年くらいのあいだ，知識ベースで大幅な進歩が見られた。そして，発達についての知識の増大によって，逆説的に，発達心理学者はますます前進する気をそがれてしまった。いまや，私たちは，いかに発達が複雑であるかということがわかっている。——単一の要因で説明しようとしても，ひじょうに単純な発達現象以外はなにも説明できそうもないのである。しかし，その複雑さを認めることでうまくいきつつある。発達心理学を含む心理学のすべての領域において，問いと問題を同定する答えが複雑であり多変量的であるだろうという予測がある。しかし，ジグソー〔パズル〕は形をなしつつある。

　だから，初期経験が後の機能に影響を与えるだろうかという循環するテーマを扱おうとするとき，問題は再定義されている。私たちは，'なにが，初期の心的外傷の長期的影響か'という初期のころの問いから，'なにが，あらゆる影響を媒介し，それゆえ回復をすすめる要因であるのか'，そして，'どの子どもがもっ

とも傷つきやすく，それはなぜか'を問う方向に移ってきた。この新しいパースペクティブは，かならずしも，複雑化したことがらとしてみなされるのではなく，より適切な問題の再整備としてみなされる。そのように'問題'を同定するための答えは，答えにくいものではなく，むしろ答えがでやすくなる。この種の楽観主義が，心理的困難を経験する子どもや大人，専門的に関わる人びとにとって真実味を帯びて響いてくれれば幸いである。

〔本章はAlyson Davisに依る。〕

訳注1　超音波の反射を利用して体内の様子を視覚的にとらえるための装置。また，経時的な動きを追って観察することもできる。超音波検査は，妊娠期の健診において主要な検査のひとつであり，胎児の発育状態や奇形の有無，性別の判定などに用いる。

訳注2　Bowlbyの翻訳本では，mental healthは精神衛生と訳されることが多いが，精神衛生法が1987年に改訂されたのにともない，mental healthは精神保健と訳されることになった。本章はそれに準ずる。

第8章　対照語リスト

adult	大人	father absence	父親不在
attachment figure	愛着対象	group A: anxious-avoidant	A群：不安-回避
childhood	幼少期	group B: secure	B群：安定
child-rearing	子育て	group C: anxious-ambivalent	C群：不安-アンビバレント
competence	コンピテンス	irreversible	不可逆的な
contextually sensitive	文脈に敏感な	maternal deprivation	母性剥奪
cross-cultural	通文化的	sleep disturbance	睡眠障害
cross-modal mapping	モダリティ間の写像	social support network	ソーシャル・サポート・ネットワーク
deferred imitation	遅延模倣	strange situation paradigm	ストレンジ・シチュエーション法
depression	抑うつ	the difficult child	気むずかしい子ども
deprivation	剥奪	the easy child	扱いやすい子ども
developmental psychologist	発達心理学者	the slow to warm up child	ウォームアップの遅い子ども
distress	苦痛	trauma	心的外傷
domain-specific	領域固有の		
ego-centric	自己中心的		
ethology	比較行動学		
family breakdown	家庭崩壊		

訳者コラム
日本の状況にも触れて

岡本依子

　本章は，発達心理学のなかでも，とくに乳幼児期を扱った章である。とはいっても，その領域をまんべんなくカバーしているわけではなく，また，カウンセリングやセラピーというとすぐイメージしそうな，"問題や病理を抱えた"乳幼児について述べているわけでもない。著者も述べるように，発達心理学の領域でカウンセリングやセラピーに関わりそうなトピックスについて，"正常な"発達という観点から扱っている。

　本章では，乳幼児の柔軟性や可変性を重視する立場を一貫して示している。つまり，乳幼児自身や乳児期の経験（主に不幸な経験）の影響（悪影響）について，"決めてかかるべきではない"という姿勢である。本章前半では，いわゆる有能論にそった子ども像を提示し，発達心理学では古典的な議論である氏か育ちか（遺伝か環境か）という発達要因の二元論を廃し，それらの相互作用を主張する。一見，今となっては当たり前の議論展開ではあるが，そこには，カウンセリングやセラピーに関わる人に，乳幼児のさまざまな能力について決めてかかるべきではないという主張があるように思える。それは，有能論の立場から，何もできない子どもという考え方を廃するだけでなく，何でもできるという過度な有能論をも警戒しているようである。ただし，著者が過不足なく乳幼児を描こうとするせいで，むしろ，具体的な子ども像がぼやけ，著者自身の立場が明確に示されていないと感じてしまうところも少なくはない。

　一方，本章後半では，乳幼児の対人的環境について述べるなかで，幼少期の母性剥奪のような不幸な経験が，後の人生に決定的な影響を及ぼすという決定論に対するアンチテーゼを唱えている。ここでは，まず，Bowlbyの愛着理論，Ainsworthのストレンジ・シチュエーション法が紹介される。Bowlbyの愛着理論への批判として，生物学的な母親との関係を唯一とすることや，その関係の中断（母性剥奪）が後の人生に悪影響を与えることがあげられている。それをうけて，母親以外の，父親，きょうだいなどとの関係についての研究が紹介されている。

　ここで，日本のBowlby理論やストレンジ・シチュエーションについて補足しておく。Bowlbyは1950年代の終わりに日本に紹介された。日本は，文化的に子どもを大事に考える傾向があり，その子どもの養育主体は母親であるという母性尊重主義がもともとあった。1960年代の高度経済成長政策の一環として3歳児検診が始まり，"3歳までは母の手で"といういわゆる3歳児神話も生まれた。そのような背景で，Bowlbyの母性剥奪の理論は社会に大きな影響を与えたようである。もちろん，本章であげられた批判は日本でも議論されている。たとえば，発達初期に剥奪環境にさらされた子どもの可塑性については，藤永ら(1987)のFとGの例がよく知られている。

　また，ストレンジ・シチュエーション法によるＡＢＣ分類の割合は，国によっ

てかなり異なるものがある（三宅，1990）。たとえば，日本では，ＡＢＣ群がそれぞれ，0.0，75.9，24.1％(Miyake,1986)，西ドイツでは，それぞれ，49.0，32.7，12.2％(Grossmannら,1981)である。これらの割合の偏りを，そのまま発達的結末を予測するものとして考えていいだろうか。西ドイツでのA群の多さ，日本でのC群の多さ（わずかではあるが）を母子関係が不適応的であると結論づけていいだろうか。ストレンジ・シチュエーション法は，多分にその母子の文化的背景の影響を受けているといえる。たとえば，親や親しい大人と離れて過ごすという経験をほとんどしたことのない日本の子どもにとって，初めて訪れる実験室でひとりきりにされることのストレスは，どんなにか大きく感じられていることだろう。文化的背景や経験の異なる子どもたちにとって，同じ実験手続きであったとしても，その場面が与える意味が大きく異なっていることを忘れてはならない（臼井博　1988　幼児期の母子関係－愛着の研究を中心に－『心理学評論』などが参考になる）。さらに，日本では，子どもへの過度なストレスをさけるため，簡略化されたストレンジ・シチュエーションも開発されている。

　本章ではさらに，家族崩壊が与える子どもへの影響についても触れられている。もちろん，ここで挙げられている離婚率は，日本のそれに比べかなり高い（日本では1995年現在で12％）。しかし，欧米に比べて低いとはいえ，1990年で8％であったことを考えると，日本において離婚が急速に増えつつあることも事実である。にもかかわらず，日本では離婚や別居家庭の子どもについての研究がほとんどなされていない。離婚や別居だけではない。最近，社会問題ともなっている「ドメスティック・バイオレンス」や育児環境の弱体化とも関連する「公園デビュー」などについて，日本の発達心理学者の取り組みは積極的とは言えない。こうした社会環境，家族環境の影響を受ける子どもたちは，確かにまだ一部であるので，発達心理学が普遍的発達を描くことに従事してきた歴史を考えると，研究が進んでいないのもやむを得ないのかもしれない。しかし，少数であればあるほど，そこに潜在する問題は複雑化する。

　私は，もう少し心理学者がこのような社会問題に目を向けてもいいのではないかと思っている。

（おかもと　よりこ・東京都立大学）

第9章　生涯発達：青年期から老年期までの移行

9.1　はじめに

　すべてのクライエントはそれぞれ特有の困難を経験するという点でユニークであるけれども，彼らが示す問題には紛れもない類似性がある。また，人生の各段階には，適度の水準の心理的幸福に達したいならば，ある程度乗り越えなければならない'課題'と要求がある。
　発達課題は，'人生のある時期に生じる課題であり，成功することが幸福とのちの成功につながり，失敗することが不幸と社会的非難と，のちの課題を難しくすることにつながるもの'と定義されてきた（Havighurst, 1972, p.2）。
　青年期と成人期の発達課題には，「親からの独立」「性アイデンティティを含めたアイデンティティの発達」「性的・情緒的関係の確立，維持，終結」「就職と失業への対処」「育児」「いわゆる中年期の'危機'の処理」「老化と退職の甘受」「喪失と死別」，それともちろん「死の準備」がある。これらは明らかに，クライエントがカウンセリング場面で引き起こす多くの問題と共通している。本章では，青年期，成人期の前期，中期，後期という広い人生段階に関するいくつかの主要な移行が，ときにおおまかに，ときに詳細に論じられる。

9.2　青年期

　生涯を段階に分けることの問題のひとつは，段階の始まりと終わりの時点をどのようにして決めるかということである。青年期を定義する方法はたくさんあるが，本章の目的から'特定の年齢範囲というよりも，心理的・文化的に児童期と成人期のあいだにある期間'という Bee（1994, p.253）の定義を私たちは採用した。
　一般に青年期は，この時期に大きな発達課題が発生するために，とくにストレスの多い人生段階と考えられている。この課題には，「親との関係の変化」「同輩

関係の確立と維持」「性アイデンティティも含めた，一定の文脈内でのアイデンティティの発達」「性的・情緒的関係の確立」「職業選択の過程の始まり」が含まれている。これらの課題のいくつかは，児童期にすでに直面しているが，社会規範と社会的期待の変化によって，これらの課題の性質が青年期ではまったく異なることになる。

　概略を述べた課題は，青年期が直面するもっとも共通した課題である。しかしながら，青年によってはこの他にも問題を抱えている場合もある。たとえば，結婚と子どもの養育といった，成人前期にごくふつうに起こると思われている発達課題を克服しなければならないことになる青年もいるかもしれないし，ゲイやレズビアンの青年は，社会的に価値の低い性アイデンティティの意味や取り扱い，表現などを処理する問題に直面するかもしれないし，さらに児童期に養子になった青年や，自分の養子縁組の事情について情報がない青年は，満足のいくアイデンティティの'再形成'に重要な要素が欠けていると感じるかもしれない。また，民族集団の違いによる青年期のアイデンティティ形成の問題を提起している研究者もいる（Phinney and Rosenthal,1992）。特定の民族集団のメンバーであることによって，社会における地位と価値が明らかに異なる。差別されてきた民族集団に所属する青年は，成人アイデンティティを獲得するさいに特殊な問題を抱えるかもしれないのである。一般に，青年期の発達課題の乗り越え方は，若者の遠い将来に及ぶ意義を持つかもしれないし，これを自覚することが，当該の人生段階と関連するストレスを増すことになるかもしれない。

　青年の生活に関する心理社会的文脈もまた変わってきている。青年はもはや子どもと見られないが，いぜんとして大人ともみなされない。行動に関する社会的期待は児童期を終えたときに変わっているが，正確に何が期待されているのかについては不明確であるかもしれない。しかしながら，青年期が激しい'疾風怒濤'の時期と言われる一般的風潮とは異なり，人生上の他のどの移行期と比べても，その激しさはさほど違わないということが研究によって示されている（Powers et al.,1989）。

9.2.1　青年期における身体的・認知的変化

　青年期の発達課題は，身体的・認知的変化の大きな時期に起こる。思春期のホルモン変化とともに，若者は性的に成熟し，からだも，身長，体型，筋肉の発達，脂肪のつき方といった点で変化する。

　ピアジェの認知発達の枠組みの中では，青年期の若者は，形式的操作の段階に入っている。このことによって，実際の出来事ではなく何かが起こることの可能性について考えることができるようになり，問いに対する答えを系統的に探すことができるようになり，論理的関連を理解することができるようになる。

　形式操作的思考の発達は，カウンセラーによる青年クライエントへの介入の組み立て方に深く関わる。しかしながら，形式操作的思考（可能性について抽象的に考えたり推論したりする能力）の発達のタイミングや程度の個人差がかなり大

きいということを考えるべきである。このこと自体が，心理的困難の原因になりうる。学校場面では，同じクラスの中で形式操作の段階に達している者が他者より秀でる一方で，この段階に達していない者が悪戦苦闘するかもしれないのである。このことは，自尊心の低下や挑発的行動のような問題を引き起こすかもしれない。

9.2.2 青年期におけるアイデンティティの発達

青年期での移行の主要次元の1つは，アイデンティティの発達である。7.2.5で私たちは，Breakwellのアイデンティティ過程の理論にさかのぼって論じた。ひじょうに影響力のあるもう1つのアイデンティティの理論は，エリクソンErikson（1959）の理論である。彼の心理社会的発達の8段階モデルは，事実上'生涯'モデルと考えられる。彼が述べた発達課題は，人生のどの時点でもある程度存在するが，人生段階それぞれで特有の焦点課題となる。

表9.1　エリクソンの心理社会的発達のモデル

年齢	危機
0-1	「基本的信頼」対「基本的不信」
1-6	「自律」対「恥・疑念」
6-10	「独創性」対「罪悪感」
10-14	「勤勉性」対「劣等感」
14-20	「アイデンティティ」対「役割混乱」
20-35	「親密」対「孤立」
35-65	「世代性」対「停滞」
65以上	「自我統合」対「絶望・嫌悪」

エリクソンは，生涯を通じて社会的文脈からの要請を受けやすいものとして個人をとらえる。この要請は情緒的な危機を喚起するが，もしこれをうまく解決すれば，Sugarman（1986）が'新しい"美徳"や"生命力"'（p.84）と呼んだものの発達を導く。もしその危機が解決されなければ，そのひとは心理的不均衡の状態になる。

肯定的結果と否定的結果の状態は，各段階に関連する特有の危機の名称で記述される。たとえば青年期では，発達の第5段階に入っており，'「アイデンティティ」対「役割混乱」'の時期を乗り越えなければならないと言われる。しかしながら，各段階の発達結果は指定されたどちらかである必要はない。そのかわりに，結果は2つのあいだのどこかになるかもしれない。

青年期の「アイデンティティ」対「役割混乱」の段階では，若者が児童期以上に活動するので，新しい社会的要請と期待を受けることになる。この要請に対して彼らは，'自分がだれであるか'，自分たちのスキルや能力がどこにあるのか，

大人の生活の中ではどんな役割が自分にふさわしいのか，を発見しようとする。適切な進路選択をすることによってこれらの問いの答えが部分的に見つかるかもしれないが，多くの若者は，社会環境のせいで一般に社会的役割，とくに職業的役割を選ぶ余地がほとんどないことに気づくかもしれない。

しかしながらエリクソンのモデルは，進路選択をこえて広がっている。彼はその若者を，新しい自己観とこの時点での個人的な価値体系と世界観を確立したいという基本的欲求を経験しているとみなす。その若者はまた，連続性の感覚を分裂させるかもしれない青年期の身体的・心理社会的変化を乗り越える一方で，アイデンティティにおける連続性の構築を求めるのである。

児童期において私たちは，主に重要な他者，ふつうは親に同一視することで自己の感覚を得ている。青年の中には重要な他者の価値の大規模採用を続けることによって，アイデンティティ葛藤を解決する者もいる。エリクソンの考えを拡張したMarcia（1980）は，これを**アイデンティティ早期完了**と呼んだ。このアイデンティティの経路に続くものは，何が正しいかについての考えが伝統的，権威主義的，硬直的であると記述されている。

一方，新しいアイデンティティを生み出すために児童期のアイデンティティの諸側面から選び，保持し，捨てる青年もいる。以前のいくつかの同一視から新しい統合体を構築することができる役割を彼らは求める。Marciaはこの過程の結果を**アイデンティティ達成**と呼んだ。アイデンティティ達成者は，心理的に強いが柔軟であり，新しい経験に対して開放的であり，親密な人間関係を維持できると記述されている。適切で心理的に健康な統合の達成には時間がかかる。若者は，アイデンティティが流動的となる不確定の時期を処理する能力を発達させる必要がある。アイデンティティの移行中，若者は**モラトリアム**にあると記述される。以下に記述されるクライエントが，この特有の段階にいる若者の例である。

> このひとは18歳の女性で，妊娠中絶後，カウンセラーに回された。彼女は最終学年であり，両親と住んでいた。彼女の兄は大学生だった。彼女は14歳ごろから学校での多くの'事件'に巻き込まれ，彼女が'首謀者'と確認されていた。彼女は最後の学校をやめるよう求められた。
>
> 彼女は両親のことがとても好きで，とても尊敬していると報告した。しかしながら，彼女は，自分が両親のハイレベルの生活にあわせて暮らすことや，両親の望むタイプの人物になることがひじょうに難しいことがわかった。両親が，友人と比べて自分がどのように'良いか'を評価しないと彼女は報告した。彼女は友人と日曜日ごとに教会に行き，土曜の夜は食事をとるためにほとんど家におり，いつも深夜までには外出先から帰宅しており，一般に友人の願いを素直に聞き入れ，表だって喧嘩をしたり対立したりしなかった。
>
> しかしながら，彼女はよく'急変し'，彼女自身のことばで言うと'完全にバカなこと'をする。そして，このことはしばしば危険をともなっている。その例には，保険なしで運転すること，学校をずる休みすること，妊娠することなどがある。彼女は必死に'他のだれでもない独自の人間'でありたいと思う

が，同じくらい必死に'良い女の子'でありたい，崇拝し尊敬する両親を喜ばせたいと思っている。

ここでは，このクライエントがアイデンティティ早期完了とアイデンティティ達成とのあいだで葛藤を経験しているとみなされた。カウンセラーは，たとえば態度や価値や信念などで両親と違う点をクライエントが見つけ，'理想的な娘'でありつづけようとするのではなく，自分が思う自分という人物と両親とを適当に対峙させる方法を作り出せるよう援助した。

もしも若者がこの段階のアイデンティティ危機を解決できなければ，**役割混乱**（社会的役割については**7.2.4**でも論じた），そして安定したアイデンティティの欠如という事態を招く。これはまた，**アイデンティティ拡散**，すなわち，あなたがだれであり，あなたが何になるかについての不確定性にも関連する。これは，低い自尊心，低い自律性，そして親しい関係を作れないことを示すかもしれない。その若者は，特定のなかま集団や個人に密接に同一視することによって，弱いアイデンティティ感を高めようとするかもしれない。もしこのなかま集団や個人が社会的に望ましくない行動をとれば，その若者もまたこの行動を採用するかもしれない。そのような行動パターンによって，自らもしくは彼らの両親がカウンセラーとコンタクトをとることになるのかもしれない。

もちろん，その個人は社会的に望ましくない行動をとる他者への同一視を故意に選択するかもしれない。もしこのことがしつけと連続していないならば，それは現存の複数のアイデンティティ要素から新しい統合体を創造するのではなく，新たにアイデンティティを構成する試みを示すのかもしれない。

ここで関連するエリクソンの発達モデルの問題は，心理的健康が現存する社会的規範の中で定義されるということである。あるひとにとっては，なかまへの過度の同一視から起こる社会的に望ましくない行動であるように見えるものが，べつの人にとっては，抑圧的な社会体制に正しく立ち向かう行動のなかの徹底的に異色な方法であるかもしれない。問題であり治療的介入がふさわしい行動を，だれが何と定義するかという問題は，精神保健の分野では主要な点であり，本章で扱う範囲を超えている。

また，青年期がアイデンティティ危機により特徴づけられているという考えは，青年期が'疾風怒濤'であるという観点のなかに彼のモデルを位置づけることになるが，この考えは必ずしも実証研究によって支持されてはいない。SiddiqueとD'Arcy（1984）は，研究対象者である大標本の青年のうち4分の1しか，青年期のあいだに心理的苦痛を経験していないことを見出し，大多数はかなりスムーズに成人期に進むように思えた。児童期から青年期へ，成人期へと移行するときに，人びとが演じる役割には間違いなく大きな変化が起こるけれども，これらの変化は，とつぜんアイデンティティ危機を起こしてしまうほど抗しがたいものではないのかもしれない。たぶん青年期のアイデンティティの移行に関するエリクソンの説明は，少々劇的すぎるのである。あるいはひょっとしたら一部の青年にしか適用できないのかもしれない。

にもかかわらず，エリクソンのモデルのなかの問題の多い側面が省略されたり訂正されたりすれば，それは，一部の青年が直面するかもしれないアイデンティティ関連の発達課題の有用な概念化方法として存続する。それはまた，青年期のクライエントが直面するかもしれない困難を理解し，適切な介入を考案しようとするカウンセラーに指針を与える。

9.2.3 青年のアイデンティティ問題とカウンセリング

Kroger（1989）は，「アイデンティティ」対「役割混乱」の段階でさまざまな困難を経験している若者への治療的介入に関する長所を一斉に収集した。アイデンティティ・モラトリアムの者は，アイデンティティ統合体のなかに潜在的に取り入れられうる要素を探索することによって利益を得るかもしれない。その若者は，異なるアイデンティティの選択肢を試してみる気になるかもしれない。実行可能なアイデンティティ統合にその若者が達しないならば，この試行過程の結果は，アイデンティティへのコミットメントとしてよりも探索的なものとしてみられるべきである。

アイデンティティ発達が早期完了した者は，彼らの世界観の基礎にある借り物の確信を揺れ動かす何かが起こるときにしか，カウンセリングにやって来ないかもしれない。早期完了した者に接するカウンセラーは，そのひとの堅いアイデンティティ構造がもたらす警戒心を認識する必要があり，同時に新しいアイデンティティの可能性を開放する必要がある。早期完了のアイデンティティ・コミットメントへの直接的な挑戦によって，そのひとがこのコミットメントにさらに堅く固執し，新しい可能性の探索を避けることになるかもしれないので，これは細心の注意を払ってなされなければならない。

アイデンティティ混乱を経験した者は，混乱の原因となった特定の発達的葛藤に取り組む介入を求めるだろう。このことは，エリクソン派の発達段階での前の段階におけるその人の経験にまでさかのぼって取り組むことを意味する。たとえば，そのひとは第1段階の発達的次元では負の極に位置していたかもしれない。すなわち，信頼よりも不信を発達させていたかもしれないということである。彼らは自律性と独創性を発達させる前に，自分自身と他者への信頼を発達させる必要があるかもしれない。そのことが，発達の第2段階と第3段階での肯定的な結果を生む。これらの性質を持たずに同一視進行とアイデンティティ統合はできない。

もちろん，アイデンティティ問題は青年期に限るものではない。エリクソンErikson（1956）自身が指摘しているように，'アイデンティティの感覚は，獲得されないし最終的に維持されもしない… そのかわり… それは一貫して失われては回復する'（p.74）。カウンセラーは，あらゆる年齢のクライエントとアイデンティティ問題に取り組まなければならないことがわかるかもしれない。クライエントは，青年期のアイデンティティ危機をうまく解決できないかもしれない。そしてそのかわり，周囲の環境が変わることによって，以前解決した問題が再び現れ，その問題に再び取り組む必要があるかもしれない。以下の事例研究は，ある

カウンセラーが青年のアイデンティティ問題を有効に探索した，成人前期の段階のクライエントの例である．

　そのクライエントは，6か月前に精神科の看護士の資格を得た30歳の男性である．彼の経歴はいくぶん風変わりであった．学校ではよい生徒であり，大学で建築の勉強をするのに十分なAレベルの成績を獲得した．彼は自分の学科選択について次のように説明する．'私はそれが創造的であると思ったし，周囲に強い影響を与えられる－インパクトを与えられると思ったのね．'そのコースではじめはうまくいっていたが，その後成績が悪くなり，最終的には2級で終わった．彼は'まったく退屈だった．'と言う．'すべてが技術的で，魂がこもっていない．ぜんぜん人間とは関係がなかった．'
　次に何をするのかをわからずに，彼は建築の大学院に入ったが，卒業試験の直前にそのコースを辞めた．'何か人びとの役に立つこと'をしたいと感じ，いつも相補医学に興味を持ちながら，メッセージ実践士の短期コースを選んだ．彼は資格を取得した後，個人で開業して身を立てようとしたがうまくいかなかった．彼は，'正直言って，自分のやるべきことを定めるのに必要な動因がなかった．'健康分野の仕事をしたいという自分の願いを求めながら，彼は，成人看護の訓練を目的としている看護士訓練コースに入った．そのコースの途中，精神保健の配属で楽しい思いをした後，彼は精神保健看護に変更した．
　精神科の看護士の資格を取って以降，彼は仕事を確保することが難しいことがわかった．彼は，次に何をすべきかについて，そして彼が本当に追求したい進路は何かについてはっきりしていない．彼は言う．'私は身を固められるようには思えないけれども，一度もやりがいのあることをしないまま自分の人生を終えたくはない．'3か月前の彼の30歳の誕生日が来たことで，彼は'時が経っている'ことに気づき，'私は何も成し遂げないだろう．何になることもできないだろう．'とおそれるのをやめた．

そのカウンセラーはここで，クライエントの困難さをアイデンティティ拡散，あるいは役割混乱によるものと理解するかもしれない．私たちは，このことが低い自尊心や個人的自律感といかに関連するかについてさきに注目した．それゆえ，このクライエントはカウンセラーのおかげで，自己価値観の欠如に関連した根本感情，そして仕事環境での力や'優越'の感情を探索できるかもしれない．

9.3　成人前期

便宜上，成人前期の期間は，20歳代と30歳代を包含するものとみなす．

9.3.1 成人前期における身体的・認知的機能

からだは青年期の終わりには身体的に頂点に達する。若い成人は,ほとんどすべての物理的測度で,成人中期,後期よりも優れた成績を出す。若い成人は,年輩の集団に比べて,筋肉組織が多く,視力や聴力が良く,効率的な免疫系を持っている。身体的な衰えの割合や程度は,飲食物や運動のような生活スタイル要因に依存するけれども,ほとんどのひとは,中年になるまで身体的機能のいちじるしい衰えに気づかない。

認知的機能もまた,成人前期に頂点に達する。成人は,自分が果たす役割に関連した問題を解くのに形式操作的思考を日常的に使うとはかぎらないということが示されてきた。そのかわり彼らは,実用的な思考形式を採用する傾向にある(Labouvie-Vief,1980)。無限の可能性を考えることは,青年期で人生の重要な選択をするときには有益であるかもしれないが,一方でそれは,ほとんどの成人が定期的に直面するあまり重大でない問題を処理するには扱いにくい手段となる。

成人はまた,事実の考察を通じた確答への到達に力点がある分析的思考様式を変更し,不確実性を許容しうる,機転の利いた思考様式へと移る(Labouvie-Vief,1990)。成人は,自分がする選択のいくつかについて一定でなくなり,成人生活のいくつかの問題に対して明確で確実な解決に達するとはかぎらないということを受容することもできる。この思考形式を採用してカウンセリングとセラピーを始めるクライエントは,そのプロセスになじみやすいことに気づくかもしれない。彼らは,カウンセリングが明確ではっきりした解決をもたらさないという考えを受け入れやすいかもしれない。成人期の認知発達についてのこれらの見解に関する経験的証拠はいままでのところほとんどないけれども,直感的に理解することはできる。

9.3.2 成人前期のモデル

成人発達の心理的・社会的側面に目を向けると,私たちはすでに,発達を生涯を通じて心理社会的用語で記述しているエリクソン Erikson (1959) のモデルを略述したが,ここでもう一度,成人前期の関係性についての議論にもどすことにしよう。もうひとつの影響力のある成人発達のモデルが,レビンソン Levinsonら (1978) のモデルである。このモデルは,エリクソンの心理学的モデルよりもずっと記述的であり,成人世界に立ち向かうときに直面する課題を略述している。

私たちが成人前期と定義した期間は,レビンソンらが成人期の'四季'と名付けたもののうちの初めの5つを包含する(表9.2参照)。このモデルによると,成人発達は,移行と安定の期間,あるいは'局面'を行きつもどりつしながら進行する。

- このモデルは,成人前期への移行で始まり,その移行はだいたい17歳から22歳のあいだで生じる。人はこの期間中,児童期と青年期に作り上げた自

己の意味を再評価し，修正する。彼らは物理的にも心理的にも家族の家から離れ，より独自で責任のある役割を果たし，成人生活について，いくつかの試験的選択をするかもしれない。
- 2番目の**成人世界への加入**（22歳から28歳）の期間では，若い成人は，成人前期へ移行のあいだになされた成人世界への試験的コミットメントをしつづけ，洗練したり強固にしたりもする。このことは，たとえば進路と人間関係について選択とコミットメントをすることにより，可能性を探求するかと

表9.2 レビンソンらの成人発達のモデル

年齢	段階
17-22	成人前期への移行期
22-28	大人の世界へ入る時期
28-33	30歳の移行期
33-40	一家を構える時期
40-45	人生半ばの移行期
45-50	成人中期に入る時期
50-55	50歳の移行期
55-60	成人中期の最盛期
60-65	成人後期への移行期
65以上	成人後期

いうことと，安定した生活構造を創造するかということとのあいだでの微妙なバランスを保つ行為をともなう。
- 第3期は**30歳移行**（28歳から33歳）と呼ばれ，自分の成人生活が確立する時期とみなされる。この局面のタイトルにおける'移行'は，以前になされた選択がこの時点で再考されうる道筋に関連する。ひとはここで，安定した生活構造を確立するための時間がなくなりつつあることを感じ，すぐに実用的な生活パターンに達しなければならないと思うかもしれない。こうした時間の圧力感によって，この時期はストレスのかかる時期となりうる。
- 4番目の'一家を構える'時期では，ひとは仕事，家族，友情といった領域で，重要な2,3の人生の選択に関してけりをつけようとする。彼らは進路や人間関係その他への重要なコミットメントを強固にし，そのコミットメントの枠内で進んでいく。この段階の後半は，独立心と自己充足の増加のための奮闘によって特徴づけられるかもしれない。成人期を通じての意思決定，人生のコミットメント，安定した生活パターンの確立の強調が，発達に関するエリクソンの概念化をいかに映し出しているかに注目しよう。これらの強調点は，成人発達のモデルに典型的なものである。

'30歳移行'の終了は，レビンソンらが成人期の新米成人時代と呼ばれる時期の結末を意味する。この新米成人期を通じて，ひとは5つの特定の発達課題に取り組むものとみなされる。その5つとは，「成人世界で演じる役割の意味（レビンソンが'夢'と呼んだもの）を形成し生き抜くこと」「発達の過程で支持，指導してくれるひととの庇護関係を形成すること」「職業を形成すること（'形成'という用語の使用が，いかに職業面の観念の発達を強調しているかに注目せよ）」「恋愛関係，パートナーシップ，そして場合によれば家族を形成すること」「相互の友情を形成すること」である。これらの課題は成人前期にとくに目立つけれども，後の人生でも取り組み続けることになるかもしれない。

レビンソンらのモデルは，専門職に就いている40名の男性との詳細なライフヒストリー面接に基づいている。それゆえそれは，女性の経験を排除し（このモデルが出された本のタイトルは『ある男の人生の四季』〔原書名：『The Seasons of a Man's Life』(1978)，邦訳書名：『人生の四季：中年をいかに生きるか』(1980)，邦訳書文庫版『ライフサイクルの心理学』(1992)〕)，社会経済的地位の低い集団の経験を排除しているという意味で，成人発達の部分的な説明であるにすぎない。たとえば，女性が出世することと親になることとのあいだで経験する葛藤は欠けている。また，成人生活の前期に子どもを持った女性にとって，30歳代は'一家を構える'時期でなく，新しい機会の探索の時期として経験されるかもしれない。女性は，恋愛関係，結婚，家族を形成する発達課題の記述のなかにまさに特色があらわれるのである。しかしながら，女性たちの役割は夫の「夢」の達成を支持することである。夫と子どもが彼女たちを求めなくなると，ようやく自分自身のアイデンティティを形成することができる。このような女性役割の概念化は明らかにもっとも不満足なものである。このモデルはまた，異性カップルにしか適用できない。

この分野でのもうひとりの研究者であるグールド Gould（1978）は，成人発達に関して，エリクソンやレビンソンらよりもずっと認知的なアプローチを採用した。成人発達に関する彼の4段階モデルは，18歳から50歳までの期間を対象にしており，私たちが成人前期と呼んだ年齢範囲とほぼ完全に合致している。ただし，最終段階の内容は成人中期の議論に属するとした方が適当である。

グールドのモデルでは，成人発達の主要な傾向は，私たちの生活が自分が児童期に学んだ規則によって決められるという仮定からの離脱と，自分自身の人生の創案者としての自分自身という観念への動きをともなう。彼の4つの段階は，4つの重要な仮定や信念の挑戦を示しているが，彼によれば，この仮定や信念は児童期に内在化され，安全感と安定感をもたらすのに役立つという。

これらのモデルの概観から，心理社会的発達のモデルが普遍的に適用されるという前提が間違いであると結論づけることができる。実際には，いかなる心理社会的発達のモデルも，あらゆる状況のあらゆるひとに適用できるかということは議論の余地がある。なぜならば，心理社会的発達はひじょうに多様であり，ジェンダーや文化のような要因によってひじょうに大きく影響を受けるためである。すべてのひとの経験を表現しようとするモデルは，おそらく，ひじょうに抽象的

でひじょうに一般的なので価値がないだろう。このことは，心理学的モデルがカウンセラーに役に立たないということを意味するわけではない。そうではなく，カウンセラーが，そのモデルの開発の背景を自覚し，べつの母集団や文脈の要求に対してそのモデルを適合させる必要があることを意味する。

9.3.3 成人前期における性的・情緒的関係性

　成人前期のあいだに一般にこなされる特定の心理社会的発達課題は，性的・情緒的関係性の確立と維持と終結，それに育児と職業的役割の発達を含んでいる。ここでは，性的・情緒的関係性を取り結ぶという発達課題に焦点が当たる。この課題が難しいために，カウンセリングを求める多くのクライエントが起こす問題が作りだされたり，課題の難しさがそうした問題の一因となったりする。

　エリクソンErikson（1959）の発達のモデルでは，「アイデンティティ」対「役割混乱」の後には，「親密」対「孤立」と「世代性」対「停滞」の段階が続く。双方とも成人前期に生じると言われているが，「親密」対「孤立」の段階の方が，関係性の確立に大きく関連している。親密がこの段階の解決の成功を表すけれども，この親密は，協力関係とパートナーシップにコミットする能力と，これらのコミットメントに固執する能力に関係する。家族の誰とも異なるアイデンティティを確立した後，若者はこの段階で再び他者とアイデンティティを融合し始めるが，この時点では性的・情緒的関係性の文脈においてである。

　この過程は，青年期のあいだに苦労して勝ち取った個人的アイデンティティの感覚を危機にさらすことにつながる。このアイデンティティが強すぎるあまり，パートナーのアイデンティティに隠れてしまうことができないようなら，そのひとは，親密な関係性を避けるかもしれないし，孤立を経験するかもしれない。BolderoとMoore（1990）の研究では，親密に達しなかった者は，多くの場合孤立を報告した。このことは，より初期の段階に着手された発達的作業（この場合はアイデンティティの作業）が，いかに成人期の関係性の形成と維持の能力に影響するかを強調している。

　その次に考えられる結果は，そのひとがパートナーに過度に同一化してしまい，自分自身のアイデンティティを作り上げるのではなく，パートナーのアイデンティティから過度に借りてしまうというものである。このことによって，そのひとは，親との同一視の児童期段階に連れもどされるにすぎない。それはまた，その関係性がそもそも不均衡であるということ，そしてパートナーの一方が2人のアイデンティティ作業の進行を終えることを意味する。

　親密で安定型の愛着関係のパートナーシップを作れる若い成人にとって，この関係性は，大人の世界を探索できる安全基地として作用しうる。ひとは心理社会的な危機に陥ることもあるし，危険なことに，自分がもどれる'安全な場所'があるという知識がないこともある。この意味で，安定した大人の関係というのは，幼少期の母との関係性と同じ役目を果たしている。（私たちが7.6で親密性と愛

情について論じ，8.4.1で愛着と後の人生に対する結果について論じたように）その段階で，もし母と子の間の愛着がゆるぎないものであるなら，この安全な場所から離れることができ，物事がうまくいかなくても，慰めと安らぎとなる母のもとにもどれることがわかる。

安定した関係性を作り上げることができず，それゆえにこの安全基地を構築できない若い成人は孤立を経験するかもしれない。そして自分の持つ資質に頼らなければならないので，危険を避け探検をしない傾向が強いかもしれない。多くの文献によれば，安全基地の創設は性的・情緒的関係性の形成によるものとされているが，この役目はまた，密接な情緒的関係，たとえば親友関係によっても果たされる。

関係性についてのさらなる議論については，7.4から7.8を参照しよう。

9.4　成人中期

中年期は，およそ40歳から60歳まで続くと見なされている。この成人中期の時期はしばしば，身体面，認知面での衰退の始まりを示しているものと考えられる。それにも関わらず，中年期の成人の身体的・精神的能力に関しては，年代順に並べた年齢が，若い成人や年老いた成人の場合に比べてあまり信頼できる指標とはならないことを覚えておくべきである。中年の段階は，そのひとに乗り越えるべき新しい移行期を用意する。それはときに'中年危機'と表現される。では，身体的変化を手始めに，成人中期のいくつかの変化を考えてみよう。

9.4.1　成人中期における身体的・認知的変化

40歳代，50歳代でいくつかの身体機能が減退し始めるが，それはひじょうにゆっくりである。記憶再生能力，視覚，聴覚のような機能は，成人中期までにすでにいちじるしく低下しているであろう。健康状態も悪くなり始める。40歳から60歳までの成人の約半数は，医者にかかっているいないを問わず，なんらかの病気や障害を持っており，それはしばしば慢性的なものである。認知的機能もまた中年期に低下する。中年期の成人が不慣れな事柄よりも慣れた事柄を扱っているときには，記憶機能の低下は目立たない。とりわけ40歳代と50歳代前半ではそうである。中年期の成人では，表面的で末梢なことの記憶が低下するけれども，意味に関する記憶と一般的テーマに関する記憶が良好であるという証拠はある。

9.4.2　成人中期のモデル

エリクソン，レビンソンら，グールドはみな，人生のこの時期について何か伝えるものを持っていた。みないくぶん異なった観点を持っており，べつの発達的側面を強調している。

エリクソンのモデル

エリクソン Erikson（1959）の「世代性」対「停滞」の段階は，成人前期に始まると言われているが，これは，成人中期の期間中ずっと発達的焦点となり続ける。世代性は，次世代を確立し案内することへの関心として定義される。それはしばしば，育児を通じて顕在化されるけれども，さまざまな愛他心と創造性の形態を通じて表現されることもあり得る。たとえば，自分より若い同僚の良き指導者として振る舞うことによって表現される。もしも世代性を獲得できなければ，停滞及び個人的衰退に通じると言われる。そして，個人的成長がもたらされるために次世代の育成へと何らかの方法で方向づけられるべきエネルギーは，むしろ内側に向けられることになる。このようになると，そのひとは自分自身の子どもになってしまい，あらゆる養護能力を自己中心的方法で自分自身に向けるのである。

レビンソンらのモデル

このモデルによれば，だいたい40歳ごろ，成人前期の生活構造を断念し，成人中期の生活構造を確立し始めるときに，中年移行に入ると言われている。彼らは，自分がだれであり，何を望んでいるのかの感覚をより強く形成する方向に向かい，より現実的で洗練された世界観を発達させる方向に向かう。世界がどのようなものであり，世界が彼らに与えるものとは何であり，彼らに求めるものは何であるかといったことである。このことは，間違いなく独立心を大きくするという結果につながるものと思われる。

しかしながら，より鋭く定義された自己の感覚はまた，より強い愛着を形成するという確信をひとに与えるとも言われる。45歳ごろになると，成人中期の段階に入り，自分の人生を再評価した結果として，ある種の大きな変化をするかもしれない。このことは，人間関係や進路や住まいを変えるということを含むだろう。レビンソンらのモデルは事実上ここで終わる。このモデルは，50歳移行，成人中期の完成，成人後期につながる成人後期への移行を同定しているけれども，詳細については論じられていない。

グールドのモデル

グールド Gould（1978）の成人発達のモデルによれば，35歳から50歳のあいだで，自分がもはや若くないと気づかされるようなさまざまな社会的事象が起こりうる。たとえば自分の経歴は頂点に達し，親が彼らに依存するようになり，子どもが家を出てしまう。死を免れないことを理解し，人生の問いの解決に向けて時間に対する切迫感が生じる。

レビンソンらの '30歳' 移行にあるように，ひとは，自分が過去に解決した人生の問いを再び取り上げ，その答えが再検討される。たとえば，ひとは過去に，仕事上の成功をあらゆる問題に対する答えとみなしていたかもしれない。この段階で彼らは，経歴上の成功が，死から自分を守らないということを理解し，そこで，仕事と人生の他の側面とのあいだの新しい均衡を得るよう探求するかもしれ

ない。

9.4.3　成人中期の難題

　このような研究者たちによって移行と発達課題が略述されているにもかかわらず，Bee (1994) は，成人中期では'社会的時間はずっと静かに経過する'と強調しており，その理由を'成人前期に支配しているものと同様の（多くの）役割が継続している'（p.390）ためであるとする。これまでの研究は，職場でのつとめの観点から，成人が成人中期にもっとも生産的になることと，仕事の質が高くなることを示してきた（Horner et al.,1986; Simonton,1988; Streufert et al.,1990）。中年期の多くの成人は，人間関係に首を突っ込み続け，親であり続け，仕事をし続ける。しかしながら，これらの役割の性質は変化するかもしれず，それはときには根本的なものとなる。たとえば成人中期に離婚や解雇が起こるときがそうである。

　離婚は，移行の処理過程を動かし得る主要な'ライフイベント'の例であり，次の段階まで進行するものである。しかしながら，離婚行為は調整がきく抽象的事象ではない。時期に関係なく生じる過程，そして，長期間にわたって，おそらくは残りの人生のあいだずっと，たび重なる調整と調節を要する過程になりやすいようである。このために，さまざまな調整段階を記述する（Hopson,1981のような）調整モデルは，現実生活環境における現実のクライエントについて考えたり，そういうクライエントと対峙しているときにはたいてい用いられない。

　離婚の心理的影響に関するこれまでの研究は，離婚したばかりの者が失敗感と低い自尊感情を経験し，身体的不健康，抑うつ，自殺の危険が増すということを示してきた。あるひとにとって，離婚は何年ものあいだ心理的幸福感に悪影響を与えうる。しかしながら，離婚が発達上画期的な出来事に相当するひともいる。離婚はそのひとたちに対して，人生を新たな方向に向ける機会を与え，心理的幸福感の点からみた肯定的結果をもたらす。離婚は成人中期よりも成人前期の方が起こりやすいが，年輩の成人の方が情緒的に分裂的なものとして離婚を経験するという証拠がある（Bloom et al.,1979）。

　解雇や失業の心理的悪影響は，きちんと立証されており，その中には，不安，抑うつ，自尊心と自信の喪失，自己非難，怒り，生活満足感の低下，無力感と統制感欠如が含まれる（Daniels and Coyle,1993）。仕事を持つことには「収入」「仕事をすることによる社会的地位」「有意義な活動に従事し，現在のスキルに磨きをかけて新しいスキルを発達させ，自分の能力に肯定的フィードバックを受ける機会」「重大な決定の場」「対人接触」「1日の時間的構造」などの実際的利益，心理社会的利益があり，否定的な心理的状態は，これらの利益が失われることに原因があるとされてきた。

　失業はしばしば，怠惰や動機づけの欠乏として扱われる。働いていない人びとは，'ある点で社会の要請に応じることができず，有給労働の喪失により合法的に懲らしめられている社会的ごろつき'（Breakwell,1986,p.57）と表現されてい

る。そうであるならば，彼らの自尊心とアイデンティティがしばしば悪影響を受けていたとしてもまったく驚くにあたらない。

　30歳から60歳の者は，失業によって，身体的不健康度がもっとも大きくなり，精神的健康がもっとも悪化するようである（Warr et al., 1988）。年輩の成人の方が，若い者よりも肩にかかる経済的責任が重いかもしれない。それゆえに，失業は彼らをより厳しく打ちのめすかもしれない。失業に対するひとの反応の過酷さに影響を与えるべつの要因は，彼らが自分の仕事に投資した目的である。もしも彼らのアイデンティティが自分の職業的役割の周囲に焦点づけられていたなら，その役割の喪失はひじょうに厳しく彼らに影響を及ぼすであろう。このことはとりわけ，自分の職業的役割の後に残った空虚感を満たすことが難しいとき，そしてそれまでは仕事から引き出されていた主要な心理社会的利益を与えてくれるような役割が，仕事以外で見つかりそうにないとわかったときにあてはまりそうである。

　中年期に個人が直面する心理的難題があることは疑いがないけれども，この人生段階の困難さについての有名な見解のいくつかは実証研究による支持がない。この中で真っ先にでてくるのは，中年期の概念であり，成人発達のいくつかの主要な理論で重要な役目を果たしている。レビンソンLevinsonら（1978）は，死すべき運命を受容し，健康や身体機能が衰え，社会的役割が変化するといった一連の発達課題に直面しなければならないものとして，中年期の成人をとらえた。これらは，ひとが対処できる能力をしばしば上回り，そのために危機に陥ってしまうほどひじょうに重要なものとして考えられている。

　しかしながら，ほとんどの研究は，中年期の危機の発生に関する証拠を見出せなかった。1つの例外が，Tamir（1982）による25歳から69歳までの1000名の男性を対象にした研究であり，そこでは，大学教育を受けた45歳から49歳の男性が他の男性よりも，飲酒の問題が多く，処方された薬を多く使用し，'やる気'がなく，'心理的挫折感'が大きいと報告していることがわかった。しかしながら，これらの特徴はこの集団に特定のものかもしれない。その理由はおそらく，彼らが中年の時期に直面する集団特定的な社会的要請と期待のためである。

　Bee（1994）は，中年危機の研究を要約した後，'この時期に特有のストレスと課題があるけれども，他の年齢に比べてこの年齢で，これらのストレスと課題が成人の対処資源を圧倒するように思われる徴候はごくわずかである'（p.381）と結論づけた。

9.5　成人後期

　一生涯の最後の何十年かは，特殊な発達課題によって特徴づけられている。たとえば，退職とそれにともなう余暇時間の増加を管理すること，ますます

多くなる同輩の死，そしてことによると配偶者の死に対処すること，満たされない希望と願望の喪失に対処すること，自分自身の死すべき運命を甘受すること，などである。これらの課題と移行の性質及び取り扱いは，身体的・認知的能力の衰えの増大によっていちじるしい影響を受ける。たとえば，年をとるにつれて，親は自分のいくつかの基本的欲求を満たすために子どもに頼るようになるかもしれない。

このことはやがて，老人の親アイデンティティにおけるべつの変化を予告するかもしれない。子どもが十分に成長し，独自の人生を作り出したとき，彼らの親アイデンティティは，一連の変化を受けるであろう。これらの変化の正確な性質は，育児スタイルや家族状況の性質といった多くの要因に依存するだろう。しかしながら，ほとんどの親は，物質的・心理社会的養育の主提供者の役割を果たすことによって育児生活を始める。その後，彼らの育児アイデンティティは，助言すること，カウンセリングすること，警告すること，保護すること，実際に援助することといった側面をともなうかもしれない。

親子関係の勢力原理は，ときがたつにつれて等しくなるかもしれないが，親が物理的に子どもに依存するときに生じる変化と，それが親アイデンティティに与える影響は，取り扱いがとりわけ難しいかもしれない。親と子は，養育者としての親の役割を被養育者としての親の役割へと進展させることで，彼らの以前の役割が入れ替えられることを知るかもしれない。

9.5.1　成人後期における身体的・認知的変化

成人後期での身体的・認知的機能の衰えの度合いは，ひとによって大きく異なり，75歳以降著しく増加する。それゆえ，介護がなされる必要があるのは，成人後期の段階（さらにいえばあらゆる人生段階）の者すべてを等質集団として扱うからではなく，個人個人が特殊なスキルと能力を持つということを認識するからである。

成人後期にしばしば生じる主な身体的・認知的変化のいくつかを考えてみよう。成人中期に始まる視力と聴力の低下は，成人後期でも継続し，解決が難しくなることもある。たとえば，耳鳴り（耳の中で音が鳴っているような感じ）を経験するかもしれず，高い周波数の音を聞くこと，背景に雑音があるときに聞くこと，個々の単語を弁別すること，が難しくなるかもしれない。そのような聴力低下は，もしも補正されなければ，老人にとってコミュニケーションの問題を生むことになる。視力の低下はたんに眼鏡の必要性を意味するだけかもしれないが，緑内障や白内障のような重大な障害は，ずっと大きな苦痛をもたらすようである。白内障が原因となる種類の盲目によって老人は重要な警告を得るが，それはなおひとをおびえさせる移行である。

衝撃を和らげる背骨の軟骨が年齢とともに圧縮し始めると，腰痛の危険が増してくる。関節の変化は関節炎の原因となるかもしれない。年齢とともに免疫機能が低下し，若いときだったら戦えた条件に対しても脆弱になってしまう。また，

たとえば骨や筋肉の障害を回復する身体能力が，細胞の成長を統制する能力と同様に低下し，ガン発生の危険を増すことにもなっている。性的機能は老年期では多様であるけれども，健康を損ねた結果，外傷の結果，あるいは失敗恐怖に関連した不安によって，低下したり失うことになったりする。

　認知能力の範囲もまた年齢とともに狭まることが見出されてきた。その認知能力には記憶，推論，意思決定，情報処理速度，新しい情報の理解力が含まれる。問題解決の構成要素（組織化，創造性，柔軟性，適切な情報を同定し具体的状況からそれを抽象化するスキル）に関する研究では，老人（とりわけ70歳を超える者）は若い成人よりもうまくいかなかった（Salthouse,1982）。身体的・認知的機能におけるこれらの潜在的変化があれば，自分の活動が縮小されてしまう，あるいは生活の統制ができなくなり，他人に頼っていかざるを得なくなってしまうということを，老人は怖れるかもしれない。

　老人の身体的健康は，精神的健康に関連しているらしい。老人の心理的幸福感の研究は，身体的健康が良好な者が精神的健康の測度でも高得点を取ることがわかった（Gerson et al.,1987）。老人の精神的健康に関する文献を概観したHayslipとPanek（1993）は，老年期の良好な精神的健康が，一生を通して続いてきた対処の個人的特徴とパターンにしばしば関連すると結論づけた。良好な精神的健康は，あらゆる年齢で，高水準の自信と自己信頼，自分の長所と短所の現実的知覚，効果的な対処スキルの学習と維持，そして自分の社会環境に対する積極的アプローチに関連すると言われている。老化にうまく適応するための準備には，生涯を通じてこれらのスキルと資質を育成することが含まれる。

9.5.2　成人後期のモデル

　私たちが追跡してきた発達モデルの中で，エリクソン　Erikson（1959）のものだけが詳細に成人後期の発達を検討している。彼の最終発達段階である「**自我統合**」対「**絶望**」の段階は，65歳以上の者にとって主要な心理社会的問題となるといわれている。この段階での解決がうまくいくことによって生じる自我統合は，いままでの自分の人生を受容すること，違った人生だったらよかったと後悔しないこと，そして自分の人生の責任を受け入れることによって特徴づけられる。この段階の否定的可能性とみなされる絶望は，死の怖れと，自分の人生をより満足した方向へ変えるためには残された時間があまりないという信念によって表現される。

9.5.3　退　職

　退職は心理的幸福感に悪影響を及ぼすと一般的には考えられている。職業はしばしば，そのひとのアイデンティティに基礎を与え，有意義で社会的に価値のある功績に関する数多くの機会と社会的相互作用に関する数多くの機会を彼らに与えるものとしてとらえられている。それゆえ，ひとは退職後に目標喪失感と抑う

つを経験することがあると考えられているのである。この推論の道筋の問題は，退職するひとはみな，自分の仕事から充足感と満足感を得ていたと仮定していることである。自分の仕事を退屈でつまらないものと考えているひとや，仕事をたんに'食卓にパンがある'ための手段とみなしているひとは，退職によってこの状況から解放されることを歓迎するかもしれない。そういうひとたちのアイデンティティは，退職後により多くの時間を充てることのできる，職場外の領域の周辺に焦点化されているのかもしれない。

　Bee（1994）は，退職前後の成人の縦断研究から得られた証拠を概観し，退職が生活満足感や幸福感情に対して実質的に影響しないと結論づけた。一般的に，退職は，抑うつ感の増大とも関連しないし，ストレスとして経験されることもない。しかしながら，（たとえば病気などによって）退職をせざるを得ない者は，みずから退職を選んだ者よりも，生活満足感が低く，高水準のストレスを経験するようである（Herzog et al.,1991）。退職決定を支配できないと解雇と似たことになり，心理的幸福感に対して同様の悪影響を持つ。HayslipとPanek（1993）は，退職に関する文献のレビューに基づき，退職にうまく適応する可能性に影響するものとして，そのひとの職業水準，仕事と結びついていることの重要性，そして心理的準備，金銭的準備の程度を指摘してもいる。以下のシナリオは，退職に対する2つのまったく違う反応を示しており，この異なる反応は，すでに略述してきた影響力のある変数によって形成されるものである。

　　ベン デービスは62歳の男性で，最近病気のために自分の会社の専務取締役の仕事を辞めざるを得なくなった。彼は自分を'猛烈な努力家で野心家'と呼んでいる。彼は生涯にわたって，全精力を彼の会社の事業を成功させることに向けてきた。結果的に彼の最初の妻との関係がおろそかにされ，結婚10年後，ベンが30歳代後半のときに離婚した。彼はまもなく再婚したが，今度の結婚も12年後に離婚するという形で終わってしまった。彼は，最初の結婚のときにできた2人の息子にめったに会わず，息子たちもまたビジネスでのキャリアを追求することに興味を持たなかった。ベンは退職して以来，人生が難しいものであると理解するようになった。彼は空虚感とむなしさを感じ，日々をどのように満足させていったらよいかわからないと言っている。彼は会社にほとんど関与していない。なぜなら，彼の退職後の指導力の争奪の中でできの悪い候補者を後押ししたためである。彼は以前の職場の外には友人や興味がほとんどないし，'私の時間をただ漫然と過ごし'たくないと思っている。

　　ジョージ グリーンは，62歳の男性で，最近，靴下工場の仕事を早期退職したところである。彼は27年間，さまざまな立場で工場勤務をしていたが，その仕事をとてもおもしろいと思ったことがなかった。'私は生きるために働く''働くために生きるのではない'と彼は言ったものだった。ジョージの本当の興味は仕事以外のところにあった。そこで彼はさまざまな趣味やスポーツのおもしろさを追求した。ときには仕事仲間といっしょだったが，それよりも他の

友人や家族といっしょのことが多かった。ジョージは25歳で初めて結婚したが，この関係は10年後に終わった。彼は40歳で再婚し，いまもこの2番目の妻と生活している。彼は初婚のときにできた2人の息子と親しく，3人の孫と楽しいときを過ごす。早期退職の機会が提示されたとき，彼はその機会をつかむのに熱心だった。彼はいま，多くの時間を地域のフットボールクラブのさまざまな活動を組織することと，彼の庭（と年輩の隣人の庭）の世話をすることに充てている。ジョージは自分について，'本当に喜んでこのような毎日を過ごして'いると言っている。唯一彼が後悔していることは，'何年も前からこうしていなかった'ことである。

9.5.4　死別に対する反応

　成人後期の心理的幸福感に大きく影響する課題は，死別の取り扱いである。老人になると，同じ年齢の友人の死を経験し，そのことで自らの死すべき運命を痛切に自覚させられるであろう。

　成人後期には必然的にカップルの一方が死ぬことになる。異性カップルでは，女性の寿命の方が長いと考えると，この死別の対処に残されるのは女性の方であることが多い。配偶者の死は，ほとんどのひとに降りかかる，もっともストレスのかかるライフイベントと見なされてきた（Holmes and Rahe, 1967）。死後最初の6か月が適応のもっとも困難な時期となることが，未亡人期の研究の標準的な知見である。一方，配偶者の死後2年経つと，未亡人と非未亡人とで精神的健康に差がないことが諸研究により一般的に見出されてきた（たとえばMcCraeとCosta, 1988を参照）。

　パートナーの死の心理的影響は，その死が突然であったときの方が大きくなる傾向がある。この場合，生き残っているパートナーは，その死に対して準備したり，'予期悲嘆'と呼ばれるものに入り込む機会がないだろう。これは死が予期される状況のことを指しており，こうなれば悲しむ過程がその死の前に始まることになる。しかしながら，これは，生き残っている方がパートナーの死の可能性を認めたということを仮定する。それは，自分の周りのひとには明白に思われるものを否定するという能力，あるいは切迫し避けられない個人の不幸を前にしても望みを捨てないという能力を無視することになる。

　また，最後の病気のあいだに懸命にパートナーの世話をした老人の場合には，喪失が予測できることが，良くない悲嘆反応をもたらしてしまうかもしれない。この時期に彼らは自分の身体的・心理的福祉をおろそかにするかもしれない。このことは，パートナーの死と関連する多くの社会的・心理的喪失（介護者の役割の喪失を含む）と結びついており，悲嘆経験を極端に痛ましいものにするかもしれない。未亡人の時期は，女性の方が男性よりもうまくやっていく傾向がある（Stroebe and Stroebe, 1986）。このことは，男性が情緒的サポートの面で配偶者に大いに依存する一方，女性は一般にそのようなサポートを広範な仲間から得てい

るという傾向に帰属されてきた。生活ストレスから守ってくれるようなパートナーのサポートがなくては，男性の精神的身体的健康は，パートナーの死後ひどく害されるかもしれない。

　成人後期の死別における複雑な要因は，'死別過負荷'の可能性である。これは，比較的短い期間に多くの友人の死に耐えた老人が経験しうる。こうしたひとは，ひとりの死をあきらめる間もなくべつのひとが死んでしまうと感じるかもしれない。このようにそれぞれの悲嘆のプロセスは，それに先行するプロセスによっていっそうひどくなる。

　悲嘆の段階モデルを略述した試みはある（たとえばBowlby,1980とSanders,1989参照）が，これらには問題が多い。悲嘆の経験は，固定した段階に簡単にはあてはまらず，略述された段階をだれもが経験するようには思われない。それゆえにカウンセラーは，死別したひとと作業するときには，決められた方法でこれらのモデルを用いないように気をつける必要がある。さもないと，そのひとが特定の死別モデルの第2段階を示すのを待つことで終わるかもしれないし，そのひとがその段階を飛ばして第1段階から第3段階へ移ったことに気づかないことにもなる。知られていることであるが，カウンセラーは，あらゆる死別反応を自分が選んだモデルから強引に引き出そうとしたり，そのモデルに適合しない死別反応を無視しようとしたりする。

　死別カウンセリングは，死別したひとが経験する苦痛を緩和するために潜在的に効果のある手段として認められてきた（Barry,1993）。Parkes（1980）は，死別を経験した人びとの心理的幸福感の促進を意図したカウンセリングサービスに関する数多くの評価的研究を概観した。彼は，専門的カウンセリングサービスとボランティアのカウンセリングサービスと自助グループが，死別により生じる精神医学的・心身医学的問題の危機を減じうると結論づけた。しかしながら，ボランティアのサービスと自助グループのサービスが専門的な支援を求めていると強調した。カウンセリングサービスは，その死の付帯状況や個人的境遇によって過酷な死別反応を経験した者，たとえば，死別によって，彼らの助けとなっていたソーシャル・サポートを失った者や，短期間で多くの喪失（かならずしも死とは限らない）を経験した者にとってもっとも有益となりうる。

　カウンセリングの文脈外では，死別したひとの友人と親類はたいてい，何を言うべきか，あるいは悲しみに沈んでいるひとにどのようにサポートしたらいいのかわからなくなる。Lehmanら（1986）は，もっとも援助的とみなされているものが，類似の死別経験を持ったひと，そして話を聞いてくれ，彼らの気持ちを話せるひととの接触であることを見出した。'彼は長生きしたよ'とか'あなたの気持ちはわかるよ'といった，喪失感を軽視したりその死が独自のものであることを否定したりする陳腐なことばは，もっとも役に立たないものとみなされる傾向がある。

第9章 生涯発達：青年期から老年期までの移行　261

9.5.5 '自己'の死

　人生が終末に近づくと，老人はべつの死と直面する。それは自分自身の死，つまり'自己'の死である（Raphael,1984）。ひとの人生が有限であるという自覚は，新たな現実味を帯び，そのひとは，不治の病に関するKubler-Ross（1969）とAldrich（1963）の研究の中で述べられている'予期悲嘆'の過程を経る。彼らはときには死について話したがり，ときには死が来ることを否定するだろう。ひとによっては，自分の親が死んだ年齢や自分自身の健康など数多くの変数に基づいて，自分の残りの人生の見込みを計算するかもしれない（Marshall,1975）。

　多くの老人がむかしの話をするが，これは'人生回顧'に変わりうる。古い葛藤を再形成し，過去の人生を甘受するための時間である（Butler,1963）。そのあとは，エリクソンによれば，そして上で私たちが論じたように，'いまや，人生をもう一度やり直そうとするには時間があまりに短いという感覚'によって個人的絶望の苦しみを経験するのではなく，**自我統合**の状態に達するというべつの道を試そうとするのである。もしも老人が死を怖れないほど十分に統合するのならば，'健康な子どもは人生を怖れないだろう'（pp.28-29）。

9.6 ま と め

　本章は，身体的・認知的発達に関連する情報を織り交ぜながら，青年期から成人後期までの心理社会的発達の概念化を記述しようとしてきた。特定の発達課題と移行は，各人生段階の中で，カウンセリングを求めるクライエントが示す問題の中でも特徴的であるという立場から考察の対象に選ばれている。生涯発達心理学は，ほとんど，あるいはすべてのひとが遭遇する発達的な問題点に焦点を当てているけれども，特定の社会的・文化的集団が直面する特殊な困難がカウンセリングの文脈内で見落とされてはいけない。さらに言えば，個々の発達パターンが，すでに述べられている一般的傾向から大きく逸脱することもあるということを思い起こさねばならない。

　生涯発達心理学の研究者の中には，発達課題での問題を経験するクライエントに心理的発達を促す介入への示唆を提供しているひともいる（たとえばSugarman,1986参照）。本章では，ある種の問題点に対するカウンセリング実践について，一般的特徴のいくつかが含まれているけれども，特定の治療的介入のプログラムは故意に省略された。

　そのかわりに，カウンセラーが，略述されている発達の概念化を利用し，さまざまな発達課題の議論を用いることで，自分たちのカウンセリング実践を知り，生じた問題に取り組んでいるクライエントの理解を増し，これらのクライエントに対する適切で効果的な介入を発達させることを希望している。

〔本章はAdrian Coyleに依る。〕

第9章　対照語リスト

adolescence	青年期
adult identity	成人アイデンティティ
adulthood	成人期
anticipatory grief, anticipatory grieving	予期悲嘆
age thirty transition	30歳移行
attachment	愛着
developmental task	発達課題
ego integrity	自我統合
ego integrity versus despair	「自我統合」対「絶望」
entering the adult world	成人世界への加入
generativity versus stagnation	「世代性」対「停滞」
grief	悲嘆
identity	アイデンティティ
identity achievement	アイデンティティ達成
identity diffusion	アイデンティティ拡散
identity foreclosure	アイデンティティ早期完了
identity versus role confusion	「アイデンティティ」対「役割混乱」
intimacy versus isolation	「親密」対「孤立」
life event	ライフイベント
life history	ライフヒストリー
lifespan development	生涯発達
life stress	生活ストレス
mental health	精神保健
moratorium	モラトリアム
novice	新米成人
psychological immobilization	心理的挫折感
psychosocial development	心理社会的発達
role confusion	役割混乱
settling down	一家を構える
storm and stress	疾風怒濤

訳者コラム
「オトナの発達研究」雑感

尾見康博

まずは，メーリングリスト上で議論された本章の重要語句について。

1つめは，generativity。「世代性」と「生殖性」が代表的な訳語であるが，もともとこの語はEriksonの造語ということもあって，適当な日本語をあてるのが難しい。結局，「生殖性」には，子どもを生み育てるというニュアンスが強く，子どもを作るか作らないかは個人の選択の問題だという現代の価値観とは必ずしも適合的ではないことから，「世代性」が採用された。

2つめは，transition。Levinsonらの『The seasons of a man's life』(1978)の邦訳書『人生の四季：中年をいかに生きるか』(文庫版『ライフサイクルの心理学』)では，「過渡期」であった（いずれも南博訳）。一方，発達心理学関連の日本語の文献では，この語の訳に「移行」を与えることも多い。「過渡期」は，レビンソンらのモデルを説明する場合にのみ用いられる傾向がみられる。上記邦訳書では，「移行」はshiftやmovingの訳語としてあてられていた。そんなこんなで最終的には，本章でレビンソンらのモデルだけが説明されているわけではないということから「移行」を採用することにした。

3つめは，Levinsonらによる『The seasons of a man's life』というタイトルの本。すでにご紹介したとおり，邦訳書名は『人生の四季：中年をいかに生きるか』あるいは『ライフサイクルの心理学』である。しかし，このまま訳出してしまうと，本章の後段部分を理解することが困難になる。タイトル中の「man」がとても重要なのである。つまり，Levinsonらの本は，男性の視点で生涯発達が論じられていて，女性の視点がない（少ない）というのである。そこで，人名以外の英語は文中に入れないという本訳書の原則を曲げて，原語と邦訳名を併記することにした。

なおLevinsonはその後『The season of a women's life』(1996)を著している。私たちが訳した今回の本書の原著者たちは，この"女性版"の出版に気づかなかった，もしくは，気づいたときには，もはやこの原著本が刊行されようとしているときだったのかもしれない。

4つめは，message practitioner。メッセージ実践士と訳出したが，本邦にはない職業（資格）なので，この訳語で適当かどうかは少々疑問である。

さて，青年期から老年期までの生涯発達が本章の守備範囲だったわけであるが，それ以前の時期（とくに乳幼児期）に比べて，この時期の知見にさほどおもしろみを感じないのは私だけであろうか。

誤解をおそれずにいえば，青年期の問題はほとんどアイデンティティ，そしてEriksonに帰結している風である。

実はその一方で，心理学の研究対象者の多くが青年，という事実がある。別の

言い方をすれば，（大学に勤めている）心理学者のごく身近にいる大学生が研究対象者になることがひじょうに多く，卒業論文や修士論文ではその割合がさらに増える。

つまり，心理学の研究の多くが青年（大学生）を対象にしていても，それを青年期の問題として扱ってはいないということである。一般成人の代表として，青年を研究対象にすることが多いのである。

このような傾向は，青年期の問題をますますアイデンティティとEriksonに集約させているような気がする。

では，青年期よりあとの時期はどうだろうか。老年期の研究は近年盛んになりつつあるが，青年期と老年期の間のひじょうに長い期間についてはさっぱりである。理由は単純であって，心理学者のコネが少ないということである。コネが少ないということは，質問紙調査，インタビュー，観察や実験といった心理学の実証研究がしにくい（データが取りにくい）ことにつながる。成人期以外を考えてみると，乳幼児期は産科病院や保健所，保育園，幼稚園，老年期は高齢者施設，児童期，青年期は学校，と，データを収集しようとすると即座に思い浮かぶ施設・機関がある。それに対して成人期は… 会社や役所，町工場や商店街に協力を得るのは難しい（と思っている）。それでも近年では，リカレント教育が普及しはじめ，社会人学生が増えてきたり，カルチャーセンターの授業で知的好奇心の旺盛な一般成人とコネができるようになったりしてはいる。

いずれにせよ，心理学で生涯発達ということばが使われるようになったのはそれほど最近のことではないけれども，生涯発達の考え方が実際の研究に反映されるにはまだ時間がかかりそうである。

(おみ やすひろ・山梨大学)

第10章　ストレス，対処と健康・疾患との関連

10.1　はじめに

　「人生には多くのストレスが付きものだ」と言えば多くのひとからの同意が得られるだろう。日常生活において，家族とのあいだで経験される欲求不満や職場での欲求不満をはじめ，私たちの多くは恋人や配偶者との別離，病気，転居，親しいひととの死別といった重大な出来事を経験する。さらに，なかにはレイプや子どもの死といった不幸な体験をするひともいる。

　ストレスという言葉はさまざまな出来事を指すと同時に，出来事に対する身体的，行動的，心理的反応もストレスと呼ばれている。つまり，上に示したようなさまざまな出来事にうまく対処していなければ，そのひとはストレスに悩まされた状態であるということになる。しかし，このことは，例えば中流階級の専門職に就いている男性ならばあてはまるが，40代の女性であればその不適応は更年期に見られる反応と解釈される可能性が高い。また，子ども2人を抱えた安アパートに住むシングルマザーが同じような不適応を示したとすれば，ただ単にそのひと自身に問題があると考えられるかもしれない。このように，ストレスとは簡単に言い表すことの難しい概念であるといえよう。

　私たちは自分で自分にストレスを課すこともある。新しい職を探したり，ヒマラヤに登ったりすることがその例である（途中でなぜこんなことをしようと思ったんだろうと思うこともあるかもしれないが）。すなわち，ストレスとは自分自身によって作り出された内的状態を指すこともあり，何らかの偶発的な出来事によって引き起こされるものとは限らない。

　ストレスという言葉は日常的に使われていて，それがどのようなものか体験的にわかっているにもかかわらず，いざその意味を言葉で表そうとするとなかなか難しいことになる。

　心理学や他の分野の研究者たちもストレスの定義に関して似たような問題に直面してきたが，この章ではストレスがどのように概念化されてきたのかを検証していく。また，ストレスを喚起する'ストレッサー'のタイプと，私たちのそれ

らに対する反応も検討することにする。

　この分野の精神生理学的な研究にはとくに興味深いものがある。私たちの生理的反応は，私たちがストレスをどのように知覚しそれに対処するかに深く関わっている。ストレスに関わるモデルや研究に関する知識は，私たちが自分自身の，さらにはクライエントのストレスを理解する助けとなり，ストレスと疾患の関係を理解する上でも役に立つだろう。

　カウンセリングの仕事に携わっている人びとにとくに関係があるストレス研究の分野は'防御'因子や'脆弱性'因子に関わるものである。この章ではどのような要因が人間の'ストレス耐性'，つまりストレスに対する防御メカニズムの活動を高め，同時に，脆弱性を低減させるためにどのようなことが可能かを探っていくことにする。

　本章を通じてこの分野での研究がカウンセラーにどのような提言をすることができるか，また，それらが治療場面でどのように役立つかについて例をあげて示していく。本章の結びでは'ストレス管理プログラム'について簡単に触れることにする。

10.2　ストレスの概念

　研究者はさまざまな場面でのストレスを，多くの異なったモデルを用いて研究してきた。生物学的，生理学的な側面に注目した研究者もいれば，ある特定の出来事が持つ意味を強調した者，さらには，地域全体に及ぶ自然災害や戦争といったストレスを研究した者もある。

　ストレス研究の及ぶ範囲は広いので，理論家や研究者が複数のストレスモデルや概念を取り扱うことは不思議ではない。研究者はしばしば自分が用いているストレスモデルを明示することを怠ったり，一般に正しいものとして受け入れられている'常識的な'モデルがあるという仮定に基づいて研究をしている。ストレスが心疾患やうつ病，潰瘍やその他の病気につながるというモデルはこのようにして一般に受け入れられるようになったもののひとつであるが，何らかのストレスが何らかの障害につながるというモデルはあまりに一般的すぎて実際の役には立たないようである。

　このような，一般的で特定性の低いストレスモデルの台頭の起源は，この分野の研究の草分け的存在であるセリエ Hans Selye（1956, 1982）までさかのぼることができる。セリエのモデルは**ストレスの汎適応モデル**と呼ばれている。セリエは，ストレスが体験されると**警告期，抵抗期，消耗期**という3段階の適応からなる典型的な生理現象が引き起こされると説明した。第1の段階である警告期は身体の全般的な生理的覚醒が起こることと身体の防衛システムが活性化されることにより構成されている。ストレスが継続して体験されると第2の段階へと移行し，身体はいかなる外的侵襲にも抵抗しようとする。この抵抗が効かずストレス状態が続けば身体的資源は使い果たされる。この状態が第3の段階である。こ

の3段階で構成される反応は**汎適応症候群**として知られている。

　このモデルは当初，生理的生物学的ストレスに対する身体反応を説明するために作られたものであったが，心理社会的なストレスに関する考え方にも影響を及ぼした。しかし，このモデルが残したものは「ストレスは疾患への不特定な脆弱性を生む」という病理モデルであり，ストレスは基本的に望ましくないもので避けるべきものであるととらえている。

　たとえばHolmsとRahe（1967）は**社会的再適応評価尺度**の作成にあたり，ストレスの汎適応を想定している。この尺度は重大な出来事に対する人間の適応か再調節が必要とされる多くの項目を含んでいて，これらの出来事はそれに対してどの程度の調整が必要であるかということを仮定して得点化される。例えば，配偶者の死には高得点が与えられ，出産には低い得点が与えられる。そして，尺度の合計得点がその人のストレスレベルの指標と考えられる。

　ストレスと疾患に関する数多くの研究でこの尺度やこれに類似したものが使われ，生活上の変化と心理身体的な症状において統計的な関連が見られることが示された。しかしながら，これらの研究には概念的，方法論的問題があることを考慮しなければならない。

　ストレス研究に見られる概念的問題の解決策のひとつとして，**ストレッサー，ストレス，苦痛**を分けて考えることがあげられる。'ストレッサー'をいちがいに良いもの悪いものとしてとらえるのは単純すぎる。どんなひとでも常時複数のストレッサーにさらされている。騒音や交通渋滞や住宅問題などは，いってみれば相互に依存した外部からのストレッサーであり，これとは対照的に，昇格のための面接を受けることやボートで世界一周を試みることなどは内部からのストレッサーといえる。ストレッサーはひとを脅かすものであったり，競争心を奮い立たせるものであったり，その両方であったりする。例えば勤め先から解雇されたり配偶者が死亡するということに直面すれば，その時点ではかなりのストレスと感じるであろうが，長い目で見ればそれは個人の成長を促すことを可能にするかもしれないのである。

　このような特徴を持つストレッサーを，一様に望ましくないマイナスのものとしてとらえ，これらの出来事の数を足しあげて'ストレッサー得点'を算出することには問題がある。外部からの多くのストレッサーにさらされているひとでもそれを主観的に内的なストレスと感じているとは限らない。逆に，とても些細なことを相当なストレスと感じるひとの存在を私たちは知っている。こうしたことから，ストレス経験の個人差に対応できるもっと洗練された，複雑なモデルが必要であるといえる。

　主観的なストレスの経験と苦痛の関係もまた直接的ではない。ストレスがかかっているときにこそとくに能力を発揮できて，精力的に挑戦することができるひともいれば，これとはまったく逆の反応を見せるひともいる。ストレス耐性が低い人は，身体的にせよ心理的にせよ**苦痛**を感じることになるかもしれない。

　こういったことから，より包括的なストレスのモデルは内的なストレスに対する耐性や，反応の個人差を考えに入れたものでなくてはならない。さらにいえば，

なぜ苦痛はあるときは胃腸障害やその他の身体的症状としてあらわれ，またあるときは空間恐怖やうつ病といった心理的症状としてあらわれるのかについても，より明確に示されなければならない。

問題の複雑さを扱おうとしたストレスのモデルとして，**素因―ストレスモデル**があげられる。素因とは素質のことである。このモデルでは，外部の出来事，すなわちストレッサーが，素質や抵抗力の低さ，あるいは個人内の体質的要素とは相互作用を起こすと仮定されている。苦痛が経験されるか否か，病気や障害が生じるか否かはこれらの外的要因と内的要因の相互作用によって規定され，さらには苦痛や病気や障害がどのような形であらわれるかをも規定している。

このモデルを受け入れるにあたっては，たんにライフイベント尺度の得点と被験者が報告する症状との相関を見るという研究方法よりも，もっと洗練されたものが必要になる。このような意欲的で複雑な研究の数は近年，とくにBrownとHarris（1978, 1989）による生活ストレス研究が発表されて以来，増加している。

彼らのモデルによれば，日常生活上のストレスが何らかの障害を引き起こすさいの役割は，それを経験した人のライフヒストリーや現在の状況によって規定されるライフイベントのもつ'意味'によって媒介されている。これは多くのカウンセラーや心理療法家によって認められていることである。私たちがストレスや苦痛のもとになると考えがちなことが実はそうでなかったり，逆に取るに足らないと思われることが患者の苦痛の原因になっていることもある。たとえば，ほとんど見えないようなニキビが患者に与える苦痛は，そのひとにとってニキビが持つ意味を理解しなければわからない。これは自尊感情に関わることであるかもしれないし，他者の目が気になるということであるのかもしれないし，同輩集団の中で重要な意味があることかもしれない。

10.3　ストレッサー

この節ではいくつかのストレッサーについて述べていくが，すでに述べたように，これらは10.5と10.6で触れるような個人的要因を考慮して考えなくてはならない。

10.3.1　ライフイベント

ストレスになりうるライフイベントは，日常的なことから人生における重大事，さらには災害まで，さまざまなものがある。

比較的小さな欲求不満

人生における重大事ではないことが大きなストレスとなる例はよくある。渋滞の中を運転すること，失礼で不愉快な客に応対すること，スーパーで列に並ぶこと，カップが見当たらず，それはまたしても子ども部屋に置いてあってカビが生えているのを発見すること，といった小さな出来事が大きなストレスとなる

第10章　ストレス，対処と健康・疾患との関係　269

場合がある。ある研究者は，このような日常的なストレス〔デイリーハッスル〕の積み重ねの方が人生の大きな出来事よりもより的確に身体的，心理的な健康を予測すると報告している（DeLongis et al., 1982）。

重大なライフイベント

　子どもの誕生や，親しいひとの死，結婚，大学入試の失敗，深刻な犯罪の被害者になるというような個人に長期的な影響をもたらすことは人生の重要な出来事といえる。前述のように，これらの影響を測定する測度が開発されているが，それらは，変化するということはすべて良くないことでストレスの原因になるという考えに基づいている。この考えはあまりに単純に過ぎるので，最近ではその出来事がどのような影響をもたらしたかを被験者自身が評定できるような測度が開発されている。

　ライフイベント研究はこのような批判を受けたが，生活上の変化と健康は何らかの関わりがあることは確かなようである。しかし，多くのひとは健康を失わずに変化に対応することができるので，この関係は直接的なものではなく何か他の要因が関係していると考えられる。これらの要因については10.6で述べる。

悲劇的ライフイベント

　私たちの生活に深刻な影響を与える，さいわい，通常は経験せずにすむような出来事は悲劇的ライフイベントと呼ばれている。これには地震や洪水，戦争や放射能事故などの人災，自動車事故や飛行機事故，レイプや殺人未遂といった暴行を受けるなどの忘れられないくらい大きな精神的ショックを残す出来事が含まれる。これらの出来事の影響は11.6で述べていく。

10.3.2　よく見られる心理的ストレッサー

過剰な要求

　私たちはできるだけ短時間にできるだけ多くのことを行うことを要求されており，この傾向はますます強くなってきている。生産性を上げることや次第に早くなっていく締め切りに間に合わせることが期待されている。私たちの多くが，速さだけではなく熟練や高い能力を示すことを要求されていて，評価表や，タイムシート，品質管理のための書類や報告書を作成しなくてはならない。多くのひとは解雇されることをおそれ，専門家は訴えられることを恐れる。医者，看護婦，航空管制官のような職業に就いているひとは長期間続くプレッシャーに対応しなくてはならず，時間的制約の中で，ひとの生死に関わる決断を迫られることもある。このようなプレッシャーに毎日さらされているひとの仕事ぶりは悪くなり，ストレスに関連する心理身体的症状を見せはじめ，これらの症状はさらなるストレスのもととなることがある。

　カウンセラーの多くは，このような仕事に携わりプレッシャーを受けているクライエントと関わったことがあるだろう。このような事例は倫理的ジレンマを含

んでいる場合がある。例えば，クライエントがどんなひとも応ずることができないような要求をされる状況へ戻りたいという意志を示したらどうすればいいであろう。このような状況で，クライエントがストレス管理の仕方を教わりたいという意志を示したからといって，結局はいま以上の苦痛につながることが予測できるにも関わらず'ストレス管理法'を教えるべきであろうか。

退屈

退屈はプレッシャーの対極にあるが，刺激不足も長く続けば重大なストレッサーとなる。退屈はとくに文字通りの意味でも比喩的な意味でも何らかの状況に閉じ込められたと感じたときに起きやすい。極端な例としては1人で監禁されているという状況が考えられる。

欲求不満

個人の目標や願望の達成を妨害する障害物がある状況は欲求不満を起こさせる場合が多い。目標達成に近づけば近づくほど，それを阻む体験は大きな欲求不満を生む。もうすぐ頂上というところで天候の変化により下山を余儀なくされることは山の中腹から下山しなくてはならないときよりも欲求不満の程度が高い。就職試験の最終選考まで残って，結果的に不採用になることは，それ以前に落とされることよりも大きな欲求不満として感じられることもあるだろう。

欲求不満は個人的要因から生まれることもある。例えば，医者になりたいと思っても学力が足りず医学部に入れないとすれば，これは外的要因というよりは個人の能力の限界が目標の達成を阻んでいるということになる。カウンセリングの目標は欲求不満が外部の要因から発生しているのか，それとも個人の問題から来ているのかによって違ってくる。

葛藤

思考や情緒の衝突もまた外的または内的要因によって起こるもので，多くの場合ストレスとなりうる。外的なものでまずいちばんに考えられるのは家族，友人または同僚との対立である。私たちが相容れない要求に迫られているときや，矛盾した望みを持っているとき，対立する動機を持っているとき，または矛盾した外的な要求に直面しているとき経験する内的葛藤は，外的要因によるストレスと同じまたはそれ以上の苦痛をもたらすことがある。

内的葛藤を感じる事柄として，あるグループに所属していたいが，ややこしい問題に巻き込まれたくないとき，仕事と家庭のどちらを優先するかの選択をしなくてはいけないとき，ゆっくりしたいが子どもとも遊ばなくてはいけないとき，ひとりになりたいが仲間との関係も維持したいときなどがあげられる。これらはカウンセリングや心理療法でよく扱われることのひとつである。どのようにして内的葛藤がストレスの原因になるか，一例を以下に紹介しよう。

あるクライエントが、この4年間ストレスによる身体症状が見られるということで、一般家庭医から心理療法のために紹介されてきた。5年前、彼女は中学校の校長になるという夢が叶いそれを喜んだ。彼女にはいつもどのような校長になりたいかという理想像があった。それは親しみを持たれ、厳しいが人を気遣い、他の教職員、生徒や保護者、理事たちの助けになることができる、いわゆる伝統的な'実践型'の校長像であった。彼女にはこのような希望があったにもかかわらず、時代の波に勝つことができず、能力給制度や、予算を立てること、教職員の仕事の評価、会計監査などに追われ、いわば教員兼経営者の役割を期待された。彼女は最初は不本意ながらも、この新しい教育経営の理念に沿って役割を果たし、次第にこの役割に専念するようになり、伝統的に校長の役割とされていることの他に、経営者としての義務を果たそうと努力した。

彼女が仕事をこなしきれないと感じるにつれ、健康状態が悪化した。彼女は抑うつ症状を示すようになり、睡眠障害、決断力の低下が出現し、もともとそれほどあった方ではない自信は大きく低下し、しばしば涙ぐむようになった。カウンセリングを受けはじめた当初は病気療養休暇をとっており、健康を回復した後も職場復帰をするかどうかわからないでいた。

心理療法は彼女の持つ葛藤を中心に行われた。彼女にとって伝統的な校長の役割を放棄することはほとんど不可能なことであった。例えば、「入室禁止」という札をドアに掛けて経営管理的な仕事を進めるというようなことは、彼女の持つ伝統的な校長像と合わないのでできないと感じた。彼女は自分ですべてをこなさなくてはならず、すべてのことを完璧に行わなければならないと信じていて、現状以上に職務を他の職員に代行してもらうことや、自分の職務に'優先順位をつける'ことはできないと思っていた。

このような経緯で、結局彼女は自分の中の葛藤を解決することができず、職業を変えることを決めた。

差別や嫌がらせ

民族やジェンダー、障害や性的指向による差別や嫌がらせはかなりのストレスの原因になる。このようなストレスにさらされることからくる悪影響として、法制度を使って被雇用者が雇用者に賠償を求める動きが近年増えてきた。Brownら (1995) は警察官の調査で、女性の警察官は男性の警察官より不利な差別を受けていることを報告した。この調査ではさらに、女性の警察官の心理的症状の最大の予測因子はセクシャルハラスメント〔性的いやがらせ〕であることが報告された。

10.3.3 ストレスに影響を与える状況的要因

ストレスとなる状況に対する反応には個人差があるが、これらの状況にはストレスの程度を決定するいくつかの共通点があることが報告されおり、予測可能性、統制可能性、どのくらい急に始まったか、どのくらい長く持続するかがこれに含

まれる。

　一般的に言って，統制が効きづらい，もしくは効かず，予告なしに突然起こり長期間続く出来事が，心理的身体的健康に最も悪い影響を及ぼすものである (Lazarus and Folkman, 1984; Taylor, 1991)。

10.4　ストレス反応

　第3章で情動について述べたように，認知と生理的現象はとても深い関係にある。状況をどう知覚するかは身体がそれにどのように反応するかということに影響を与える。また情動覚醒は人間が生きていく上で重要な役割を果たす。

10.4.1　生理的反応

　中等度の覚醒は注意力を上げ，自分が置かれている状況への関心を高める。試験を受けるときや，何かを発表するとき，またはテニスをするときには言うまでもなくある程度の覚醒が不可欠である。反対にとても低いレベルの覚醒の下，例えば眠りから覚めたばかりのときやとてもリラックスしているとき，私たちは感覚器からの情報に注意を払うことはできず，これらのことをうまく遂行することは難しいだろう。快不快はべつにして，覚醒がとても高いときもまた，これらのことをうまく行うことは難しい。

　多くの場合において，覚醒と作業成績は逆U字型の関係にあると言われている (Yerkes and Dodson, 1908; Smith and Smoll, 1990)（図10.1）。

　生理的覚醒は適切なレベルに向かうときは作業成績も同時に上がってゆくが，生理的覚醒がさらに上がり続ければ作業成績は下がってゆく。

　ある状況を挑戦として肯定的にとらえるとき，適度な覚醒レベルでそれに対応することが多いが，その状況を何らかの脅威としてとらえると，私たちの身体は進化の過程で身につけた，**闘争または逃避**のいずれかの行動をとる。このような場合，エネルギーが急に必要となるため，肝臓から糖分が放出され，脂肪を糖分に変えるホルモンも放出される。筋肉は緊張し，動悸がし，血圧，呼吸数が上がりエネルギー使用に備える。唾液と粘液が乾くことによって，肺への気道が広げられ，消化といったこのような場面でとくに重要でない機能は低下する。ケガをしたときのために，出血を最小限に防ぐため皮膚表面の血管は収縮し，感染を防ぐため骨髄はより多くの白血球を作り出し，エンドルフィン（鎮痛効果のある脳内物質）が放出される。

　これらの身体的変化のほとんどすべてが**交感神経系**（3.4を参照のこと）の活性化によって起こる。そして，交感神経系の活動が身体全体の覚醒レベルを上げる作用があるストレスホルモンである**カテコールアミン**の分泌を刺激する。同時に副腎皮質は第2のストレスホルモンである**コルチゾール**を分泌する。

　カテコールアミン分泌が免疫系の活動を助ける（長期にわたり高レベルで分泌

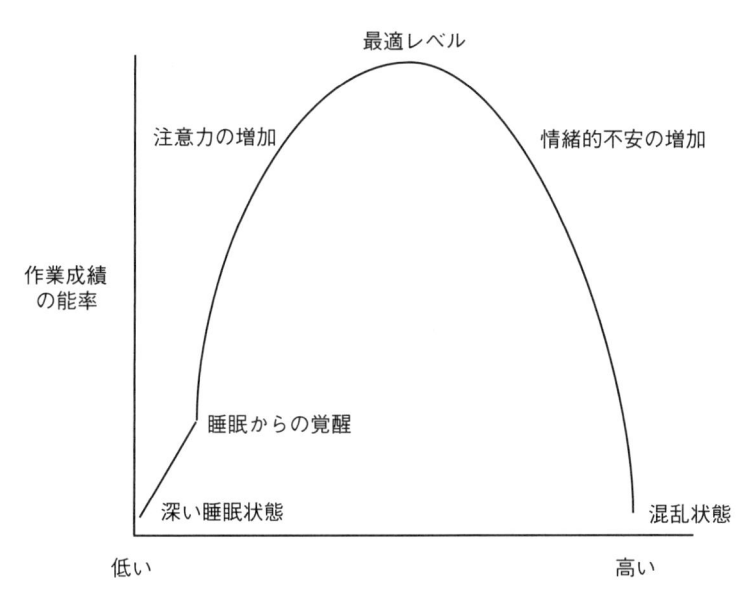

図10.1 情動の覚醒と作業成績

される場合を除いて）のに対して，コルチゾールはそれを抑制する。コルチゾールのこの働きはこの物質の抗炎症機能の一部として存在するが，問題なのは炎症を止める必要の有無に関わりなく分泌されることにある（Calabrese ら1987）。通常コルチゾールの働きはカテコールアミンよりも長く続き，カテコールアミンよりも悪い影響をもたらす。例えば，コルチゾールにはカテコールアミンよりも強く脂肪を動脈の中に沈着させる働きがあり，これは心疾患につながる。10.6では，これらのホルモンの分泌は，私たちの，状況のとらえ方によって影響されるということについて述べていく。

覚醒レベルが高いときはアドレナリン（別名エピネフリン）とノルアドレナリン（別名ノルエピネフリン）もまた組織や血流に分泌される。これらのホルモンもまた免疫系の機能に関係があると考えられているが，これらのホルモンと免疫系がどのようなメカニズムで関係しているかはまだ研究段階にあり，ストレス，自律神経系，免疫系のあいだには心理的要因が介在しているのではないかといわれている。介在する要因として，気分，パーソナリティ，ストレスに対する自己効力感などが考えられている。

不快な，あるいは有害な刺激を与えられたさいの身体的反応を実験室で示すことは可能だが，このような刺激を実生活の中で経験されるストレスと同一視することはできない。また，ストレスによる短期間の生理的反応を観察しただけで，これは長期的に見ても，健康に害を与えるものであるとは必ずしも言い切れない。このことから，実験室研究の結果から，実際のストレスとそれが健康に及ぼす影

響について推論するときには注意が必要である。

10.4.2 認知障害

これまで見てきたように情動覚醒のレベルが高いと作業能率や正確性が落ちる。ストレスが加えられると，集中力が低下し考えをまとめることが難しくなる。試験での不安はこの典型的な例である。不安に悩むひとは悲観的な考えや要らぬことに気をとられているがために，指示に従わなかったり，問題を読み間違えたり，意味を取り違えたりする。不安につきものの，関係のない考えに邪魔されることも，問題に答えるために必要な情報を思い出すことを難しくする（忘却については4.6を参照）。

このような認知障害は試験のときだけに限って起こることではない。それは日常生活においてストレス下にあるときの特徴でもあり，スーパーに買い物に行くことや家の掃除をすること，テレビの修理をするというようなふだんなんでもないことをするときさえ，努力と注意力の限界を超えることもある。

10.4.3 行動反応

ストレッサーに適応できていないひとがそれに最後まで気がつかずにいることはよくある。行動にあらわれるストレスへの反応は同僚や家族，友人の方が本人よりも早く気づくことがある。一般的によく見られる症状としてはイライラ感，優柔不断さ，睡眠や摂食行動の変化，飲酒やたばこの摂取量の増加があげられる。

このように，ストレスには生理的変化を起こしたり，病気にかかる危険性を高めるといった直接的な影響をもたらすほかにも，行動の変化を通して，間接的に生理機能に影響を与えるという側面もある。ストレス下にある人間は病気に直接つながるような喫煙や飲酒行動にふけることがある。また，事故に遇うかもしれないような状況に自分を置くこともある。このようにして，ストレスへの行動反応がさらなるストレス状況を引き起こすことがある。

10.4.4 情動反応

人間のストレスに対する情動的反応は，大変だが何とかやっていけると判断した場合には気分を高揚させ，やる気を出させる一方，なにをする術もなく対応できないと感じた場合には，怒りや不安，絶望感の出現といったさまざまな形をとる。例えば，騎手はレースのはじまりでスリルと興奮を感じるかもしれないが（乗っている馬がいい馬で，障害が簡単に飛び越せそうだと思われればなおのこと），その馬が前のレースで転倒していて障害がとても高く見えれば，彼女は驚愕し，乗馬の代わりにパッチワークやインコの飼育を趣味にすればよかったと思うかもしれない。

不 安

　上記の例に見られるように，不安はそのひとがどの程度状況を統制することができると感じているか，状況にどのくらい対応できるかに関係している。不安は正常範囲内の不安である**現実不安**と**神経症的不安**にわけて考えられている。前者は適応を助け，個人をその置かれている危険な状況に対応するように動機づけるもので，後者は，実際の危険の大きさに対する過剰な不安であるといわれている。しかし上の例に見られるように，不安を完全に二分して考えることは難しい。

　とはいうものの，多くのひとにとって大したことのない問題に対して，もしあるひとが強い不安を感じたとすれば，危機感の源は外的なものであるというより内的な情動であると考える方が妥当であろう。この内面からくる不安についてはさまざまな見方がされており，フロイトはこれを，無意識下の葛藤とし，行動学派はこれを不安とある特定の状況のあいだにできた連合学習と見た。このように不安のとらえ方はさまざまに異なるので，カウンセラーが持っている不安に対する考え方がカウンセリングの進め方に影響を与えることは確かである。

怒 り

　怒りもストレスに対する反応の1つとして考えられ，これは攻撃性につながることもある。**欲求不満攻撃仮説**によれば，人間が目標を達成することを阻まれると，攻撃性が喚起され，欲求不満の原因になっているものを破壊したいという気持ちにさせられる。ストレスに対して攻撃性が必ずしも活性化されるとはいえないが，攻撃性はストレスに対する反応の1つであることがこれまでの研究で示されてきた。

　場合によっては，怒りの原因であるひとやものに直接怒りをぶつけることは得策ではないことや，欲求不満の原因がはっきりわからなかったり，実体のないものだったりすることがある。これは怒りの対象を他の人やもの，動物，またはカウンセラーに転移することにつながる（動物に対してならば'ネコを蹴る'などがこれにあたる）。心理療法場面でこれが起これば，転移とみなされる。

　他に考えられる欲求不満からくる怒りへの対処法として，友人や恋人や配偶者，またはカウンセラーのような第三者的なひとに話を聞いてもらうことがある。しかし，怒りを感じている人が，友人や恋人，配偶者にそのことについて話をすると，本人はただ話を聞いてもらいたいだけなのに相談された側はそれだけにとどまらず，'問題'を解決しようとしてしまうことがある。カウンセラーも不適切な問題解決に走らぬように注意することが必要である。カウンセラーはまた，クライエントの不満の表出を奨励するか，表出させないことを奨励するか，べつなかたちで表出させるかを決めなければならない。

　なんらかの状況で怒りを感じるということは，その状況に問題があり，その状況自体を変えなくてはならないかも知れないということを忘れてはならない。状況を変えるためになにか行動にでれば，もう怒りを感じずにすむこともある。

引きこもりとアパシー〔無気力〕

欲求不満に攻撃性をもって反応するひともいれば，逆に引きこもりや，アパシー〔無気力〕を示す人もいる。このような反応を見せるひとが継続的にストレスを体験すれば，うつ病につながることもある。

うつ病

欲求不満に対する反応がなぜ攻撃性として現れる場合もあればうつ病として現れる場合もあるのかは解明されていないが，この2つの反応には学習が絡んでいると考えられている。ある子どもが殴りかかることで欲求不満が解決されれば，この子どもはその後も同じような行動で満たされぬ欲求に対処しがちになる。一方で，攻撃性をもってしても欲求が満たされない子どもは，ついにはあきらめ，引きこもりがちになってしまう。

10.5　ストレス対処

望ましくないライフイベントや望ましくない環境は人口中に無作為〔ランダム〕に存在しているものではない。社会学や心理学の研究により，特定の社会的階級，ジェンダーや民族が，望ましくないライフイベントや環境に遭遇する可能性が高いことや，これらによる長期的な問題と関係があることが示されてきた。お金や知能といった対処資源もまた，人びとの中に無作為に存在しているものではない。これらのことから，ある人のストレスに対する対処方略を理解するためには，そのひとが持っているこれらの資源を知ることが必要であり，そのためにはそのひとが置かれている社会政治的な状況を考慮しなくてはならない。

心理的対処方略は，問題解決に焦点をあてたもの（**問題焦点型対処**）と，情動に焦点をあてたもの（**情動焦点型対処**）にわけて考えることがある。前者は，ストレスを経験している当人が状況を評価し，それに対して何らかの対策を講じるといった対処方略である。後者は，問題そのものよりも，それに対する情動反応に注目し，問題を実際に解決することなしに，それに対する不安のレベルを下げることを目的とする対処方略といえる（Lazarus and Folkman, 1984）。問題解決に焦点をあてた対処は当事者がその問題を解決できるとの信念を持ったときに使用されることが多く，情動に焦点をあてた対処は問題を解決することが不可能なとき（例えば末期ガンに罹っている場合や，死別の悲しみに耐えているとき）に使われやすい。

10.5.1　問題焦点型対処

前述のように，問題焦点型対処とは，個人が問題解決そのものに取り組むことである。第5章で述べたように，問題を定義すること，代替案を練ること，代替案を比べて，いずれかを実行することで対処することもできるし，以下の方法で

対処することも考えられる。

- **目標や願望を変える** 例えば、学位を取得することから公開講座を修了することに目標を変更することで、ストレスに悩まされないですむようになる。
- **時間の使い方を工夫する** 例えば綿密な計画表を作る。
- **難しい問題に直接取り組む** 例えば隣人や同僚とのあいだにある問題を解決する努力をする。
- **状況そのものを変える** 例えば、免許試験を受けるのを先に延ばす。

10.5.2 情動焦点型対処

　一般的に言って、私たちは自分の働きかけで状況を変えることができないと感じたとき、情動に焦点をあてた対処をしようとする傾向にあり、この対処方略がとられると、多くの場合生理的な反応（たいていの場合情緒的不安反応）を統制しようとする行動が見られる。怒りをぶつけることや、飲酒、運動、情動的サポートを求めること、状況の見直しをして、その状況が情動に及ぼす影響を低減しようとすることなどが、情動の統制行動に含まれる。状況の見方を変えることで情動に与える影響を減弱させたクライエントの事例を以下に示す。

　　彼女は職場の仲間とクリスマスランチを食べに行った。そのうちの1人は彼女の新しい上司であった。彼女はこの上司を好意的に思っていたし、尊敬もしていたが、この上司は引込み思案でいくぶんよそよそしかった。食事を終えてレストランから出て行くときに、彼女は上司が上着を着るのを手伝ったが、ふざけて後ろ前反対に着せてみた。このことに上司はとても腹を立てて、彼女にきちんと振る舞うようにと忠告し、飲みすぎだと言った。彼女はとても恥ずかしいと感じ、やりすぎてしまっただろうか、上司に愚か者だと思われただろうかと心配になった。運の悪いことに、この後彼女はウイルス性の疾患に罹り2、3日休暇をとらねばならず、その後会社はクリスマス休暇に入り、これらのことから状況はさらに悪くなった。彼女は仕事に行き上司に会うことをひどく嫌がるようになった。

　　この状況自体はそれほどのストレスと思われないかもしれないが、彼女にとっては重大な出来事だった。彼女は心理療法の中で、自分が他者の行動をどのように考える傾向にあったかを見直し、他にどのように理解することができるかいろいろな可能性を考え、最終的には、上司とのあいだに起こったことを違った視点から評価することができるようになった。彼女の考えは、「遊び心からしたことで、悪気があったわけではない。上司ももう少し冗談が通じるようになるべきだ。彼女は話の輪に入れずに気まずい思いをしていたのだろう」、こう考えた途端ストレスは感じられなくなり、彼女が職場にもどったとき、上司は温かい笑顔で迎えてくれたので、この考えが正しかったのだろうと思うこ

とができた。

　この例では，状況の再評価の仕方に現実性があり，この再評価が適切であることは上司の行動からも推察できるが，状況の理解を変えることで必ずしもストレスを解決することができるとは限らない。私たちは不安になることを避けるために，自分をごまかし，現実を認めたがらないときがある。この過程は，フロイトにより**防衛機制**と呼ばれ，防衛機制は無意識に使われるもので，必ずしも不適応的であったり役に立たないものではない。防衛機制は不安のレベルを下げるので，そのひとがやらねばならないことをするときの助けになる。主な防衛機制としては以下のものがあげられる。

- 抑圧―記憶や衝動があまりに恐ろしく，痛みをともなうものであるとき，これらは意識される記憶の中から排除される。
- 合理化―行動につながった動機を理論的もしくは社会的に受け入れられるものにして，社会的に合理的に振る舞ったように見せる。
- 投影―自分の望ましくない特徴や性質を他者のせいにする。
- 反動形成―まったく逆の望みを持つことによって，自分が本当に持っている望みを隠蔽する。
- 置き換え―満たすことのできない欲求をべつの形で満たそうとする。
- 否認―直面したことがあまりにつらいこと，不快なことの場合，その存在を認めない。

　私たちはこのような防衛機制を使っていると考えられている。これらの防衛機制を使うことが問題になるのは，直面している問題を実際に解決しようとするのを邪魔するときや，抱えている問題が大きすぎて，防衛機制では対処しきれないときなどである。

10.6　防御因子と脆弱性因子

　私たちが置かれる状況の中には，いくつかのストレスとなりやすいものがあると述べてきたが，ストレスに対する反応の強度には個人差があることも忘れてはならない。同じストレスを経験してもそれへの反応は個人によって異なり，たとえ同じひとでも，人生のどの時期にこのストレスを体験するかで，反応が違ってくる。これまでに，ストレスに対する反応を悪化させる因子（脆弱性因子）や，逆にそれにうまく対処させる因子（防御因子）が心理学研究者により同定されている。後者には対処スキルやソーシャルサポート，自己効力感，心理的たくましさ〔頑健さ〕が含まれる。

10.6.1 対処方略の効果

ここまで2つの対処スタイルについて述べてきたが,これまでの研究ではこれらのどちらがより効果的な方法とされているのだろうか。すでに述べたように,どちらの方法が効果的かは,ストレスの種類による。さらに言えば,どちらが有効かは,ストレスになる物事がどの程度統制可能かということに関連している。

これまでの研究を総合的に見ると,問題焦点型対処と安定した情動的適応とのあいだに有意な正の関連がみられ,情動焦点型対処(とくに回避や否認,希望的観測)とうつ病や不適応とのあいだに正の関連がみられる(Folkman and Lazarus, 1988; Revenson and Felton, 1989; Soloman et al., 1988)。しかし,直面している問題が自分ではどうすることもできないことならば,どのような対処方略を使うかに関係なく,問題克服の困難さが適応の善し悪しを決めることがあることを忘れてはいけない。

10.6.2 ソーシャルサポート

今日までの研究から,ストレス耐性を高める要因として情緒的ソーシャルサポートや他者からの気遣いがあげられ,逆にストレスを経験しているときに孤独であること,社会的に孤立していることは心理面・身体面の幸福感に害を与えるとも言われている(House, et al., 1988)。イスラエルで行われた,戦争または事故で子どもを失った親を対象とした研究では,配偶者がいるひとに比べて,配偶者と離別または死別していて悲しみを分け合うことのできなかったひとの方が,子どもの死による影響を強く受け,その子どもの死後10年間の親の死亡率は後者で有意に高いことが報告されている(Leval et al., 1988)。

ほかにも,ソーシャルサポートが免疫系の働きを助けるという報告や(Baron, et. al., 1990),手術などの医学的処置からの回復を助けるという報告(Kulik and Mahler, 1989),また,ストレス下にある人も,多くのソーシャルサポートがあれば,病気に罹りにくいという報告がある。

両親や友人,配偶者や恋人は大切なソーシャルサポート源ではあるが,彼らは過度に保護的になり,ストレス下にある当事者から自信を奪ってしまったり,自分で適応する能力を下げてしまったりすることがある。彼らはまた,自らを二次的なストレスから守るためにか,問題を過小化したり,無責任に大丈夫だと保証したりすることもある。息子に「試験に合格するよ」と言っている親は自分たちが心配しなくていいようにそう言っているのかもしれない。カウンセラーや心理療法家もこのようなことをしないよう注意しなくてはならない。大丈夫だと保証することによって助ける側は楽な気持ちになるかもしれないが,これは本人の助けにはならない。

地震や洪水のような災害のさいは多くのひとが同じストレスを経験する。そして,このような災害は人間のいい面を引き出すことも多いが,中には自分の困難

に対応するのが精一杯で，周りのひとをサポートすることはできないひともいる。そんな人たちの例を2つ，以下に示した。

　　乳児突然死症候群で4か月になる息子を亡くした夫婦がカウンセリングを受けに来た。彼らが子どもの死から立ち直ることをさらに難しくしたのは，妻も夫もそれぞれ悲嘆に暮れていて，お互いをサポートすることができなかったことにある。この夫婦はお互いに怒りと憎しみを感じるようになり，それまではとてもうまくいっていた結婚生活も破綻しそうになっていた。
　　次はべつの夫婦の例である。この夫婦は妻も夫も専門職に就いていた。彼らは自動車事故で頭部に軽傷を負い，同程度の認知機能障害を受けた。夫に落ち度はなかったが，事故は彼が車を運転しているときに起こった。妻の仕事にも夫の仕事にも障害が出て，苦痛を経験しており，上の例と同様，それぞれがお互いの助けになることができないでいた。

これらの例に対するカウンセリングでは，夫と妻それぞれをカウンセラーが一時的にサポートする一方，配偶者以外のサポート源を見つけるよう助言された。苦痛が次第に和らぐとともに，2組とも夫婦間にサポート関係が再建された。

私たちは最もサポートが必要なときにそれを得られるような行動にでないということもある。サポートを必要とするひとが，頼れるひとがいないと嘆いていたり，愚痴っぽかったり，ベタベタとまとわりついてきたり，アルコールを乱用したりしていれば，周囲の者は助けたいという気持ちにはなかなかなれないだろう。

　　あるクライエントは夫をアルツハイマー病で失って以来，悲しみと寂しさを紛らわすため酒を飲むようになり，住んでいる小さな村で社会的に孤立するようになった。村には何人か知り合いがいたが，夫の看病をしていたこの2，3年は村の活動にも参加せず，身なりを整えることや家の周りの片づけを怠った。ある情報によれば，彼女の周りのひとたちは，彼女を気の毒だと思ってはいるものの，彼女がある晩酔っ払って訪ねてきたときは快く思わなかったという。
　　この例に対するカウンセリングでは，クライエントは問題焦点型対処を使い，社会的関係性を作り，そこからソーシャルサポートを得る努力をした。彼女は社会学講座を含むさまざまなセミナーに通ったり（彼女はなぜ社会学を選んだのかと聞かれると，「社会学は木曜日の晩だったから」と答えた！），新しい服を買い，身の回りのことに気を配り，家の中を片づけて人をよんだり，村での活動に参加したりして，次第に社会復帰をしていった。彼女は新しくできた友人と旅行にも行き，30年ぶりに働きにも出た。これは経済的なことからというより，社会生活を得るためと自己効力感を維持するためであった。その後，彼女は大学での社会学の公開講座にも行くようになった（これもまた木曜日の夜の講義であった！）。

10.6.3 自己効力感

ストレスに対する反応は私たちがそのストレスに対してどのくらい統制が効くと考えるかに影響される。なんとか対応ができそうなものに比べて、何もすることができないと感じるものはより大きなストレスに感じられる。Bandura（1989）によれば、自己効力感とは、何らかの目標を達成するために必要なことをすることができるという確かな信念のことを指す。自己効力感の高い人は障害を克服して、自分の必要としているものを手に入れる自信を持っている。彼らは何に対しても'できるに違いない'という態度を示す。

どこからこの'できるに違いない'という考えが生まれてくるのだろうか。自己効力感に関係のある要因に関する研究はこれまでに多く行われてきており、同じような状況での過去の成功の経験が最も重要なものと考えられている。他の要因として考えられるのは、同じような状況で他者がどう対応するか観察すること、能力についての他者からの評価、自分に対してどのような説明をするか、覚醒の程度などがあげられる。例えば、覚醒しすぎてそれを不安ととらえれば自己効力感は下がることになる。

自己効力感には私たちをストレスから守る働きもあれば、逆にストレスを感じやすくする働きもあることが知られており、カウンセリング場面での重要な概念である。しかし、客観的に判断して、状況は自力で対応できる範囲を明らかに越えている場合でも、まだ'何とかできるに違いない'と思っているクライエントも中にはいるので、カウンセラーは自己効力感について、注意深く評価しなくてはならない。

> ある留学生の例を通して考えてみよう。この学生は大学で単位を落としてばかりいたが、それでも何とかやっていけると信じていた。彼の成績不振は多くの要因によって引き起こされているのかもしれないが、これが学力不足から来ているとすれば、彼が持っている自己効力感は適切なものとはいえず、この対応は情動焦点型対処の不適切な使用である。この事例を注意深く評価した結果、クライエントは自分が退学することで両親が落胆することを懸念して、それから自分を守るためにこのような防衛的行動を取っていたことがわかった。
> 心理療法ではこの防衛と取り組むことが適当と考えられ、自分の怒りの情動や落胆について話していくうちに、彼の気持ちに整理がつき、親の前で'演技をする'必要はないこと、さらには自分にうそをつかなくてもいいことを理解した。

10.6.4 ストレス耐性と心理的たくましさ〔頑健さ〕

私たちの中にはストレスに対して強い人と弱い人がいる。ストレスに強い人たちはストレスとなることが次つぎに起っても、平気でいることができるが、そう

でない人はちょっとしたことでもストレスと感じ，ひどくまいってしまう。

　これまでに，何人かの研究者がストレスに対する反応の個人差について調べてきたが，これらの研究は企業がスポンサーとなっており，管理職が主な研究対象であるがために，これらの研究から得られた結果が他の母集団にも当てはまるかどうかは議論の余地がある。

　これらの研究によって明らかにされてきたのは，ストレス下にある男性の中で，変化に対してうまく適応することができ，積極的で，さらに仕事に専念している自己統制感の高いひとは，そうでないひとに比べて，健康状態がよいということである（Kobasa, 1979）。これは当然の結果と思われるが，逆に，健康状態がよかったから，変化にうまく対応することができ，積極的でいられ，仕事に専念し自己統制感を維持することができたのかもしれない。Kobasaら（1982）はこの可能性を排除するために追跡調査を行い同様の結果を得た。

　'心理的たくましさ〔頑健さ〕' に関して最も重要な要因は変化に対する態度とみられる。変化が脅威として受け止められるときよりも，挑戦として受け止められるときの方がストレスを感じにくく，状況は当事者に有利になるよう変わっていく。このよい例は，職場を解雇されたとき，それを新しい生活のスタートとみなすことや，深刻な病気に罹ったときにそれを自分が本当に大切に思っているものは何かを見極める絶好の機会と考えることなどがあげられる。

　心理的たくましさ〔頑健さ〕の概念は，ストレスへの生理的反応の研究によっても示されている。前述のように，ストレスへの身体的反応として，カテコールアミンとコルチゾールなどのコルチコステロイドが分泌される。これらのホルモンの働きは個人がどのように状況を判断するかによって影響を受ける。カテコールアミンの分泌は状況が挑戦と受け止められたり，いい方向に解釈されると分泌されやすく，コルチゾールは状況が脅威と受け止められたときに分泌されることが多い。また，カテコールアミンよりコルチゾールの方が体内に止まっている時間が長く，身体に悪い影響を与える。

　就職の面接に臨もうとしている友人に対してこれらのホルモンが身体に与える影響について話してもあまり意味がないが，心理療法場面でクライエントがストレスを招く状況について考え方を変えようとしているときには，ホルモンの影響について説明することはカウンセリングの役に立つであろう。

　'心理的たくましさ〔頑健さ〕' の概念は，上記で触れてきたストレスの感じ方を規定する要因と相互関係にある。積極的に活動していることや何かに専念してやっていることは，ソーシャルサポートを感じるために役立つし，自己統制感は自己効力感を介して状況をどのように評価しているかということと関係しているのかもしれない。

　ストレスへの防御因子と脆弱性因子の研究はストレスに悩まされているクライエントのカウンセリングの場で重要な意味を持っている。これまでの研究結果をまとめると，私たちをストレスに対して弱くしているのも，ストレスから守ってくれているのも，私たちがストレスとなりうる状況をどのように受け止めているか，認知的にどのように解釈しているか，または周りからのソーシャルサポート

や情緒面でのサポートであるといえよう。

10.7 ストレス，健康および疾患

すでに述べたが，'ストレス'はさまざまな身体疾患の発病のきっかけとなる，または発症に何らかの形で影響していると信じられている。この節では，ストレスと深い関係があるといわれている心疾患と'バーンアウト〔燃えつき症候群〕'について触れていくが，その前に，ストレスと疾患全般の関係について述べていく。

10.7.1 心 身 症

ストレス関連障害，心身症，精神生理的障害といった用語は，ストレスとなり発病に関わるような出来事や情動，または考え方によって生じた身体状態のことを指す。

精神分析家である Franz Alexander（1950）は，情動の葛藤がある特定の身体疾患の発病に寄与しているという考えの提唱者のひとりである。彼の説によると，情動の種類と身体的症状とのあいだにはある特定の関係があり，高血圧は抑圧された慢性の敵意によって生じ，潰瘍は愛情への無意識的な欲求不満によって引き起こされるという。彼は，ストレスは，'脆弱な'器官の障害を引き起こすとも説いた。

近年特定の無意識下の葛藤が身体的症状に寄与しているという説は以前ほどはやらなくなったが，ストレス関連障害の研究は急速に進んだ。死別体験直後の死に至る心疾患罹患率の研究もそのひとつである。Parkesら（1969）は配偶者と2〜3か月前に死別した男性とそのような経験のない男性を比べて，前者の方が心疾患に罹る率が高いことを示した。しかしながら，後の研究からは同様な結果は得られていない（例えばClayton, 1979）。

死別体験のような一時的なことと，その後の健康の変化の関係を調べることが難しいのは，このような出来事は次のストレス（例えば家屋を売らなければならない）や慢性的経済困難を生むことがあるからである。

このようにライフイベント研究はいろいろな方法論的な難しさをはらんではいるものの，学業でのプレッシャーや結婚生活での問題といったストレスは，免疫系の働きに悪影響を及ぼすということがこれまでの研究で明らかにされてきた（Jemmott et al., 1985; Glaser et al., 1986; Kiecolt-Glaser et al., 1988）。現在では心理的なものと生理的なもののつながりに関する多くの研究がなされており，**精神免疫学**という新しい分野では，ストレスがどのように病気の発生に関与しているか（病因），病気の過程の中でストレスがどのような役割を果たしているかについての解明が進んでいる（Pitts and Phillips, 1991）。ストレスに関する研究はさまざまな領域に広がり，ストレスは高血圧につながるか，ストレスと糖尿病の治療の関係はどのようなものか，ストレスは喘息発作のきっかけとなるか，ストレス

とガンとの関係はどうかなどが取り扱われているが、ストレスと心疾患がいちばんよく研究されている分野である。

10.7.2 心疾患

心疾患はストレス関連障害として一般的に知られている。動物を使った研究でも、'高ストレス'条件下では動脈壁の厚さが増し、'低ストレス'条件下ではこの変化は見られないことが知られている。人間では'タイプA'パーソナリティと呼ばれる性格傾向を持つ人に心疾患に罹患する可能性が高いということが知られている。このタイプAパーソナリティと呼ばれる性格傾向の研究は盛んに行われており、このような性格傾向を持つ人は仕事に専念していて、かんしゃくを起こしやすく、短気で競争心が強いといわれている。タイプAパーソナリティを持つひとが時間的切迫感を強く持ち、目標に向けて突進するのに対して、タイプBパーソナリティを持つひとはリラックスしていて、ゆったりと構えている。タイプAパーソナリティを持つひとは、心拍数や血圧、ホルモン分泌の変化の幅が状況に応じて大きく変化することがわかっており、彼らは生理的反応性が高いとも考えられている。

最近では、タイプAパーソナリティを持つひとが心疾患に罹りやすいのは、彼らの情動面での特徴である、対人関係で抱く敵意によるものが大きいといわれているが、多くの研究努力がなされているにも関わらず、タイプAパーソナリティが心疾患の原因になると言い切ることはできない。生理的反応性の高さも、タイプAパーソナリティも何らかの遺伝的気質的要因と関連している可能性もある。さらに言えばこの猪突猛進型の性格傾向がストレスになる状況を生みやすくしている可能性もある。

10.7.3 バーンアウト〔燃えつき症候群〕

バーンアウトとは心理的身体的健康を侵すストレスへの深刻な反応のことを指し、これに罹ったひとは、慢性疲労と情動的消耗を経験する。日中の疲労感と夜間の睡眠困難に悩まされることもあり、抑うつ感や無力感、自信喪失、敵意、幻滅、怒りを感じることが多い。彼らは怒りっぽく、付き合いづらくなり、山積してゆく要求に答えようとするためか、頑固で融通がきかなく見えることもある。

バーンアウトは、ある職業に限定された疾患というわけではないが、医者や看護婦といった'援助的'な職業に就くひとや公務員のあいだに見られることが多い。また、この症候群は高い理想を持ち、献身的に取り組むひとたちのあいだにも多く見られる (Pines and Aronson, 1981)。今日の政治的経済的状況では、多くの職場で被雇用者に対する要求は増加し続けており、このような中で、向上心や誠実さ、責任感を持ち続けていくことはバーンアウトにつながりうる。しかし、このようなパーソナリティ特性がストレスにつながるか否かは、課せられた要求との交互作用によって左右される。つまり、個人がどのように要求に答えていく

かによってバーンアウトが起こるか，適応を示すかが決まる。

10.8　ストレス管理プログラム

　心理学の研究者たちは，ストレスにうまく対応するためのさまざまな認知行動学的介入法を開発してきた。これらには情動に焦点をあてたものと問題解決に焦点をあてたものの両方が含まれている。前者は，リラクセーショントレーニングや生理的変化のバイオフィードバック法であり，認知構造を変化させることによって，情動覚醒レベルを統制することを目標とする。ここでは不適切な情動反応を起こさせる認知的評価の傾向を変えることが試みられる。

　問題解決に焦点をあてた方法では，問題解決へのテクニックや計画の立て方や時間の有効的活用法が教えられる。この他に，困った問題が起こらないようにするための社会的スキルや自己主張の仕方についても教えられる。

　これらの手法はストレス管理プログラムと呼ばれる標準化された（またはそれに近い）形式をとることがあり，ストレス自助本にも見受けることができる。このようなプログラムが高血圧の治療に効果があったという報告もある（Johnson, 1989）。

10.9　まとめ

　ストレスの概念をいくつかに分けて考察してきたが，この概念は人間と環境の相互関係の中に存在するもので，広い意味を持つものである。ストレスに関する心理学の研究は，ストレスに悩んでいるひとの中で起っているプロセスについて教えてくれ，また，カウンセラーがストレスで悩んでいるクライエントと接するときに重要となってくる多くの論点に光をあてる。臨床場面だけではなく，もっと一般的な場面でのストレス管理プログラムは，ストレスが病的な域に達する前の時点で人びとを助けることができるだろう（これはストレスが心理的なことに由来しているのではなく，外的なことに起因しているときにとくによくあてはまることである）。

　これまでの研究で得られた結果を直接1人ひとりのクライエントのカウンセリングに生かしていくことは難しいかもしれない。両親からの同意が得られないために何かを途中でやめることができないことや，失敗や屈辱の早期体験から，大人になってからすべてを完璧にしなくてはいられないことは'内的な'ストレスになるが，何が心理的ストレスになるかは事例ごとに違うので，カウンセラーがどのようなことをストレスの心理的原因と見なすべきかも事例ごとに評価されなくてはならない。

　カウンセラーが取り扱う事例にはこのように複雑なものが多く，これらに対しては，標準的なストレス管理を適応することでは対応しきれない。このような事

例について，カウンセラーはクライエントの性格特徴とその人が置かれている状況がどのように作用し合っているかを知ることが大切である。このことを示すため，次にある例をあげた。

当面の問題から注意をそらすための浮遊物

クライエントは20歳の男性で，彼は1年間大学に通った後退学していた。彼がカウンセリングに来たのは，1年前にオーストラリアでバンジージャンプをして以来目の前に黒い点が見えるようになり，それがますます苦痛になってきたからであった（バンジージャンプが目の前の黒い点の出現の原因だったかどうかは定かではない）。カウンセリングに来たとき，彼は地中海のリゾートで水上スキーをするひとのためにスピードボートを運転する仕事を始めるところだったので，黒い点をとくに苦痛に感じていた。彼は黒い点が原因で事故を起こすのではないかと心配していた。彼はカウンセリングにくる前にありとあらゆる検査を受けていたが，神経科医も眼科医も彼の視力には何も問題なく，彼がボートを操縦することには何の医学的な問題もないと報告していた。

クライエントは自分では外向的であると自己評価していたが，カウンセリングをしていくうちに，彼が実はとても'心配性'であることがわかった。彼は他者の目に自分がどう映っているか，何か初めてのことをするときちんとできるかを気にし，健康についても気にしていた。10代のはじめに足を骨折したときは，ひどく自分の見かけが気になり，まわりのひとには自分の歩き方がおかしく見えていると確信していた（現実には周囲の目に彼の歩き方は普通に見えていたにもかかわらず）。カウンセリングの当初，彼は外国つまり，彼にとって新しい環境に入って行くことについて心配していることを否認していた。

カウンセラーがクライエントの目の前の黒い点に再び焦点をあてたとき，黒い点はいつもそこに存在しているにもかかわらず，クライエントがそれから受ける障害の程度が時と場合によって違うことに気がついた。彼はこの黒い点をほとんどいつも無視することができたが，何か新しいことを始めようとすると苦痛に感じられていた。彼が医者に行ったのも大学で新しいクラスに参加したときと時を同じくしていた。

さらにわかったことは，彼が社会的に何か新しいことを始めるときは最初に何か'目立つこと'をすることであった。彼がこうするのは最初に印象づけておかないと，忘れられるのではないかと恐れているからであった。彼は，このように振る舞うことは自分にとってストレスであり，このことからしばしば疲れを感じることを認めた。これらのことからカウンセラーはこのクライエントは新しい状況に対応することを避けるために，否認という防衛機制を使っていて，目の前の黒い点は不安の投影によるものであいう仮説を立てた。

このことから，心理療法ではより適切な，情動に焦点をあてた対処方略の獲得に重点が置かれた。さらに，初めて体験する環境を，いままでとは違った，もっと適切な認知で理解することやリラクセーション法を学んで情動覚醒を統制することが試みられた。問題の解決に焦点をあてた対処方略も同時に試みら

れ，クライエントは初めての環境にうまく対応することができるような社会的スキルを学んだ。

　もし，クライエントの発達過程で起こったことなどのライフヒストリーを考えに入れないストレス管理がなされていたら，心理療法ではストレスの原因として黒い点に焦点があてられ，効果はあまり期待できなかっただろう。心理療法の終わりで黒い点はまだ存在していたが，これによる苦痛は軽減されていた。

　以上，今日までに行われたストレス研究をまとめると，ストレスを定義することは難しいということができる。このことから，この章ではこの研究分野で使われてきた多くのモデルや方法について述べてきた。ストレスを1つの概念としてあらわすことができないことは，ストレス研究を概観することを難しくするが，もう一方で，ストレスが多面性を持った複雑な現象であるという現実を反映しているといえよう。

第10章 対照語リスト

adrenal cortex	副腎皮質
adrenaline	アドレナリン
agoraphobia	空間恐怖
alarm stage	警告期
Alzheimer's disease	アルツハイマー病
apathy	アパシー（無気力）
asthma	喘息
autonomic nervous system	自律神経系
burnout	バーンアウト（燃えつき症候群）
catecholamine	カテコールアミン
chronic fatigue	慢性疲労
coping strategy	対処方略
corticosteroids	コルチコステロイド
cortisol	コルチゾール
cot death	乳児突然死症候群
daily hassle	デイリーハッスル
defense mechanism	防衛機制
denial	否認
depression	うつ；抑うつ；うつ病
diabetes	糖尿病
diathesis-stress model	素因—ストレスモデル
displacement	置き換え
distress	苦痛
emotion-focused coping	情動焦点型コーピング
endorphin	エンドルフィン
epinephrine	エピネフリン
exhaustion stage	消耗期
fight or flight	闘争または逃避
frustration-aggression hypothesis	欲求不満攻撃仮説
General Adaptation Syndrome	汎適応症候群
General Adaptation Theory of Stress	ストレスの汎適応理論
helplessness	無力感
hypertension	高血圧
immune system	免疫系
life events	ライフイベント
menopause	更年期
neurotic anxiety	神経症的不安
noradrenaline	ノルアドレナリン
norepinephrine	ノルエピネフリン
objective anxiety	現実不安
predisposition	素質
problem-focused coping	問題焦点型コーピング
projection	投影
psychoimmunology	精神免疫学
psychological hardiness	心理的たくましさ〔頑健さ〕
psychophysiological disorder	精神生理の障害
psychosomatic disorder	心身症
rationalization	合理化
reaction formation	反動形成
repression	抑圧
resistance stage	抵抗期
sexual harassment	セクシャル ハラスメント〔性的嫌がらせ〕
social readjustment rating scale	社会的再適応評価尺度
social skill	社会的スキル
social support	ソーシャルサポート
stress	ストレス
stress management programme	ストレス管理プログラム
stressor	ストレッサー
sympathetic nervous system	交感神経系
Type A	タイプA
Type B	タイプB
vulnerability factor	脆弱性因子

訳者コラム

"hardiness" 訳の舞台裏

友田貴子

　最初に私の研究テーマを簡単に紹介させていただきます。私の主な研究テーマは「抑うつ気分からの立ち直りに影響を及ぼす心理社会的要因について」というものです。何らかのきっかけのあるなしはべつとして，多くのひとは気分の落ち込みを経験していると思いますが，いったんそのような気分に陥ってしまったときに，そこからどのように立ち直るのかというプロセス，また，立ち直りを促進・抑制する要因を検討するのが私の研究の目的です。なお，ここでいう「抑うつ気分」がうつ病のそれであるかどうかは現在のところ問わずに研究をしています（DSM-、などのうつ病の診断基準を満たすひとが，一般人口中にどの程度存在するのかということは，私のべつの研究テーマのひとつとなっていますが，それについてはここでは割愛します）。

　では，心理社会的要因とは何か。今回担当した10章は，とても私の研究する領域に近く，この中で紹介されている概念のかなり多くの部分を私の研究にも取り入れています。その主なものは，例えばライフイベントであり，コーピングといった概念です。詳しくは本章をお読み下さい。

　そのようなわけで，私は本章にでてくる用語やトピックをかなり知っているつもりで翻訳にあたりましたが，その中で「ひっかかった」用語についてここで話題にしたいと思います。それは "hardiness" という用語です。場合によっては "psychological hardiness" というときもあります。翻訳にあたり，各章の訳者である私たちは，訳語の統一やその他諸々の事項の確認のためにメーリングリスト（ML）を利用したのですが，そのかなり初期に，この用語のことが話題になりました。どのように訳したらいいだろうか，と。そのときのやりとりから訳語を「心理的たくましさ（頑健さ）」とするように最終決定したのですが，その決定に至るまでの経緯について交えながら，この用語について若干の説明をしたい，というのがこの訳者コラムの目的です。ML上でこの用語が話題になったときから，「訳者コラムのテーマはこれ！」とねらっていました。

　私の研究テーマである「抑うつ気分からの立ち直り」では，個人要因として本章でも扱われている「脆弱性」，つまり，落ち込みからなかなか立ち直れない個人の特性としての「弱さ・もろさ」というものを取り入れていますが，その反対の概念としての「強さ」は扱ってきませんでした。仮に同じような経験や環境を有していても，なかなか立ち直らないひともいれば比較的容易に立ち直るひともいます。このようなことを説明する変数として個人の「強さ」や「弱さ」を扱う必要もあるわけです。

　"hardiness" という用語を心理学の用語として使用したのはKobasa（1979）ですが，そもそも "hardiness" とは辞書的にはどのような意味でしょうか。

"hardiness" とはhardyという形容詞の名詞形で英英辞典によると，hardy: 1.robust; capable of enduring difficult conditions 2. (of a plant) able to grow in the open air all the year （The Concise Oxford Dictionary of Current English, ninth edition: Oxford University Press, 1995より）となります。2はともかく，1は，「強い，強健な，元気盛んな／困難な状況に耐えることが可能な」という意味になります。つまり"psychological hardiness"とは「精神的に打たれ強く，困難に遭遇しても立ち向かっていくことのできる強さ」ということができるでしょう。しかし，簡潔な訳語をあてるとなると結構難しいものです。

そこでまず"hardiness"という概念を取り入れて研究をしておられる（ご本人は過去形にした方が正確かもしれないとおっしゃっていますが）小坂守孝さん（NTT首都圏健康管理センタ相談室）の論文を参考にさせていただくことにしました。以下はその論文からの抜粋です。

「Kobasa（1979）は実存的パーソナリティ理論の考え方を中心にして，『高ストレス下で健康を保っている人々が持っている性格特性』が関与（commitment）・統制感（control）・挑戦（challenge）の3つの要素によって構成されると考え，3つの総体としての性格特性を勇敢さ（hardiness）と名づけた。関与とは，自分自身や人生のさまざまな状況に自分を十分に関わらせている傾向とされる。統制感とは，責任感も含め自分が出来事の推移に対して一定範囲の影響を及ぼすことができると信じ行動する傾向とされる。

挑戦とは安定性よりもむしろ変化が人生の標準であり，成長の機会であると捉える傾向とされる。

以上より，勇敢さとは人間の自分自身や世の中に対する関わり方の指標であると考えられる。それは単なる固さやストレス『耐性』ではなく，困難な状況の中から自分で道を切り開き，ストレスを乗り切る力である。また，それは向こう見ずな攻撃のようなものではなく，自分のおかれた状況をよく把握する力も含まれており，自己決定の力とも言える。（引用文献を一部割愛）」

このように，この論文では小坂さんは"hardiness"を「勇敢さ」と訳されているわけですが，以前に小坂さんが「心理的頑健性」という訳語を使っていらした記憶もあり，ご本人に問い合わせてみました。お返事を要約すると……。

「『頑健性』という訳語は一時的にしか使用しておらず，学会発表のたびにフロアの反応を見て訳語を変えていました。最近は『勇敢さ』という訳語を使っています。最終的に『勇敢さ』に落ち着いたのは，"hardiness"の基になっているのは実存心理学だ，ということを"hardiness"を言い始めたSuzanne Kobasaの師匠と思われるSalvatore R. Maddiという人がいろんな論文に書いているからです。とくに，Maddi（1989）によると：『hardinessとは，実存心理学的視点において変化しうるものを変化させ，不変のものを受け入れる沈着さへの勇気を概念化したもの，つまり'実存的勇気の確固たる宣言'である』とのことでした。この『勇気』というのに近いところで『勇敢さ』

にしたような気がします。とにかく，"hardiness" の訳は論文ごとに違うといっても差し支えないくらいで，基本的には定訳が存在しないと思って間違いないと思います。」

さて，どうしたものか。小坂さんの最近の訳語を踏襲するのも一つの手ではありますが，「勇敢さ」よりも「たくましさ」の方が，逆境に対して立ち向かう強さ，というニュアンスが出るような気がして，結局「心理的たくましさ」としました（「勇敢さ」というと「自分がしなくても誰かがしてくれるかもしれない状況で，敢えて自分がかって出て困難に立ち向かう」というニュアンスが強いような......。ディズニーランドのシンデレラ城で悪者を退治する勇気ある王子様（？）といったあたりをどうしても思い出してしまいます）。しかし，小坂さんのはじめに使っていらした「頑健性」というのも捨てがたく，カッコをつけて（一部）使わせていただくことにしました。小坂さん曰く，『『心理的たくましさ』という訳語を使えばそれが広まる可能性は大です。最初私の指導教官に "hardiness" のことを話したらやはり『日本語にすると'たくましさ'じゃないか』というようなことを言われました。訳的にはけっこうハマるんじゃないでしょうか。」ということで，「勇敢さ」に揺れる気持ちも一方ではあるものの，「えい，やあ！」と力技で「心理的たくましさ（頑健さ）」に決定しました。

訳者コラムには，本文中に入れるには長すぎるような注釈を扱うのもいいのでは，という編集方針に則り，このようなコラムになりました。ひとつひとつの用語をどのように訳すかは訳者によりさまざまではあるでしょうが，このような舞台裏があったという紹介でした。

最後に，この翻訳およびこのコラム執筆にご協力いただいた小坂守孝さんにこころより御礼申し上げます。

（ともだ あつこ）

引用文献

Kobasa, C. S. (1979) Stressful life events, personality and health: an inquiry into hardiness. Journal of Personality and Social Psychology 37, 1-11.

小坂守孝（1996）勇敢さ（hardiness）と心理的ストレス反応との関係　パフォーマンス研究　3, 35-40.

Maddi, S.R. (1989) Personality theories: A comparative analysis (5th ed.) California: Brooks/Cole.

第11章　心理的障害

11.1　はじめに

　ほとんどのカウンセラーは実際のところ，つねに症候学や診断名にそくしてクライエントの体験を概念化しているわけではないだろう。しかし，症状について知っておくこと，心理的障害に対する様ざまな観点を理解していること，そしてとりうる治療法の種類を認識しておくことは有用であり，とくに重症のクライエントとかかわる職種のひとたちにおいてはなおさらのことである。このような情報は，異なる訓練を受けた他のヘルスケア専門家とコミュニケーションをとるときに重要になりうるほか，クライエントを他機関に紹介したり，べつの治療アプローチを勧めるといった意思決定に直面したさいに役立つものである。

　この章では，はじめに診断をめぐる問題について論じた上で，カウンセラーがクライエントとの仕事において最も出会うことの多い心理的障害のいくつかに焦点を当てる。短い序論と障害の記述や定義のあと，主に精神科医とサイコロジストにより研究と臨床の両面で用いられるアセスメント手法のいくつかについて概説する。全体として，これらの手法は2つのカテゴリーに分けられる。診断の補助として用いられるものと，障害の重症度や転帰をアセスメントするものとの2つである。治療場面においては，こういった質問紙や評定尺度は詳細かつ綿密なアセスメント面接の代わりにはならないものの，症状の重症度を同定しアセスメントする上で，また変化を測定する上で役立ちうるものである。

　次に，各障害に対する相異なる観点について論じる。すなわち生物学的，精神力動的，行動的および認知的アプローチである。ヒューマニスティック理論は人格の成長や発達に焦点を当てる傾向があるので，精神病理学に対する貢献はやや限られたものであるが，このアプローチには若干の精神内的な強調点において精神力動理論と共通するものがある。

　これらの観点は，それぞれが心理的障害の原因と治療に関して異なる考え方へと導く。そのあるものは互いに相補的であり，またあるものは相矛盾しあう。しかしながら，以下から理解されるように，これらすべての観点は心理的障害に含まれる多重的で複合的な諸要因を同定するうえで役立ってきたのである。

11.2 正常と異常の概念

　人びとがカウンセラーに会いに来る選択をするのは，たいてい，何かが'おかしい'と自分で気づいたか，または他人に指摘されたからである。ときに人びとは'ふだんの自分'と違うという言い方をする。私たちが自分の感情，思考または行動についてそう気づくとき，往々にして私たちは自分にとって何が'正常'で何が普通でないかについて，暗黙の比較を行っているのである。しかし，ときにはその個人が自分にとって何が普通でないのか分からないこともある。それは，起こった変化が微妙でわずかずつだからかもしれない。そのために，家族や友人，同僚は私たちが自分自身について感じるのとは正反対の変化を感じているということもありうる。そういったことは，例えばある個人が何か月ものあいだに少しずつ抑うつ的になり引きこもっていくという場合に起こりうる。本人自身はただなるべくひとりきりで過ごしたいだけなのだと思っていることが，他人の目には社会的回避と関心の喪失に映るかもしれない。

　あるひとが精神病など重篤な障害にかかっている場合，何が起こっているのかに関する本人の理解と他の人の見方とのこういった食い違いは，いっそう明瞭なものになることがある。その理由は，精神病障害の特徴のひとつとして，その個人が自分自身とみずからの行動についての'洞察'を失うことがありうるからである。本人自身はみずからの言動を完全に適切かつ正常と見なしているが，外部の観察者にとっては奇妙で異常に見えるという場合がある。

　このような，何が正常で何が異常または障害されているのかについて合意する上で困難が生じるのは，非専門家に限ったことではない。実際のところ，精神保健の分野における専門家や実践家のあいだでの不一致の度合いはしばしばひじょうに大きく，一般のひとが聞けば驚くほどであろう。

　精神医学は正常と異常とを分類するために，よく'医学的'あるいはカテゴリー的と呼ばれるモデルを行動に対して適用してきた。このことは，心理的障害も医学的障害と同じように症状・症候群・診断そして治療といった枠組みで考えることができるという含みを持っている。米国精神医学会は，精神障害の様ざまなカテゴリーをすべて記述したマニュアルを公刊した。このマニュアルの現行版は*精神障害の診断と統計のためのマニュアル（DSM-IV）*と呼ばれる（American Psychiatric Association（APA）1994）。

　このマニュアルは最初1950年代初頭に公刊され，その後数かずの改訂を経てきた。DSM-IVが多軸分類体系として知られるのは，それがたんにそのひとが経験しているであろう症状だけでなく，問題となっているそのひとについてより広い視野から捉えようという意図のもとに，その個人をアセスメントできる5つの異なる'軸'を提供しているからである。それらを表11.1に示す。

　ここで，仮に私たちがあるクライエント，28歳の女性を受け持ったとしよう。彼女をDSM-IV基準でアセスメントすると，以下のようになろう。

● **第1軸**　彼女は全般性不安障害にかかっている（11.4.2 参照）。

- 第2軸　彼女は若干の強迫性人格を有する（しかし，人格障害の診断基準は満たしていない）。
- 第3軸　彼女は過敏性大腸症候群にかかっている。
- 第4軸　彼女は両親と同居しており，友人関係を作るのが困難で，また数学の学位を有するにもかかわらず，ひどく地位の低い仕事から抜け出せないと感じている。
- 第5軸　機能の全体的評定（ＧＡＦ）尺度は57－58である。

表11.1　ＤＳＭ－Ⅳの５つの軸

第1軸	メンタルヘルスの問題に関わる臨床的障害
第2軸	人格障害、および平均より顕著に低い知的機能に起因する問題
第3軸	メンタルヘルスの障害に関連することのある身体医学的疾患
第4軸	メンタルヘルスの問題に関連することのある心理的または状況的問題
第5軸	その個人の'全体的機能'または一般的適応の全般的評定（点数形式）

　ＤＳＭ-Ⅳはメンタルヘルスの問題をひじょうに広範囲にわたってカバーしている。そこには，例えば幼児期と小児期における障害，物質関連障害，摂食障害，痴呆といった種類の問題が含まれている。しかしながら，正常と異常を理解するさいにそのようなカテゴリー的・診断的なシステムを用いることは，いくつかの理由から問題をはらんでいる。ある批判者たちは，障害を構成している定義は理論と研究に確固として立脚したものというより，往々にして政治的で実際的な圧力の産物だとしている。心理学者たちも，カテゴリー的なアプローチは心理的な問題というものが心理学的な'正常性'から本質的に区別されるものと決めつけてしまっていると指摘している。もちろん，これは人工的な区切りであり，ほとんどの問題は'次元'的に，すなわち何らかの次元上で相対的に大か小かとして考えるほうが適切である。

　一方で世界保健機構（WHO）もまた，身体的障害と精神医学的障害の両方についての分類システムである**国際疾病分類**（ICD-10）を作っている。このシステムでは各障害にコード番号がつけられている。これらのコード番号は，しばしばＤＳＭ診断名といっしょに用いられる。例えば**DSMで'300.3 強迫性障害'**という場合，300.3というコードはICD参照番号である。〔訳注１〕

　また，'異常な'行動を分類するためのカテゴリー的システムは，良好なメンタルヘルスを構成する積極的定義を提供しているというより，メンタルヘルスの否定的または問題のある側面にばかり焦点を当てているとして批判されてきた。そうなってしまう理由のひとつには，これらの分類システムに代表される医学的モデルというのはやや非理論的になる傾向があり，代わりに主観的な苦痛や不快にかかわる基準が頻繁に用いられるからということもある。しかし医学的モデルはそういった基準だけを用いているわけではない。例えば精神病的な問題を持つ

人びとの場合などで，そのひと自身は何ら大きい苦痛を訴えてはいないが，他の人びとが彼を援助の必要ありと見なすという例がしばしばあるからである。

　正常と異常を区別するためのより客観的な基準づくりの試みが，'不適応' という概念を導入することによってなされてきた。こういった試みは，普通，そのひとが生活上の様ざまな要請に関してどのくらい良好に機能できているかに焦点を当てたものである。したがって，家庭生活や学校生活，仕事，全般的な環境などに対してそのひとの行動が及ぼす影響についてアセスメントが行われることになる。このアプローチを批判するひとたちは，周りの環境に充分に適応していることがつねに良い結果あるいは望ましい状況であるという前提に対して注意を喚起している。虐待的な夫婦関係のように，ある環境は本人にとって抑圧的あるいは有害でありうる以上，そのような状況への成功した適応を良好なメンタルヘルスの定義とすることにはあまり意味がない。実際のところ，そのような状況に対処できていることは，むしろ不健康な適応のサインかもしれない。

　以上のような精神医学的診断の使用に関する限定と警告はあるものの，異常な行動を分類するためのこういったシステムを持つことには利点もいくつかある。ほんの数語で諸症状の全連続体を要約できる診断用語の使用により，専門家同士のコミュニケーションを容易にすることができる。診断はまた，ある状態の重症度や一般的にたどる経過，予後の見通しなどに関する直感的な把握を可能にしてくれる。

　診断への実用主義的アプローチは，そのひとに対する充分な理解を何ら妨げるものではない。そのひとについて個人的文脈に沿った全体にわたる理解を持つことと，専門家間でのコミュニケーションという特定の目的のためにそのひとに関係ある診断名を適用することとは両立しうるはずである。診断カテゴリーについての実用的な知識を持つことがカウンセラーやセラピストにとって必要となる状況もある。例えば，裁判所に提出する報告書を書くときや，精神科急性病棟あるいは一般家庭医GP〔訳注2〕の診療所で働いている場合などである。

　ある場合には，診断は適切な処遇や治療法を決定するさいの助けになる。例えば，クライエントがかかりつけの一般家庭医や精神科医から処方される薬を服用しつつ，自分の問題への心理的あるいはカウンセリング・アプローチを求めて治療に通うという場合も多い。ときには適切な薬の処方が苦痛な症状を取り除くことにより，クライエントに心理学的な枠組みのもとでみずからの困難な問題と取り組む '余裕' とエネルギーを与えることができる。

11.3　心理的障害のアセスメント

　DSM-Ⅳ基準にもとづいた診断に達するための構造化された臨床面接法で利用可能なものがいくつかあり，信頼性のある系統的方法によって情報を収集するように作られている。アメリカNIMH診断面接法（Robins et al., 1981）や構造化臨床面接（Spitzer and Williams, 1986）などである。

サイコロジストは時どき，諸症状の存在とその重症度をアセスメントするために自己報告式の質問紙または評定尺度を用いる。これらの尺度が'心理測定的'尺度と呼ばれるのは，そのひとの心理的状態を正確にアセスメントするための厳密な手法に則って注意深く作成されたものだからである。これらの尺度は*信頼性*と*妥当性*の両方を備えていなければならない。

ある尺度に信頼性があるという場合，その尺度は異なる時間と状況の下でも一貫した結果を示すということを意味する。妥当性のある尺度というのは，それが測っていると称しているものを本当に測定している尺度のことである。例えば，抑うつ尺度は不安症状ではなく抑うつ症状をアセスメントしていなければならない。心理学者が言及する妥当性にはいくつかの種類があり，それぞれが相異なる目的のためのものである。

心理的症状のアセスメントのために広く用いられている心理測定的手法のいくつかを表11.2に示す。

11.4 不 安

一般家庭医やサイコロジスト，カウンセラーのもとにあらわれる2つの最も一般的なタイプの神経症的問題は，不安と抑うつである。苦痛を感じているひとは両方の症状を示すことがひじょうに多い。これらの障害の顕在的な症状は，睡眠の困難，心配，食欲減退，筋肉の緊張，だるさといった'非特異性の'症状であることがある。不安はまた，器質的な問題のない何らかの身体的訴えをもって現れる身体表現性障害のような他の精神病理学的状態と共存していることがある。

表11.2 心理的障害の査定のために開発された尺度の例

障害の類型	尺度の例
不安	ベック不安検査（Beck et al., 1988）
	状態・特性不安検査（Spielberger et al., 1987）
	恐怖精査表（Wolpe and Lange, 1987）
うつ	ベック抑うつ検査（Beck et al., 1961）
	モンゴメリ-アズバーグ抑うつ尺度（Montgomery and Asberg, 1979）
外傷後症状	出来事の影響尺度・改訂版（Horowitz et al., 1979）
	ペン検査（Hammarberg, 1992）
分裂病性症状	分裂病型認知検査（Rust, 1988）
	陰性症状評価尺度（Walker et al., 1988）
人格障害	ミロン臨床多軸検査（Millon, 1983）
	人格診断質問紙（Hyler et al., 1988）

パニックや不安も，物質乱用，とくに物質中毒，そして引きこもり状態と結びついていることがある。
　'正確な' 診断が治療的介入にどう関わるかは，どのような治療アプローチをとるかによって全面的に異なってくる。実存的あるいはヒューマニスティックな視点からは，その種のいかなる診断も治療に関係ないと見なすのがふつうであろう。しかし認知行動療法的な視点からは，診断が異なれば心理的介入そしてまた薬理学的治療への示唆も異なってくる

11.4.1　不安の徴候と症状

　米国精神医学会（1994）は不安を，危険の予期から生じる憂慮，緊張，または落ち着かなさであり，そこで予期されている危険の源泉は概して分からないか気づかれていない，と定義している。私たちはだれでも不安を経験したことがあるが，不安を障害と見なすのは不安の量と持続時間が状況や引き金となった事柄に対して不釣り合いに大きい場合のみである。不安は様々な不安障害の基底にあるだけでなく，病気の発症や経過にも寄与し，手術後の回復に関わる一要因でもあると考えられている。

11.4.2　不安障害の類型

　DSM－Ⅳにおいては不安障害の5つの類型が同定されている。すなわち，パニック障害，全般性不安障害，恐怖障害，強迫性障害，外傷後ストレス障害（これについては11.6で個別に論じる）である。

パニック障害
　パニック発作とは，息切れ・めまい・吐き気・発汗などを含む多様な症状が経

表11-3　不安の一般的な徴候および症状

認知的／情緒的	身体的
過度の心配	心悸亢進
憂慮や恐れの感情	発汗
とらわれ	腕や胸の痛み
気の散りやすさ	緊張性頭痛
	胃の不調
	嚥下困難
	驚きやすさ

験される，強烈で比較的短時間の不安のエピソードである。しばしば，気が遠くなるのでは，倒れるのでは，さらには死んでしまうのではないかとさえ本人は感じる。周りの世界が現実的に感じられない'現実感消失'や，自分自身が現実的に感じられない'離人感'を経験することもある。

パニック発作は全く突然に起こる場合もあれば，例えばスーパーでレジの列に並ぶというような何らかの状況が引き金となって起こることもある。ときには，パニック発作が起きるのではないかという恐怖のため，他の人にともなわれずに外出することを恐れるようになる場合もある。そうなるとパニック発作をともなう広場恐怖の状態を構成することになる。

全般性不安障害

これは憂慮や心配，緊張といった感覚を特徴とする，より拡散した非特異的な症状をもつ状態である。これはしばしば，特定の状況や対象とは関連性のない様ざまな身体症状と結びついている。このタイプの不安は'浮遊性の不安'とも呼ばれる。不安を起こす引き金がとくにないということが，この全般性不安障害を恐怖症から区別する点である。

恐怖症

恐怖症においては，特定の対象（例. 犬）あるいは特定の状況（例. 高い所）に対する強い恐怖と回避がある。一般に恐怖症の不安は，恐怖対象が提起している現実の危険やありうる危険に比べて不釣り合いに大きい。恐怖症は，社会恐怖（例えば，人前に立って話をするなど公的な状況への恐怖）と単一恐怖（例えば蜘蛛への恐怖）とに下位分類されることもある。単一恐怖で最も一般的なのは動物恐怖である。

強迫性障害

DSM－Ⅳは強迫性障害を'反復的な強迫観念または強迫行為で，強い苦痛を生じ，時間を浪費させ，またはそのひとの毎日の生活習慣，職業機能，または日常の社会的活動，他者との人間関係を著明に阻害しているもの'と定義している。強迫観念は'持続的な観念，思考，衝動，または心像で，少なくとも最初は侵入的で無意味と体験されるもの'と定義され，強迫行為は'反復的かつ目的を持った意図的な行動で，強迫観念に反応して，または何らかの規則に従ったり，形式化されたやり方で行われるもの'と定義されている。

不安障害の診断

さきに示唆したように，診断は必ずしもクリア・カットに下せるとは限らない。以下のクライエントの事例がこの点をよく示している。

クライエントは25歳で2児の母である。夫はタイヤ取り付け会社の監督をし

ており，長時間働いている。彼女は以下のような訴えをもって来談した。

- 神経性の咳
- 上腕部と首の後ろの痛み
- 間欠的な胃痛
- めまい感，とくに混雑した場所で起こりやすい

彼女は自分自身について，以前から今にいたるまでつねにひどい心配性だったと語った。

彼女が6歳のとき，父親が家を出て行き，母親は彼女と3人の弟妹を育てるため大変な苦労をしなければならなかった。彼女は何の資格も専門知識もないまま16歳で学校を中退して車の修理工場で働き，そこで現在の夫に出会った。2人が結婚したのは，彼女が19歳で妊娠したときである。

彼女は夫について，自分と6歳と4歳の子どもに'衣食の不自由をさせないひと'と語った。しかし，夫は家での責任をあまり果たしているとはいえ，仕事が終わるとパブで友人たちと過ごすことが多かった。彼女は時どき，夫の浮気を疑ったが，それをぶつけてみると夫はいつも否定した。

彼女の母親は最近になって乳ガンと診断され，乳房切除手術を受けている。
彼女は青年期を通して胃痛を含む様々な身体症状に苦しんでいたが，それに関して医療的援助を求めたことは一度もなかった。昨年になって彼女の症状はひどくなり，また新しい症状も出てきた。今度は彼女も援助を求める決心をした。というのは，彼女は自分の身体の状態が子どもの面倒をきちんと見ていく能力を妨げていると感じるにいたったからである。朝，彼女は家から外に出ることができないために，上の子どもを学校にやらず家にとどめておくことが何度もあった。

一見，このクライエントの問題はひじょうに'身体的'に見えるが，実際のところ，来談時の主訴として多岐にわたる身体症状を語ることは不安の問題を抱えたひとにおいてごく一般的なのである。カウンセラーは何らかの器質的原因がないか検査を受ける必要があると明らかに意識することになるが，不安のような心理的状態がこういった顕著な身体的表現をともなうとしても驚くには当たらない。第10章ではストレスの生理学について詳述する。

カウンセラーや治療者は，明らかにこれらの症状をクライエントの生育史や現在の状況に基づいて理解しようとするであろう。もうひとつのアプローチは，クライエントの問題がDSM－Ⅳの診断カテゴリーにどのように当てはまるか考えてみることである。

このような問題が当てはまる可能性のある診断カテゴリーはいくつかある。それらは：

- 広場恐怖（パニック障害をともなう，またはともなわないのどちらか）
- 全般性不安障害

● 身体化障害

　パニック障害と恐怖症，全般性不安の症状についてはすでに論じた。**身体化障害**は，あるひとがいくつかの持続的な症状と問題をもち，その基底となる器質的な問題が見つからない場合に考えられる。身体化障害の条件をすべて満たしている状態というのは比較的まれだが，身体的なとらわれや懸念をもつ患者に出会うことはめずらしくない。身体化は心気症とは異なる。心気症の場合，ひとは自分が特定の病気にかかっていると信じたり恐れたりする。DSM－Ⅳでは心気症と身体化障害はともに'身体表現性障害'のグループに分類されている。

　上に概略を示したように，症状に関してこれら多様な診断カテゴリー間に重複が見られるため，カウンセラーはクライエントの困難と不安についてもっと充分なアセスメントを行うことが有益と考えるかもしれない。このクライエントの場合，既述のように彼女が最初に示した内容は複数の診断カテゴリーにあてはまる可能性があった。こういう重複は必ずしも問題ではない。彼女が，広場恐怖やパニック障害，全般性不安障害，身体化障害の診断基準を満たすような幅広く様ざまな深さの症状を持っていることも実際ありうるのである。それ以外の場合として，彼女が自分の身体症状を強調するのは，'医学的'な問題を持っていないと真剣に受け止めてもらえないと思いこんでいるため，ということもありうる。

11.4.3　不安のモデルと治療への示唆

　不安への治療アプローチは，治療者の理論的観点によって異なる部分が大きい。**生物学的な観点**からは，不安についての理論は不安の感情を制御しているいくつかの神経伝達物質の相互作用に焦点を当てることになる。生化学的な異常がパニック発作（Bradwejn et al., 1989）と強迫性障害（Baxter et al., 1988）に関して見つかっている。一方でまた環境的な経験が重要な役割を果たしていることもまた疑いの余地がない。

　不安の身体症状に対して，一般家庭医は抗不安薬の処方で治療する場合が多い。不安に対する最も一般的な薬理学的治療は，ジアゼパム（セルシン，ホリゾンなど），ロラゼパム（ワイパックス）などベンゾジアゼピン系の抗不安薬である。場合によっては，パニック発作の治療に役立つことが分かっている抗うつ薬が処方される（Black et al., 1993）。また，不安を鎮めたり，リラックスしたり，眠りにつくための方法として多くのひとたちがアルコールを摂っていることも知られている。

　アルコールと同じように，ベンゾジアゼピン系薬は中枢神経系の働きを抑制する。したがって緊張が減り，眠気を催す。この薬にはアルコールと同様の短所もいくつかある。それは，薬への依存，引きこもり，リバウンドなどを引き起こす可能性である。しかしながら，短期間あるいは緊急の処置としてはひじょうに役立ちうるものである。

　高血圧の治療にごく一般的に用いられているプロプラノロール（インデラル）などのベータ遮断薬も，不安で苦しむひとたちに処方される。これらは心配・緊

張・恐怖などの心理的症状には作用しないようであるが，動悸・発汗・ふるえなどの自律神経症状を低減させる。

さらにサイコロジストもまた，漸進的筋肉リラクセーション法を教えるという形で身体に焦点を当てた方略をしばしば用いてきた。これは，そのひとが身体的な症状に対してコントロールできている感じを持てるようにしたり，恐怖対象に対してたんに回避するだけでなく，直面してそこにとどまることができるようになるための方法である。

精神力動的な観点からは，不安の源は内的で無意識的であると見なされている。この視点によれば，無意識的な衝動（性的あるいは攻撃的衝動など）が意識へと急激に入ってきそうになるとき，不安が起こるとされる。

全般性不安とパニック障害は，私たちの心的防衛が不安を統制したり収めておけるほど強くないときに起こると考えられている。一方，恐怖症は，これら受け入れられない衝動に対し，回避できる対象や状況へと不安を置き換えることによって対処しようとする方法であると見なされる。強迫観念と強迫行為は，その底にある衝動ほどには脅威的でない強迫観念を用いることで不安を取り扱おうとする方法であると見なされている。このようにして，それらの症状は'本当の'不安の源から個人を守っているのである。

不安の治療への精神力動的アプローチにおいて強調されているのは，患者の症状の中核にあると考えられている無意識的な動機と葛藤に対する洞察を育んでいくことである。

不安の問題の**行動的な理解**は，学習された反応の果たす役割と，その反応がそのひとの環境内にある特定の強化子によっていかに維持されているかを強調してきた。一般化して言えば，不安は人間経験の正常かつ適応的な特徴である。しかしながら，もし不安が特定の対象と結びついて，その対象を回避するためにそのひとがみずからの生活を変えるに至るならば，不安は不適応的なものとなりうる。回避する過程で，そのひとは不安が減少するのを経験し，これによって回避は強化行動となる。このような不安の行動的説明は不安の**オペラント・モデル**とも呼ばれる。

この理論の仕組みは，犬恐怖のような単一恐怖をもつひとの事例をみると分かりやすい。ある子どもが，突然顔を舐めようとして飛び上がってくる大きな犬に怯えたとすると，その子は恐怖の感情をすべての犬と結びつけるかもしれない。犬を見ただけで，その子の中には不安と恐怖の感情が引き起こされる。そこで子どもは，公園に行くのを嫌がったり，道路を渡って犬のいない側を歩こうとしたり，友達の家を訪れるさいには犬を庭に閉じこめておくよう言い張ったりすることによって，犬を避けようとする。犬を回避すると不安からの解放を得るので，その子どもは犬を避け続け，犬への恐怖が非現実的であると学習する機会を決して得られなくなってしまう。

不安がどのように発達し維持されるかに関するこの理解のモデルは，以下のものを含む個々の行動的治療法をもたらした。

- 系統的脱感作
- *現実in vivo*脱感作
- モデリング
- 正の強化

　これら行動的治療の諸要素は，しばしば組み合わせて用いられる。例えば，治療者はクライエントに，最も小さい不安を引き起こす事柄（書物で犬の写真を見る）から最も大きい不安を引き起こす事柄（閉じられた場所に，大きくてよく吠える犬といっしょに残される）までの'階層表'を作らせることから始める。次にクライエントは深くリラックスし，その状態で階層表の最も'やさしい'側の端から状況を想像して（例えば，近所の家の中で犬が吠えているのが聞こえる），その状況を思い浮かべながらリラックスしたままでいるよう教えられる。これは想像的エクスポージャー〔想像的暴露法〕と呼ばれることもある。

　次に，この系統的脱感作の手続きは，現実アプローチへと移行していく。このアプローチにおいては，クライエントにとって少しずつ怖さの度合いが増すような順序で，いくつかの状況で次第に実際の犬にさらされる。こういったエクスポージャー〔暴露法〕において重要な点は，クライエントにとって快適に感じられるペースで，またリラクセーション技法を用いることにより，クライエントがみずからの自律性不安を，統制できているという感覚を維持しながら行うことである。治療者はまた現実技法を，適切な行動的・認知的対処方略を形成したり，賞賛や励ましといった正の強化を行うために用いることもできる。これらの行動的技法のいくつかに関して，役に立つ記述がGoldfriedとDavison（1994）にある。

　もちろん，必ずしもすべての不安が犬恐怖で経験される不安のように特異的だったり容易に同定可能なわけではない。例えばパニック発作の場合，ひとは自分自身の内側に起こった身体的感覚をいまにも卒倒する前兆であると誤って解釈して恐れているとも言える（Agras, 1993）。経験される不安のタイプにこのような多様性があることや，行動的モデルにもいくつかの概念的限界があることから，治療者たちは不安障害の発達と維持において認知的過程が果たしている役割に注目するようになった。この領域で最も影響力のある著作家はベック Beckである（Beck et al., 1979; Beck and Emery, 1985）。

　不安なクライエントが経験する主要な問題のひとつは，心配と不安な考えである。しかしながら，明らかに回避などの行動にくらべて思考は観察しアセスメントするのが難しい。不安の**認知的理論**は，否定的で不安な考えは不安なひとの抱いている一連の不適応的な信念によっておのずから生み出されると主張する。不安なクライエントが報告する信念の種類をいくつか以下に例示する。

- '世界は予測不能であり，安全でない'
- '私は未来において対処しきれない困難に出会いそうだ'
- '何かがおかしくなると，私はどうしたらいいのか分からなくなるだろう'
- '他のひとといると，私は何を言っていいか分からなくなり気まずい思いをす

るだろう'
- '私が何もしなければ，誰も私を批判できない'
- '困難に直面するよりは回避するほうがよい'

パニック障害は，認知的観点から見ると，心拍数の増加や手のひらの発汗のような身体的徴候に対する過敏性と認知上の破局視であると見なされる。

したがって，不安の問題に対する認知的アプローチは，そのひとの問題の基底にあると考えられている，それらの信念に対してチャレンジし変えていくことに焦点を当てる。

11.5 う つ

クライエントがしばしば不安とうつの両方の症状を訴えるとはいえ，うつはそれ自体が独立した一状態でもありうる。うつ状態の分類は，これまでずっと論議の的であった。うつは**気分障害**または**感情障害**とも呼ばれる。

11.5.1 うつの記述と定義

うつという言葉は日常語においてだれもが時どき経験する気分状態をさして使われているため，その同じ言葉を，ひとがすっかり希望をなくして死にたいとまで思う極端な状態を意味する言葉として使うさいには困難が生じることがある。'正常な'うつと'臨床的な'うつと見なされるものとの主な相違は，臨床的なうつの場合は何週間もあるいは何か月も持続し，そのひとに様ざまな形での影響を与えるという点である。ふつう，私たちはうつを気分の障害であると考えるが，それはまた認知的・動機的・身体的症状としても現れてくる。

気分症状

うつはしばしば，希望のなさ，孤立している悲しみ，落胆といった感情によって特徴づけられる。しかしまた，同じくらい広く認められる症状が，生活の中での満足感と快さの喪失である。それまでは快さをもたらしてくれた活動が，ただ単調で喜びのないものに思え，意味をなくしてしまったように感じられる。

認知的症状

最も顕著な認知的症状は，否定的な考えである。うつ的なひとたちはしばしば，みずからの現状と未来を希望のないものに感じ，物事を改善することに悲観的な感じを持つ。自分は何をするにも不適格であると感じがちで，自己評価の低さに悩み，自責的になり，ときには自己嫌悪で一杯になるといった傾向がある。

動機的症状

うつは，何かに'とりかかる'という力や，さらには，それまで楽しみだったことをする能力にも影響を与える。すべてがあまりにも大変な努力を要するように思えて，極端な場合には動作や言葉までがゆっくりになることもある。

身体的症状

うつの身体的症状には，睡眠の障害，食欲や性欲の低下，体重の低下（中程度から重症のうつの場合），だるさ，易疲労性などがある。

うつと診断されるにはこれらすべての症状を示している必要はないが，これらの症状はほとんどのカウンセラーやセラピストには馴染みのあるものであろう。以下に挙げるのは，一般家庭医からカウンセラーに紹介されてくるクライエントのごく典型的な一例である。

> クライエントは，いつごろまで'ふだんの自分'だったのか，とうてい思い出せないほどだと言う。6か月くらい前から，だんだんと仕事にうんざりし，家ではイライラするようになってきた。友人たちから引きこもり，釣りや日曜大工に楽しみを求めることもやめてしまった。仕事では，やる気や熱意が失われてしまい，いくつかの重要な仕事をずるずると先延ばしにしている。些細な意思決定も困難になっており，集中しつづけることも難しい。クライエントは，何でこうなってしまっているのか'全く分からない'と言う。

11.5.2 うつ的障害の類型

DSM－Ⅳでは，臨床的なうつをいくつかの種類に分けている。それらの一部を挙げると：

- 大うつ病──重症の挿話的なうつ病性障害で，少なくとも2週間以上のあいだ症状が持続しているもの。
- 気分変調性障害──大うつ病ほど重症でなく，発症が潜行的なもの。
- 大うつ病－季節型（季節性感情障害）──冬と秋に日が短くなるにつれて現れるうつで，春と夏のあいだは消失する。
- 双極性障害（躁うつ病）──うつと正常な気分とを，そして極端な（ときには放縦な）気分高揚と正常な気分とを交互に繰り返す。
- 気分循環性障害──比較的重症でない慢性かつ非精神病的な双極性障害の一形式。

11.5.3 うつのモデルと治療への示唆

生物学的要因が気分の調節に影響力のある役割を果たしていることには疑問の余地がなく，気分障害は神経組織における生化学的な変化をともなう。気分の調節に関係している神経伝達物質のシステムは極度に複雑であるが，広く共有されている見方は，うつはセロトニンとノルエピネフリン（ノルアドレナリン）とい

う神経伝達物質の一方または双方の欠乏と関係があるというものである。しかしながら，こういった生理学的変化が心理学的変化の原因なのか結果なのかという疑問は，未だ解決に至っていない。

　様ざまな研究はまた，**遺伝的要因**が何らかの形で関係しており，受け継がれた体質がストレスにさらされたときに，そのひとをうつに対して脆弱にするのだとしている。

　うつに対して最も一般的に用いられている薬理学的治療は，イミプラミンやアミトリプチリンなどの三環系抗うつ薬や，モノアミン酸化酵素（MAO）阻害薬，フルオキセチン（プロザック）など新世代のセロトニン再取り込み阻害薬（SSRI），炭酸リチウム（これはもっぱら双極性障害の治療に用いられる）である。**季節性感情障害**，すなわち主に冬に起こると思われるうつには，全波長光照射による治療が行われるが，この治療法の有効性はまだ確証されていない。電気ショック療法の使用をめぐる論争については，この章で扱うべき範囲を越えてしまうが，これに関する概観はWeiner（1989）に見ることができる。

　カウンセラーやセラピストは，苦労していっしょに'心の奥のこと'に取り組んできた当のクライエントが，元もと援助を求めてきた問題である症状が，抗うつ薬の投与により軽減されたという理由で，心理療法を継続しない決意をすると，なんともやり切れない思いになることがある。しかしながら，クライエントがうつの苦痛な気分や認知的・動機的・身体的症状をもう経験しなくなっているならば，彼らは充分に自分の力で問題と取り組んでいけるという場合もあるだろう。そうでない場合には，彼らはもっと後の段階でカウンセリングにもどってくることもあろう。

　うつの**精神分析的モデル**は，人生早期の喪失体験や自己評価，依存がはたす役割を強調している。この見方によれば，何らかの理由で世話や承認，愛情を求めるそのひとの気持ちが幼児期に満たされておらず，後の人生での何らかの喪失がこの早期の苦痛を再び刺激し，そのひとをはじめの無力で依存的な状態へと退行させる。この構図は，自分を見捨てた人物に対する怒りの感情によってさらに複雑なものになる。精神力動的な治療は，他人からの承認に対する過剰な依存や，怒りの内在化に焦点を当てることになるだろう。

　行動的アプローチが1970年代前半に注目したのは，うつ的なひとたちにおいてはどんな風に肯定的行動に対する強化，とくに社会的強化が欠けているか，そしてそれとは対照的に，いかに彼らの否定的行動（例えば泣くこと）に対しては他人から注意を向けられるという形での強化がなされるかという点であった。人びとはうつ的になるとき，うつに抗する行動の'消去スケジュール'に乗っているらしいということが示唆された。

　認知的モデルは行動的モデルを補強していったが，焦点を対人的環境におけるそのひとの行動から，そのひとの内的世界へと移していった。ベック　Beck（1967，1976）は，人びとがうつ的になると否定的な認知の3要素，すなわち，自己，世界，将来に対する否定的な見方を抱くさまを記述した。うつ的なひとは，一連の否定的なフィルターまたは認知スキーマを通して世界を見る。スキーマと

は，自分の身に起こる出来事を知覚し解釈するやり方に影響を与えるような，基底にある信念のことである。このようなひとは周囲の世界を理解するさいに，習慣的に認知の誤りを犯しており，これがさらに自己，世界，将来に対するうつ的な見方を維持させていく。

うつの治療をするさいには，行動的モデルと認知的モデルとの組み合わせを用いるのが普通である。うつの認知行動療法についてはいくつかの書物に詳しく記述されている（例えばBeck et al., 1979; Blackburn and Davidson, 1990など）。認知行動療法に統合されている技法の例には，以下のようなものがある。

- 活動のモニタリングと活動スケジュールの作成
- 気晴らし
- 段階的課題とホームワーク課題
- ソクラテス的質問法
- 否定的な考えや思いこみを同定し，それに答えること

認知行動療法を特徴づけているのは，治療で得られた洞察を'ホームワーク'練習や'実験'を用いて現実生活へと般化していく必要性を強調する，構造化された系統的アプローチである。

11.6　外傷後ストレス障害〔PTSD〕

様ざまなストレッサーが多様な心理的障害を引き起こしうることはずっとむかしから観察されていたが，外傷的ストレッサーの役割とその結果起こってくる障害については論争が絶えなかった。苦痛との関係においてストレスが果たす一般的役割については第10章ですでに検討したとおりである。外傷的ストレッサーには，地震や洪水といった自然災害から，生命が危険にさらされる交通事故に至るまで，様ざまなものがある。また，外傷的ストレッサーには長期間にわたるものもあり，幼児期における身体的・性的・情緒的虐待や，戦争捕虜としての収容所生活などがそれにあたる。

11.6.1　記述と定義

そのような外傷的ストレッサーへの反応は，不安やうつを含んでいることもある。しかしながら，最近では特定の症候群があるとされている。これが外傷後ストレス障害（PTSD）で，外傷的ストレッサーや出来事にさらされる経験と関連づけて考えられている。PTSDに含まれる症状には，以下のものがある。

- 外傷的な出来事が繰り返し再体験される——（例）夢や心像，思考を通して
- 出来事を想起させる刺激の回避——（例）心的外傷の重要な側面の想起不能

- 反応性が麻痺する——（例）孤立感
- 覚醒亢進状態——（例）集中困難，過剰な驚愕反応

　診断基準を満たすには，DSM－Ⅳに記されているように（American Psychiatric Association, 1995），これらの症状が少なくとも1か月以上持続している必要がある。DSM－Ⅳでは，PTSDは不安障害のひとつに分類されている。

11.6.2　PTSDのモデル

　PTSDのモデルは生物学的，精神力動的なものから認知的，行動的なものに至るまで様ざまである。**生物学的モデル**はPTSDにおいて体験される極度の過剰覚醒と攻撃に注目し，これが脳内の神経伝達物質の活動に帰せられる可能性を示唆している。PTSDに苦しむひとには，適切な抗不安薬や抗うつ薬が処方されたり，また覚醒水準を下げるための漸進的リラクセーション技法が教えられることもある。

　心的外傷の影響についての**精神力動的理解**は，圧倒的な脅威に対する自我の対処の失敗に焦点を当ててきた。このことが自我を襲撃に対して防衛しようとする試みへとつながると示唆されている。

　PTSDの**行動的モデル**においては，条件づけの過程が強調されている。この過程においてひとは恐れや不安と，元もとの心的外傷体験に結びつく様ざまな刺激とを連合させる学習をしてしまうとされている（Keane et al., 1985）。

　認知的モデルは，心的外傷はそのひとの情報処理容量を越えてしまうか，あるいは心的外傷を経験することによって世界が安全で予測可能なところであるというそのひとの根本的信念の一部が粉砕されてしまうと示唆している（Foa et al., 1989）。

　Horowitz（1993）はPTSDに関して認知的要素と精神力動的要素とを組み合わせたモデルを提案している。

11.6.3　PTSDの治療

　上に挙げたモデルはそれぞれが治療に対して個別の示唆を与えているが，実際のところは，ほとんどのカウンセラーやセラピストは2つ以上のアプローチから得られた理解を利用しているのが普通であろう。現場の精神分析家たちは，PTSDの治療に次のような要素が重要であると示唆している。

- 信頼感のある治療関係を築く
- 心的外傷に対処する仕方について教育する
- ストレスの管理方法を訓練する
- 心的外傷を再体験する
- 心的外傷となった出来事をクライエントの体験のなかに統合する

すでに3.7 情動表出とカウンセリングで論じたように，心的外傷の再体験はPTSDの治療において最も重要な要素であると通常考えられている。この目的のために用いられる技法の詳細はセラピストの理論的立場によって異なるであろう。そのひとつは，系統的脱感作の応用である，**心的外傷脱感作** trauma desensitization を用いるものである。この方法では，クライエントはまず基本的なリラクセーション法を教えられ，覚醒水準の低い状態を維持しながら出来事に関する話し合い・描写・ファンタジー・視覚化などを通して心的外傷を解放するように少しずつ励まされる。

しかしながら，どんなひとでも心的外傷に対する反応というのはそのひとの過去の経験によって色づけされたものになる。次の例がそのことをよく示している。

あるクライエントは激しい自動車事故の約3か月後にカウンセリングを求めてきた。彼は深夜木に激突した乗合自動車の乗客だった。緊急出動隊が到着するまでしばらくの時間，彼は車の中に閉じこめられており，ガソリンの臭いがしていまにも車が爆発するのではと激しい恐怖を感じていた。彼が語るには，このときほど無力で身動きのとれない感覚を味わったことはないという。

大事故であったにもかかわらずクライエントは身体的に軽いケガで済んだものの，実に様ざまな心理的症状に悩むことになった。彼は閉じこめられて抜け出せない状況を夢に見て，叫びながら激しい恐怖におそわれつつ目覚めることがしばしばあった。彼はずっとさきのことについて考えることができなくなり，長くは生きられないのではないかという不安な予感を抱くようになった。バンという音や大きな騒音，さらには電話のベルでも強い驚愕と不安を感じるのであった。家でも仕事場でもひじょうにイライラするようになり，事故を起こしたのに無傷で脱出した運転手に対して並みならぬ怒りと憤りを感じていた。

クライエントは，いかに世界が安全な場所であるという信頼感を失ってしまったか，そしていまやどこに行っても危険を探してしまうことについて語った。これは，何らかの危険や脅威がないかつねに環境を探査していることを意味する。事故を想起させるものすべてを回避するのが習慣になり，どうしても必要な場合を除いて車で移動しなくなった。この不安はエレベーターや地下鉄の電車などすべての閉じられた空間にまで般化し，これらの恐怖のためクライエントは日常の活動をかなり制限していた。

カウンセラーとともにみずからの感情を探究することを通して，次第にクライエントはこの閉じこめられて無力な感じが，10歳で母親を亡くして寄宿学校に入れられたさいに抱いた感じとひじょうによく似ていることに気づくようになった。彼は寄宿学校を嫌っていて，学校から出して欲しいという自分の訴えになぜ父親が答えようとしないのか理解できなかったという。

クライエントは，危険な状況の中に独り見捨てられることへの恐怖は事故よりずっと前にさかのぼるものであるが，それが衝突事故によって再び呼び起こされ強められたということを理解するようになった。また彼は，子どものころの喪失体験をめぐる多くの解決されていない悲しみと怒りを抱いてきたのに，

これまではその気持ちに触れずにきたことを自覚するに至った。

心的外傷後の反応に苦しんでいたこのひとの事例は，心的外傷以前から存在していた脆弱性が，心的外傷後に起こる心理的な問題を増悪させたり長引かせたりする可能性があることを私たちに思い起こさせてくれる。過去に心的外傷の体験や重症の心理的問題を持っていたひとたちが，その後さらに心的外傷をおった場合，苦しむ度合いが比較的大きい傾向のあることが知られている。

11.7 精神分裂病とそれに関連する障害

精神分裂病は，人間が経験する状態のなかで最も複雑かつ圧倒的なもののひとつである。その研究には数多くのアプローチが採られ，文献は広範にして多様である。精神分裂病の概念と定義は，幾重もの議論と論争に取り巻かれている。

現場にかかわるひとの大部分は，精神分裂病について，精神病症状を特徴とし，そのひとが機能する能力を，かなり重大な程度まで損なう感情・思考・行動の障害を含む状態あるいは障害である，という点で合意している。精神分裂病を定義することにはいくつかの問題がともなうが，その罹患率については約1％と推定されるように (Sartorius et al., 1986)，主要な精神科的障害の中でも最も一般的な障害である。

精神分裂病にも，他にいくつかの関連ある精神病性障害が存在する。それには以下のようなものがある。

- **短期反応精神病**——症状の持続期間が1か月未満で，特定可能な心理-社会的ストレスの後に続いて起こっている。
- **分裂感情障害**——精神分裂病の症状が部分的に気分障害（躁またはうつ）の症状と重なっている。
- **妄想性障害**——固定した揺るぎない妄想を主な症状とする（以前はパラノイド障害と呼ばれていたもの）。
- **分裂病様障害**——症状は精神分裂病と同じだが，その持続期間が6か月未満のもの。

個々の精神病症状のいくつかは，他のタイプに属する諸障害においても見られる。例えば，ひじょうに重症のうつ病のひとは，不治の病にかかっているという妄想的確信を持つことがある。また，痴呆をはじめとするいくつかの器質的障害においても，精神病症状が出現することがある。

11.7.1 精神分裂病の記述と定義

精神分裂病には，あまりにも多様で複雑な症状像がありうる上に，事例によっ

てはゆっくりと潜行性に発病することもあり，この領域における診断にはいくらかの困難と，さらには不一致が存在しうる。また，診断に影響する文化的・民族的な相違もあり，それも数多くの研究を生み出してきた。こういった概念的および実践的な困難のため，ときおり，精神分裂病の診断を修正すべきであるという意見や，さらには精神分裂病の概念それ自体を放棄すべきだとする意見が唱えられてきた（例えばBentall, 1990）。

上記のような保留事項を念頭に置きつつ，次のような事柄が精神分裂病の徴候や症状へのガイドとなりうるだろう。

- **全般的な機能の障害**——達成が期待される水準，または過去に最も高かった水準よりいちじるしく低下している
- **異常な思考内容**——（例）妄想，思考内容の貧困，関係念慮
- **非論理的な思考様式（思考障害）**——（例）連合弛緩，脱線思考，過度の包括的思考，新作言語
- **知覚の歪み**——（例）聴覚的・視覚的・触覚的または嗅覚的な幻覚
- **感情の変化**——（例）平板化，鈍麻，奇妙さ，不適切，易変性
- **自己感の障害**——（例）性別の混乱，自我境界の喪失
- **意欲の変質**——（例）不適切な動機付け，いちじるしい両価性
- **対人的機能の障害**——（例）社会的引きこもり，不適当な性的行動
- **精神運動的な行動における変化**——（例）激越，引きこもり，カタトニー〔緊張病〕，しかめ面，姿勢常同

DSM-Ⅳでは，精神分裂病について5つの病型が記述されている。緊張型，妄想型，解体型，鑑別不能型，残遺型の5つである。これらの相異なる病型は特定の症状パターンによって区別される。

比較的最近になって提案されたシステムは，'**陽性症状**'と'**陰性症状**'の区別を提唱している。陽性症状とは，妄想，幻覚，奇矯な行動，解体した会話など，その存在ゆえに明白となる症状である。一方，陰性症状とは，社会的引きこもり，感情または情緒的応答性の欠如，発動性とエネルギーの喪失など，精神分裂病で見られる欠損のことをさしている。

精神分裂病などの精神病性障害では潜行性に発病する場合があり，また妄想的信念にも真実の要素がいくらか含まれているように見えることがある以上，カウンセラーはいったいどの時点で，クライエントに精神病性障害があると疑って精神科医にリファーすればよいのか，判断するのが難しい場合もある。

あるクライエントが寂しさと孤立感を理由にカウンセリングを求めてきた。彼は4回来談し，カウンセラーは彼の話し方にどこか取り留めもなく些細なことばかり話す傾向があり，外見は少し風変わりでだらしないと感じた。カウンセラーは，何かがスッキリしないという感じを持ったが，その気になる感じの原因が何なのか見定めることはできなかった。次のセッションでクライエント

は，自分は王族のひとりから特別の好意を示されており，定期的に地方新聞の'売ります'欄を通じて暗号でメッセージを受けているのだと打ち明けた。いままで直接に会ったことがないにもかかわらず，2人がどんなに強い精神的なきずなで結ばれているかをクライエントは語った。またクライエントは，自分が他の人たちとの付き合いを求めない理由は，他のどんな人間関係もその王族との関係にはとうてい及ばないからだということも認めた。

11.7.2　精神分裂病の経過と転帰

精神分裂病の発病には急性の場合と潜行性の場合があるが，発病に先行して不安，困惑，恐怖，うつなどの症状が見られることが多い。伝統的に，精神分裂病は重篤で進行性の障害と見なされてきたが，最近の実証研究はこの障害が必ずしも悲観すべきものではないことを示唆している（Harding et al., 1992）。最近の研究で示されている証拠によれば，精神分裂病の全患者の約3分の1は最初の深刻な症状エピソードの後かなり良好に回復しており，もう3分の1はその後も間欠的に医療（または地域によってはコミュニティーにおけるケア）を必要とする症状エピソードを経験しており，残る3分の1は悪化の経過をたどる傾向があるとされる（Cutting, 1986）。

研究によれば，精神分裂病の予後はいくつかの要因と関連があることが示されている。予後が比較的良好なのは，発病が急性で明白なストレス要因と関連していた場合や，病前に社会的・職業的機能の水準が高かった場合，陽性症状が中心である場合，そして気分症状（抑うつ症状，そして家族歴における気分障害の出現）が存在する場合である。あまり良好でないのは，発病が潜行性で，病前の社会的・職業的機能の水準が低く，引きこもっていて社会的スキルに欠け，陰性症状が中心で，精神分裂病の出現している家族歴をもつひとたちであるという傾向が見られる。

11.7.3　精神分裂病の病因にかかわる諸要因

生物学的要因

精神分裂病の諸原因は，長年の研究と理論的思索にもかかわらず，現在でも謎である。生物学的立場にたつ研究者たちは，特定の遺伝子を突き止めようとする試みや，脳の構造的または化学的異常を探すことに努力を集中してきた。

精神分裂病における特定の脳内の異常を探す試みは，最近まで，患者が亡くなった後の解剖によってしか実証を得られないという現実により阻まれ続けてきた。このため，分裂病と正常の脳とのあいだに何らかの違いが観察されたとしても，その違いが抗精神病薬の影響や身体的健康上の問題による可能性がある以上，その違いを解釈することはひじょうに問題があった。しかし，医学技術の進歩により，現在ではMRI（磁気共鳴画像法）やCTスキャンを通して，生きている人びとの脳を見ることが可能になった。これによる諸研究（例えばAndreasen et al., 1990, 1992）は，精神分裂病患者のうち一部の人びとには脳室の拡大がみられ，また一部の人びとには脳の前頭部における血流の減少が認められることを見出した。しかしながら，これらの所見にどの程度の重要性があるのか，そしてそれが精神分裂病の理解と治療にどんな意味を持つのかはいまのところ明らかでない。神経伝達物質ドーパミンなどの脳内化学物質の役割を実証しようとする研究もまた，同じ問題点をもつ。(Davis et al., 1991参照)

　他の研究者たちは，精神分裂病における遺伝的要因を探究してきた。そして分裂病の家族パターンの疫学的研究は，家族メンバー内で障害が発生する相対的な危険性を検証した。こういった研究はしばしば一卵性と非一卵性の双生児や（例えばTorrey, 1992)，分裂病の親から生まれて'正常な'家庭の養子となった子どもたちを対象として行われた（例えばTienari et al., 1987)。全体としてこれらの研究は，分裂病の発現の危険性には遺伝的要因が寄与していることを示唆したが，同時にまた環境的要因も重要な役割を果たしていることを浮き彫りにした。

家族の相互作用

　1960年代と70年代の多くの著作者や研究者たちは，家族における相互作用やコミュニケーションの様式が，精神分裂病の発病に関係していることを示唆した(Singer and Wynne, 1963; Liem, 1980)。しかし，分裂病者の家族と'正常な'統制群の家族とのあいだでコミュニケーション様式にいくつかの相違が見出されたにしても，そのことは'欠陥のある'家族コミュニケーションのパターンが分裂病を引き起こしたのだという考えを証拠立てるものではない。とはいえ，これ以降，*情緒表出（敵意ある，批判的な，または情緒的に過度に巻き込まれているもの，として定義される）*のパターンにあらわれた家族の関係性が，分裂病の再発の危険性を高めうることを見出した研究が数多く現れた（例えばBrewin et al., 1991)。

ストレスの大きいライフイベント

　BrownとBirley（1968）は研究を通して，分裂病エピソードの発症に先立つ3週間の期間にストレスの大きい出来事の増加があることを見出した。以後，このことはいくつかの研究によって確認された。これに関してはDay（1989）によるレビューが役立つ。

　言うまでもないことだが，分裂病という障害の様ざまな危険因子や，異なる表れ方を説明できるような分裂病の原因に関するモデルを研究者が提供できない限り，分裂病のような複雑な現象に関して，単一の原因となるものを探究する試みは成功しないと思われる。現時点においてその試みは達成されそうにないと見えるため，最近の研究者の中には精神分裂病を個別の疾患単位として研究しようという考え自体を放棄したひとたちもいる。その代わりに，ある研究者たちは幻覚や妄想といった分裂病の個別の症状について吟味することに焦点を絞り，また他の研究者たちは，抑うつが気分という次元の一方の極にあるのと同じように，分裂病は正常な機能という連続体の一方の極限にあるとする考え方を探究してい

る。

11.7.4 精神分裂病の治療

　精神分裂病においては症状の性質ゆえ，抗精神病薬による治療と並んで入院がしばしば必要となる。抗精神病薬はときに**神経弛緩薬**あるいは**強力精神安定剤**とも呼ばれる。精神分裂病の治療に用いられる薬には，クロルプロマジン（商品名ウィンタミン，コントミン等），ハロペリドール（セレネース），トリフロペラジン（トランキス）などがあり，新しいものとしてはリスペリドン（リスパダール）がある。ふつう精神分裂病において薬物療法は，妄想や歪められた思考などの陽性症状を減らすのに役立つが，それに比べると陰性症状の治療には一般的に有効性が少ないとされる。分裂病の患者の一部は，地域精神医療サービスを通じて供給される長期の維持療法を必要とするが，患者がきちんと薬の服用を続けることには，多様な副作用などの問題からしばしば困難がともなう。

　精神分裂病の心理社会的治療が薬物療法と並行してしばしば行われる。これらの治療法の目的は，再発の危険性を減らすことと，社会的・職業的スキルや自分の身の回りのことに関するスキルを再構築することにある。最も広く用いられている2種類の心理社会的治療法は，情緒表出の理論と研究から発展してきた**家族療法**と，スキルの情報処理モデルをもとに構築された**社会的スキルトレーニング〔社会生活技能訓練〕**である（Wilkinson and Canter, 1984; Halford and Hayes, 1991など）。

　過去においても精神分裂病に対する認知的アプローチへの論及は時どき見られたが，系統的な認知行動療法が作り上げられたのは比較的最近のことである。**認知行動技法**はいまや妄想的信念などいくつかの精神病的問題に適用され，その有効性が主張されている（Kingdon and Turkington, 1994）。

11.7.5 精神分裂病とカウンセリング

　上に述べた治療法や，研究文献において一般に論じられる治療法は，精神分裂病と関連づけられているごく特定の行動や症状をターゲットとして作られている。しかし，分裂病のクライエントと治療的な仕事をするさい，私たちはたんなる一群の症状とではなく，個々人と関わっているのである。

　これらのクライエントは，苦しい幻聴のような障害そのものから直接生じる困難を経験しているだけでなく，その状態から二次的に生じた問題に直面しているかもしれない。例えばそれは喪失から生じる問題であり，仕事やキャリアの喪失，以前からの友人や人間関係の喪失，自尊感情の喪失，あるいは自分の人生における連続性の感覚の喪失などがありうる。さらに，彼らは障害そのものとは無関係に，だれもが経験するような人生上の困難やトラブルに苦しむことが当然ありうる。したがって，精神科医療体制のもとで働く経験豊富なカウンセラーは，様ざまな面でこのようなクライエントを援助することができる。

11.8 人格障害

人格特性とは，第2章で論じたように，ひとがどのように環境を知覚し，理解し，相互作用するかに影響を与える，そのひとの比較的永続性のある特質および一貫した側面である。私たちが人格障害を問題にするのは，こういった長期間持続するパターンや特性が不適応的となり，主観的な苦痛や，社会的・職業的機能のいちじるしい障害を引き起こしている場合である。

11.8.1 人格障害の分類

人格障害のカテゴリーと診断については，かなりの論争がある。人格障害は，信頼性の高いやり方で診断することが難しく，その病因についてはわずかにしか理解されておらず，その治療が成功しうることを示す証拠にも乏しい（Oltmanns and Emery, 1995）。また，DSM-ⅣとICD-10のあいだでも分類上の重要なズレがある。したがって，人格障害のカテゴリーを無批判に受け入れることは望ましくない。

上の11.1に記したように，人格障害はDSM-Ⅳの第2軸にまとめられている。人格障害の10種の類型が3つの群に分けられている（表11.4参照）。第1の群は非社交的な——風変わりな，あるいは奇抜な傾向のある人びとを包含し，第2の群は激しい——過剰に劇的，感情的または不安定な人びとを，そして第3の群は不安な——過剰に恐れを抱く人びとを包含している。

表11.4 DSM-Ⅳに挙げられている人格障害

	目立った特徴
A群	
●妄想症	他人への不信と猜疑心
●分裂病質	社会的関係からの遊離と情緒表現の幅の狭さ
●分裂病型	親密な関係を心地よくないと感じること，認知と知覚の歪み，そして行動の奇妙さ
B群	
●反社会性	（以前は精神病質と呼称）他人の権利を無視ししばしば侵害する
●境界性	対人関係，自己像，情緒および衝動制御の不安定さ
●演技性	過度の情緒性と他人の気を引こうとすること
●自己愛性	誇大性，賞賛されたいという欲求，そして共感の欠如
C群	
●回避性	社会的場面での著しい居心地悪さと臆病さ
●依存性	世話をされたいという過剰な欲求，従属的でしがみつく行動
●強迫性	秩序と完全主義にとらわれて柔軟性が犠牲にされる

11.8.2 人格障害の病因論とモデル

人格障害はDSMにおいて比較的新しく，それを引き起こす要因については他の数多くの障害に比べて少ししか分かっていない。人格障害の中でもとくに妄想性・分裂病質・分裂病型および反社会性人格障害には遺伝的要素があると考えられている。また，分裂病型および境界性人格障害においては何らかの器質的な脳の損傷がひとつの役割を果たしている可能性がある。

人生早期の関係における障害，喪失，そして場合によっては虐待が，妄想性・分裂病質・分裂病型・自己愛性および依存性人格障害に関与しているとされる。他の人格障害は親（または養育者）のより特定的な行動の結果として，またはそれに関連して起こると考えられており，例えば依存性人格障害においては親からの過剰な公然の非難が，そして強迫性人格障害については苛酷なしつけが関連すると考えられている。

人格障害への精神力動的アプローチは，人生早期の体験の役割を強調し，こういった障害をある発達段階における固着や，両親との問題ある関係の結果として起こるものと見なしている。

認知療法の創始者のひとりであるベック（Beck et al., 1990）は，幼児期の決定的な出来事によって形成された中心的な信念とスキーマが，人格障害の発達において重要であると見なしている。彼は様ざまなタイプの人格障害が，これらの信念やスキーマによってどのように区別できるかを描き出した。例えば，依存性人格障害をもつ人は'私は自分の力では何もできない'という信念を抱いているだろうし，強迫性人格障害をもつ人は'私は自分の環境を完全に統制していなければならない'という特徴的な信念を抱いているだろう。

11.8.3 人格障害の治療

伝統的に，人格障害の心理学的治療はいちじるしく困難であると考えられてきた。このことは，心理学的治療がクライエントと治療者との近しいパーソナルな関係性を含み（それに依拠していると言う人びともいるだろう），しかもほとんどの人格障害の中心的特徴が，まさしく関係性を作り維持することの困難にあるという事実を考えるなら，何ら驚くには当たらない。対人操作的になったり，情緒的に不安定，過度に依存的，猜疑的，あるいは過度の理想化と脱価値化を交互に繰り返したりする人びとと仕事に取り組むことは，治療者にとって大変な試練となる。予想される通り，このクライエント群との治療の有効性にはあまり多くの確証があるわけではない。例えばケリーら（Kelly et al., 1992）は，境界性人格障害の患者全体の2分の1から3分の2は最初の数週間のうちに治療を中断していることを見出した。

人格障害の治療についてはかなり多くのことが書かれてきているが，ほとんどのアプローチは研究による証拠ではなく理論と思索に立脚している。しかしなが

ら，近年になって人格障害の認知行動療法に関するいくつかの書物が刊行され (Beck et al., 1990; Layden et al., 1993; Young, 1990)，これらは他に較べるといくらか有望なものとなる可能性がある。

以上のことからすると，果たして人格障害のクライエントとの仕事に取り組むことに関してカウンセラーや治療者はどのような位置に置かれることになるのだろうか。これに答えるのは難しく，また当然ながらカウンセラーの理論的背景や経験，そして治療の文脈によって異なるであろう。治療的介入の有効性を調べる研究の大部分は，重症の境界性，分裂病型そして反社会性の人格障害について行われたものである。しかし治療的文脈では，精神保健の専門家はこれらの用語をあまり厳密でない意味合いで用いることが多い。Mrs Xはやや'ボーダーライン〔境界性〕'であることが疑われる，というような表現を耳にしたりケース記録で読んだりすることはめずらしくない。その意味するところは多分，Mrs Xは境界性人格障害の特徴のいくつかを示し，問題は深いところに根ざしており，そして彼女は治療的変化に乗らないかもしれない，といったことであろう。カウンセラーは必ずしもこれに同意しないかもしれない。

重症の人格障害のクライエントとのカウンセリングは，通常，精神保健やそれに類する施設で行われる。明らかにどのような設定の下であっても，こういったクライエントと出会ったカウンセラーは，こういったクライエントと仕事に取り組むことの困難さと限界，そして場合によっては危険性をよく認識している必要があるだろう。

11.9 まとめ

本章では，通常'心理的障害'と呼ばれている状態のいくつかについて吟味した。診断名の使用に対しては多くの批判があり，そのいくつかは正鵠を得ている。そのようなラベリングはそのひとに烙印を押し，その経験を無価値なものとし，そのひとを'患者'の役割に置き，外の世界から引き離すという可能性がある。そういったことが実際に起こることには疑いの余地もないが，一方でまた，診断名は場合によって，そのひとを安心させるものとなり，ここで立ち止まってひと休みし人生の状況を見直すことへの'許可'を与えることもできる。

不安やうつのような精神状態について語るとき心に留めておく必要があるのは，私たちが何らかの質的に相異なる状態について話しているのではなく，正常からごく重篤までの重症度の連続体について語っているのだということである。もちろんその連続体のどこかには，そこから先はそのひとが'障害'をもつと記述されるべき一点もあるわけだが。そういったことが精神分裂病にも当てはまるという確かな証拠がある (Claridge, 1990)。

そのひとの経験している症状が充分に顕著となり診断名が付くと，診断名はそのひとが経験しているであろう症状の重症度と範囲について，私たちに何かを教えてくれることがある。例えば，あるひとがうつ的であると聞いたり，あるいは

そのひとの気分からそのことが疑われたとすると、私たちはそのひとが抑うつ気分に加えて、他のいくつかの認知的・動機的・身体的症状を経験しているかもしれないと予想（決めつけはできないが）することができる。

診断は、どの症状が互いに相関あるいは'寄り集まって'いるかを教えるだけでなく、理想的にはその障害の病因、経過、治療そして予後について何かを教えてくれるべきものである。しかし実際にはそうはいかない場合もあり、分裂病の診断が疑問視されてきた理由のひとつはそこにある。うつに関しては、その理想にやや近づきつつある。うつの場合、診断が脆弱性要因（遺伝的および環境的）や、うつの進行の予測、適切な治療法（薬理学的および心理学的）そして予想される予後について、一般的な形で何かを教えてくれる。

しかし、診断はそのひとについて何も語ってはくれない。そのために私たちがしなければならないのは、心理学的な定式化である。それは、どのようにして（そして恐らく、なぜ）このひとがこれらの困難／症状をこの時点でこういう形で経験しているのかについて、心理学的に説明することである。このような説明においては、背景要因・促進要因・脆弱性要因や、社会的サポート、認知的・情動的スタイル、病前の性格と機能、といった諸側面を考慮に入れることになる。

総じて、診断は精神科医の領域であり、定式化は心理治療者の領域である。しかしながら、大抵の精神科医は心理学的定式化を活用し、多くの心理治療者は診断カテゴリーを用いる。この体系についての認識と若干の知識は、クライエントとクライエントが経験していることに関するカウンセラーの理解を増すことができる。それは治療アプローチの選択を助け、場合によっては薬物療法のような他の治療形式の必要性を提示し、そして領域をともにする他の専門家や従事者とのコミュニケーションを円滑にするものである。

訳注1　DSM-Ⅳにおいて診断名の前に付されているコード番号は、ICDの旧バージョンであるICD-9-CMに対応している。ICD-10コード番号は、ＤＳＭ-Ⅳ日本語版においては「付録H」として収録されているほか、巻頭部分の「ＤＳＭ-Ⅳ分類」にも括弧つきで付記されている。

訳注2　'一般家庭医'と訳したGPはGeneral Practitionerの略。英国をはじめとする国ぐにの国民健康保険制度のもとにおいて、プライマリ・ケア（第一次医療）を担当する全科診療の家庭医をさす。登録制である。日本と違って、患者は何科の症状であってもまずは指定の家庭医にかかり、必要と判断されればそこから各科の専門医などに紹介されるのが原則となっている。

第11章 対照語リスト

abnormality	異常；異常性	cognitive theory	認知的理論
abuse	虐待	cognitive triad	認知の3要素
adaptation	適応	community psychiatric services	地域精神医療サービス
aetiology	病因		
affective disorder	感情障害	compulsion	強迫行為
agoraphobia	広場恐怖	cyclothymia	気分循環性障害
ambivalence	両価性	defense	防衛
amitriptyline	アミトリプチリン	delusion	妄想
animal phobia	動物恐怖	delusional belief	妄想的確信
anti-anxiolytic	抗不安薬	delusional disorder	妄想性障害
antidepressant	抗うつ薬	dementia	痴呆
antipsychotic drug	抗精神病薬	dependent personality disorder	依存性人格障害
antisocial personality disorder	反社会性人格障害	depersonalization	離人感
anxiety disorder	不安障害	depression	抑うつ；うつ
anxious	不安な	derealization	現実感消失
asocial	非社交的な	devaluation	脱価値化
assessment	アセスメント	Diagnostic and Statistical Manual of Mental Disorders (DSM-Ⅳ)	精神障害の診断と統計のためのマニュアル（DSM-Ⅳ）
avoidant personality disorder	回避性人格障害		
behavioural approaches	行動的アプローチ	Diagnostic Interview Schedule	アメリカNIMH診断面接法
behavioural models	行動的モデル	diazepam	ジアゼパム
behavioural understandings	行動的な理解	disorganized	解体型
benzodiazepines	ベンゾジアゼピン系	displace	置き換える
beta blockers	ベータ遮断薬	dopamine	ドーパミン
biological models	生物学的モデル	drug therapy	薬物療法
biological factors	生物学的要因	dysthymic disorder	気分変調性障害
biological perspective	生物学的な観点	eating disorder	摂食障害
bipolar disorder	双極性障害	electroconvulsive treatment	電気ショック療法
borderline personality disorder	境界性人格障害	exposure	エクスポージャー；暴露法
brief reactive psychosis	短期反応精神病	exposure to full spectrum light	全波長光照射
catastrophizing	破局視		
catatonia	カタトニー；緊張病	extinction schedule	消去スケジュール
catatonic	緊張型	family therapy	家族療法
chlorpromazine	クロルプロマジン	fixation	固着
cognitive behaviour therapy	認知行動療法	flamboyant	激しい
cognitive behavioural techniques	認知行動技法	fluoxetine	フルオクセチン
		free floating anxiety	浮遊性の不安
cognitive models	認知的モデル	generalized anxiety disorder	全般性不安障害
cognitive schema	認知スキーマ		

genetic factors	遺伝的要因
Global Assessment of Functioning (GAF)	機能の全体的評定（ＧＡＦ）
hallucination	幻覚
haloperidol	ハロペリドール
hierarchy	階層表
histrionic personality disorder	演技性人格障害
homework tasks	ホームワーク課題
hyperarousal	過剰覚醒
hypochondriasis	心気症
idealization	理想化
ideas of reference	関係念慮
imaginal exposure	想像的エクスポージャー；想像的暴露法
imipramine	イミプラミン
in vivo desensitization	現実脱感作
internalization	内在化
International Classification of Diseases (ICD-10)	国際疾病分類（ＩＣＤ－10）
irritable bowel syndrome	過敏性大腸症候群
loosening of associations	連合弛緩
lorezepam	ロラゼパム
loss of ego boundaries	自我境界の喪失
magnetic resonance imaging (MRI)	磁気共鳴画像法（ＭＲＩ）
maintenance therapy	維持療法
major depression	大うつ病
major tranquillizer	強力精神安定剤；メジャートランキライザー
manic depression	躁うつ病
modelling	モデリング
monoamine oxidase inhibitors (MAOIs)	モノアミン酸化酵素（ＭＡＯ）阻害薬
mood disorder	気分障害
narcissistic personality disorder	自己愛性人格障害
negative symptoms	陰性症状
neologism	新作言語
neuroleptic	神経弛緩薬
noradrenaline	ノルアドレナリン
norepinephrine	ノルエピネフリン
normality	正常；正常性
obsession	強迫観念
obsessive-compulsive personality disorder	強迫性人格障害
operant model	オペラント・モデル
panic disorder	パニック障害
paranoid personality disorder	妄想性人格障害
personality disorder	人格障害
phobia	恐怖症
phobic disorder	恐怖障害
propranolol	プロプラノロール
positive reinforcement	正の強化
positive symptoms	陽性症状
post-traumatic stress disorder (PTSD)	外傷後ストレス障害
posturing	姿勢常同
prognosis	予後
progressive relaxation technique	漸進的リラクセーション技法
Prozac	プロザック
psychoanalytic models	精神分析的モデル
psychodynamic perspective	精神力動的な観点
psychodynamic understandings	精神力動的な理解
psychotic disorder	精神病性障害
rebound effect	リバウンド効果
reinforcer	強化子
relapse	再発
risperidone	リスペリドン
schizoaffective disorder	分裂感情障害
schizoid personality disorder	分裂病質人格障害
schizophrenia	精神分裂病
schizophrenic episode	分裂病エピソード
schizophreniform disorder	分裂病様障害
schizotypal personality disorder	分裂病型人格障害
seasonal affective disorder	季節性感情障害
serotonin	セロトニン

serotonin re-uptake inhibitors (SSRIs)	セロトニン再取り込み阻害薬（ＳＳＲＩ）
side effects	副作用
social skills training	社会的スキルトレーニング；社会生活技能訓練
Socratic questioning	ソクラテス的質問法
somatization disorder	**身体化障害**
somatoform disorder	身体表現性障害
Structured Clinical Interview	構造化臨床面接
substance-related disorder	物質関連障害
systematic desensitization	系統的脱感作
tangentiality	脱線思考
thought disorder	**思考障害**
trauma	心的外傷
trauma desensitization	心的外傷脱感作
traumatic stressor	外傷的ストレッサー
tricyclic antidepressants	三環系抗うつ薬
trifluoperazine	トリフロペラジン
withdrawal	引きこもり
World Health Organization（WHO）	世界保健機構

訳者コラム
障害の理解と個人の理解

大矢泰士

　様ざまな神経症や抑うつ、人格障害などの背景にどんな心理力動や他の因子が関わっているのか、そしてそれらにどのような治療アプローチが有効とされているのか、以前はそういった概略を知るだけでも実にたくさんの本を当たらねばならず、そこで得た知識も自分の中でなかなか整理できずに苦労した記憶がある。今、これから臨床心理について勉強する人たちには、この**第11章「心理的障害」**のような、こころの障害とその治療アプローチに関する当を得た簡潔な要約があるのは羨ましい限りである。

　ただ、何事にも良い面と悪い面があるもので、教科書があるとその内容が固定して変に絶対視されてしまう危険もある。理論ということで言うなら、どんな理論的立場に立つにせよ、既成の理論というのは臨床においてはあくまで理解の種子として使えるものに過ぎず、実際の個人の理解はその人に合わせて理論を「オーダーメイド」していくつもりでいたほうがよいのではないか。面白かったのは、ある精神分析の臨床家と、ある有名な行動療法家とが、各々の理論の違いにも関わらず、どちらもこれと似た内容のことを言っているのを聞いたり読んだりしたことであった。さらにいえば、オーダーメイドである以上は、何度も「仮縫い」と「試着」を繰り返して、はじめて実際にフィットするものになっていくのであろう。

（おおや　やすし・東京国際大学）

References

Abelson R P (1976) 'Script processing in attitude formation and decision making' in J S Carroll and J W Payne (Eds) *Cognitive and Social Behaviour* Hillsdale, N J: Erlbaum

Adams J A (1989) *Human Factors Engineering* New York: Macmillan

Adams C (1991) 'Qualitative age differences in memory for text: A life-span developmental perspective' *Psychology and Aging* **6**, 323–336

Adelmann P K and Zajonc R B (1989) 'Facial efference and the experience of emotion' *Annual Review of Psychology* **40**, 249–280

Agras W S (1993) 'The diagnosis and treatment of panic disorder' *Annual Review of Medicine* **44**, 39–51

Ainsworth M D (1989) 'Attachments beyond infancy' *American Psychologist*, **44**, 709–716.

Ainsworth M D, Blehar M C, Waters E and Wall S (1978) *Patterns of Attachment*, Hillsdale, N J: Erlbaum.

Aldrich E K (1963) 'The dying patient's grief' *Journal of the American Medical Association* **184**, 329–331

Alexander F (1950) *Psychosomatic Medicine: Its Principles and Applications* New York: Norton

Alexander J F, Holtzworth-Monroe A and Jameson P (1994) 'The process and outcome of marital and family therapy: Research review and evaluation' in A E Bergin and S L Garfield (Eds) *Handbook of Psychotherapy and Behavior Change* (4th edn) New York: Wiley

Allison P and Faustenberg F F (1989) 'How marital dissolution affects children: variations by age and sex' *Child Development* **25**, 540–549

Allport G W (1937) *Personality: A Psychological Interpretation* New York: Henry Holt

Altman I and Taylor D A (1973) *Social Penetration: The Development of Interpersonal Relationships* New York: Holt, Rinehart and Winston

Amabile T M (1983) *The Social Psychology of Creativity* New York: Springer-Verlag

Ambady N and Rosenthal R (1992) 'Thin slices of expressive behaviour as predictors of interpersonal consequences: A meta-analysis', *Psychological Bulletin* **111**, 256–274

American Psychiatric Association (1994) *Diagnostic and Statistical Manual of Mental Disorders* (4th edn), Washington, DC: American Psychiatric Association

Andreasen N C, Swayze V W, Flaum M, Yates W R, Arndt S and McChesney C (1990) 'Ventricular enlargement in schizophrenia evaluated with computed tomographic scanning: Effects of gender, age and stage of illness' *Archives of General Psychiatry* **47**, 1008–1015

Andreasen N C, Rezai K, Alliger R, Swayze V W, Flaum M, Kirchner P, Cohen G and O'Leary D S (1992) 'Hypofrontality in neuroleptic-naive patients and in patients with chronic schizophrenia: Assessment with Xenon 133 single photon emission computed tomography and the Tower of London' *Archives of General Psychiatry* **49**, 943–958

④ Argyle M (1988) 'Social relationships' in M Hewstone, W Stroebe, J Codol and G M Stephenson (Eds) *Introduction to Social Psychology: A European perspective* Oxford: Blackwell

Argyle M and Henderson M (1984) 'The rules of friendship' *Journal of Personal and Social Relationships* **1**, 211–237

⑤ Argyle M and Henderson M (1985) *The Anatomy of Relationships* London: Heinemann; Harmondsworth: Penguin

Argyle M and Kendon A (1967) 'The experimental analysis of social performance' *Advances in Experimental Social Psychology* **3**, 55–98

⑥ Arieti S and Bemporad J (1978) *Severe and Mild Depression* New York: Basic Books

Arizmendi T G, Beutler L E, Shanfield S, Crago M and Hagman R (1985) 'Client–therapist value similarity and psychotherapy outcome; A microscopic approach' *Psychotherapy; Theory, Research and Practice* **22**, 16–21

Asher S R, Erdley C A and Gabriel S W (1993) 'Peer relations' in M Rutter and D Hay (Eds) *Development Through Life: A Handbook for Clinicians* London: Blackwell

Atkinson D and Schein S (1986) 'Similarity in Counseling' *The Counseling Psychologist* **14**, 319–354

Atkinson R L, Atkinson R C, Smith E E, Bern D S and Hilgard E R (1990) *Introduction to Psychology*, 10th edition, San Diego, CA: Harcourt Brace Jovanovich

Baddeley A (1990) *Human Memory* Needham Heights, MA: Allyn and Bacon

⑦ Baddeley A (1993) *Your Memory: A User's Guide* Harmondsworth: Penguin

Baddeley A and Logie R (1992) 'Auditory imagery and working memory' in D Reisberg (Ed) *Auditory Imagery* Hillsdale NJ: Erlbaum

Baker R A (1990) *They Call it Hypnosis* Buffalo, NY: Prometheus

⑧ Bandura A (1977) *Social Learning Theory* Englewood Cliffs, NJ: Prentice Hall.

Bandura A (1982) 'Self efficacy mechanisms in human agency' *American Psychologist* **37** 122–147

Bandura A (1986) *Social Foundations of Thought and Action: A Social–Cognitive Theory* Englewood Cliffs, NJ: Prentice Hall

Bandura A (1989) 'Self-efficacy mechanism in physiological activation and health promoting behaviour' in J Madden IV, S Mattysse and J Barchas (Eds) *Adaptation, Learning and Affect* New York: Raven Press

Baron R A and Byrne D (1991) *Social Psychology: Understanding Human Interaction* (6th edn) Boston: Allyn and Bacon

Baron R S, Cutrona C E, Hicklin D W and Lubaroff D M (1990) 'Social support and immune responses among spouses of cancer patients' *Journal of Personality and Social Psychology* **59**, 344–352

Barrett M S and Berman J S (1991) 'Is psychotherapy more effective when therapists disclose information about themselves?', Paper presented at the North American Society for Psychotherapy Research, Panama City, FL

Barry R (1993) 'Bereavement care as a preventative health measure in older adults' in D R Trent and C Reed (Eds) *Promotion of Mental Health, Volume 2* Aldershot: Avebury.

⑨ Bartlett F C (1932) *Remembering: A Study in Experimental and Social Psychology* New York: Cambridge

⑩ Bass E and Davis L (1988) *The Courage to Heal* New York: Harper and Row

Baxter L R Jr, Schwartz J M, Mazziota J C, Phelps M E, Phal J J, Guze M D and Fairbanks L (1988) 'Cerebral glucose metabolic rates in nondepressed patients with obsessive–compulsive disorder' *American Journal of Psychiatry* **1455**, 1560–1563

Beck A T (1952) 'Successful outpatient psychotherapy of a chronic schizophrenic with a delusion based on borrowed guilt' *Psychiatry* **15**, 305–312

Beck A T (1967) *Depression: Clinical, Experimental and Theoretical Aspects* New York: Harper and Row

⑪ Beck A T (1976) *Cognitive Theory and the Emotional Disorders* New York: International Universities Press

Beck A T and Emery G (1985) *Anxiety Disorders and Phobias: A Cognitive Perspective* New York: Basic Books

Beck A T, Brown G, Steer R A, Eidelson J I and Riskind J H (1987) 'Differentiating anxiety and depression: A test of the cognitive-content-specificity hypothesis' *Journal of Abnormal Psychology* **96**, 179–183

Beck A T, Ward C H, Mendelson N, Mock J and Erbaugh J (1961) 'An inventory for measuring depression' *Archives of General Psychiatry* **4**, 561–585

⑫ Beck A T, Rush A J, Shaw B F and Emery G (1979) *Cognitive Therapy of Depression* New York: Guilford Press

Beck A T, Epstein N, Brown G and Steer R A (1988) 'An inventory for measuring clinical anxiety' *Journal of Consulting and Clinical Psychology* **56**, 893–897

⑬ Beck A T, Freeman A and Associates (1990) *Cognitive Therapy of Personality Disorders* New York: Guilford Press

Beck D F (1988) *Counselor Characteristics: How They Affect Outcomes* Milwaukee, WI: Family Services of America

Bee H (1994) *Lifespan development* New York: HarperCollins

Bentall R P (1990) *Reconstructing Schizophrenia* London: Routledge

Berscheid E (1984) *The Problem of Emotion in Close Relationships* New York: Plenum

Berzins J I (1977) 'Therapist–patient matching' in A S Gurman and A M Razin (Eds) *Effective psychotherapy: A handbook of research* Elmsford, NY: Pergamon

Beutler L E and Clarkin J (1990) *Systematic Treatment Selection: Towards Targeted Therapeutic Interventions* New York: Brunner/Mazel

Beutler L E, Machado P P P and Neufeldt S A (1994) 'Therapist Variables' in A E Bergin and S L Garfield (Eds) *Handbook of Psychotherapy and Behavior Change* (4th edn) New York: Wiley

Bixler E O, Kales A, Soldatos C R, Kales J D and Healey S (1979) 'Prevalence of sleep disorders in the Los Angeles metropolitan area' *American Journal of Psychiatry* **136**, 1257–1262

Black D W, Wesner R, Bowers W and Gabel J (1993) 'A comparison of fluoxamine, cognitive therapy and placebo in the treatment of panic disorder' *Archives of General Psychiatry* **50**, 44–50

Blackburn I M and Davidson K M (1990) *Cognitive Therapy for Depression and Anxiety: A Practitioner's Guide* Oxford: Blackwell Science Publishers

Blaye A, Light P, Joiner R and Sheldon S (1991) 'Collaboration as a facilitator of planning and problem solving on a computer-based task' *British Journal of Developmental Psychology* **9**, 471–484

Block J H, Block J and Gjerde P F (1986) 'The personality of children prior to divorce: a prospective study' *Child Development* **57**, 827–840

Bloom B L, White S W and Asher S J (1979) 'Marital disruption as a stressful event' in C Levinger and O C Moles (Eds) *Divorce and Separation: Context, Causes, and Consequences* New York: Basic Books

⑭ Blumstein P and Schwartz P (1983) *American Couples: Money, Work, Sex* New York: William Morrow

Bohannon N J (1988) 'Flashbulb memories and the space shuttle disaster: A tale of two theories' *Cognition* **29**, 179–196

Boldero J and Moore S (1990) 'An evaluation of de Jong–Giervald's loneliness model with Australian adolescents' *Journal of Youth and Adolescence* **10**, 133–147

Bootzin R R (1972) 'A stimulus control technique for insomnia' *Proceedings of the American Psychological Association* pp. 395–396

Bootzin R R and Nicassio P M (1978) 'Behavioral treatments for insomnia' *Progress in Behaviour Modification*, **6**, 1–45

Bouchard T J, Henston L, Eckert E, Keyes M and Resnick S (1981) 'The Minnesota study of twins reared apart: Project description and sample results in the developmental domain' *Twin Research 3: Intelligence, Personality and Development* New York: Alan R Liss

Bower G H (1981) 'Mood and memory' *American Psychologist* **36**, 129–148

Bowlby J (1953) *Child Care and the Growth of Love* Harmondsworth: Penguin

⑮ Bowlby J (1980) *Attachment and Loss,* Vol. 3: *Loss, Sadness and Depression* London: Hogarth

⑯ Bowlby J (1988) *A Secure Base: Clinical Applications of Attachment Theory* London: Routledge

Bradwejn J, Koszycki D and Meterissian G (1989) 'Cholecystokinin tetrapeptide induces panic attacks identical to spontaneous panic attacks in patients suffering from panic disorder' *Canadian Journal of Psychiatry* **35**, 83–85

Brannen J and Moss P (1987) 'Fathers in dual-earner households: through mothers' eyes' In C Lewis and M O'Brien (Eds) *Reassessing Fatherhood: New Observations on Fathers and the Modern Family* London: Sage

Breakwell G M (1986) *Coping with Threatened Identities* London: Methuen

Brehm J W and Self E A (1989) 'The intensity of motivation' *Annual Review of Psychology* **40**, 109–131

Brewer M B (1988) 'A dual process model of impression formation' in T K Scrull and R S Wyer (Eds) *Advances in Social Cognition*, Vol. 1: *A Dual Process Model of Impression Formation* Hillsdale, NJ: Lawrence Erlbaum Associates

Brewin C R, MacCarthy B, Duda K and Vaughn C E (1991) 'Attribution and expressed emotion in the relatives of patients with schizophrenia' *Journal of Abnormal Psychology* **100**, 545–554

British Psychological Society (1995) *Recovered Memories* Leicester: British Psychological Society

Brown G W and Birley J (1968) 'Crises and life changes in the onset of schizophrenia' *Journal of Health and Social Behaviour* **9**, 217–244

Brown G W and Harris T O (1978) *Social Origins of Depression* London: Tavistock

Brown G W and Harris T O (1989) (Eds) *Life Events and Illness* London: Unwin Hyman

Brown J, Campbell E and Fife-Schaw C (1995) 'Adverse impacts experienced by police officers following exposure to sexual discrimination and sexual harassment' *Stress Medicine* **11**, 221–228

(17) Bryant P E (1972) *Perception and Understanding in Young Children* London: Methuen

Buck R, Miller R E and Caul W F (1974) 'Sex, personality and physiological variables in the communication of affect via facial expression' *Journal of Personality and Social Psychology*, **30**, 587–596

Bushnell I W R, Sai F and Mullen J T (1989) 'Neonatal recognition of the mother's face' *British Journal of Developmental Psychology* **7**, 3–15

Butler R (1963) 'The life review: An interpretation of reminiscence in the aged' *Psychiatry* **26**, 65–76

Buyer L S (1988) 'Creative problem solving; A comparison of performance under different instructions' *Journal of Creative Behaviour* **22**, 55–61

Byrne D, Clore G L and Smeaton G (1986) 'The attraction hypothesis: Do similar attitudes affect anything?' *Journal of Personality and Social Psychology* **51**, 1167–1170

Calabrese R J, Kling M A and Gold P W (1987) 'Alterations in immunocompetence during stress, bereavement and depression: Focus on neuroendocrine regulation' *American Journal of Psychiatry* **144**, 1123–1134

Carskadon M A, Mitler M M and Dement W C (1974) 'A comparison of insomniacs and normals: Total sleep time and sleep latency' *Sleep Research* **3**, 130

Cartwright R D (1974) 'The influence of a conscious wish on dreams: A methodological study of dream meaning and function' *Journal of Abnormal Psychology* **83**, 387–393

Caspi A and Herbener E S (1990) 'Continuity and change: Assortative marriage and the consistency of personality in adulthood' *Journal of Personality and Social Psychology* **58**, 250–258

(18) Cattell R B (1965) *The Scientific Analysis of Personality* Baltimore, MD: Penguin Books

Cattell R B (1986) *Handbook for the Sixteen Personality Factor Questionnaire* Champaign, Ill: Institute for Personality and Ability Testing

Cattell R B and Nesselrode J R (1967) 'Likeness and completeness theories examined by 16 personality factor measures in stable and unstable married couples' *Journal of Personality and Social Psychology* **7**, 351–361

Champion L A and Goodall G (1993) 'Social support: Positive and negative aspects' in D Tantam and M Birchwood (Eds) *Seminars in Psychology and the Social Sciences* London: Gaskell Press

Charone J K (1981) 'Patient and therapist treatment goals related to psychotherapy outcome' *Dissertation Abstracts International* **42**, 365B

⑲ Chi M T (1978) 'Knowledge structures and memory development' in R S Siegler (Ed) *Children's Thinking: What Develops?* Hillsdale, NJ: Erlbaum

Chwalisz K, Diener E and Gallagher D (1988) 'Autonomic arousal feedback and emotional experience: Evidence from the spinal cord injured' *Journal of Personality and Social Psychology* **54**, 820–828

Claridge G (1990) 'Can a disease model of schizophrenia survive?' in R P Bentall (Ed) *Reconstructing schizophrenia* London: Routledge

Clarke-Stewart, A (1989) 'Infant day care: Maligned or malignant?' *American Psychologist* **44**, 266–273

Clayton P J (1979) 'The sequelae and nonsequelae of conjugal bereavement' *American Journal of Psychiatry* **136**, 1530–1534

Collinson D R (1980) 'Hypnosis and respiratory disease' in G D Burrows and L Dennerstein (Eds) *Hypnosis and Psychosomatic Medicine* Amsterdam: Elsevier/North-Holland Biomedical Press

Costello C G and Selby M M (1965) 'The relationship between sleep patterns and reactive and endogenous depression' *British Journal of Psychiatry* **111**, 497–501

Craik F I M and Lockhart R S (1972) 'Levels of processing: A framework for memory research' *Journal of Verbal Learning and Verbal Behaviour* **11**, 671–684

Crasilneck H B and Hall J A (1985) *Clinical hypnosis: Principles and applications* Orlando, FL: Harcourt Brace Jovanovich

Crick F and Michison D (1983) 'The function of dream sleep' *Nature* **304**, 111–114

Crick F and Michison D (1986) 'Sleep and neural nets' *Journal of Mind and Behaviour* **7**, 229–250

Crisp A H and Stonehill E (1977) *Sleep, Nutrition and Mood* London: Wiley

Cushway D and Sewell R (1992) *Counselling with dreams and nightmares* London: Sage

Cutting J (1986) *The Psychology of Schizophrenia* London: Churchill Livingstone

Daniels M and Coyle A (1993) ' "Health dividends": The use of co-operative inquiry as a health promotion intervention with a group of unemployed women' in D R Trent and C Reed (Eds) *Promotion of Mental Health:* Vol. 2, Aldershot: Avebury

Darwin C (1872) *The Expression of Emotion in Man, and Animals* New York: Philosophical Library

Davies P M, Hickson F C I, Weatherburn P and Hunt A J (1993) *Sex, Gay Men and AIDS* London: The Falmer Press

Davis K L, Kahn R S, Ko G and Davidson M (1991) 'Dopamine in schizophrenia: A revised and reconceptualization' *American Journal of Psychiatry* **148**, 1474–1486

Day R (1989) 'Schizophrenia' in G W Brown and T Harris (Eds) *Life Events and Illness* London: Unwin Hyman

DeLongis A, Coyne J C, Dakof G, Folkman S and Lazarus R S (1982) 'Relationship of daily hassles, uplifts and major life events to health status' *Health Psychology* **1**, 119–136

Dement W C and Wolpert E (1958) 'The relation of eye movements, bodily motility and external stimuli to dream activity: An objective method to the study of dreaming' *Journal of Experimental Psychology* **55**, 543–553

Dent H and Flin R (1992) *Children as Witnesses* Chichester: Wiley
[20] Dick P K (1972) *Do Androids Dream of Electric Sheep?* London: Granada
Doise W and Mugny G (1984) *The Social Development of Intellect* Oxford: Pergamon
Donaldson M (1978) *Children's Minds* London: Fontana
Dorsey C M (1993) 'Failing to sleep: Psychological and behavioral underpinnings of insomnia' in T H Monk (Ed) *Sleep, Sleepiness and Performance* Chichester: Wiley
Dufault K and Martocchio B C (1985) *Nursing Clinics of North America*, Vol. 20, No. 2
Dunleavy D L F and Oswald I (1973) 'Phenalzine, mood response and sleep' *Archives of General Psychiatry* **28**, 353–356
Dunn J (1988) *The Beginnings of Social Understanding* Oxford: Blackwell
Dunn J and Kendrick C (1982) *Siblings* Cambridge, MA: Harvard University Press
Dunn J and Munn P (1985) 'Becoming a family member: Family conflict and the development of social understanding in the second year' *Child Development* **56**, 480–492
Dywan J and Bowers K S (1983) 'The use of hypnosis to enhance recall' *Science* **222**, 184–185
Ebbesen E, Duncan B and Konecni V (1975) 'Effects of content of verbal aggression on future verbal aggression: A field experiment', in *Journal of Experimental Psychology* **11**, 192–204
[21] Ebbinghaus H (1885, 1913) *Memory* Translation by H Ruyer and C E Bussenius, New York: Teachers College, Columbia University
[22] Edwards W (1987) 'Decision making' in G Salvendy (Ed) *Handbook of Human Factors* New York: Wiley
[23] Egon G (1986) *The Skilled Helper; A Systematic Approach to Effective Helping* Pacific Grove, CA: Brooks/Cole
Eibl-Eibesfeldt I (1973) 'The expressive behavior of the deaf- and-blind born' in M von Cranach and I Vine (Eds) *Social Communication and Movement* New York: Academic Press
Eich J E (1989) 'Theoretical issues in state dependent memory' in H L Roediger and F I Craik (Eds) *Varieties of Memory and Consciousness* Hillsdale, NJ: Lawrence Erlbaum Associates
Eich J E, Weingartner H, Stillman R C and Gillin J C (1975) 'State dependent accessibility of retrieval cues in the retention of a categorized list' *Journal of Verbal Learning and Verbal Behaviour* **14**, 408–417
Eisenberg N and Fabes R A (1992) *Emotion and its Regulation in Early Development: New Directions for Child Development*, San Francisco: Jossey-Bass
Ekman P (1982) 'Methods of measuring facial action' in K R Scherer and P Ekman (Eds) *Handbook of Methods in Nonverbal Behaviour Research* Cambridge: Cambridge University Press
Ekman P, Levenson R W and Friesen W V (1983) 'Autonomic nervous system distinguishes amongst emotions' *Science* **221**, 1208–1210
Ellman S J and Antrobus J S (1991) *The Mind in Sleep: Psychology and Psychophysiology* (2nd edn) New York: Wiley
Empson J (1993) *Sleep and Dreaming* New York: Harvester Wheatsheaf
Erdelyi M H (1985) *Psychoanalysis: Freud's Cognitive Psychology* New York: Freeman
Erikson E H (1956) 'The problem of ego identity' *Journal of the American Psychoanalytic Association* **4**, 56–121

㉔ Erikson E H (1959) 'Identity and the life cycle' *Psychological Issues 1* (Monograph no. 1)
㉕ Erikson E H (1968) *Identity: Youth and Crisis* New York: Norton
Evans C (1984) *Landscapes of the Night: How and Why we Dream* New York: Viking
Eysenck H J and Eysenck S B G (1969) *Personality Structure and Measurement* San Diego: RR Knapp
Faraday A (1974) *The Dream Game* New York: Harper and Row
Feinberg I, Koresko R L and Heller N (1967) 'EEG sleep patterns as a function of normal and pathological aging in man' *Journal of Psychiatric Research* **5**, 107
Festinger L, Schachter S and Back K (1950) *Social Pressures in Informal Groups: A Study of Human Factors in Housing* Stanford, California: Stanford University Press
Fischoff B and MacGregor D (1982) 'Subjective confidence in forecasts' *Journal of Forecasting* **1**, 155–172
Fischoff B, Slovic P and Lichenstein S (1977) 'Knowing with certainty: The appropriateness of extreme confidence' *Journal of Experimental Psychology: Human Perception and Performance* **3**, 552–564
Fiske S T and Ruscher J B (1989) 'On-line processes in category based and individuating impressions: Some basic principles and methodological reflections' in J N Bassili (Ed) *On-line Cognition in Person Perception* Hillsdale, NJ: Lawrence Erlbaum Associates
Fiske S T and Taylor S E (1991) *Social Cognition* (2nd edn) New York: McGraw-Hill
Fleming I, O'Keeffe M K and Baum A (1991) 'Chronic stress and toxic waste: The role of uncertainty and helplessness' *Journal of Applied Social Psychology* **21**, 1889–1907
Foa E B, Steketee G and Rothbaum B O (1989) 'Behavioural/cognitive conceptualisations of post-traumatic stress disorder' *Behaviour Therapy* **20**, 155–176
Foenander G and Burrows G D (1980) 'Phenomena of hypnosis: 1. Age regression' in G D Burrows and L Dennerstein (Eds) *Hypnosis and psychosomatic medicine* Amsterdam: Elsevier/North-Holland Biomedical Press
Folkman S and Lazarus R S (1988) 'Coping as a mediator of emotion' *Journal of Personality and Social Psychology* **54**, 466–475
Fonte R J and Stevenson J M (1985) 'The use of propranolol in the treatment of anxiety disorders' *Hillside Journal of Clinical Psychiatry* **7**, 54–62
Freud S (1905/1948) *Three Contributions to the Theory of Sex* (4th edn) New York: Nervous and Mental Disease Monograph
㉖ Friedman M and Rosenman R H (1974) *Type A Behavior* New York: Knopf
Frodi A M, Lamb M E, Leavitt L A and Donovan W L (1978) 'Fathers' and mothers' responses to infant smiles and cries' *Infant Behaviour and Development* **1**, 187–189
Gaillard J M, Nicholson A N and Pascoe P A (1989) 'Neuro-transmitter systems' in M H Kryger, T Roth and W C Dement (Eds) *Principles and Practice of Sleep Medicine* Philadelphia: W B Saunders
Gelman R and Gallistel R (1978) *The Child's Understanding of Number* Cambridge, MA: Harvard University Press

Gergen K J (1968) 'Personal consistency and presentation' in C Gordon and K J Gergen (Eds) *The Self in Social Interaction* Reading, MA: Addison-Wesley

Gerson L W, Jarjoura D and McCord G (1987) 'Factors related to impaired mental health in urban elderly' *Research on Aging* **9**, 356–371

Glaser R, Rice J, Speicher C E, Stout J C and Kiecolt-Glaser J K (1986) 'Stress depresses interferon production by leucocytes concomitant with a decrease in natural killer-cell activity' *Behavioral Neuroscience* **100**, 675–678

Glucksberg S (1962) 'The influence of strength of drive on functional fixedness and perceptual recognition' *Journal of Experimental Psychology* **63**, 36–41

Goldfarb W (1945) 'Effects of psychological deprivation in infancy and subsequent stimulation' *American Journal of Psychiatry* **102**, 18–33

Goldfried M R and Davison G C (1994) *Clinical Behaviour Therapy* New York: Wiley

Goldman-Rakic P S (1992) 'Working memory and the mind' *Scientific American* **267**, 110–117

Goldsmith H H (1983) 'Generic influences on personality from infancy to adulthood' *Child Development* **54**, 331–355.

Gottman J M (1979) *Marital Interaction: Experimental Investigation* New York: Academic Press

Gould R L (1978) *Transformations: Growth and Change in Adult Life* New York: Simon & Schuster

Green C (1968) *Lucid Dreams* Oxford: Institute for Psychophysical Research

Greene R L (1992) *Human Memory: Paradigms and Paradoxes* Hillsdale, NJ: Erlbaum

Haefele J W (1962) *Creativity and Innovation* New York: Reinhold

Haider I and Oswald I (1971) 'Effects of amylobarbitone and nitrazepam in the electrodermogram and other features of sleep' *British Journal of Psychiatry* **118**, 519–522

Halford W K and Hayes R (1991) 'Psychosocial rehabilitation of chronic schizophrenic patients: Recent findings on social skills training and family psychoeducation' *Clinical Psychology Review* **11**, 23–44

Halikas J A, Goodwin D W and Guze S B (1971) 'Marijuana effects: A survey of regular users' *Journal of American Medical Association* **217**, 692–694

Hamilton D L (1988) 'Understanding Impression formation: What has memory research contributed?' in P Soloman, G R Goethals, C M Kelly and B Stephens (Eds) *Memory: An interdisciplinary approach* New York: Springer-Verlag

Hammarberg M (1992) 'Penn Inventory for Post-Traumatic Stress Disorder: Psychometric properties' *Psychological Assessment* **4**, 67–76

Harber K D and Pennebaker J W (1992) 'Overcoming traumatic memories' in S-A Christianson (Ed) *The handbook of emotion and memory* Hillsdale, NJ: Lawrence Erlbaum Associates

Harding C M, Zubin J and Strauss J S (1992) 'Chronicity in schizophrenia: revisited' *British Journal of Psychiatry* **161**, 27–37

Harlow H F and Zimmerman R R (1959) 'Affectional responses in the infant monkey' *Science* **130**, 421–432

Hartman E (1976) 'Long-term administration of psychotropic drugs: effects on human sleep' in R L Williams and I Karacan (Eds) *Pharmacology of human sleep* New York: Wiley

Hartman E (1978) *The Sleeping Pill* New Haven: Yale University Press

㉘Hartmann H (1939) *Ego Psychology and the Problem of Adaptation* New York: International Universities Press

Hatfield E (1988) 'Passionate and companionate love' in R J Sternberg and M L Barnes (Eds) *The Psychology of Love* New Haven, CT: Yale University Press

Hathaway S and McKinley J C (1943) *Minnesota Multiphasic Personality Inventory: Manual* New York: Psychological Corporation

Hathaway S and McKinley J C (1989) *Manual for Administration and Scoring MMPI-2* Minneapolis: University of Minnesota Press

Havighurşt R J (1972) *Developmental Tasks and Education:* (3rd edn) New York: David McKay

Hayslip B and Panek P E (1993) *Adult Development and Aging* (2nd edn) New York: HarperCollins

Hearne K (1990) *The Dream Machine* Wellingborough: Aquarian Press

㉙Hebb D O (1972) *Textbook of Psychology* (3rd edn) Philadelphia: Saunders

㉚Heider F (1958) *The Psychology of Interpersonal Relations* New York: Wiley

Herzog A R, House J S and Morgan J N (1991) 'Relation of work and retirement to health and well-being in older age' *Psychology and Aging* **6**, 202–211

Hetherington E M (1989) 'Coping with family transitions: winners, losers and survivors' *Child Development* **60**, 1–14

Hilgard E R (1965) *Hypnotic Susceptibility* New York: Harcourt, Brace and World

Hilgard E R (1977) *Divided Consciousness* New York: Wiley

Hilgard E R (1980) 'Hypnosis and the treatment of pain' in G D Burrows and L Dennerstein (Eds) *Hypnosis and Psychosomatic Medicine* Amsterdam: Elsevier/North-Holland Biomedical Press

Hohmann G W (1962) 'Some effects of spinal cord lesions on experienced emotional feelings' *Psychophysiology* **3**, 143–156

Hole R W, Rush A J and Beck A T (1979) 'A cognitive investigation of schizophrenic delusions' *Psychiatry* **42**, 312–319

Holmes D S (1974) 'Investigations of repression: Differential recall of material experimentally or naturally associated with ego threat' *Psychological Bulletin* **81**, 632–653

Holmes D S (1984) 'Meditation and somatic arousal reduction: A review of the experimental evidence' *American Psychologist* **39**, 1–10

Holmes T H and Rahe R H (1967) 'The social readjustment rating scale' *Journal of Psychosomatic Research* **11**, 213–218

Hopson B (1981) 'Response to the papers by Schlossberg, Brammer and Abrego' *Counseling Psychologist* **9**, 36–39

Horne J (1981) 'The effects of exercise on sleep: A critical review' *Biological Psychology* **12**, 241–290

Horne J (1988) *Why We Sleep: The Functions of Sleep in Humans and Other Animals* New York: Oxford

Horner K W, Rushton J P and Vernon P A (1986) 'Relation between aging and research productivity of academic psychologists' *Psychology and Aging* **1**, 319–324

Horowitz M J (1993) 'Stress response syndromes: a review of post-traumatic stress and adjustment disorders' in J P Wilson and B Raphael (Eds) *International Handbook of Traumatic Stress Syndromes* New York: Plenum Press

Horowitz M, Wilmer N and Alvorez W (1979) 'The Impact of Events Scale: A measure of subjective distress' *Psychosomatic Medicine* **41**, 209–218

House J S, Landris K R and Umberson D (1988) 'Social relationships and health' *Science* **241**, 540–545

Hunt R and Rouse W B (1981) 'Problem solving skills of maintenance trainees in diagnosing faults in simulated power plants' *Human Factors* **23**, 317–328

Hyler S E, Reider R O, Williams J B W, Spitzer R L, Hendler J and Lyons M (1988) 'The Personality Diagnostic Questionnaire: development and preliminary results' *Journal of Personality Disorders* **2**, 229–237

Izard C E (1971) *The Face of Emotion* New York: Appleton-Century-Crofts

Izard C E (1977) *Human Emotions* New York: Plenum

Izard C E (1989) 'The structure and functions of emotions: Implications for cognition, motivation and personality' in I S Cohen (Ed) *The G Stanley Hall lecture series* (Vol 9) Washington, DC: American Psychological Association

Izard C E (1990) 'Facial expressions and the regulation of emotion' *Journal of Personality and Social Psychology* **58**, 487–498

Jacobi J (1968) *The Psychology of C G Jung* London: Routledge and Kegan Paul

㉛ James W (1890) *The Principles of Psychology* New York: Dover

Janis I L and Mann L (1977) *Decision Making: A Psychological Analysis of Conflict* New York: Free Press

Janis I L and Mann L (1982) 'A theoretical framework for decision counselling' in I L Janis (Ed) *Counselling on Personal Decisions; Theory and Research on Short-term Helping Relationships* New Haven, CT: Yale University Press

Jemmott J B III, Borysenko M R, McClelland D C, Chapman R, Meyer D and Benson H (1985) 'Academic stress, power motivation and decrease in salivary secretory immunoglobulin: A secretion rate' *Lancet* **1**, 1400–1402

Johnson D W (1989) 'Will stress management prevent coronary heart disease?' *The Psychologist: Bulletin of the British Psychological Society* **2**, 275–278

㉜ Jourard S M (1971) *The Transparent Self* Princeton, NJ: Van Nostrand Reinhold

Kagan J (1989) *Unstable Ideas: Temperament, Cognition and Self* Cambridge, MA: Harvard University Press

Kahneman D and Tversky A (1979) 'Prospect theory: an analysis of decisions under risk' *Econometrica* **47**, 263–291

Keane T M, Zimmerling R T and Caddell J M (1985) 'A behavioural formulation of post-traumatic stress disorder in Vietnam veterans' *The Behaviour Therapist* **8**, 9–12

Kelly G (1955) *The Psychology of Personal Constructs*, Vols 1 and 2 New York: Norton

Kelly H H (1973) 'The process of causal attribution' *American Psychologist* **28**, 107–128

㉝ Kelly H (1979) *Personal Relationships: Their Structures and Processes* Hillsdale, NJ: Lawrence Erlbaum Associates

Kelly T, Soloff P H, Cornelius J, George A, Lis J A and Ulrich R (1992) 'Can we study (treat) borderline patients? Attrition from research and open treatment' *Journal of Personality Disorders* **6**, 417–433

Kiecolt-Glaser J K, Kennedy S, Malkoff S, Fisher L, Speicher C E and Glaser R (1988) 'Marital discord and immunity in males' *Psychosomatic Medicine* **50**, 213–229

Kihlstrom J F (1985) 'Hypnosis' *Annual Review of Psychology* **36**, 385–418

Kihlstrom J F (1987) 'The cognitive unconscious' *Science* **237**, 1445–1452

Kingdon D G and Turkington D (1994) *Cognitive–Behavioural Therapy of Schizophrenia* Hove, UK: Lawrence Erlbaum Associates

Kitzinger C and Coyle A (1995) 'Lesbian and gay couples: Speaking of difference' *The Psychologist* **8**, 64–69

Kobasa C S (1979) 'Stressful life events, personality and health: An inquiry into hardiness' *Journal of Personality and Social Psychology* **37**, 1–11

Kobasa C S, Hilker R J and Maddi S (1979) 'Psychological hardiness' *Journal of Occupational Medicine* **21**, 595–598

Kobasa C S, Maddi S R and Kahn S (1982) 'Hardiness and Health: A prospective study' *Journal of Personality and Social Psychology* **42**, 168–177

Kroger J (1989) *Identity in Adolescence: The Balance Between Self and Other* London: Routledge

㉞ Kubler-Ross E (1969) *On Death and Dying* London: Tavistock

Kulik J A and Mahler H I M (1989) 'Social support and recovery from surgery' *Health Psychology* **8**, 221–238

Kurdek L A (1994) 'The nature and correlates of relationship quality in gay, lesbian, and heterosexual cohabiting couples: A test of the individual difference, interdependence, and discrepancy models' In B Greene and G M Herek (Eds) *Lesbian and Gay Psychology: Theory, Research, and Clinical Applications* Thousand Oaks, CA: Sage

Kurdek L A and Schmitt J P (1987) 'Perceived emotional support from family and friends in members of homosexual, married, and heterosexual cohabiting couples' *Journal of Homosexuality* **14**, 57–68

㉟ La Berge S (1985) *Lucid Dreaming* New York: Ballantyne Books

Labouvie-Vief G (1980) 'Beyond formal operations: Uses and limits of pure logic in life-span development' *Human Development* **23**, 141–161

Labouvie-Vief G (1990) 'Modes of knowledge and the organization of development' in M L Commons, C Armon, L Kohlberg, F A Richards, T A Grotzer and J D Sinnott (Eds) *Adult Development, Vol. 2, Models and Methods in the Study of Adolescent and Adult Thought* New York: Praeger

LaFrance M and Banaji M (1992) 'The gender–emotion relationship' in M S Clark (Ed) *Emotion and Social Behaviour* Newbury Park, CA: Sage

Laird J D (1974) 'Self-attribution of emotion: The effects of expressive behaviour on the quality of emotional experience' *Journal of Personality and Social Psychology* **33**, 475–486

Laird J D and Bresler C (1992) 'The process of emotional experience: A self-perception theory' in M S Clark (Ed) *Emotion*, Newbury Park, CA: Sage

Langer E J (1975) 'The illusion of control' *Journal of Personality and Social Psychology* **32**, 311–328

Langer E J (1989) *Mindlessness* Reading, MA: Addison-Wesley

Laurence J and Perry C (1983) 'Hypnotically created memory among highly hypnotizable subjects' *Science* **222**, 523-524

Layden M A, Newman C F, Freeman A and Morse S B (1993) *Cognitive Therapy of Borderline Personality Disorder* Boston, MA: Allyn and Bacon

Lazarus R S (1991a) 'Progress on a cognitive-motivational-rational theory of emotion' *American Psychologist* **46**, 819-834

Lazarus R S (1991b) 'Cognition and motivation in emotion' *American Psychologist* **46**, 352-367

Lazarus R S and Folkman S (1984) *Stress, Appraisal and Coping* New York: Springer

Lehman D R, Ellard J E and Wortman C B (1986) 'Social support for the bereaved: Recipients' and providers' perspectives on what is helpful' *Journal of Counselling and Clinical Psychology* **54**, 438-446

Leval I, Friedlander Y, Kark J D and Periz E (1988) 'An epidemiological study of mortality among bereaved parents' *New England Journal of Medicine*, **319**, 457-461

Levinson D J, Darrow D N, Klein E B, Levinson M H and McKee B (1978) *The Seasons of a Man's Life* New York: A A Knopf

Lewinsohn P M and Rosenbaum M (1987) 'Recall of parental behaviour by acute depressives, remitted depressives and nondepressives' *Journal of Personality and Social Psychology* **52**, 611-619

Liem J H (1980) 'Family studies of schizophrenia: An update and commentary, *Schizophrenia Bulletin* **6**, 429-455

Lindsay D S and Read J D (1994) 'Incest resolution psychotherapy and memories of childhood sexual abuse' *Applied Cognitive Psychology* **8**, 281-338

Loftus E F (1980) *Memory* Reading, MA: Addison-Wesley

Loftus E F and Loftus G R (1980) 'On the permanence of stored information in the human brain' *American Psychologist* **35**, 409-420

Loftus E F and Palmer J C (1974) 'Reconstruction of automobile destruction: An example of interaction between language and memory' *Journal of Verbal Learning and Verbal Behaviour* **13**, 585-589

Loftus E F, Miller D G and Burns H J (1978) 'Semantic integration of verbal information into visual memory' *Journal of Experimental Psychology: Human Learning and Memory* **4**, 19-31

Lynn S J and Rhue W J (1988) 'Fantasy proneness' *American Psychologist* **43**, 35-44

Major B, Carrington P I and Carnevale P J D (1984) 'Physical attractiveness and self-esteem; Attributions for praise from an other-sex evaluator' *Personality and Social Psychology Bulletin* **10**, 43-50

Malmquist C P (1986) 'Children who witness parental murder: Post traumatic aspects' *Journal of American Academy of Child Psychiatry* **25**, 320-325

Marcia J E (1980) 'Identity in adolescence' in J Adelson (Ed) *Handbook of Adolescent Psychology* New York: Wiley

Markus H R (1977) 'Self schema and processing information about the self' *Journal of Personality and Social Psychology* **35**, 63-78

Markus H R and Nurius P (1986) 'Possible selves' *American Psychologist* **41**, 954–969
Marshall V (1975) 'Age and awareness of finitude in developmental gerontology' *Omega* **6**, 113–129
㊵ Maslow A H (1954) *Motivation and personality* New York: Harper and Row
㊶ Maslow A (1968) *Towards a new psychology of being* New York: Van Nostrand-Reinhold
㊷ Maslow A (1970) *Motivation and Personality* (2nd edition) New York: Harper and Row
Mauro R, Sato K and Tucker J (1992) The role of appraisal in human emotions: A cross-cultural study, *Journal of Personality and Social Psychology* **62**, 301–317
McCloskey M and Zaragoza M (1985) 'Misleading post-event information and memory for events: Arguments and evidence against memory impairment hypotheses' *Journal of Experimental Psychology; General* **114**, 1–16
McCrae R R and Costa P T (1988) 'Psychological resilience among widowed men and women: A 10-year follow-up of a national sample' *Journal of Social Issues* **44**, 129–142
Meier-Ewart K, Matsubayashi K and Benter L (1985) 'Propranolol: Long-term treatment in narcolepsy–cataplexy' *Sleep* **8**, 95–104
Meltzoff A N and Moore M K (1983) 'Newborn infants imitate adult facial gestures' *Child Development* **54**, 702–709
Metts S, Cupach W R and Bejlovec R (1989) '"I love you too much to ever start liking you": Redefining romantic relationships' *Journal of Social and Personal Relationships* **6**, 259–274
Miller G (1956) 'The magical number seven, plus or minus two: Some limits on our capacity for processing information' *Psychological Review* **63**, 81–87
Millon T (1983) *Millon Clinical Multianxial Inventory Manual* (3rd edn) Minneapolis: National Computer
㊸ Mischel W (1968) *Personality and Assessment* New York: Wiley
Mischel W (1986) *Introduction to Personality: A New Look* (4th edn) New York: Holt, Rinehart and Winston
Montgomery S and Asberg M (1979) 'A new depression scale designed to be sensitive to change' *British Journal of Psychiatry* **134**, 382–389
Morgan C D and Murray H A (1935) 'A method for investigating fantasy: the thematic apperception test' *Archives of General Psychiatry* **34**, 289–386
Negrete J C and Kwan M W (1972) 'Relative value of various etiological factors in short-lasting, adverse psychological reactions to cannabis smoking' *International Pharmacopsychiatry* **7**, 249–259
Neimeyer R A and Mitchell K A (1988) 'Similarity and attraction; A longitudinal study' *Journal of Social and Personal Relationships* **5**, 131–148
Nicholson A N and Pasco P A (1988) 'Studies on the modulation of sleep and wakefulness in man by fluoxetine, a 5-HT uptake inhibitor' *Neuropharmacology* **27**, 597–602
Norris F H (1990) 'Screening for traumatic stress: A scale for use in the general population' *Journal of Applied Social Psychology* **20**, 1704–1718
Oltmanns T F and Emery R E (1995) *Abnormal Psychology* Englewood Cliffs, NJ: Prentice Hall

Orne M T, Sheehan P W and Evans F J (1968) 'Occurrence of posthypnotic behaviour outside the experimental setting' *Journal of Personality and Social Psychology* **9**, 189-196

Osgood C E, Suci G J and Tannenbaum P H (1957) *The Measurement of Meaning* New York: Viking

Overton D A (1984) 'State dependent learning and drug discriminations' in L L Iverson, S H Iverson and S H Snyder (Eds) *Handbook of Psychopharmacology*, Vol. 18 New York: Plenum Press

Papousek H (1967) 'Experimental studies of appetitional behaviour in human newborns and infants' in H W Stevenson (Ed) *Early Behavior* New York: Wiley

Park B (1989) 'Trait attributions as on-line organizers in person impressions' in J N Bassili (Ed) *On-line Cognition in Person Perception* Hillsdale, NJ: Lawrence Erlbaum Associates

Parkes C M (1980) 'Bereavement counselling: Does it work?' *British Medical Journal* **281**, 3-6

Parkes M C, Benjamin B and Fitzgerald R G (1969) 'Broken heart: a statistical study of increased mortality among widowers', *British Medical Journal* **1**, 740-743

Pasnau, R O, Naitoh R, Stier S and Kollar E J (1968) 'The psychological effects of 205 hours of sleep deprivation' *Archives of General Psychiatry* **18**, 496-505

Pennebaker J W and Beall S K (1986) 'Confronting a traumatic event: Towards an understanding of inhibition and disease' *Journal of Abnormal Psychology* **95**, 274-281

Pennebaker J W, Hughes C and O'Heeron R (1987) 'The psychophysiology of confession: Linking inhibitory and psychosomatic processes' *Journal of Personality and Social Psychology* **52**, 781-793

Pennebaker J W, Kielcolt-Glaser J and Glaser R (1988) 'Disclosure of traumas and immune function: Health implications for psychotherapy' *Journal of Consulting and Clinical Psychology* **56**, 239-245

Pennebaker J W, Barger S and Tiebout J (1989) 'Disclosures of traumas and health amongst Holocaust survivors' *Psychosomatic Medicine* **51**, 577-589

Peplau L A (1991) 'Lesbian and gay relationships' in J C Gonsiorek and J D Weinrich (Eds) *Homosexuality: Research Implications for Public Policy* Newbury Park, CA: Sage

Peplau L A and Cochran S D (1990) 'A relationship perspective on homosexuality' in D P McWhirter, S A Sanders and J M Reinisch (Eds) *Homosexuality/Heterosexuality: The Kinsey Scale and Current Research* New York: Oxford University Press

Perls F S (1947) *Ego, Hunger and Aggression: The Beginning of Gestalt Therapy* New York: Random House

Perls F S (1973) *The Gestalt Approach and Eyewitness to Therapy* Palo Alto, CA: Science and Behaviour Books

Perls F S, Hifferine R F and Goodman R (1951) *Gestalt therapy: Excitement and growth in personality* New York: Julian Press.

Pfohl B, Stangl D and Zimmerman M (1982) *Structured interview for DMS-III Personality Disorders (SIDP)* Iowa: University of Iowa Hospitals and Clinics

Phinney J S and Rosenthal D S (1992) 'Ethnic identity in adolescence: Process, context and outcome' In G R Adams (Ed) *Adolescent Identity Formation* Newbury Park, CA: Sage

Piccione C, Hilgard E R and Zimbardo P G (1989) 'On the degree of measured hypnotizability over a 25 year period' *Journal of Personality and Social Psychology* **56**, 289–295

Pillemer D B, Goldsmith L R, Panter A T and White S H (1988) 'Very long-term memories of first year in college' *Journal of Experimental Psychology: Learning, Memory and Cognition* **14**, 709–715

Pines A and Aronson E (1981) *Burnout: From Tedium to Personal Growth* New York: Free Press

Pitts M and Phillips K (1991) *The Psychology of Health* London: Routledge

Plomin R and Thompson L (1987) 'Life-span developmental behavioral genetics' in P B Baltes *et al.* (Eds) *Life-Span Development and Behavior* Vol. 7, Hillsdale, NJ: Erlbaum

㊺ Polya G (1957) *How to Solve It* New York: Anchor

㊻ Popper K R (1959) *The Logic of Scientific Discovery* London: Hutchinson

Powers S I, Hauser S T and Kilner L A (1989) 'Adolescent mental health' *American Psychologist* **44**, 200–208

Priest R (1983) 'Sleep and its disorders' in R N Gaine and B L Hudson (Eds) *Current Themes in Psychiatry* London: Macmillan

Prochaska J O and Norcross J C (1994) *Systems of Psychotherapy: a Transtheoretical Analysis* (3rd edn) Pacific Grove, CA: Brookes/Cole

Raphael B (1984) *The Anatomy of Bereavement* London: Hutchinson

Reizenzein R (1983) 'The Schaachter theory of emotion: Two decades later' *Psychological Bulletin* **94**, 239–264

Repetti P L (1989) 'Effects of daily workload on subsequent behaviour during marital interaction: The roles of social withdrawal and spouse support' *Journal of Personality and Social Psychology* **57**, 651–659

Revenson T A and Felton B J (1989) 'Disability and coping as predictors of psychological adjustment to rheumatoid arthritis' *Journal of Consulting and Clinical Psychology* **57**, 344–348

Richards M P M (1988) 'Developmental psychology and family law: A discussion paper' *British Journal of Developmental Psychology* **6**, 169–182

Robins L N, Herlzer J E, Croghan J and Ratcliff K S (1981) 'National Institute of Mental Health: Diagnostic interview schedule' *Archives of General Psychiatry* **38**, 381–389

㊼ Rogers C R (1951) *Client-centred Therapy: Its Current Practice, Implications and Theory* Boston, MA: Houghton Mifflin

㊽ Rogers C R (1961) *On Becoming a Person: A Therapist's View of Psychotherapy* Boston, MA: Houghton Mifflin

㊾ Rorschach H (1942) *Psychodiagnostics: A Diagnostic Test Based on Perception* New York: Grune & Stratton

Rosa R R, Bonnet M H and Kramer M (1983) 'The relationship between sleep and anxiety in anxious subjects' *Biological Psychology* **16**, 119–126

Rotter J B (1972) *Applications of a Social Learning Theory of Personality* New York: Holt, Rinehart and Winston

Ruch J C, Morgan A H and Hilgard E R (1973) 'Behavioral predictions from hypnotic responsiveness when obtained with and without prior induction procedures' *Journal of Abnormal Psychology* **82**, 543–546

Rust J (1988) 'The Rust Inventory of Schizotypal Cognitions (RISC)' *Schizophrenia Bulletin* **14**, 317–322

㊿Rutter M (1981) *Maternal Deprivation Reassessed* (2nd edn) Harmondsworth: Penguin

Rutter M and Madge N (1976) *Cycles of Disadvantage* London: Heinemann

Ryan W (1977) *Blaming the Victim* New York: Vintage Books

Sachs J D S (1967) 'Recognition memory for syntactical and semantic aspects of connected discourse' *Perception and Psychophysics* **2**, 237–442

Sai F and Bushnell I W R (1988) 'The perception of faces in different poses by 1 month olds' *British Journal of Developmental Psychology* **6**, 35–42

Salamy J (1970) 'Instrumental responding to internal cues associated with REM sleep' *Psychomotor Science* **18**, 342–343

Salthouse T A (1982) *Adult Cognition: An Experimental Psychology of Human Aging* New York: Springer-Verlag

Sanders C M (1989) *Grief: The Mourning After* New York: Wiley-Interscience

Sanders G S and Simmons W L (1983) 'Use of hypnosis to enhance eye witness accuracy: Does it work?' *Journal of Applied Psychology* **68**, 70–77

Sargent W (1967) *The Unquiet Mind* London: Heinemann

Sarnoff I and Zimbardo P G (1961) 'Anxiety, fear and social affiliation' *Journal of Abnormal and Social Psychology* **62**, 356–363

Sartorius N, Jablensky A, Korten A, Ernberg G, Anker M, Cooper J E and Day R (1986) 'Early manifestations and first-contact incidence of schizophrenia in different cultures: A preliminary report on the initial evaluation phase of the WHO Collaborative Study on Determinants of Outcome of Severe Mental Disorders' *Psychological Medicine* **16**, 909–928

Schaachter S and Singer J E (1962) 'Cognitive, social and physiological determinants of emotional state' *Psychological Review* **69**, 379–399

Schactel E G (1947) 'On memory and child amnesia' *Psychiatry* **10**, 1–26

Schaeffer H R and Emerson P E (1964) 'The development of social attachments in infancy' *Monographs of the Society for Research in Child Development* **29**, 94

Scurfield R M (1985) 'Posttrauma stress assessment and treatment: Overview and formulations' in C R Figley (Ed) *Trauma and its Wake* New York: Brunner/Mazel

㊱Selye H (1956) *The Stress of Life* New York: McGraw-Hill

Selye H (1982) 'Stress: Eustress, distress and human perspectives' in S B Day (Ed) *Lifestress* New York: Van Nostrand Reinhold

Shapiro D H and Giber D (1978) *Meditation: Self-regulation Strategy and Altered States of Consciousness* New York: Aldine

Shaver P, Hazan C and Bradshaw D (1988) 'Love and attachment; The integration of three behavioral systems' in R J Sternberg and M L Barnes (Eds) *The Psychology of Love* New Haven, CT: Yale University Press

Sheehan P W and Statham D (1989) 'Hypnosis, the timing of its introduction, and acceptance of misleading information' *Journal of Abnormal Psychology* **98**, 170–176

Siddique C M and D'Arcy C (1984) 'Adolescence, stress and psychological well-being' *Journal of Youth and Adolescence* **13**, 459–474

Simonton D K (1988) 'Age and outstanding achievement: What do we know after a century of research?' *Psychological Bulletin* **104**, 251–267

Singer M and Wynne L C (1963) 'Differentiating characteristics of the parents of childhood schizophrenics' *American Journal of Psychiatry* **120**, 476–487

Skuse D (1984) 'Extreme deprivation in early childhood II: Theoretical issues and a comparative review' *Journal of Child Psychology and Psychiatry* **25**(4), 543–572

Smith C A and Ellsworth P C (1987) 'Patterns of appraisal and emotion related to taking an exam' *Journal of Personality and Social Psychology* **52**, 475–488

Smith R E and Smoll F L (1990) 'Sport performance anxiety' in H Leitenberg (Ed) *Handbook of social and evaluation anxiety* New York: Plenum

Smith S M, Glenberg A M and Bjork R A (1978) 'Environmental context and human memory' *Memory and Cognition* **6**, 342–355

Snyder M (1984) 'When belief creates reality' in L Berkowitz (Ed) *Advances in Experimental Social Psychology*, Vol. 18 New York: Academic Press

Snyder M (1987) *Public Appearances, Private Realities: The Psychology of self-monitoring* New York: Freeman

Solomon Z, Mikulincer M and Autizur E (1988) 'Coping, locus of control, social support and combat related posttraumatic stress disorder: a prospective study' *Journal of Personality and Social Psychology* **55**, 279–285

Spence M J and DeCasper A (1982) 'Human fetuses perceive maternal speech' Paper presented at the Meeting of the International Congress on infant studies, Austin, Texas.

Sperling G (1984) 'A unified theory of attention and signal detection' in R Parasuraman and D R Davies (Eds) *Varieties of Attention* New York: Academic Press

Spielberger C D, Gorsuch R and Lushene R E (1987) *The State-Trait Anxiety Inventory* Windsor, UK: NFER-Nelson

Spitzer R and Williams J D W (1986) *Structured Clinical Interview Schedule for DSM-IIIR* New York State Psychiatric Institute Biometrics Research Division

Sternberg R J (1988) 'Triangulating love' in R J Sternberg and M L Barnes (Eds) *The Psychology of Love* New Haven, CT: Yale University Press

Sternberg R J and Grajek S (1984) 'The nature of love' *Journal of Personality and Social Psychology* **47**, 312–329

Stone B M (1980) 'Sleep and low doses of alcohol' *Electroencephalography and Clinical Neurophysiology* **48**, 706–709

Strack F, Martin L L and Stepper S (1988) 'Inhibiting and facilitating conditions of facial expressions: A non-intrusive test of the facial feedback hypothesis' *Journal of Personality and Social Psychology* **54**, 768–777

Streufert S, Pogash R, Piasecki M and Post G M (1990) 'Age and management team performance' *Psychology and Aging* **5**, 551–559

Stroebe W and Stroebe M S (1986) 'Beyond marriage: The impact of partner loss on health' in R Gilmour and S Duck (Eds) *The Emerging Field of Personal Relationships* Hillsdale, NJ: Lawrence Erlbaum

Sugarman L (1986) *Life-span Development: Concepts, Theories and Interventions* London: Methuen

Suls J and Marco C (1991) 'The self' in R M Baron, W G Graziano and C Stangor (Eds) *Social Psychology* Fort Worth, TX: Holt, Rinehart and Winston

Super C M and Harkness S (1982) 'The development of affect in infancy and childhood' in D Wagner and H Stevenson (Eds) *Cultural Perspectives on Child Development* San Francisco, CA: W H Freeman

Sutton-Smith B and Rosenberg B (1970) *The Sibling* New York: Holt, Rinehart and Winston

Sweeney P D, Anderson K and Bailey S (1989) 'Attributional style in depression: A meta-analytic review' *Journal of Personality and Social Psychology* **50**, 974–991

(53) Syer J and Connolly C (1984) *Sporting Body, Sporting Mind: An Athlete's Guide to Mental Training* Cambridge, MA: Cambridge University Press

Tamir L M (1982) *Men in Their Forties: The Transition to Middle Age* New York: Springer

Taylor S E (1991) *Health Psychology* (2nd edition) New York: McGraw-Hill

Tesser A and Brodie M (1971) 'A note on the evaluation of a "computer date"' *Psychometric Science* **23**, 300

Thibault J W and Kelley H (1967) *The Social Psychology of Groups* New York: Wiley

Thomas A and Chess S (1977) *Temperament and Development* New York: Bruner-Mazel

Thompson A M (1986) 'Adam – a severely deprived Columbian orphan: A case report' *Journal of Child Psychology and Psychiatry* **27**, 689–695

Thompson R A and Lamb M E (1986) 'Infant–mother attachment: New directions for theory and research' in P B Baltes, D L Featherman and R M Lerner (Eds) *Life-span Development and Behaviour, vol. 7* Hillsdale NJ: Lawrence Erlbaum

Thompson R A, Lamb M E and Estes D (1982) 'Stability of infant–mother attachment and its relationship to changing life circumstances in an unselected middle-class sample' *Child Development* **53**, 144–148

Tienari P, Sorri A, Lahti I, Naarala M, Wahlberg K E, Moring J, Pohjola J and Wynne L C (1987) 'Genetic and psychosocial factors in schizophrenia: The Finnish Adoptive Family Study' *Schizophrenia Bulletin* **13**, 477–484

Torrey E F (1992) 'Are we overestimating the genetic contribution to schizophrenia?' *Schizophrenia Bulletin* **18**, 159–170

Trower P, Bryant B and Argyle M (1978) *Social Skill and Mental Health* London: Methuen

(54) Tulving E (1983) *Elements of Episodic Memory* Oxford: Oxford University Press

Tulving E and Thompson D M (1973) 'Encoding specificity and retrieval processes in episodic memory' *Journal of Experimental Psychology* **80**, 352–373

Tversky A and Kahneman D (1973) 'Extensional vs. intuitive reasoning: The conjunction fallacy in probability judgment' *Psychological Review* **90**, 293–315

Tversky A and Kahneman D (1974) 'Judgement under uncertainty: heuristics and biases' *Science* **211**, 453–458

Wagner N E, Schubert H J P and Schubert D S P (1985) 'Family size effects: a revision' *Journal of Genetic Psychology* **146**, 65–78

Walker E F, Harvey P and Perlman D (1988) 'The positive/negative symptom distinction in psychoses: A replication and extension of previous findings' *Journal of Nervous and Mental Disease* **176**, 359–363

Wallbott H and Scherer K (1988) 'How universal and specific is emotional experience? Evidence from 27 countries and five continents' in K Scherer (Ed) *Facets of Emotion: Recent Research* Hillsdale, NJ, Erlbaum

Wallerstein J S, Corbin S B and Lewis J M (1988) 'Children of divorce: a ten year study' in E M Hetherington and J A Rasteh (Eds) *Impact of Divorce, Single-parenting and Step-parenting on Children* Hillsdale, NJ: Erlbaum

Walters W J and Lader M H (1970) 'Hangover effects of hypnotics in man' *Nature* **229**, 637–638

Warr P, Jackson P and Banks M (1988) 'Unemployment and mental health: Some British studies' *Journal of Social Issues* **44**, 47–68

Watkins J G (1989) 'Hypnotic hypermnesia and forensic hypnosis: A cross-examination' *American Journal of Clinical Hypnosis* **32**, 71–83

Webb W B (1974) 'Sleep as an adaptive response' *Perceptual and Motor Skills* **38**, 1023–1027

Webb W B (1975) *Sleep the gentle tyrant* Englewood Cliffs, NJ: Prentice Hall

Weber A L, Harvey J H and Stanley M A (1987) 'The nature and motivations of accounts for failed relationships' in R M Burnett, P McGhee and D Clarke (Eds) *Accounting for relationships: Explanation, Representation and Knowledge* London: Methuen

Wegner D, Shortt J W, Blake A W and Page M S (1990) 'The suppression of exciting thoughts' *Journal of Personality and Social Psychology* **58**, 409–418

Weiner B (1992) *Human Motivation: Metaphors, Theories and Research* Newbury Park, CA: Sage

Weiner R D (1989) 'Electroconvulsive therapy' in H I Kaplan and B J Sadock (Eds) *Comprehensive Textbook of Psychiatry* Vol 5 (5th edn) Baltimore, MD: Williams and Wilkins

Wilkinson (1985) The Assessment of Social Skill of Schizophrenics in Remission Unpublished doctoral thesis, University of Surrey, England

Wilkinson J and Canter S (1982) *Social Skills Training: Assessment, Programme Design and Management of Training* Chichester: Wiley

Williams J M G (1992) 'Autobiographical memory and emotional disorders' in S-A Christianson (Ed) *The Handbook of Emotion and Memory* Hillsdale, NJ: Lawrence Erlbaum Associates

Wolfe J and Lange P (1987) *Fear Survey Schedule* Windsor, UK: NFER-Nelson

Wood A J J (1984) 'Pharmacologic differences between beta blockers' *American Heart Journal* **108**, 1070–1077

Wright C M (1993) Experiences of AIDS-related Bereavement among Gay Men Unpublished MSc dissertation: University of Surrey

Yerkes R M and Dodson J D (1908) 'The relation of strength of stimulus to rapidity of habit formation' *Journal of Comparative Neurological Psychology* **18**, 459–482

Young J E (1990) *Cognitive Therapy for Personality Disorders: A Schema Focused Approach* Sarasota, FL: Professional Resource Exchange

Zajonc R B (1984) 'On the primacy of affect' *American Psychologist* **39**, 117–123

Zajonc R B, Murphy S T and Inglehart M (1989) 'Feeling and Facial efference: Implications of a vascular theory of emotion' *Psychological Review* **96**, 395–416

日本語文献リスト

1. アレキサンダー F. 赤木朗ほか（訳） 1997 心身医学 学樹書院
2. オールポート G.W. 今田恵（監訳） 1968 人格心理学 誠信書房
3. アメリカ精神医学会（編） 高橋三郎・大野裕・染矢俊幸（訳） 1996 DSM-Ⅳ精神疾患の診断・統計マニュアル 医学書院
4. ヒューストン M.・シュトレーベ W.・コドル J.P.・スティヴンソン G.M.（編） 末永俊郎・安藤清志（監訳） 1994 社会心理学概論：ヨーロピアン・パースペクティブ 誠信書房
5. アーガイル M.・ヘンダーソン M. 吉森護（編訳） 1992 人間関係のルールとスキル 北大路書房
6. アリエティ S.・ベムポード J. 水上忠臣ほか（訳） 1989 うつ病の心理学：精神療法的アプローチ 誠信書房
7. バッドリー A. 川幡政道（訳） 1988 記憶力：そのしくみとはたらき 誠信書房
8. バンデュラ A. 原野広太郎（監訳） 1979 社会的学習理論：人間理解と教育の基礎 金子書房
9. バートレット F.C. 宇津木保・辻正三（訳） 1983 想起の心理学：実験的社会的心理学における一研究 誠信書房
10. バス E.・デイビス L. 原美奈子・二見れい子（訳） 1997 生きる勇気と癒す力：性暴力の時代を生きる女性のためのガイドブック 三一書房
11. ベック A.T. 大野裕（訳） 1990 認知療法：精神療法の新しい発展 岩崎学術出版
12. ベック A.T.ほか 坂野雄二（監訳） 1992 うつ病の認知療法 岩崎学術出版
13. ベック A.T.ほか 井上和臣（監訳） 1997 人格障害の認知療法 岩崎学術出版
14. ブルームスティーン P.・シュワルツ P. 南博（訳） 1985 アメリカン・カップルズ 白水社
15. ボウルビィ J. 黒田実郎ほか（訳） 1991 対象喪失 岩崎学術出版
16. ボウルビィ J. 庄司順一ほか（訳） 1993 母と子のアタッチメント：心の安全基地 医歯薬出版
17. ブライアント P. 小林芳郎（訳） 1977 子どもの認知機能の発達：知覚と理解 協同出版
18. キャッテル R.B. 斎藤耕二ほか（共訳） 1981 パーソナリティの心理学：パーソナリティの理論と科学的研究 金子書房
19. シグラー R.S. 無藤隆・日笠摩子（訳） 1992 子どもの思考 誠信書房
20. ディック P.K. 浅倉久志（訳） 1977 アンドロイドは電気羊の夢をみるのか？ 早川書房
21. エビングハウス H. 宇津木保（訳） 1978 記憶について：実験心理学への貢献 誠信書房

22. サルバンディ G.（編）　大島正光（監訳）　1989　ヒューマンファクター：新人間工学ハンドブック　同文書院
23. イーガン G.　鳴澤實・飯田栄（訳）　1998　カウンセリング・テキスト：熟練カウンセラーをめざす　創元社
24. エリクソン E.H.　小此木啓吾（訳編）　1982　自我同一性：アイデンティティとライフ・サイクル　誠信書房
25. エリクソン E.H.　岩瀬庸理（訳）　1982　アイデンティティ：青年と危機　金沢文庫
26. フリードマン M.・ローゼンマン R.H.　新里里春（訳）　1993　タイプA性格と心臓病　創元社
27. エーフル J.W.　片方善治（監訳）　1969　創造性と新技術の開発　ラテイス　丸善
28. ハルトマン H.　霜田静志・篠崎忠男（訳）　1967　自我の適応：自我心理学と適応の問題　誠信書房
29. ヘッブ D.O.　白井常ほか（共訳）　1975　行動学入門：生物科学としての心理学　紀伊國屋書店
30. ハイダー F.　大橋正夫（訳）　1978　対人関係の心理学　誠信書房
31. ジェームス W.　今田恵（訳）1927　心理學　岩波書店
32. ジュラード S.M.　1983　岡堂哲雄（訳）　透明なる自己　誠信書房
33. ケリー H.　黒川正流・藤原武弘（訳）　1989　親密な二人についての社会心理学：パーソナル・リレーションシップ　ナカニシヤ出版
34. キューブラーロス E.　川口正吉（訳）　1971　死ぬ瞬間　読売新聞社
35. ラバージ S.　大林正博（訳）　1998　明晰夢：夢見の技法　春秋社
36. ランガー E.J.　斎藤茂太（訳）　1989　心はマインド…："やわらかく"生きるために　フォー・ユー
37. ラザルス R.S.・フォルクマン S.　本明寛ほか（監訳）　1991　ストレスの心理学：認知的評価と対処の研究　実務教育出版
38. レビンソン D.J.　南博（訳）　1980　人生の四季：中年をいかに生きるか　講談社
39. レビンソン D.J.　南博（訳）　1992　ライフサイクルの心理学　講談社
40. マズロー A.H.　小口忠彦（監訳）　1971　人間性の心理学　産業能率短期大学出版部
41. マズロー A.H.　上田吉一（訳）　1964　完全なる人間：魂のめざすもの　誠信書房
42. マズロー A.H.　小口忠彦（監訳）　1987　人間性の心理学：モチベーションとパーソナリティ　産業能率大学出版部
43. ミッシェル W.　詫摩武俊（監訳）　1992　パーソナリティの理論：状況主義的アプローチ　誠信書房
44. パールズ F.S.　倉戸ヨシヤ（監訳）　1990　ゲシュタルト療法：その理論と実際　ナカニシヤ出版
45. ポリア G.　柿内賢信（訳）　1954　いかにして問題をとくか　丸善
46. ポパー K.R.　大内義一・森博共（訳）　1971　科学的発見の論理　恒星社厚生閣
47. ロージャズ C.R.　友田不二男（訳）　1955　精神療法　岩崎書店
48. ロージャズ C.R.　村山正治（編訳）　1967　人間論　岩崎学術出版社

49. ロールシャッハ H．東京ロールシャッハ研究会（訳）　1958　精神診断学：知覚診断的実験の方法と結果（偶然図形の判断）　牧書店
50. ラター M．北見芳雄ほか（訳）　1984　母親剥奪理論の功罪　誠信書房
51. セリエ H．杉靖三郎ほか（訳）　1963　現代生活とストレス　法政大学出版局
52. スナイダー M．齋藤勇（監訳）　1998　カメレオン人間の性格：セルフ・モニタリングの心理学　乃木坂出版
53. セイヤー J．・コノリー C．　浅見俊雄・平野裕一（共訳）　1986　スポーティング・ボディマインド：いかに心をコントロールするか　紀伊国屋書店
54. タルヴィング E．太田信夫（訳）　1985　タルヴィングの記憶理論：エピソード記憶の要素　教育出版
55. ワイナー B．林保・宮本美沙子（監訳）　1989　ヒューマン・モチベーション：動機づけの心理学　金子書房

インデックス〔重要項目〕索引

【ア　行】

愛着　　attachment 206-207,224-229
アイデンティティ　　identity
　　アイデンティティと自己概念　　and self-concept　187
　　アイデンティティと'本当の'自己　　and the 'real' self　190
　　アイデンティティにおける弁別性　　distinctiveness in　188
　　アイデンティティの連続性　　continuity of　187
　　エリクソンのモデル　　Erikson's model　245,248,250
　　自己実現　　self-actualizaton　190
　　自尊感情　　self-esteem　188
　　社会的アイデンティティ　　social　187
　　青年期におけるアイデンティティ　　in adolescence　242,243
　　役割混乱　　role confusion　245
愛情　　love　206
　　愛情の構成要素　　component of　206
　　愛着のスタイル　　attachment style　206-207
暗黙の理論〔内潜理論〕　　implicit theory　22-23,190-191

怒り　　anger
　　怒りとカウンセリング　　and counselling　94
　　欲求不満攻撃仮説　　frustration-agression hypothesis　275
意識　　consciousness　38,176
　　意識の定義　　definition of　151,152
　　制御的、自動処理的意識　　controlled and automatic processing　152
　　変性、薬物による意識　　alterd state,drugs induced　174
意志決定　　decision making　132
　　意志決定と不確実性　　and uncertainty　133
　　意志決定におけるヒューリステック　　heuristics in　133-134
　　意志決定のための方略　　strategies for　136
　　期待×価値理論　　expectancy × value theory　137
　　決定上の葛藤　　decisional conflict　135
　　動機上の葛藤と意志決定　　motivational conflict and　136
異常心理学　　abnormal psychology　39
偽りの記憶症候群　　false memory syndrome　116,117
印象形成　　impression formation　190-191

氏か育ちか〔遺伝か環境か〕　　nature versus nurture　54
うつ〔抑うつ〕　　depression　303
　　うつのアセスメント　　assessment of　296
　　うつの遺伝的要因　　genetic factors　305
　　うつの記述と定義　　descreptions and definitions　303

うつの症状　　symptoms 303-304
　　うつの治療　　treatment of 304-306
　　うつのモデル　　models of 305
　　気分変調性障害　　dysthymic disorder 304
　　躁うつ病　　manic-depression 304
　　双極性障害　　bi-polar disorder 304
　　大うつ病　　major 304
　　抑うつと記憶　　and memory 110,111
　　抑うつと人間関係の崩壊　　and relationship breakdown 208

エリクソン　　Erikson,Erik Homburger 59,243-246,248,250-253,257,260

応用心理学　　applied psycholgy 39

【カ　行】

下意識処理　　subconscious processing 153
カウンセリング　　counselling
　　カウンセリングと怒り　　and aggression 94
　　カウンセリングと偽りの記憶　　and false memory 117
　　カウンセリングと子どもに対する性的虐待　　and child sexual abuse 118,119
　　カウンセリングと社会的交換　　and social exchange 200,202-203
　　カウンセリングと社会的スキル　　and social skill 204,205
　　カウンセリングと情動表出　　and expression of emotion 95
　　カウンセリングと自己覚知　　and self-awareness 183
　　カウンセリングと人格障害　　and personality disorders 315
　　カウンセリングと精神分裂病　　and schizopherenia 313-314
　　カウンセリングと青年のアイデンティティ問題
　　　　　　　　　　and adolescent identity issues 246
　　学習および認知的理論のカウンセリング
　　　　　　　　　　learning and cognitive theories of 68-69
　　死別　　bereavement 259,260
　　心理的な成熟　　psychological maturity 69
　　精神力動理論のカウンセリング　　psychodynamic theories of 60-62
　　認知的理論のカウンセリング　　cognitive theory of 68-69
　　パーソナリティ変容と発達　　personality change and development 63-64,69
　　ヒューマニスティック理論のカウンセリング　　humanistic theory 64,69
　　夢を用いたカウンセリング　　with dreams 169
カウンセリング心理学　　counselling psychology 40
学習と条件づけ　　learning and conditioning 38
学習理論（社会的学習理論もみよ）
　　　　　　　　　　learning theory(*see also* social learning theory) 38,219
課題〔問題〕解決　　problem solving
　　仮説の形成と検証　　forming and testing hypotheses 139,140
　　課題解決における難しさ　　dificulties encountered 142,143

課題解決についての研究　　research on　137-138
　　　固着ないし心的構え　　fixation or mental set　142,143
　　　'診断'　　'diagnosis'　139
　　　創造的方略　　creative strategies　144,145
　　　間違った論理　　faulty logic　144
　　　ヒューリステック　　heuristics　138
　　　リフレーミング　　reframing　139
カタルシス　　catharsis　94
感覚過程　　sensory processes　37
環境心理学　　environmental psychology　39
感情障害　　affective disorder　305

記憶　　memory
　　　偽りの記憶症候群　　false memory syndrome　117,119
　　　エピソード（自伝的）記憶　　episodic(autobiographical)　107
　　　回復された記憶　　recoverd　116
　　　感覚記憶　　sensory　102
　　　感覚的符号化　　sensory encoding　104
　　　記憶と気分一致再生　　and mood-congruent recall　110,111
　　　記憶と子どもに対する性的虐待　　and childhood sexual abuse　116
　　　記憶と催眠　　and hypnosis　120
　　　記憶と情報処理　　and information processing　130
　　　記憶とスキーマ　　and schemas　130
　　　記憶とスクリプト　　and scripts　130
　　　記憶と抑うつ　　and depression　111
　　　記憶の構造　　structure of　101,102
　　　検索　　retrieval　105,106
　　　再構成された記憶　　reconstructed　115,117
　　　スキーマ　　schema　115,116
　　　閃光記憶　　flashbulb　109
　　　短期記憶　　short-term　102
　　　長期記憶　　long-term　102,103
　　　貯蔵　　storage　105
　　　文脈依存的記憶　　context-dependent　106
　　　幼児期の記憶　　childhood　114
　　　抑圧　　repression　113,118
気質　　temperament　52,77
帰属　　attribution
　　　帰属と抑うつ　　and depression　194-195
　　　帰属理論　　theory　193-195
　　　情動と帰属　　emotion and　89
気分障害　　mood disorder　303
逆転移　　counter-transferences　80
教育心理学　　educational psychology　40
強迫性障害　　obsessive-compulsive disorder　298

恐怖症　　phobias 298

ゲシュタルト理論　　　Gestalt theory 63-64,168
研究法　　research methods
　　経験的方法　　　empirical 31
　　自然観察　　naturalistic observation 32
　　事例研究　　case studies 33
　　相関的方法　　correlational methods 32
　　調査的方法　　surveys 33
言語　　language 38
健康心理学　　health psychology 39
健忘　　amnesia
　　ヒステリー性健忘　　　hysterical 113
　　幼児期健忘　　childhood 114

抗うつ剤　　anti-depressants 159,160,304,305
攻撃性　　aggression
　　学習された反応としての攻撃性　　as learned response 94
　　攻撃性とカタルシス　　　and catharsis 94
抗不安薬　　anti-anxiolytics 300
子ども　　children
　　気質　　temperament 222-223
　　義理の家族　　　step families 236
　　子どもにおける個人差　　　individual differences in 222
　　子どもに関する出生順位の効果　　　effects of birth order on 232
　　子どもに関する離婚の影響　　　effects of divorce on 234-235
　　能力　　abilities 217
　　目撃者としての子ども　　　as witnesses 221
　　離婚後の関係性の影響　　　effects of post-divorce relationships 234-236
子どもに対する性的虐待　　　child sexual abuse 108,116-121,202

【サ　行】

催眠　　hypnosis
　　催眠と記憶　　　and memory 120,121
　　催眠のかかりやすさ　　　susceptibility to 170
　　催眠の効果　　　effects of 171
　　催眠体験　　experience of 170-171
裁判心理学　　forensic psychology 40
サーカディアンリズム　　　circadian rhythm 156,157

自己　　self
　　エリクソンのモデル　　　Erikson's model 243-255
　　自己とアイデンティティ　　　and identity 187
　　自己と社会的比較　　　and social comparison 186

　　　　自己と反映された評価　　reflected appraisal 186
　　　　ロジャースの概念　　Rogers' concepts 182
思考　　thinking 126-146
自己概念　　self-concept 185
自己覚知　　self-awareness 182,183
　　　　自己覚知と不安　　and anxiety 183
自己効力感　　self-efficacy 186
自己スキーマ　　self schema 185
自己知覚　　self-perception 186
社会恐怖　　sosial phobia 298
社会心理学　　social psychology 39,181-211
社会的学習理論　　social learning theory
　　　　〔内的〕期待　　〔internal〕expectancies 66
　　　　自己効力感　　self-efficacy 66
社会的スキル　　social skills 183,203
　　　　セラピストの社会的スキル　　therapist's 205
社会的スキルトレーニング〔社会生活技能訓練〕
　　　　　　　social skills training 81,93,185,204,285,313
社会的不安　　social anxiety 183
社会的役割　　social roles 186
情動〔情緒〕　　emotions 38,75-96
　　　興奮の転移　　transferred excitation 90
　　　コミュニケーションとしての情動　　as communication 80
　　　動機づけとしての情動　　as motivation 76
　　　情動と覚醒　　and arousal 84-85
　　　情動と家族生活　　and family life 231
　　　情動と個人的ビリーフ　　and personal beliefs 87
　　　情動と文化的ビリーフ　　and cultural beliefs 88
　　　情動と忘却　　and forgetting 112,113
　　　情動にともなう生理的変化　　physiological changes 84-88
　　　情動に関する精神分析的理論　　psychoanalytic theory 88
　　　情動の外的表出　　outward expression of 90
　　　情動の覚知　　awareness of 80
　　　情動の機能　　functions of 76
　　　情動の強度　　intensity of 77,89
　　　情動の生理的構成要素　　physiological components of 84-87
　　　無意識的評価と情動　　unconscious appraisals and 88
　　　フィードバックとしての情動　　as feedback 77-79
情動表出　　emotional expression
　　　顔面フィードバック仮説　　facial feedback hypothesis 92
　　　情動表出とカウンセリング　　and counselling 95
　　　情動表出と攻撃性　　and aggression 94
　　　情動表出と心的外傷　　and trauma 93-94
　　　情動表出の文化的差異　　cultural differences in 91
　　　情動表出の文化的表示規則　　cultural display rules of 91

表情の情動表出　　　facial 90
　　　表情表出の性差　　　gender differences in 92
情報処理　　　information processing
　　　意志決定における情報処理　　　in decision making 127-130,135
　　　情報処理と記憶　　　and memory 100-105
　　　情報処理と夢をみること　　　and dreaming 167
　　　成人後期における衰亡　　　decline of late adulthood 256
職業心理学　　　occupational psychology 40
自律訓練　　　autogenetic training
　　　自律訓練と睡眠　　　and sleep 161
自律神経系　　　autonomic nervous system
　　　自律神経系と情動　　　and emotion 84-87
　　　自律神経系とストレス　　　and stress 273
自律性覚醒　　　autonomic arousal
　　　自律性覚醒と情動　　　and emotion 76,79,84-90,91-96,206
　　　自律性覚醒とＰＴＳＤ　　　and PTSD 307-308
　　　自律性覚醒と不安　　　and anxiety 300,301
　　　自律性覚醒に対する薬物の影響　　　effect of drugs on 174
　　　ストレスと自律性覚醒　　　stress and 266,272-274,284,286,287
人格障害　　　personality disorders 314-316
　　　人格障害のアセスメント　　　assessment of 295,296
　　　人格障害のカテゴリー　　　categories of 314
　　　人格障害の診断　　　diagnosis of 314
　　　人格障害の病因論　　　aetiology 314,315
　　　人格障害の治療　　　treatment of 315-316
　　　人格障害のモデル　　　models of 314-315
身体化障害　　　somatization disorder 300
心的外傷後ストレス障害〔ＰＴＳＤ〕
　　　　　　　　　　　post-traumatic stress disorder〔PTSD〕306-309
　　　心的外傷後ストレス障害のアセスメント　　　assessment of 295
　　　情動と心的外傷後ストレス障害　　　emotion 93
　　　心的外傷後ストレス障害のモデル　　　models of 307
　　　心的外傷後ストレス障害の症状　　　symtoms 306,307
　　　心的外傷脱感作　　　trauma desensitization 308
　　　心的外傷後ストレス障害の治療　　　treatment of 307-309
心理的障害　　　psychological disorders 292-317
　　　心理的障害のアセスメント　　　assessment of 295
　　　心理的障害の分類　　　classification of 294
　　　心理的障害の診断　　　diagnosis 293-296

睡眠　　　sleep 154-165
　　　維持　　　maintenance 161
　　　喫煙、アルコール、カフェイン　　　smoking,alcohol,and caffeine 158
　　　急速眼球運動　　　rapid eye movements 155-156
　　　刺激統制　　　stimulus control 161

食事療法と運動　　diet and exercise 157-158
　　　睡眠サイクル　　cycles 156
　　　睡眠障害　　disorders of 160-164
　　　睡眠制限療法　　sleep restriction therapy 162
　　　睡眠と運動　　and exercise 158
　　　睡眠の段階　　stages of 155
　　　睡眠の典型的パターン　　typical pattern of 156
　　　睡眠剥奪　　deprivation 157
　　　早期覚醒　　early wakening 161
　　　夢についての回復理論　　restorative theories of 155
　　　夢の進化論的意義　　evolutionary significance of 154
　　　良い睡眠のための提案　　good sleep recommendations 164-165
睡眠剤　　hypnotics 159
ストレス　　stress 39, 265-287
　　　意志決定におけるストレス　　in decision making 135
　　　自己効力感　　self-efficacy 281-282
　　　主観的ストレス　　subjective feelings of 267
　　　情動焦点型対処　　coping, emotion focused 276-279
　　　情動的サポート　　emotional support 279-281
　　　心理的たくましさ〔頑健さ〕　　psychological hardiness 281-282
　　　ストレス耐性　　resistance to 281
　　　ストレスと疾患　　and illness 283-285
　　　ストレスとタイプAパーソナリティ，タイプBパーソナリティ
　　　　　　and personality types A and B 284
　　　ストレスとバーンアウト〔燃えつき症候群〕　　and burnout 284-285
　　　ストレスの素因―ストレスモデル　　diathesis-stress model of 268
　　　ストレスの定義　　definition of 265
　　　ストレスの汎適応モデル　　general adaptation syndrome 266
　　　ストレスの理論　　theory of 266-268
　　　ストレッサー　　stressors 268-270
　　　生理的反応　　physiological reaction 272-274
　　　問題焦点型対処　　coping, problem focused 276-277
　　　ライフイベント　　life events 268-269
ストレス管理　　stress management 285
スポーツ心理学　　sports psychology 39

成人期　　adulthood
　　　失業　　unemployment 254
　　　死別の対処　　coping with bereavement 259
　　　身体的変化と認知的変化　　physical and cognitive changes 247-248, 252, 256-257
　　　成人期におけるアイデンティティ　　identity in 251
　　　成人後期のモデル　　models of late adulthood 257
　　　成人前期のモデル　　models of early adulthood 248-250
　　　成人中期のモデル　　models of middle adulthood 252-253
　　　退職　　retirement 257-258

中年期の危機　　mid-life crisis 255
　　離婚　　divorce 254
精神安定剤（抗不安剤，ベンゾジアゼピン系薬もみよ）
　　　　　　　tranquillizers(*see also* anxiolytics,benzodiazepines)
　　精神安定剤と睡眠　　and sleep 159
精神医学的診断　　psychiatric diagnosis 293-295
精神活性薬　　psychoactive drugs 174
精神障害の診断と統計のためのマニュアル
　　　　Diagnostic and Statistical Manual of Mental Disoders(DSM-Ⅳ) 293, 294
精神分裂病　　schizophrenia 309
　　家族の相互作用と精神分裂病　　family interaction and 312
　　関連する障害　　related disorders 309
　　経過と転帰　　course and outcome 311
　　精神分裂病とストレスの大きい出来事　　and stressful events 312
　　精神分裂病における遺伝的要因　　genetic factors in 312
　　精神分裂病における脳内の異常　　brain abnormality in 311-312
　　精神分裂病のアセスメント　　assessment of 296
　　精神分裂病の原因　　causes of 311
　　精神分裂病の症状　　symtoms of 296,297,310
　　精神分裂病の治療　　treatment of 313
　　精神分裂病の定義　　definition of 309
精神力動的理論　　psychodynamic theory 24-26,34
　　うつの精神力動理論　　of depression 305
　　情動についての精神力動的理論　　of emotion 75
　　パーソナリティの精神力動的理論　　of personality 58-60
　　ＰＴＳＤの精神力動理論　　of PTSD 307
　　不安の精神力動理論　　anxiety of 300,301,302
　　忘却についての精神力動理論　　of forgetting 113
　　無意識についての精神力動理論　　of the unconscious 154
　　夢についての精神力動的理論　　of dreams 167-168
青年期　　adolescence 241
　　青年期におけるアイデンティティ　　identity in 243-245
　　青年期におけるアイデンティティ拡散　　identity diffusion in 245
　　青年期におけるアイデンティティ危機　　identity crisis in 245
　　青年期における身体的変化と認知的変化
　　　　　　　physical and cognitive changes in 242-243
　　青年期における役割混乱　　role confusion in 245
セルフモニタリング　　self-monitoring 184
前意識的記憶　　preconscious memories 153

躁うつ病　　manic-depression 304

【タ　行】

対人知覚　　person perception

　　　　暗黙のパーソナリティ理論　　implicit personality theory 195-196
　　　　印象形成　　impression formation 190-191
　　　　対人知覚と帰属理論　　and attribution theory 192-194
　　　　対人知覚と状況へのスクリプト　　and situational scripts 191-192
短期反応精神病　　brief reactive psychosis 309

知覚　　perception 37
知能　　intelligence 38
注意　　attention
　　　　意志決定における注意　　in decision-making 128-131
　　　　記憶における選択的注意　　selective in memory 102
　　　　注意と催眠　　and hypnosis 170-172
　　　　注意と瞑想　　and mediation 173

転移　　transference 61
　　　　転移と回復された記憶　　and recovered memories 120-121
　　　　転移と催眠　　and hypnosis 172

動機づけ　　motivation 38
　　　　動機づけとうつ　　and depression 303-304
　　　　動機づけとしての情動　　emotion as 76-80
　　　　動機づけと精神分裂病　　and schizophrenia 309,310

【ナ　行】

乳児　　infancy
　　　　愛着　　attachment 224
　　　　遺伝的に備わった性質　　genetic endowment 218
　　　　氏か育ちか　　nature versus nurture 218
　　　　学習　　learning 219
　　　　きょうだいの誕生　　birth of sibling 230
　　　　初期の剥奪　　early deprivation 226
　　　　初期の分離　　early separation 227
　　　　乳児におけるコンピテンス　　competence in 217
　　　　母性剥奪　　maternal deprivation 225
　　　　ボールビィの理論　　Bowlby's theory 226
　　　　複数の愛着　　multiple attachments 226,227
　　　　模倣　　imitation 219-220
人間関係　　relationships
　　　　近接性　　proximity 197
　　　　コストと利益　　costs and benefits 200
　　　　身体的魅力　　physical attractiveness 196
　　　　親密性　　intimacy 204,205
　　　　人間関係と愛情　　and love 205-207
　　　　人間関係と個人の類似性　　and personal similarities 197-198

人間関係と自己開示　　and self-disclosure 203
人間関係と社会的スキル　　and social skill 203-205
人間関係の崩壊　　breakdown of 208
レズビアンとゲイ　　lesbian and gay 209-210
人間関係の発達　relationship development
　自己開示　self-disclosure 202-203
　社会的交換理論　social exchange theory 200-201
　社会的浸透理論　social penetration theory 201-202
　人間関係の発達の段階　stages of 199-200
認知過程　cognitive processes
　意志決定における認知過程　in decision making 134-135
　うつにおける認知過程　in depression 307
　認知過程とパーソナリティ発達　and personality development 66-67
　認知的過程と不安　and anxiety 302-303
認知行動療法　cognitive behaviour therapy 67-69
　認知行動療法とうつ　and depression 306
　認知行動療法と人格障害　and personality disorder 315
　認知行動療法と睡眠　and sleep 161
　認知行動療法と精神分裂病　and schizophrenia 313
　認知行動療法と不安　and anxiety 300-303
認知的スキーマ　cognitive schema 104,115,118
認知的評価　cognitive appraisal
　ストレス対処のさいの認知的評価　in coping 277,278
　認知的評価と情動　and emotion 79,82,87-89

【ハ　行】

パーソナリティ　personality 38
　頑健なパーソナリティ〔心理的たくましさ〕　hardy 52,282-283
　健康なパーソナリティ　healthy 52
　自己実現　self-actualization 53
　タイプAとタイプB　type A and type B 53
　発生学的遺伝　genetic inheritance 54
　パーソナリティのゲシュタルト理論　Gestalt theory of 63-64
　パーソナリティの個人的構成概念理論　personal construct theory of 67
　パーソナリティの人間〔クライエント〕中心理論　person-centered theory of 62
　パーソナリティの発達　development 63
　パーソナリティのヒューマニスティック理論　humanistic theories of 62
　パーソナリティのフロイト派理論　Freudian theory of 58-59
　パーソナリティの連続性　continuity of 54-55
　パーソナリティのユング派理論　Jungian theory of 59
　パーソナリティへの社会的学習アプローチ　social learning approaches 66
　パーソナリティへの精神力動的アプローチ　psychodynamic approaches to 58
　パーソナリティへの特性論的アプローチ　trait approach 55,57
　パーソナリティ変容　change 63,64

パーソナリティアセスメント　　personality assessment
　　社会的学習アプローチと認知的アプローチ　　social learning and cognitive　66
　　精神力動的アプローチ　　psychodynamic approach to　60
　　特性論的アプローチ　　trait approach to　57
　　ヒューマニスティックアプローチと現象学的アプローチ
　　　　　　humanistic and phenomenological approach to　62
パニック発作　　panic attacks　298,300,302

非処方薬　　non-prescribed drugs
　　アヘン剤　　opiates　175
　　幻覚剤（精神異常発現剤）　　hallucinogens(psychedelics)　175
　　刺激薬　　stimulants　174
　　大麻　　cannabis　175
ヒューマニスティック理論　　humanistic theory　22-25,29-30,35,62-64
　　ヒューマニスティック理論と精神病理学　　and psychopathology　292,295,297
広場恐怖　　agoraphobia　299,300

不安　　anxiety　297-304
　　身体症状　　somatic symptoms　299
　　不安のアセスメント　　assessment of　296
　　不安の症状　　symptoms of　297
　　不安の治療　　treatment of　300-303
　　不安のモデル　　models of　300-303
不安障害　　anxiety disorders　298-300
不眠症　　insomnia　160-162
フロイト　　Freud,Sigmund
　　情動的発達　　emotional development　224
　　パーソナリティの発達　　personality development　224-227
　　フロイトと記憶　　and memory　113,114,116
　　フロイトと催眠　　and hypnosis　172
　　フロイトと情動　　and emotion　75,88
　　フロイトと無意識　　and the unconsciousness　154
　　フロイトとパーソナリティ変容　　and personality change　61
　　夢　　dreams　152,154,155,167-170
分裂感情障害　　schizoaffective disorder　309
分裂病様障害　　schizophreniform disorder　309

ベータ〔β〕遮断薬　　beta blockers
　　ベータ遮断薬と睡眠　　and sleep　160,163
　　ベータ遮断薬と不安　　and anxiety　300
ベック　　Beck,Aaron T.　67,296,302,306,315
ベンゾジアゼピン系薬　　Benzodiazepines　174

忘却　　forgetting
　　忘却と順向干渉　　and proactive interference　112

忘却と不安　　and anxiety 113
　　忘却と符号化の失敗　　encoding failure 112
　　忘却と不使用　　and disuse 112
　　忘却と抑圧　　and repression 113
ボールビィ　　Bowlby, John
　　情動的発達　　emotional development 224
　　母子の愛着　　mother-child attachment 225

【マ　行】

マズロー　　Maslow, Abraham Harold
　　マズローの自己の理論　　theory of self 190

無意識　　unconscious, the 24, 25, 34, 59, 154, 167-168
無意識的評価　　unconscious appraisals 88

瞑想　　meditation 173, 174

妄想性障害　　delusional disorder 309

【ヤ　行】

夢　　dreams
　　原型的テーマ　　archetypal themes 168, 169
　　夢についての説明　　explanation of 166
　　夢の内容　　contents of 166
夢をみること　　dreaming
　　夢をみることに関する事実　　facts about 165
　　夢の気づき　　awareness of 166
　　夢の理論　　theory of 167-168
ユング理論　　Jungian theory
　　ユング　　Jung, Carl Gustav
　　集合的無意識についてのユング理論　　of the collective unconscious 168
　　パーソナリティについてのユング理論　　of personality 59-60
　　夢についてのユング理論　　of dreams 168

幼児期　　childhood
　　きょうだいとの関係　　relations with siblings 232
　　同輩関係　　peer relations 232-233
　　父子関係　　father-child relationships 229
　　幼児期健忘　　amnesia 117
　　幼児期における家族の葛藤　　family conflict in 236-237
　　幼児期におけるきょうだい関係　　sibling relationships in 230-232
　　幼児期における情緒的関係　　emotional relationship in 223

幼児期における初期体験　　early experiences in 223-224
　　　幼児期における同輩関係　　peer relations in 233-234
　　　幼児期における認知的コンピテンス　　cognitive competence in 220-221
抑圧　　repression
　　　記憶の抑圧　　of memory 113-114,116,118
　　　ストレス対処のさいの抑圧　　in coping 278

【ラ　行】

リラクセーション訓練と睡眠　　relaxation training and sleep 161
臨床神経心理学　　clinical neuropsychology 39
臨床心理学　　clinical psychology 40

レム睡眠と夢見　　REM sleep and dreaming 165,169

ロジャース　　Rogers,Carl Ransom 62-65,182

訳者あとがき〔編者のページ〕

翻訳が始まったときのこと

青木紀久代

　本書について，知覚や環境の心理学を専門とされる田中平八先生からお話をいただいたときには，「とても意外だった」というのが最初の印象である。しかも翻訳の責任を分担する4人は，個人的な仲の良さはともかく，専門分野が全く異なる取り合わせである。正直に言えば，最初の意外さが先行きの不安に変わるのに，大した時間もかからなかった。
　しかし，翻訳作業の中でこれは心理臨床という広大なフィールドに開かれた「心理学」の本なのだ，と再認識してからは，逆に訳者たちの専門性の違いが，大いに効力を発揮してくれる結果となった。訳者たちそれぞれの嫁ぎ先？である○○心理学から，故郷の「心理学」に里帰りして，久しぶりに再会したかのような，不思議な体験であった。
　専門用語の定訳，領域間での異なる用い方など，メール上でやりとりされた貴重な情報交換は，今回の作業の副産物である。そしてそれは，現在の心理学全般に求められる，諸理論の相互交流と統合化という課題に照らせば，心理学を志す私たちの，ささやかな実践としての意味をも持つものと考える。
　本書の中では，数々の心理学の「研究素材」が，「臨床素材」を介して生きたものとなっている。臨床家も研究者も，自分の得意とする専門領域に関する記述をこの臨床素材の中のどこかに見いだすことができるはずである。むろん概論書の範囲であって，特化した高度な内容ではない。また，個々の理論や学派の特徴を強調するためもあってか，臨床素材の記述が簡略化されすぎ，断片的な嫌いもある。しかし，あらためて心理臨床の各所にしみ込んでいる心理学を取り出す過程は，各人の臨床観なり，研究姿勢なりに，多少なりとも新しい視点を加えてくれるのではないだろうか。

日本における心理臨床家像

　本書の読者層に想定される人びとは，英国におけるカウンセラーやセラピストである。随所にカウンセラーやセラピストの仕事ぶりが伝わり，日本の心理臨床活動の実状との違いをあらためて感じる。
　カウンセラーやセラピストは，日本では，心理臨床家と言ってしまえば，両方が含まれる。ただ日本の場合，例えば家庭裁判所の調査官や，法務省の心理技官など，矯正分野の心理職も心理臨床家の専門職として欠くことのできないものである。臨床心理学を勉強して，それを専門的に生かせる仕事として，筆頭にあげられる専門職である。本書で，この長い訳語をあえて併記したのもこのような事

情を汲んでのことである。

　また日本で意識的にこの2つを区別するとすれば，カウンセラーは，より広い範囲で心理相談・心理的援助を行い，セラピストは，特定の学派・技法を用いて心理治療を行うと言える。そうはいっても，この2つの区別は，利用者にはほとんど認識されておらず，いついかなる場所においても，心理療法とは，カウンセラーがカウンセリングをすること，と一括されてしまう傾向にある。それどころか，カウンセリングというものがどのようなものであるのか，利用者側のイメージも実に様ざまで，はたして自分の求めている援助サービスがなんなのか，訪れた機関がそれを満たすものなのか，はなはだ不明確なことがままある。現在，カウンセリングのニーズは，高まっているとは思うが，カウンセリングをしてみたい，カウンセリングを見てみたい，という人の増加が先行している嫌いがある。

　かつて大学の心理相談室に，「カウンセラーを予約します。カウンセラー受けられますか？」と訪れる大学生が何人もいた。カウンセリングを行う人を，カウンセラーと呼ぶということすら，あいまいな人が多かった。子どもの受験が近づいたので，落ち着いて勉強ができるようにカウンセリングを受けたいと来談された親御さんは，息子を3か月も通わせれば，すっかりよくなる（つまり親の思うとおりに，勤勉になる）だろうと何の疑いもなく期待されていた。なぜなら，相談を聞いてくれるのがカウンセリングであり，つまりは依頼者の意に添うように，息子を説得してくれると信じていたからである。カウンセリングの前提を知らないで，このように話したからといって，その人の心の問題に原因を直ちに求めるのは的外れである。

　このように，日本ではカウンセラーとセラピストの区別はほとんどなく，カウンセリングを受けたり，セラピーを受けたりするということは，一般にどのようなサービスを受けることなのか，さらに専門化した治療技法の違いは何かなど，サービスの受け手であるクライエントに適切な情報が提供されているとは言い難いのが現状である。

　もっともここ10年の間に，心理臨床家の職業イメージは，急速に形を整えつつあると思われるが，特定の固定的な仕事イメージではなく，多様な心理的援助のサービスがあるのだと広く認識されることが，最も重要であろう。そうすれば利用者は，まず自分に必要な心理的援助のサービスを選び取ろうとするようになり，他方心理臨床家は，自分たちの仕事内容がより明確にクライエントに伝わるような努力が求められる。このような相互作用が，日本の心理臨床の現状をよりよく発展させるために不可欠であるように思う。

　多様な場面において多彩な心理的援助の形があるからこそ，広範な心理学的知見が，心理臨床場面で活用されているのである。

カウンセラーやセラピストを目指す人に

　とくに臨床心理学の専門家を目指して，大学院で勉強を始めた人たちの中には，学部時代に心理学を学んでいない人も案外多い。少なくともはじめの2年間は，

それこそ特化した臨床技法だけを修得しようとするよりも，広く臨床心理学に関する知識を学ぶことが望まれている。本書の中で具体的な事例を拾い読みして，ピンと来ないものがあれば，その単元を丹念に読んで見るのも良いと思う。自分がこれまで，学んできた臨床心理学の知識の偏りを点検するにも良い機会になる。また本書で重要専門用語としてリストアップされているものや，邦訳の出ている文献などは，ぜひ食わず嫌いをしないで学んでいただければ，と思う。

　以上，あとがきと称して，本書に関連した私の個人的な雑感を述べさせていただきました。あとがきだけは，メール上のやりとりがなく，それぞれが独りで書き上げること，というのが，唯一の約束事でしたので，それぞれの訳者の方々が，どんな原稿になるのか楽しみにしております。同じ本を訳しながら，思うこともまたそれぞれであることでしょう。これもまた，この本ならでは，とも言えましょうか。

（お茶の水女子大学生活科学部発達臨床学講座）

訳者あとがき〔編者のページ〕

尾見康博

 とにかく疲れました。メーリングリスト（ML）のやりとりのルールに対する，もっと具体的にいえば，MLあるいはネット上での会話や発言のしかたに対する考え方に個人差があったためでしょう。私だけでなく，訳者のみなさんそれぞれに，この電子コミュニケーションにかなりのエネルギーを費やしたはずです。なんといっても，大きな誤算（？！）は，私を含め編者4人のうち3人がバタバタと都立大を離れたことでした。作業日程が大幅に遅れたのも，これによるものが大きいといわざるを得ません（と言い訳）。

 とはいえ，さまざまな心理学領域の研究者が共同作業をしたことによって，大いに勉強にもなったことは確かです。心理学も専門分化が進んでいるので，隣の領域についてもほとんど知らないといっても不思議ではない時代ですから。とくに（本書のタイトルにもある）カウンセリングと治療実践に対して，心理学の各分野がどのように貢献しているか，という本書のテーマは，個人的には，臨床心理学に対する考え方を見直すきっかけとなりました。

 どう見直したかっていうと，最近，個人的には，わが国の臨床心理学，あるいは臨床というコトバが膨張をし続けていて，他の心理学分野が肩身の狭い思いをしている（場合によっては嫉妬心から反発しているように見える）ことにもどかしさを感じてました。そこで私は，臨床心理学を「病理を射程にした分野」と限定すべきではないかと考えるにいたりました。その後，訳者のみなさんと議論しながらこの本を訳し，「病理を射程」ではなく，「カウンセリングと治療（心理療法）を射程」にすればいいと考え直したわけです（臨床心理学のとらえ方によっては以前の考えのままでよいと思います）。どういうことかというと，臨床心理学というからには，たとえ健常者を研究対象にしたとしても，最低限，カウンセリングや治療に関して中心的な考察がなされているべきだということです。もちろん，この考えは私自身の頭の整理に役立っているだけであって，学問的に詳細な検討をしたものではありません。

 いずれにせよ，少なくとも学生のみなさんが，事例研究であれば，あるいは実践研究であれば臨床心理学と思ってしまうようなムードはよくないと思っています。そういう意味で，これから心理学を学ぼうとしているみなさんには，私が上で述べたような見方を理解していただければと思います。そして，心理学全般に対してできるだけバランスのとれた知識，考え方を身につけてほしいと思いますし，そのために本書がいくばくかのお役に立てればと思います。いうまでもなく，私はけっして臨床心理学を疎外することを意図しているのではありません（そんなことできるわけもないし）。心理学の各分野が健全に発展するためにも，「猫も杓子も臨床心理学」にならないよう希望しているだけです。

（山梨大学教育人間科学部学校教育講座）

訳者あとがき〔編者のページ〕

田中吉史

　私が大学院に入学したとき，すでに臨床心理学のブームが始まっていた。私が通った大学院では心理学のあらゆる領域の学生が一つの研究室のもとに集まっていて，ひじょうにさまざまな専攻や関心領域の院生達がいた。そんな中，院生達のたむろする院生室に，何とも言い様のない奇妙な分断があるように感じられた。それは臨床心理学を専攻する院生とそれ以外の専攻の院生との間に引かれたものだった。もちろん，領域が違えば研究の方法も，背景にある考え方も異なるのは当然のことなのだが，何故か臨床系と非臨床系の間に引かれた線は他のどれよりも越えがたいものであるように感じられたのだった。
　同じ大学・大学院の大先輩である田中平八さん（私と名字は同じだが血のつながりは全くない。よくあることだが，念のため）から，この本の訳出に加わらないかと声をかけていただいたとき，真っ先に思い出したのは院生室で感じていたそういう雰囲気だった。今でも程度の差はあれ，状況はあまり変わっていないと思う。むしろ臨床心理士の資格制度が整えられてからは，最初から資格の取得だけを目指してやってくる院生と，研究者を目指す他専攻の院生とのあいだのズレは，より拡大しているようにも見える。

　本書の訳出過程では，普段よく顔を合わせることがあっても，分野の違いからあまり学問的な話をしない知人達といろいろなやりとりをした。とりわけ，専門を異にする他の訳者達とメーリングリスト上で討論を重ねながら，訳語の調整をはかってゆく作業は（骨の折れるものではあったけれども），予想外に楽しいものであった。この本が臨床系／非臨床系の間にある溝を少しでも狭めることが出来れば幸いである。
　なお，引用文献欄に付した邦訳書一覧の作成には，文部省学術情報センター（現・国立情報学研究所　http://www.nii.ac.jp/）のデータベースWEBCATを用いた。また，この作業には東京都立大学大学院心理学専攻の白砂佐和子さんと石川あゆちさんの手を煩わせた。お二人のご協力に深謝したい。

（東京都立大学人文学部心理学研究室）

PSYCHOLOGY IN COUNSELLING AND THERAPEUTIC PRACTICE
by Jill D. Wilkinson and E.A.Campbell
Copyright　1997 by John Wiley & Sons Ltd,Baffins Lane,Chichester,
West Sussex PO19 1UD,England
All Right Reserved

Authorised Translation from English Laguage edition published by
John Wiley & Sons Ltd,through Tuttle-Mori Agency,Inc.,Tokyo

心理臨床　カウンセリングコースで学ぶべき心理学

2001年9月10日　第1版第1刷発行

訳者代表	田 中 平 八 青木紀久代 尾 見 康 博 田 中 吉 史
発 行 者 印　　刷 製　　本	垣 内 健 一 シナノ印刷 イマヰ製本

発行所　垣内出版株式会社
〒162-0805 東京都新宿区矢来町3番地
電　話　03-3260-4982　FAX　03-3260-4986
振　替　00170-9-25966

ISBN4-7734-0316-0